Die Rettung (1853) Horatio Greenough

Roy Harvey Pearce

Rot und Weiß

Die Erfindung des Indianers durch die Zivilisation

Aus dem Amerikanischen
übersetzt von
Wolfgang Bick

Klett-Cotta

Die Deutsche Bibliothek – CIP-Einheitsaufnahme
Pearce, Roy Harvey:
Rot und Weiß: die Erfindung des Indianers durch
die Zivilisation / Roy Harvey Pearce.
Aus dem Amerik. übers. von Wolfgang Bick. –
Stuttgart: Klett-Cotta, 1991
Einheitssacht.: Savagism and Civilization ⟨dt.⟩
ISBN 3-608-91359-9

Verlagsgemeinschaft Ernst Klett –
J. G. Cotta'sche Buchhandlung
Aus dem Amerikanischen übersetzt von Wolfgang Bick
Die Originalausgabe erschien 1988
bei University of California Press, Berkeley and Los Angeles
unter dem Titel Savagism and Civilization.
A Study of the Indian and the American Mind

Printed in Germany
Umschlag: Klett-Cotta-Design
Im Bleisatz gesetzt aus der 10 Punkt Sabon
von Alwin Maisch, Gerlingen
Auf säurefreiem und holzfreiem Werkdruckpapier
im Buchdruck gedruckt von Verlagsdruck, Gerlingen
Gebunden bei Lachenmaier, Reutlingen

Inhalt

Vorwort

Roy Harvey Pearce und die History of Ideas

Von Thomas Steinfeld

Roy Harvey Pearce schrieb mit *Savagism and Civilization* – oder, wie das Buch nun auf deutsch heißt: *Rot und Weiß* – eine amerikanische Kulturgeschichte der Zeit vom Anfang des 17. bis zur Mitte des 19. Jahrhunderts, anschaulich, lebendig und voller überraschender Details. Als Schilderung der Vorstellungen, in denen sich der Indianer zu jener Ikone der Naturverbundenheit entwickelte, wie sie unsere Populärkultur bevölkert, ist sie mit Genuß und Gewinn zu lesen. Doch das Interesse an den Ereignissen und literarischen Dokumenten, die Pearce in dieser Arbeit erschließt, droht deren Bedeutung für die Geschichte der Geschichtswissenschaft zu verdecken: Zum erstenmal im Jahr 1953 veröffentlicht, stellt sie eine Innovation in den Geisteswissenschaften dar – nämlich einen der frühesten Versuche, Philosophie, Literaturwissenschaft und Geschichte zu einer Analyse des Bewußtseins zu verknüpfen, mit dem die weißen Nordamerikaner die Ureinwohner dieses Kontinents unterwarfen, verklärten und vernichteten. Im deutschsprachigen Raum wurde dieser Ansatz, Eurozentrismus hin oder her, bislang wenig zur Kenntnis genommen. Diesem Mangel abzuhelfen ist ebensosehr Sinn dieser Veröffentlichung wie die Verbreitung der Geschichte, die der Autor so klug wie kenntnisreich erzählt.

*

In den zwanziger und dreißiger Jahren dieses Jahrhunderts entstand in den Vereinigten Staaten eine Schule der philosophischen Geschichtsschreibung, die für die Historiographie der Geisteswissenschaften mit nur einem Namen verbunden ist: Arthur O. Lovejoy, 1873 in Berlin geboren und von 1910 bis zu seiner Emeritierung 1938 Professor der Philosophie an der *Johns Hopkins University* in Baltimore. Im Gedächtnis der historischen Wissenschaften verbindet sich dieser Name Lovejoy wiederum mit einem großen enzyklopädischen Projekt, dem 1940 begonnenen und zuerst von ihm herausgegebenen *Journal of the History of Ideas,* und gemeinhin nur mit einem Buch: *The Great Chain of Being,* erstmals 1936 veröffentlicht [1] und spät, nämlich im Jahr 1985, in einer deutschen Übersetzung erschienen [2]. In dieser Arbeit erzählt Lovejoy die Geschichte einer Vorstellung von Kontinuität, hierarchischer Ordnung und Fülle, die sich von Platons Ideenlehre bis zur Romantik durch das ganze abendländische Denken ziehe: Der Glaube, der Mensch habe „ein endgültiges, unveränderliches, wesentliches höchstes Gut" im Jenseits der materiellen Welt zu suchen und könne es vor allem durch Kontemplation und Askese erreichen. Im Jenseits nun seien alle Elemente des Universums in geordneter Form aufgehoben, in Gestalt „einer unendlichen Anzahl von Gliedern ..., die von den niedersten, gerade noch dem Nichtsein entgangenen Dingen in hierarchischer Abfolge durch alle denkbaren Stufen hindurch zum *ens perfectissimum*" reichten und in einem absoluten, aber auch guten Wesen gewollt und geeint wurden. Pope gab dieser Vorstellung den Namen "the great chain of being". Kant nennt sie „die große Kette der Wesen".

Die chronologische und systematische Untersuchung einer solchen Vorstellung nennt Lovejoy „History of Ideas": „etwas, das enger und doch zugleich umfassender ist als Philosophiegeschichte". Ihr Verfahren entspreche dem der analytischen Chemie, denn es komme darauf an, eine Denkweise in ihre einfachen Bestandteile zu zerlegen, gleichsam in philosophische Monaden. „Unit-ideas" heißen diese einfachen Bestandteile im amerikanischen Original. „In Wahrheit", erklärt Lovejoy, „ist ... die Zahl der eigenständigen und originellen philosophischen Gedanken oder Motive sehr begrenzt – wie es ja auch von der Zahl der wirklich orginellen Witze heißt." Das Projekt einer solchen Verbindung zwischen Literatur- und Geistesgeschichte mit der Philosophie ist allerdings wesentlich älter als Lovejoys Programm. Es geht zurück auf den deutschen Idealismus,

[1] Arthur O. Lovejoy, The Great Chain of Being. A Study of the History of Ideas. Cambridge 1936 und 1964.

[2] Arthur O. Lovejoy, Die große Kette der Wesen. Geschichte eines Gedankens. Frankfurt am Main 1985.

wo es vor allem unter dem Titel „Historische Ideenlehre“ figurierte [3], und entfaltet sich später in den geistesgeschichtlichen Studien Wilhelm Diltheys, in denen er – gegen den historischen Positivismus – in einer Zusammenschau aller literarischen Ausdrucksformen „den Kausalzusammenhang“ zwischen Philosophie und allgemeiner Kulturgeschichte „nach seinen Gliedern zu erkennen“ suchte [4]. In dessen Tradition wiederum steht Ernst Robert Curtius, der in seinem Werk *Europäische Literatur und lateinisches Mittelalter* in einer Weise, die der *History of Ideas* verwandt ist, literarische „Topoi“ als geistesgeschichtliche Motive versteht und so auf seine Weise „unit-ideas“ aufzuspüren bemüht ist. Lovejoy ist nun allerdings der erste, der mit einem solchen Ansatz eine Disziplin begründen will, in der er die „Geschichte der Philosophie, der Religion und der Künste, von Natur- und Sozialwissenschaften, von politischen und sozialen Bewegungen“ zusammenfaßt. Die von ihm gewünschte Reform geisteswissenschaftlicher Arbeitsteilung hat er nicht erreicht. Doch bildete sich um die Zeitschrift sowie um das ab 1968 erschienene *Dictionary of the History of Ideas* [5] herum eine Schule, die bis heute existiert.

---

[3] Vgl. Lutz Geldsetzer, Die Ideenlehre Jakob Wegelins, Meisenheim 1963, und Johann Goldfriedrich, Die historische Ideenlehre in Deutschland. Ein Beitrag zur Geschichte der Geisteswissenschaften, vornehmlich der Geschichtswissenschaft und ihrer Methoden im 18. und 19. Jahrhundert, Leipzig 1902.

[4] Vgl. G. Masur, „Wilhelm Dilthey and the History of Ideas“, in: Journal of the History of Ideas, Bd. 13 (1952), S. 94–107; Maurice Mandelbaum, „The History of Ideas, Intellectual History, and the History of Philosophy“, in: History and Theory, Beiheft 5 (1965), S. 33–66; Parallelen und Differenzen zwischen der History of Ideas und modernen Varianten der Geistesgeschichte, wie sie in Enzyklopädien wie dem Historischen Wörterbuch der Philosophie und in den Geschichtlichen Grundbegriffen erscheinen, widmet sich Melvin Richter in: „Begriffsgeschichte and the History of Ideas“, in: Journal of the History of Ideas, Bd. 48 (1987), S. 247–264.

[5] Philip P. Wiener (Hrsg.), Dictionary of the History of Ideas, New York 1968, 1973.

Dieter Turck, der deutsche Übersetzer der *Great Chain of Being,* gibt den Terminus „unit-ideas“ etwas weniger der Metaphysik verdächtig als „Elementarideen“ wieder. Es ließe sich darüber streiten, ob den Elementarideen nicht zumindest implizit eine eigene Subjektivität verliehen wird und sie daher selbst eine Instanz darstellen, an die man *glauben* muß – ob sie also nicht, obwohl Lovejoy sie als Mittel des Verstehens bezeichnet, doch hegelianisieren und Hypostasen des Geistes bilden. Doch entsteht an ihnen ein historisches Gedankengebäude, das in mancherlei Weise den Reiz der großen morphologischen Geschichtsphilosophien hat, obwohl Lovejoy philologisch arbeitet und es im Vergleich mit den verwegeneren Formen Oswald Spenglers, Bruno Snells oder Denis de Rougemonts an Großartigkeit fehlen läßt. Denn in dem Versuch, eine metaphysische Spekulation an der Geschichte plausibel werden zu lassen, muß die Metaphysik durch die Geschichte hindurch; und dabei entsteht nicht nur ein oft bewundernswert enzyklopädisches Wissen, sondern auch manche gedankliche Verknüpfung, die auch jenseits aller Spekulation Bestand hat und anders vielleicht gar nicht offenbar geworden wäre. Spenglers Gedanke, in den modernen Städten kehre ein Art Nomadentum wieder, ist von dieser Art wie auch Lovejoys Vorstellung, die Historisierung des Weltbildes in der Romantik gehe auf Widersprüche zurück, die in jenem kosmologischen Schema bereits angelegt gewesen seien, nämlich im Widerspruch zwischen Heilserwartung und vollständiger metaphysischer Ordnung. „Die in sich ruhende, zeitlose vollendete Kette der Wesen“, so Lovejoy zur Romantik, „riß hauptsächlich durch ihr eigenes Gewicht.“ Die Hoffnung, es gehe in der Welt mit Vernunft und Ordnung zu, erweist sich als Trug.

An *The Great Chain of Being* vollzog sich, was den meisten Werken der großen Geschichtsspekulanten des frühen 20. Jahrhunderts widerfuhr: Auch wenn die öffentliche Presse positiv oder sogar euphorisch reagierte, wurden diese Arbeiten von den universitären Disziplinen, denen sie im Grunde genommen zugehörten, nur sehr zögernd und meist ablehnend aufgenommen. Lovejoy, der Philosophieprofessor, verlor schnell den größten Teil des Publikums aus seinem eigenen Fach, als er sein Projekt im Frühjahr 1933 einem akademischen Publikum in Vorlesungen an der *Harvard University* vorstellte. Die Literaturwissenschaftler erwiesen sich hingegen als aufgeschlossener – und noch heute gilt dieses Werk unter den Gelehrten an den amerikanischen Instituten für *Comparative Literature* mehr als unter Historikern und Philosophen. Lovejoy war sich dessen bewußt und zielte auch darauf: „Die Vorstellungen, die sich in der ... Literatur und Poesie finden, sind ... zum großen Teil philosophische Vorstellungen in verdünnter Form ... Auf der anderen Seite zeigen die, welche die Geschichte der Philosophie erforschen oder lehren, manchmal wenig Interesse an Gedanken, welche nicht in vollem philosophischen Ornat oder in voller Kriegsbemalung auftreten, und übersehen gern ihre Wirkung außerhalb der Philosophie."

Diese Kritik an der inneren Selbstbespiegelung einzelner Fächer, das Verlangen nach Interdisziplinarität, das Desiderat einer methodischen Gemeinsamkeit aller historisch-hermeneutischen Fächer – Lovejoy nennt sie „philosophische Semantik" – nimmt voraus, was erst in den siebziger Jahren, also nach Abschluß der Methodologisierung der Geisteswissenschaften im modernen Sinne, im Umkreis des Poststrukturalismus populär wurde. Mehr noch: Auch die Elementaridee scheint eine neue Gestalt angenommen zu haben. So will sich die *History of Ideas* den „Gewohnheiten des Denkens" widmen, „die so natürlich und unvermeidbar scheinen, daß sie nicht der strengen Prüfung des bewußten begrifflichen Denkens unterzogen werden". Das klingt auf der einen Seite wie eine programmatische Erklärung zur Mentalitätsgeschichte. Auf der anderen Seite setzt heute der Gedanke, das kleinste und grundlegende Element jeder intellektuellen Anstrengung bestehe in einer Elementaridee, die sich zum „Seinsentwurf" fortbewege und entfalte, eine Verbindung mit Theoremen des Poststrukturalismus frei, vor allem zur *epistème* Foucaults – denn die gilt als eine dem Bewußten entzogenen Instanz, welche gleichwohl das Leben und Sterben eines *Diskurses* bestimmen soll. „Was wir an den Tag bringen wollen", schreibt der frühe Foucault im Vorwort zu *Die Ordnung der Dinge*, „ist das epistemologische Feld ..., in der die Erkenntnisse, außerhalb jedes auf ihren rationalen Wert oder ihre objektiven Formen bezogenen Kriteriums betrachtet, ihre Positivität eingraben und so eine Geschichte manifestieren, die nicht die ihrer wachsenden Perfektion, sondern eher die der Bedingungen ist, durch die sie möglich werden." Übertreiben sollte man indessen diesen Parallelismus nicht: Lovejoy ist noch kein Kritiker des Logozentrismus, und eine Archäologie der Denkgewohnheiten noch keine des Wissens – ein Unterschied, auf den Foucault in der *Archäologie des Wissens* auch in aller Deutlichkeit hinweist.

*

Roy Harvey Pearce, geboren 1919, gehörte in den vierziger Jahren zu den Schülern Lovejoys, der damals schon emeritiert war, und ist Literaturwissenschaftler. *Savagism and Civilization* widmete er seinem Lehrer und knüpft damit an dessen Forschungen zum Primitivismus an[6]. Wie sehr dieses Werk im Denken der *History of Ideas* begründet ist, offenbart programmatisch bereits sein erster Satz: „This is a book about a belief" – „Dieses Buch handelt von einer Überzeugung". In einer späteren Arbeit erläutert der Autor, er habe die Arbeit seines Lehrers weiterentwickeln wollen. Es sei ihm allerdings nicht nur darum gegangen, wie Lovejoy die „logischen Möglichkeiten in jeder Manifestation einer Vorstellung oder Überzeugung" zu entfalten. Vielmehr sei es sein Anliegen gewesen, „Konstellationen zwischen Elementarideen in ihrem soziokulturellen Kontext zu entfalten und zu zeigen, wie sie das Bewußtsein und die Absichten der Menschen formten und sich in Handlung verwandelten"[7]. Diese Kritik wiederholt den häufigsten Vorwurf, der Lovejoy gemacht wurde[8], und darüber hinaus stellt sie ein Desiderat dar, das Pearce – wie er in seinem Nachwort schreibt – im nachhinein in *Savagism and Civilization* nicht zur Genüge erfüllt sieht. Doch öffnet sich zwischen der Ideengeschichte und der Darstellung des soziokulturellen Kontexts eine Schere: Die Geschichte der Vorstellungen, die sich der weiße Nordamerikaner vom roten machte,

[6] Vor allem: Arthur O. Lovejoy und George Boas, Primitivism and Related Ideas in Antiquity, Baltimore 1933.

[7] Roy Harvey Pearce, Gesta Humanorum: Studies in the Historicist Mode. Columbia/Missouri 1987.

[8] Vgl. Donald R. Kelly, „Horizons of Intellectual History", in: Journal of the History of Ideas 48 (January–March 1987), S. 164.

wäre ein minder interessantes Buch, würde es sich – wie viele Werke der Literaturwissenschaft aus den siebziger Jahren dieses Jahrhunderts versuchen – nicht um einen Begriff, um die intellektuelle Auflösung einer Ideologie bemühen, sondern soziale Determinanten auf kulturelle Ereignisse abbilden wollen und das für deren Erklärung halten. Dieser Zwiespalt zwischen Heuristik und Positivismus begründet offenbar auch die Auseinandersetzung, die Pearce mit seinen amerikanischen Verlagen um den Titel des Buches führte: *The Savages of America: A Study of the Indian and the Idea of Civilization,* wie das Buch zuerst heißen mußte, läßt eine wesentlich positivistischere Arbeit erwarten, als das Werk tatsächlich bietet. De facto geht es um die Erfindung des Indianers im Geist des Protestantismus, um die Ethnographie der primitiven Völker und des liberalen Kapitalismus, was viel mehr dem späteren, genaueren Titel *Savagism and Civilization. A Study of the Indian and the American Mind* entspricht. Dem Buch war zunächst nur ein sehr bescheidener Erfolg beschieden, was wiederum die Spannung zwischen den Disziplinen und der *History of Ideas* belegt: Zu jener Zeit beherrschte der *New Criticism* die amerikanische Literaturwissenschaft, das formalisierende Studium mehr oder weniger kanonischer Texte, denen damit eine Existenz gleichsam aus eigenem Recht verliehen wurde. Pearce hingegen versteht sich in der Tradition der Schule Lovejoys als Historiker und Hermeneut. Seine Arbeit entwickelte sich daher erst mit erheblicher Verzögerung, nämlich in den siebziger und achtziger Jahren, zu einem Klassiker der amerikanischen Kulturgeschichte [9].

Savagism ist ein Wort, das auf deutsch keine rechte Entsprechung hat. Es bezeichnet weniger den Zustand des Wild-Seins oder der Wildheit als das Denken, in dem das Wilde erst wild wird. Dieses Denken versteht Pearce als Elementaridee, als initiale „Vorstellung" („idea"). Doch er entwickelt aus dem Konzept Lovejoys ein

[9] Methodisch moderner als die Arbeit von Pearce sind: Richard Drinnon, Facing West: The Metaphysics of Indian-Hating and Empire Building, Minneapolis 1980; und Lee Mitchell, Witnesses to A Vanishing America, Princeton, 1981. Sie nehmen indessen nicht das Material und dessen einzigartige Darbietung bei Pearce zurück.

eigenes Instrumentarium: Mit „Vorstellung" erläuterte Paece in seiner Einleitung, „bezeichne ich eine explizite oder implizite Aussage, die die Lösung eines zentralen menschlichen Problems anbietet." Diese Vorstellung werde in Form eines „Symbols" („symbol") vermittelt – „ein konkretes, gefühlswirksames Zeichen für eine Vorstellung". Dieses Symbol ist der Indianer; es entfaltet seine Geltung vor allem „in der zeitgenössischen Gesellschafts-, Geschichts- und Romanliteratur". Was dabei entsteht, nennt Pearce ein „Bild" („image"). Erst als solches wird das Wild-Sein des amerikanischen Ureinwohners zu einem Topos, der ebensosehr als Selbstvergewisserung der abendländischen Zivilisation [10] auf diesem Kontinent wie als Kriterium des Umgangs mit den Indianern dient.

In der Analyse dieser Bilder, in ihrer Rückbindung an die Elemente, die sie ursprünglich tragen, entwirft Pearce seine Geschichte der Vorstellungen, mit denen das weiße Amerika seinen Widerpart traktiert [11]. Zwei solcher Ereignisse markieren Anfang und Ende in der Entwicklung dieser Auffassungen: Im Jahr 1609 wurde Richard Johnsons *Nova Brittania,* die erste Beschreibung der wilden Menschen jener Landschaft veröffentlicht, die zum Staat Virginia wurde. Und im Jahr 1851 erschienen sowohl Lewis Henry Morgans ethnographisches Werk *League of the Iroquois,* in dem das Messen der Ureinwohner an den Maßstäben der abendländischen Zivilisation kulminierte, als auch Henry Schoolcrafts *Historical and Statistical Information Respecting the History, Condition, and Prospects of the Indian Tribes of the United States,* die wieder

[10] Diesen Aspekt entfaltet Tzvetan Todorov, auf die initiale Unterwerfung Süd- und Mittelamerikas bezogen, in: Die Eroberung Amerikas. Das Problem des Anderen, Frankfurt am Main 1985. Das Jahr 1492 erscheint ihm darin als der Moment, in dem das moderne Zeitalter beginnt, weil die „Kommunikation mit den Menschen" über die „Kommunikation mit der Welt" triumphiert – und das ist, polemisch formuliert, auch nichts anderes als eine nostalgische Reflexion auf die Vergeblichkeit einer Art *bonté naturelle.*

[11] In diesem Abschnitt folge ich den Kommentaren von Arnold Krupat im Vorwort der amerikanischen Ausgabe von *Savagism and Civilization,* die 1988 in Berkeley bei University of California Press erschien.

zu wesentlich älteren Vorstellungen vom Wilden zurückkehrte. Zwischen diesen Endpunkten liegen für Pearce, grob formuliert, drei Stadien europäisch-amerikanischer Vorstellungen vom Indianer: In der Zeit von der ersten Kolonisation bis zum Unabhängigkeitskrieg, so lautet seine These, galt der Indianer als Mensch, dem zwar die Segnungen der Zivilisation noch nicht widerfahren waren, der aber genau wie alle anderen den Mächten des Himmels und der Hölle unterlag und also der Bekehrung fähig war. Die Puritaner schienen davon überzeugt, der Indianer sei einer „höheren" Form der Zivilisation und damit dem rechten Glauben zugänglich. Für die Mitte des 18. Jahrhunderts jedoch konstatiert Pearce einen ideologischen Wandel: „Zu dieser Zeit hatte niemand mehr ein Interesse daran, den Indianer als einen Menschen zu begreifen, der zivilisiert werden sollte und mit dem man zusammenleben wollte; es ging vielmehr darum, den Indianer als Wesen zu begreifen, dessen Natur und Lebensform ein Hindernis bildeten für den westwärts gerichteten zivilisatorischen Fortschritt." Diese Vorstellung, der amerikanische Wilde sei das Fremde, das *andere* der Zivilisation, gab offenbar auf der einen Seite Anlaß zu seiner Verklärung zum edlen Wilden, zum Repräsentanten einer *bonté naturelle* im Sinne Rousseaus. Doch andererseits implizierte die Wandlung eines großen und wirtschaftlich bedeutenderen Teils von Nordamerika in einen bürgerlichen Nationalstaat mit einer expandierenden Marktwirtschaft die Vernichtung dieser natürlichen Tugenden und die Verdrängung des Indianers aus diesem Raum. Nur der Zivilisierte konnte überleben. Diese Haltung wuchs nun in dem Maße, wie die Eroberung des amerikanischen Westens fortschritt. Dieses dritte Stadium der Vorstellungen vom Wilden nennt Pearce den „Nullpunkt der menschlichen Gesellschaft". Keine Rede war mehr von einem vergangenen, überholten Grad der Zivilisation, die dem Indianer hätte zugesprochen werden können. „Zur Nicht-Zivilisation verflucht", sagt Arnold Krupat; „und deshalb muß der Indianer verschwinden, denn nur Zivilisation ist Leben." Der große Treck nach Westen und der damit verbundene Völkermord an den Indianern fügt sich indessen schlecht in einen protestantischen Moralismus. Aus diesem Konflikt – und darin liegt eine der bemerkenswertesten Thesen von Pearce – entsteht eine Dialektik von Mitleid und Tadel, die ab dem dritten Jahrzehnt des 19. Jahrhunderts eine Flut von heroisierender Indianerliteratur freisetzt, in welcher der amerikanische Wilde zur zwar grausamen, aber sentimentalen Figur wird. Sich unablässig mit seinem Gegenstand zu befassen ist eine Eigentümlichkeit des schlechten Gewissens.

Einleitung

Dieses Buch handelt von einer Überzeugung. Ich habe versucht, eingehend darzustellen, warum und mit welchen Konsequenzen zivilisierte Menschen davon überzeugt waren, daß sich in dem Wilden und dessen Schicksal all das offenbarte, was sie längst hinter sich geglaubt und doch immer noch zu überwinden hatten. Die zivilisierten Menschen waren von sich überzeugt; es war ihnen bewußt, daß sie nur dann überleben konnten, wenn sie von sich selbst überzeugt waren. In Amerika wurde in der ersten Hälfte des 19. Jahrhunderts diese Überzeugung überwiegend negativ definiert – als Gegenbild zu den wilden Indianern, die als hartnäckige Fortschrittshindernisse die Amerikaner dazu zwangen, sich immer wieder Gedanken darüber zu machen, was es eigentlich hieß, zivilisiert zu sein, und was man zum Aufbau einer Zivilisation benötigte. Nach der intensiven Beschäftigung mit dem Wilden, nach dem Versuch, ihn zu zivilisieren, und endlich nach seiner Vernichtung hatten sich die Amerikaner am Ende nur mit sich selbst beschäftigt, ihre eigene Zivilisation untermauert und ihrer Nachkommenschaft die bestärkte Gewißheit eines anderen, glücklicheren Schicksals hinterlassen – das Manifest des Fortschritts der amerikanischen Zivilisation über alle Hindernisse hinweg.

Von uns aber, den Enkeln dieser Nachkommen, mit unserem heutigen Wissen und Selbstverständnis, wird erwartet, diese innere Gewißheit in Frage zu stellen. Die bekannten Fakten verraten uns nur zu deutlich das Ausmaß der Gewalt und der Ablehnung, die diese Selbstgewißheit auch hervorbrachte – obwohl wir mit den Errungenschaften leben, die zum guten Teil durch sie erst ermöglicht wurden. Auch wenn uns unsere eigenen Versäumnisse und unsere Unzufriedenheit nach ihren Stärken und Schwächen, nach ihrer schöpferischen und zerstörerischen Macht suchen lassen, müssen wir uns zunächst darum bemühen, sie gut genug zu verstehen, damit wir die richtigen Fragen stellen können. Nur dann dürfen wir hoffen, die richtigen Antworten zu finden. Wir sind nicht in der Lage, die Vergangenheit zu rechtfertigen oder ihr Lehren zu erteilen. Wir können uns nur mit ihren Gewißheiten abfinden und uns selbst befragen, ob sie mit den unsrigen übereinstimmen. Man kann zum Verständnis einer Gewißheit gelangen, wenn man die Überzeugung, die diese Gewißheit nährte, genauer untersucht. Das Vorliegende ist eine solche Untersuchung.

1

Um die Geschichte einer Überzeugung niederzuschreiben, muß man zunächst eine Chronologie und ein Untersuchungskonzept erstellen; aber man darf das vorhandene Material nicht in vorgegebene Schablonen wie „Aufstieg und Fall“ oder „Ursache und Wirkung“ zwängen, die schon allein durch die Existenz der historischen Fakten widerlegt werden. An diesen Überlegungen orientieren sich meine Wahl der zeitlichen Eingrenzungen und meine Interpretationen.

Als Eckdaten wähle ich die Jahre 1609 und 1851; sie markieren die Erscheinungsdaten von Richard Johnsons *Nova Brittania* und von Lewis Henry Morgans *League of the Iroquois*. Diese beiden Bücher – hauptsächlich dazu bestimmt, zivilisierten Menschen Beschreibungen von Wilden zu liefern – sind weder die ersten noch die letzten ihrer Art, weil es kein erstes und kein letztes Buch in der Geschichte solcher Beschreibungen gibt. Es handelt sich nicht um besonders brillante Abhandlungen, aber es sind symptomatische, kumulative, typische Erzeugnisse ihres Genres und der zeitgenössischen Ansichten. So wie die Verfasser alle für das Leben in Amerika bedeutsamen Ereignisse zu sammeln versuchten, sind diese beiden Bücher Produkt und Ausdruck aktueller Geschichte – einer Geschichte, die zum Zeitpunkt der Aufzeichnung gerade gemacht wurde. Die Erscheinungsdaten der beiden Bücher stecken eine bestimmte Phase in der Geschichte des amerikanischen Interesses am Indianer ab – und damit auch eine Phase des Interesses, das der Amerikaner sich selbst entgegenbrachte. Eben diese Phase, als die Amerikaner in die Auseinandersetzung zwischen Zivilisierten und Wilden tief verstrickt waren, ist der Gegenstand meiner Untersuchung.

Es soll dem Ziel einer klaren Darstellung aller Erkenntnisse dienen, daß ich die Begriffe Vorstellung, Symbol und Bild in gewisser Hinsicht enger definiert habe; allerdings nicht so eng, daß sie dem Gebildeten und dem Kulturhistoriker unvertraut oder dem Durchschnittsleser unverständlich vorkommen müssen. Sie sollen der zumindest groben Einteilung von Entwicklungsstufen in der Geschichte einer Vorstellung dienen, die allmählich Teil eines Systems von Denken und Handeln werden. Mit „Vorstellung" bezeichne ich eine explizite oder implizite Aussage, die die Lösung eines zentralen menschlichen Problems anbietet. Mit „Symbol" bezeichne ich ein Vehikel für eine Vorstellung: ein konkretes, gefühlswirksames Zeichen für eine abstrakte Aussage. Mit „Bild" bezeichne ich ein Vehikel für ein Symbol: eine bestimmte Art von Erklärung und Erfassung eines Symbols und der von ihm verkörperten Vorstellung. In meiner Untersuchung umfaßt die Vorstellung das, was Noah Webster und alle anderen, für die er sprach, den Wilden und seinen Naturzustand nannten; das Symbol ist der Indianer; und die Bilder findet man in der zeitgenössischen Gesellschafts-, Geschichts- und Romanliteratur. Den Zusammenhang von Denken und Handeln verbinden wir hier mit der Ideologie von Fortschritt und Zivilisation in der amerikanischen Gesellschaft der 1850er Jahre. Mit dieser Arbeit unternehme ich also den Versuch, mir über einen bestimmten Abschnitt des Projekts klar zu werden, das Charles und Mary Beard in *The American Spirit* (1948) angeregt haben. In der Einleitung nannten die Beards ihr Buch „einen Versuch, [...] alle geistigen und moralischen Werte zu erfassen, die die Amerikaner für die Zivilisation in den Vereinigten Staaten als unabdingbar erachteten".

Mein Vorhaben folgt also einem Muster von „Denken und Handeln", dem Zusammenwirken von geistigen und moralischen Werten; ich versuche, diese Themenbereiche zu gliedern, zu beschreiben und zu verstehen. Das erste Kapitel gibt einen einleitenden Abriß der kolonialen Voraussetzungen und Ursachen. Das Hauptgewicht liegt allerdings auf den folgenden sechs Kapiteln: die ersten drei beschreiben die Art der – durch den Indianer symbolisierten – Vorstellung vom ungeformten, rohen Naturzustand und die Begleitumstände, die zu dieser Vorstellung führten; die nächsten drei handeln davon, wie die Bilder des Symbols sich entwickelten. Dabei wollte ich ein Thema und seine Variationen festhalten – und andeuten, wie dieses Thema, der Naturzustand, in Wirklichkeit der Kontrapunkt zu einem umfangreicheren Thema ist: zur Zivilisation. Das letzte Kapitel berücksichtigt als Zusammenfassung und Abschluß im einzelnen die Folgen aus beidem: der Vorstellung vom Naturzustand und der Vorstellung von Zivilisation.

Wenn man meine Methode als analytisch bezeichnen kann, dann deswegen, weil das untersuchte Muster von Denken und Handeln in sich selbst analytisch ist. Natürlich entsteht aus diesem Gebäude, mit den Worten von Marianne Moore, eine „Schulphilosophie der Wildnis“ – oder, so im Titel eines der Hauptwerke Melvilles, eine „Metaphysik des Indianerhasses“. Dabei hoffe ich unter anderem darauf, daß wir im Verlauf dieser Untersuchung etwas vertrauter werden mit der historischen Bürde, die der Stoff für uns Amerikaner bedeutet; denn es gehört untrennbar zu unserem Leben, daß wir – wie Penn Warren sagte – alle im „Schatten des großen Waldes“ geboren sind und daß wir aus diesem Schatten noch heraustreten müssen.

2

Wenn der Historiker die Geschichte einer Überzeugung darzulegen versucht, enthüllt er zwangsläufig einen Komplex von Spannungen, Widersprüchen, Unstimmigkeiten, Verirrungen und Fehlern; allerdings berechtigen ihn solche Enthüllungen keineswegs zu einem Gefühl der Überlegenheit gegenüber den Menschen, deren Überzeugung er untersucht. Wenn er aber seine Aufgabe zufriedenstellend gelöst hat, wird er immerhin einen Eindruck davon gewinnen, wie beschaffen und wie folgenreich diese Überzeugung war. Durch genaue Kenntnis der Vergangenheit gelingt es ihm, mit ihr zu sympathisieren; durch seine Sympathie kann er sie akzeptieren; durch seine Akzeptanz wird er vielleicht in der Lage sein, sich von den Grenzen zu befreien, die sie ihm setzt, und sich einsichtsvoller die Möglichkeiten zunutze zu machen, die sie ihm bietet. An dieser Stelle ist es angebracht, die Gedanken des Historikers zu wiederholen, dem diese Studie gewidmet ist:

[...] auch wenn Ideengeschichte immer nur eine Geschichte des Herumprobierens ist, erhellen sogar die Fehler die besondere Beschaffenheit, die Wünsche, Fähigkeiten und Grenzen der menschlichen Natur, die ihnen ebenso anheimfällt wie die Logik der Probleme den Überlegungen, aus denen sie hervorgegangen sind. Auch sollten gerade die Fehler uns daran erinnern, wie unwahrscheinlich es ist, daß die bestimmenden Denkmuster unserer Tage, die einige von uns gern für klar und stimmig, gesichert und endgültig halten, in den Augen unserer Nachkommen auch nur eines dieser Attribute verdienen. Sogar ein ehrlicher Bericht von den Verirrungen unserer Vorfahren mag uns helfen, nicht nur diese Verirrungen aufzuklären, sondern auch heilsame Zweifel zu wecken, ob wir gänzlich immun sind gegen andere, aber gleich starke Formen von Verirrung. Auch wenn wir jetzt mehr empirisches Wissen besitzen, haben wir noch keinen anderen oder besseren Verstand; schließlich sind es die Schlußfolgerungen, die der Verstand aus den Fakten zieht und die alle Weisheit und Wissenschaft ausmachen – und natürlich in großem Maße die „Fakten".

So versucht die vorliegende Studie alles ehrlich aufzuzeichnen, was Lovejoy als die „Fakten" über den Wilden und die Zivilisation in der amerikanischen Gesellschaft um die Mitte des 19. Jahrhunderts bezeichnet haben könnte – und auf diese Weise die besondere Beschaffenheit, die Wünsche, Fähigkeiten und Grenzen unserer Vorfahren und von uns selbst zu erhellen.

Teil 1

Voraussetzungen und Ursachen, 1609 – 1777

„Auch wenn sie ungeschlachte Wesen sein mögen, so sind sie doch von menschlichem Geschlecht und so auch Gegenstand des Erbarmens. Es ist ein Akt der Liebe zu unserer eigenen Natur, nach ihrer Erlösung zu streben [...]“

Reverend Solomon Stoddard, 1723

I

Von Geistlichem und Weltlichem:

Der Indianer in der kolonialen Zivilisation

Die Engländer der frühen Neuzeit und späteren Amerikaner fanden ihren Rückhalt in einer bestimmten Vorstellung von Ordnung. Sie waren zutiefst überzeugt von der Existenz eines ewigen, unwandelbaren Prinzips, das ihre Beziehungen untereinander und zu ihrer Umwelt auf eine nachvollziehbar vernünftige Weise regelte und damit insgesamt ihr soziales Zusammenleben ermöglichte. Dieses Prinzip äußerte sich im Fortschritt und in der Würde und Überlegenheit von zivilisierten Menschen, die – im Streben, es ihrem Gott gleichzutun – Ordnung in das Chaos brachten. Amerika war ein solches Chaos, ein neuentdecktes Chaos. Seine natürlichen Reichtümer warteten darauf, in Besitz genommen zu werden, weil sie darauf warteten, geordnet zu werden. Dasselbe galt für seine Ureinwohner.

So standen die amerikanischen Kolonisten von Anfang an praktisch wie theoretisch einem Indianerproblem gegenüber. Die Praxis gebot ihnen, den Naturmenschen zu überwinden und mit ihm zu leben, die Theorie, ihn zu verstehen. Außerdem brachten die Kolonisten ein fertiges Kulturmodell mit, eine Vorstellung von Ordnung, in der Theorie und Praxis als identisch galten. Sie waren davon überzeugt, daß der Mensch seine besten Talente nur in der einen Gesellschaftsform verwirklichen könne, die sie von England her kannten. Hier in Amerika sollte es möglich werden, diese Gesellschaft in ihrer reinsten und vollkommensten Form aufzubauen. Im vollen Bewußtsein ihres zivilisatorischen Erbes sahen sie sich in Amerika nicht nur einer unzivilisierten Umwelt gegenüber, sondern auch unzivilisierten Menschen – Naturmenschen, wie man sie nannte, die in einer natürlichen Welt lebten; und die Engländer wußten, daß man ein Land zivilisiert, indem man seine Bewohner zivilisiert. Theoretisch waren die Wilden – da sie auch Menschen waren – tauglich, zivilisiert zu werden; praktisch waren sie dazu verurteilt. Aber die Praxis stützte die Theorie nicht: Die Indianer wurden nicht zivilisiert, sondern vernichtet.

So gestaltete sich in Umrissen die koloniale Erfahrung mit den Indianern; es war die Erfahrung der revolutionären Amerikaner, die nach 1770 begannen, ihre erfolgreiche Zivilisierung der ‚Neuen Welt' auszubauen. Das koloniale Interesse an den wilden Indianern stammte ursprünglich von der primitivistischen Einstellung der Franzosen: sie versuchten, den Wilden – genauer: den nichtmenschlichen Wilden – als eine Art europäische Mißgeburt zu betrachten. Als dieser Versuch nach 1770 offensichtlich fehlgeschlagen war, kamen die Amerikaner zu dem Schluß, daß der Indianer völlig anders sei als sie selbst; sie erkannten, daß er untrennbar eingebunden war in seine primitive Vergangenheit, in eine primitive Gesellschaft und primitive Umwelt – und dazu verurteilt, durch Gott, die Natur und durch den Fortschritt vernichtet zu werden, um Platz für den zivilisierten Menschen zu machen. In der Folgezeit entwickelten die Amerikaner dann eine Theorie über den Wilden aus ihrer Vorstellung von einer neuen Ordnung, an der Indianer keinen Anteil haben konnten.

Bei diesem amerikanischen Verständnis des Indianers in der Zeit nach der amerikanischen Revolution handelt es sich um den Aspekt des spezifisch nationalen Selbstverständnisses, und deshalb gilt ihm das Hauptaugenmerk dieser Studie. Zunächst müssen wir aber einen Einblick gewinnen, welches die Voraussetzungen und Ursachen für dieses Verständnis vom nicht-menschlichen Wilden in der Theorie der frühen Neuzeit und in deren kolonialen Varianten waren. Überall in den Kolonien kann man Bemühungen erkennen, den Indianer als ein Wesen zu verstehen, mit dem man auskommen mußte, dessen Lebensart – im Vergleich zu seinen zivilisierten Nachbarn – nur eine verderbte Abart bildete; als einen, der gewiß auf das Niveau der Zivilisation gehoben werden konnte. Gleichzeitig aber beobachtet man die traurigen Fehlschläge solcher Bemühungen. Im Effekt scheiterte die Theorie – und nach ihr die Praxis.

1

Der Indianer, auf den die englischen Seefahrer des 16. Jahrhunderts stießen, war zuallererst ein Wesen, dessen Lebensart ihnen vor Augen hielt, wie es um sie selbst stünde, wären sie nicht zivilisiert und christlich und hätten sie nicht voll und ganz teil am göttlichen Ordnungsdenken. Im Lichte einer geordneten, zivilisierten Natur, nach deren Verwirklichung zu streben aller Menschen Pflicht war, schien der Indianer sich so weit wie irgend denkbar von dem ihm zukommenden Platz entfernt zu haben – und doch ein menschliches Wesen geblieben zu sein. So wurde zivilisierten Christen, deren Verstand im wesentlichen noch durch mittelalterliche Wertvorstellungen geprägt war, deren Welt sich aber sehr bald in eine im heutigen Sinn moderne verwandelte, überall in Amerika eine eindringliche Lektion erteilt, denn in der ‚Neuen Welt' mochten die Engländer vergeblich nach einem Mikrokosmos im Makrokosmos suchen, nach Menschen, deren Leben die Ordnung des Universums im kleinen spiegelte. In Amerika wurde dem Engländer deutlich vor Augen geführt, was mit ihm geschähe, wenn er nicht ganz im Sinne seiner edelsten Anlagen lebte. Der Indianer wurde zur Folie für die Lebensauffassung des Engländers: nicht durch den von ihm verkörperten Eigenwert, vielmehr weil er zivilisierten Menschen augenfällig machte, was sie nicht waren und was sie nicht sein durften [1].

Englische Reisende stellten immer wieder fest, daß die eingeborenen Amerikaner ihr Gott geweihtes menschliches Ich verleugneten und wie wilde Tiere lebten; nach damaliger Terminologie waren sie eher animalisch als rational veranlagt. Die Indianer im Nordosten, denen der englische Seefahrer Sir Martin Frobisher auf seiner zweiten Reise nach Amerika begegnete, werden wie folgt beschrieben:

---

[1] Zur Auffassung der primitiven Völker im 16. Jahrhundert vgl. meinen Essay, dem ich hier folge: „Primitivistic Ideas in the *Faerie Queene*", *JEGP*, XLIV (1945), S. 139–151.

Zwar mögen sie in ihrer Not des Vorerwähnten dringend bedürfen und das Gras, das das Land hervorbringt, abpflücken und essen; aber sie essen es nicht wie einen Salat, um den Appetit zu wecken, sondern verschlingen es in ihrer Not ungewaschen, weder mit Salz noch mit Öl – wie wilde Tiere. Sie benutzen niemals Tisch oder Stuhl, noch – wie es schicklich wäre – ein Tischtuch; doch wenn sie über und über von Blut durchtränkt sind und ihre Messer gleichermaßen, dann benutzen sie ihre Zunge als geeignetes Instrument, die Messer zu reinigen, um von ihrer Nahrung bloß nichts zu verschwenden [2].

Darüber hinaus leben diese Indianer in „Erdhöhlen und jagen für ihr Essen oder für Opfergaben, gerade so wie es Bären und andere wilde Tiere tun", und „zögern nicht, alles zu vollbringen, was ihnen ihre Eitelkeit gebietet und was männlicher Mut vollbringen mag" [3]. Die im Südosten lebenden Indianer sind – nach der Beschreibung von Henry Hawks – „rasch betrunken, von tierischer Roheit und bar jeder charakterlicher Qualitäten" [4]. Auch die Wilden, die Cabot nach England mitbrachte, werden in ihrem „Verhalten wilden Tieren gleich" [5] beschrieben. Diese Aussagen sind das ohne nennenswerte Abweichungen stets wiederkehrende Thema aller Reiseerzählungen. Sogar die Indianer in Virginia, die Thomas Hariot in seinem berühmten *Brief and True Report* (1588) [6] so wohlwollend beschreibt, sind für den Verfasser vor allem deswegen interessant, weil sie animalisches Gebaren vermeiden, nicht aber weil sie deswegen menschlichem Verhalten näherkämen. Die Indianer Amerikas wurden überall ganz einfach als Menschen betrachtet, die keine Menschen waren, die sich in einem Zustand religiöser und politischer Unvollkommenheit befanden. Wenn es denn eine ‚schöne neue Welt' war, dann stellte Caliban ihr natür-

[2] Richard Hakluyt, *The Principal Navigations* (Glasgow, 1904), VII, S. 224.

[3] Ebd., VII, S. 370; und Thomas Churchyard, *A Prayse, and Reporte of Maister Martyne Forboishers* [sic] *Voyage to Meta Incognita* (London, 1578), Sig. B iv.

[4] Hakluyt, IX, S. 386.

[5] Ebd., VII, S. 155.

[6] Ebd., VIII, S. 374–383.

liches Geschöpf dar und Ferdinand einen ihrer Entdecker und Kolonisten [7].

Amerika mußte kolonisiert werden, damit Noch-nicht-Menschen zu Menschen erhoben werden konnten, und das gehörte zur größten Bürde für den zivilisierten Engländer. In den Freibriefen, die im Jahr 1606 anläßlich der Kolonisierung von Virginia ausgegeben wurden, drängte der König auf die Förderung eines guten Werks, „das, durch die Vorsehung Gottes des Allmächtigen, künftig dem Ruhme Seiner Geheiligten Majestät dienen soll, indem es die christliche Religion bei all denen verbreitet, die jetzt noch in Finsternis und jammervoller Unkenntnis Gottes leben, und indem es die Ungläubigen und Wilden, die jene Landesteile bevölkern, zur rechten Zeit der menschlichen Zivilisation und einer gefestigten und friedlichen Ordnung zuführen möge [. . .]“ [8]. Das praktische Problem, die Wilden zu zivilisieren, sollte dadurch gelöst werden, daß man sie christianisierte, denn der christliche Glaube war der Kern der Zivilisation. Der Erfolg bei der Begründung eines Weltreichs und im Handel mußte am Erfolg der Zivilisierung und Christianisierung gemessen werden; der Erfolg der Zivilisierung und Christianisierung sollte den Erfolg bei der Begründung eines Weltreichs und im Handel garantieren. Und dabei war der Indianer mit seinem rohen, ungeformten Wesen einfach überall eine Herausforderung für Ordnung, Vernunft und Zivilisation.

Die Vorstellung von der Beschaffenheit des Wilden und seiner Bestimmung, die die Kolonisten des 17. Jahrhunderts nach Ame-

---

[7] Anm. d. Übers.: Pearce spielt hier auf Shakespeares *Sturm* an. Dort verkörpern der eingeborene Caliban (ein Anagramm für *Canibal* [Kannibale]) und unter anderen Ferdinand – der Sohn Alonsos, Königs von Neapel – die Unterwerfungsproblematik zwischen Wilden und Zivilisierten. Daher stammt auch der Ausruf Mirandas – der Tochter Prosperos, des vertriebenen Herzogs von Mailand – „Schöne neue Welt!“ (*„Brave new World!“*): allerdings nicht als Anerkennung einer neuentdeckten Wildnis, sondern als Entzücken beim Anblick des Königs von Neapel und dessen Gefolges.

[8] *Calendar of State Papers, Col. Series, America and West Indies, 1675–1676,* auch *Addenda 1574–1675,* No. 48.

rika mitbrachten, formulierte am deutlichsten Reverend Samuel Purchas – er war es, der die Herausgabe von Reiseerzählungen fortsetzte, die Reverend Richard Hakluyt begonnen hatte. Gegen Ende der langen Reihe von Erzählungen, darunter *Hakluytus Posthumus, or Purchas His Pilgrimes* (1625), schrieb Purchas eine Rechtfertigung für die Kolonisierung Virginias ein[9]. Seinen Ausführungen zufolge hatten die christlichen Engländer zunächst nicht das Recht, den heidnischen Indianern das Land wegzunehmen, weil der Besitzanspruch auf das Land im Naturrecht und nicht in Gott verankert ist. Auch können die Indianer nicht dafür zur Rechenschaft gezogen werden, daß sie ihr Land nicht bestellen, so wie es Gottes erklärter Wille ist, weil sie nach den Gesetzen des Naturrechts leben. Andererseits haben die Engländer, die als Christen Gottes Willen kennen, die Pflicht, das Land zu bestellen, denn es ist nahezu unbesiedelt und reich an allen Gütern, die sich für den Handel eignen. Darüber hinaus haben sie als Christen die Pflicht, die Indianer aus ihrem Naturzustand in den Zustand christlicher Zivilisation zu versetzen. Anfangs erkannten die Indianer in Virginia auch die Pflichten der Engländer an und die Engländer das natürliche Landrecht der Indianer; die Engländer erwarben das Land ganz legal – alles im Einklang mit dem Naturrecht. Doch dann erhoben sich die Indianer im Virginia-Massaker von 1622 gegen die Engländer und mißachteten dabei sogar das Naturrecht, nach dem sie selbst lebten und auf dessen Grundlage der Friede mit den Engländern zuvor beruhte. Nach Purchas' Überzeugung haben die Engländer danach nun das Recht, nach Gutdünken – oder genauer: nach dem Willen Gottes – zu verfahren.

Gelobt sei Gott, dessen reiches und im Überfluß schwelgendes Land Virginia gemäß seiner Bestimmung genutzt wird, denn die Engländer leben in Wohlstand von diesem Land. Gelobt sei Gott auch dafür, daß die Engländer diese Wilden – die es sogar ablehnen, ein wenigstens für Naturmenschen schickliches Dasein zu fristen – zum christlichen und zivilisierten Wohlverhalten zwingen

---

[9] *Hakluytus Posthumus, or Purchas His Pilgrimes* (Glasgow, 1906), XIX, S. 218–265.

wollen. Hier schreibt Purchas wie ein Entdecker am Ende des 16. Jahrhunderts. Die Indianer sind „verworfene Geschöpfe, die nichts Menschliches ihr eigen nennen können als ihre äußere Gestalt; sie wissen nichts von Bildung, Kunst und Religion; sie sind viehischer als die Tiere, die sie jagen, wilder und ungezähmter als die menschenleere Wildnis, in der sie mehr umherschweifen, als daß sie sie bewohnen; mit ihren närrischen Frömmeleien, ihrer wilden Gottlosigkeit, sündhaften Faulheit, geschäftigen und blutrünstigen Verdorbenheit leben sie in Fesseln unter der Tyrannei des Satans – aus all diesen Gründen gilt ihnen unser Bekehrungseifer und unser Mitleid [. . .]." [10] Bekehrungseifer und Mitleid sollen mit den Reichtümern Virginias belohnt werden – so lautet der Wille Gottes:

Alle reichen Gaben Virginias, ihre jungfräuliche Mitgift, mit der die Schöpfung sie reich versah, sind der Lohn für diese Arbeit: Gott hat in seiner Weisheit das Land der Wilden mit Reichtümern versehen, damit diese Reichtümer ein Anreiz sein mögen für christliche Anwärter, die dort Geistliches säen und Weltliches ernten mögen [11].

Im Tausch also – wenn er den Indianern Gott und die Zivilisation brachte – sollte der englische Kolonist die Reichtümer einer neuen Welt empfangen. Er verfügte bereits über Gott und die Segnungen der Zivilisation und konnte sich so der Macht erfreuen, die ihm beide verliehen. Mit dem Indianer und seinem Mangel an solcher Macht vor Augen konnte sich der Engländer seiner eigenen Bestimmung sicher sein; sich selbst betrachtend, wußte er genau, wie der Indianer werden sollte. In Amerika ist die Geschichte des Wilden von Anfang an die Geschichte des zivilisierten Menschen.

[10] *Ebd.*, XIX, S. 231.

[11] *Ebd.*, XIX, S. 232. (Anm. des Übers.: Virginia war von Walter Raleigh, dem Gründer dieser ersten englischen Kolonie in Nordamerika, nach der jungfräulichen Königin Elizabeth I. – „the Virgin Queen" – benannt worden.)

2

Ein paar Abenteurer, die im Jahr 1607 nach Virginia kamen, um sich dort anzusiedeln, waren davon überzeugt, friedlich mit den Indianern auskommen zu können, denn sie glaubten ganz sicher, daß die Indianer sie und ihre Zivilisation brauchten. Handelsprofite, Zuwachs an politischer Bedeutung, Zivilisierung und Christianisierung der wilden Heiden – das waren die Bestandteile des ruhmreichen Planes, nach dem man auf die neue Welt die klare Ordnung der alten Welt übertragen konnte [12]. Im Jahre 1609 erhielt Sir Thomas Gates als Gouverneur der Kolonie von der *Virginia Company* [13] die Anweisung, seine Missionare sollten die Indianerkinder erziehen, und er könnte sie dazu notfalls von ihren Eltern trennen: sie seien „so gefangen in Finsternis und Elend durch deren Sündhaftigkeit, so eingeschüchtert durch deren beständige Tyrannei und durch Fesseln des Todes an den Teufel gekettet", daß am ehesten der Versuch Erfolg verspreche, sie schon in der Jugend zu einem frommen Christenleben zu zwingen [14]. Bis zum Jahre 1619 wurden mindestens fünfzig Missionare nach Virginia entsandt, um dreißig Indianerkinder in ihre Obhut zu nehmen, im christlichen Glauben zu erziehen und zu zivilisieren [15]. In England sammelte man Geld zum Bau einer Schule für diese Kinder, und im Juni 1622

[12] Zu einer zeitgenössischen Stellungnahme zu diesem Entwurf vgl. *A True and Sincere Declaration of the Purpose and Ends of the Plantation Begun in Virginia* [1610] in Alexander Brown, *The Genesis of the United States* (Boston, 1840), S. 339 f. Als übergreifende Darstellung vgl. Perry Miller, „The Religious Impulse in the Founding of Virginia: Religion and Society in the Early Literature", *William and Mary Quarterly*, Ser. 3, V (1948), S. 492–522; und „Religion and Society in the Early Literature: The Religious Impulse in the Founding of Virginia", ebd., Ser. 3, VI (1949), S. 24–41.

[13] Anm. d. Übers.: Die *Virginia Company* war eine von Jakob I. bevollmächtigte Handelsgesellschaft, die nordamerikanische Westküste zu kolonisieren.

[14] *Records of the Virginia Company*, III (Washington, 1933), S. 14 f.

[15] *Ebd.*, III, S. 116, 128, 165 f.

wurde ein Missionar zum Schulleiter ernannt [16]. Doch all dies kam zu spät, denn im April 1622 hatten die Indianer Virginias bereits versucht, die englischen Kolonisten zu vertreiben, und durch ihren Mißerfolg ihren eigenen Untergang besiegelt.

Die Jahre zwischen 1607 und 1622 waren – nüchtern betrachtet – eine Zeit beklommenen Stillhaltens [17]. Die Indianer zeigten sich widerspenstig, stellten aber sehr bald fest, daß sie die Engländer nicht verjagen konnten, weil deren Befestigungen Schutz vor Pfeilen gewährten und deren Wille und Entschlossenheit sie vor Fehlern bei der Entdeckungs- und Pionierarbeit bewahrten. Obwohl die Engländer indianische Besitzansprüche auf das Land nicht anerkannten, versuchten sie ihrerseits immer noch, das Land durch Kauf zu erwerben, bevor sie es in Beschlag nahmen, um auf diese Weise der Würde und dem Naturrecht der Indianer Respekt zu bezeigen. Sie erkannten, wie viel Macht und Einfluß Powhatan und nach ihm Opechancanough hatten; beide planten, alle Indianer im Kampf gegen sie zu vereinigen. Wegen der Heirat von John Rolfe mit Powhatans Tochter Pocahontas im Jahr 1613 glaubten sie allerdings noch alle mit Powhatan geschlossenen Verträgen für immer und ewig abgesichert, aber der Friede blieb nur gewahrt, weil Powhatan hoffte, daß das koloniale Experiment an der Unfähigkeit der Engländer scheitern werde. Als Powhatan im Jahre 1616 starb, setzte sein Nachfolger Opechancanough die Politik der Lauerstellung fort. In der Zwischenzeit wurden sich die Engländer des Erfolgs ihrer friedlichen Zivilisierungs- und Christianisierungsbemühungen gegenüber den Indianern immer sicherer; sie ermutigten die Indianer, als gute Freunde zu ihnen zu kommen. Plötzlich aber, am 1. April 1627 (am 22. März nach der Zeitrechnung

[16] Vgl. Wesley Frank Craven, *The Southern Colonies in the Seventeenth Century,* 1607–1689 (Baton Rouge, La., 1949), S. 142 ff.; und Samuel Eliot Morison, *The Founding of Harvard College* (Cambridge, 1935), S. 411–415.

[17] Die Darstellungen hierzu weichen in einigen Details voneinander ab. Ich folge der Darstellung von Matthew P. Andrews, *Virginia, the Old Dominion* (New York, 1937), S. 23 f., 30, 56 f., 66–70, 99–107, 104–107; und Craven, *The Southern Colonies,* S. 146.

des – in England bis 1750 gültigen – Julianischen Kalenders), erhoben sich die Indianer ohne Vorwarnung in einem 150 km^2 großen Gebiet und töteten alle Engländer, auf die sie stießen – mindestens 347 Kolonisten fielen ihnen zum Opfer. Daß bei diesem Massaker nicht alle Engländer ausgerottet wurden, war – nach dem Willen Gottes – einer Warnung in letzter Minute von einem bekehrten Indianer zu verdanken. Gottes Wille war es dann auch, daß die Engländer durch Strafexpeditionen in den nächsten Jahren Vergeltung übten. Nun wandelte sich das Problem zur simplen Überlebensfrage; die Wilden hatten sich selbst ausgeliefert. Wie Reverend Samuel Purchas triumphierend hervorhebt, hatten sie jetzt keinerlei Rechte mehr, weil sie sogar das Naturrecht gebrochen hatten, dem sie als Naturvolk unterworfen waren.

Anfangs waren die Engländer den Indianern Virginias mit der Überzeugung eines protestantischen Humanisten mit seinem Gottvertrauen in die Ordnung der Natur begegnet:

> Und gewiß [so stand es in einem werbenden Traktat von 1609 geschrieben] verlangt es den Menschen so sehr nach der zivilisierten Gesellschaft, daß er sich leichten Herzens jeder Disziplin und Herrschaft unterwirft, wenn er hierfür einen vernünftigen Grund erkennt [...], denn es ist nicht die Natur des Menschen, sondern seine Erziehung, die ihn zum Barbaren macht. Darum: Verbessert die Erziehung des Menschen, und Ihr werdet sehen, daß er zu seiner Natur zurückfindet. Wenn man also das natürliche Begehren des Menschen nach vernunftgemäßer Disziplin und Herrschaft als das für ihn Beste erkennt, dann ist es eines jeden Pflicht, über Meer und Land zu reisen und seine Person oder sein Vermögen dafür einzusetzen, daß die barbarischen Wilden einem zivilisierten und christlichen Regiment zugeführt werden, unter dem sie lernen sollen, wie man ein frommes, gerechtes und bescheidenes Dasein in dieser Welt führt. Ebenso ist es eines jeden Pflicht, Sorge zu tragen für die Errettung ihrer Seelen für das Leben nach dem Tode, nicht aber die Wilden ins Elend zu treiben oder sie völlig auszurotten [...] [18].

Aber nach den Ereignissen von 1644 hielten die meisten Engländer in Virginia die Ausrottung der Indianer für gerechtfertigt. Die nach-

[18] Robert Gray, *A Good Speed to Virginia* [1609], ed. W. F. Craven (New York, 1937), Sig. [C 1^v]–C 2^r.

folgende freimütige Erklärung von Pionieren ist charakteristisch für ein neues Selbstwertgefühl:

Unsere Hände waren zuerst durch Milde und Gerechtigkeit gebunden, aber jetzt sind sie durch die Tücke und Gewalt der Wilden frei geworden; sie haben den Knoten nicht entwirrt, sondern durchgehauen: Bisher besaßen wir nicht mehr als nur den Boden, den sie brachliegen ließen und den wir, um sie zufriedenzustellen, für teures Geld erwarben, aber jetzt dürfen wir nach Kriegsrecht und Völkerrecht das Land erobern und alle vernichten, die uns zu vernichten trachteten [19].

Für die Virginier des 17. Jahrhunderts verkörperte der Indianer kein Wesen im Klammergriff teuflischer Unwissenheit, sondern einen Menschen, der sich verbissen und wütend der Zivilisation in den Weg stellte [20]. Als Opechancanough im Jahr 1644 erneut versuchte, die Engländer hinwegzufegen, waren die Virginier vorbereitet. Sie konnten ihn leicht überwältigen, gefangennehmen und duldeten es schließlich, daß er von seinen Bewachern umgebracht wurde. Sein Nachfolger bat um Frieden und erhielt ihn, nachdem er in eine jährliche Zwangsabgabe und in eine – ebenso unvermeidliche – Befriedigung aller englischen Gebietsansprüche eingewilligt hatte. In der Folgezeit versicherte man sich der ansässigen Indianer als Verbündete gegen mögliche Übergriffe der Indianer aus dem Norden und Westen, und so gab es Indianerprobleme in Virginia fortan ausnahmslos nur als Grenzprobleme, die in recht weiter Ferne von der zivilisierten Umgebung in Jamestown und den Siedlungen an der Gezeitenküste entstanden. Im Jahre 1675 zwang ein Indianeraufruhr die Siedler im Grenzgebiet, sich zu ihrer eigenen Verteidigung zusammenzuschließen und dem königlichen Gouverneur zu widersetzen, der ihnen die erhoffte Unterstützung nicht gewähren wollte; diese Ereignisse führten zu

[19] Edward Waterhouse, „A Declaration of the State of the Colonie and Affaires in Virginia“ [1622], *Records of the Virginia Company*, III, S. 556 f.

[20] Vgl. John Martin, „The Manner Howe to Bringe the Indians into Subjection“, ein für die Virginia Company vorbereiteter Bericht vom 15. Dezember 1622, ebd., III, S. 704 ff.

Bacon's Rebellion[21], vor deren Hintergrund der Konflikt mit den Indianern zur Nebensache herabsank. Und ganz allmählich rückte das Indianerproblem in den amerikanischen Westen; dort mußte sich die Gesellschaft des späten 18. und frühen 19. Jahrhunderts mit ihm auseinandersetzen. Ebenso stetig entwickelte sich die missionarische Arbeit, die zu leisten war, zur fernab liegenden Angelegenheit einer aufklärerischen Philanthropie und Wohltätigkeit[22]. Inzwischen hatten die Virginier mit der Herrschaft über ihr neues Land auch die Herrschaft über seine Ureinwohner errungen.

Als die Virginier im Jahr 1622 einsahen, daß sie zerstören mußten, um nicht selbst zerstört zu werden, brachen sie alle Versuche ab, den Indianer zu verstehen, weil sie sich einfach wenig Nutzen davon versprachen. Deshalb stammen ihre Berichte über Indianer nur aus der Zeit vor 1622 und geben den frühen, optimistischen Blickwinkel von Menschen wieder, die ihrer Überzeugung folgten, daß man Wilde ohne weiteres zivilisieren könne. Die wenigen Berichte zwischen 1607 und 1622 kommen unumwunden zur Sache.

Richard Johnsons Bericht *Nova Brittania* (1609) ist kurz und direkt. Virginia, so heißt es, „wird bewohnt von wilden und unzivilisierten Menschen, die faul und träge in Horden leben wie ein Rudel Wild im Walde; sie haben kein Gesetz als die Natur, ihre

[21] Anm. d. Übers.: Nathaniel Bacon, ein junger, wohlhabender englischer Siedler, wurde nach seiner maßgeblichen Teilnahme an den „Strafaktionen" der Milizen in den Jahren 1675/76 zum Führer der virginischen Grenzer, die gegen die zurückhaltende Indianerpolitik des Gouverneurs Sir Wiliam Berkeley protestierten. Als Bacon um die offizielle Erlaubnis ersuchte, weitere Strafexpeditionen durchführen zu dürfen, wurde er von Berkeley zum Rebellen erklärt. Im Vertrauen auf eine zustimmende Mehrheit vertrieb Bacon am 8. September 1676 Berkeley aus Jamestown und setzte die Stadt am 19. September in Brand. Angesichts der drohenden Gefahr, daß englische Truppen zur Unterstützung Berkeleys heranrückten, versuchte Bacon seine politische Machtposition in Virginia auszubauen, erlag allerdings noch im selben Jahr einem Fieber.

[22] Siehe hierzu z. B. den Brief des Vizegouverneurs Alexander Spotswood an den Bischof von London vom 11. November 1711, mit dem er sein Interesse an der Arbeit mit Indianerkindern darlegt; *Virginia Historical Society Collections*, I (1882), S. 126.

Bekleidung besteht aus Tierfellen, doch die meisten gehen nackt. Die Besseren unter ihnen besitzen Häuser, wenn auch ärmliche; sie kennen weder Kunst noch Wissenschaft, und doch leben sie nach edlen Geboten: Sie sind im allgemeinen sehr liebevoll und sanft, bewirten und unterstützen unsere Landsleute mit großer Freundlichkeit; sie sind leicht zum Guten anzuleiten und würden nur zu gern unter besseren Bedingungen leben.“ [23] In *The New Life of Virginia* (1612) formuliert Johnson praktische Vorschläge, wie man einem solchen Naturvolk zu besseren Lebensbedingungen verhelfen könnte. Da er keinen Anlaß zur Gewaltanwendung sieht, rät er den Kolonisten Virginias: „Um ihre verkümmerte Natur in eurem zivilisierten Zustand zu verwandeln, bedarf es – statt Flinte und Messer – eurer Geduld und Menschlichkeit [...].“ [24]

Henry Spelmans Aufzeichnungen *Relation to Virginea* (1613) ergänzten das Bild vom Leben des Indianers mit zusammengewürfelten, aber aufschlußreichen Beobachtungen – über indianische Kulte, Behausungen, Hochzeitsrituale, Namensgebung bei Kindern, Krankenpflege, Bestattungen, soziale Ordnung, Hinrichtungen, Landwirtschaft, Streitigkeiten, Krieg und Zeitvertreib –, doch gilt Spelmans Hauptinteresse immer noch dem Befund, daß auch in der indianischen Gesellschaft tatsächlich ein wenn auch nur gering ausgeprägter Sinn für Disziplin und Ordnung *existiert,* der sich mit der zivilisierten Ordnungsvorstellung vergleichen ließe. Zum Thema Kulte bemerkt er, daß sie zwar „meist dem Teufel huldigen“, aber auch dies sei immerhin eine Form religiöser Verehrung. Im Zusammenhang mit der indianischen Rechts- und Gesellschaftsordnung ist er von der Entdeckung angetan, daß die Indianer – entgegen seiner früheren Annahme, sie seien von Natur aus Gesetzlose – über Gesetze verfügen, die sie auch wirklich befolgen [25].

---

[23] Peter Force, *Tracts*, I, no. 6, S. 11.

[24] *Ebd.*, I, no. 7, S. 18 f.

[25] Ich habe die Ausgabe von Spelmans Text benutzt, die abgedruckt ist in *Travels and Works of Captain John Smith*, ed. Arber and Bradley (Edinburgh, 1910), „Introduction“, I, S. ci–cxiv.

Die hoffnungsvollste Sicht der Lage findet sich in *Good Newes from Virginia* (1613) von dem in Henrico lebenden Geistlichen Alexander Whitaker. Er hat beobachtet, daß die Indianer einen „großen gerechten Gott" anerkennen, daß aber ihre Furcht vor dem Teufel noch weit größer sei; dem Teufel gilt ihre Verehrung, und im Grunde sind sie nur Sklaven ihrer „Priester", die „nichts weiter sind als unsere englischen Hexenmeister". Weiter heißt es:

Darum, meine Brüder, sollen wir unsere Betrachtungen mit dem Gefühl des Erbarmens auf den beklagenswerten Zustand dieser elenden Geschöpfe richten: Ein und derselbe Gott hat uns alle erschaffen; sie haben einsichtige Seelen und verfügen wie wir über die Gabe der Vernunft; uns allen ist *Adam* der Urvater; jawohl, von der Natur sind wir alle gleich erschaffen, wir, Unterworfene der Sünde und Sklaven des Teufels [. . .].

Doch sollte auch nur einer von uns den Verdacht hegen, diese Barbaren könnten der himmlischen Weihen nicht teilhaftig werden, so soll er wissen, daß er irrt in der Natur dieser Menschen; Gott ist ohne Ansehen der Person ebenso dem Törichten, der nur dem Fleische folgt, wie dem Einsichtigen verheißen; laßt uns also nicht glauben, daß diese Menschen so niedrig sind, wie manche annehmen: denn sie sind von derber Natur, stark und sehr gewandt. Sie sind überaus verständig und von schneller Auffassung, überraschen durch ihre Schnelligkeit, sind einfallsreich bei ihren Geschäften, herausragend in ihren Erfindungen und fleißig bei der Arbeit.

Welcher Art ist die Gesellschaft dieser heidnischen Diener des Satans?

Sie halten sich strikt an sittliche Regeln, die es bei ihnen gibt, und beweisen so, daß das Recht der Natur in ihnen waltet, denn sie verfügen bereits über primitive Formen eines Gemeinbesitzes und einer Gesellschaftsordnung, nach der sie ihren Königen, ihren Eltern und Anführern huldigen und gehorchen. Sie achten die Grenzen ihres Besitzes, sei er groß oder klein, und plündern nicht ihres Nächsten Hab und Gut [. . .].

So gibt es also bei den Indianern Virginias einen Hoffnungsschimmer auf das erhellende Licht der Zivilisation – einen Hoffnungsschimmer auf eine Vorstellung von einer vernunftmäßigen, heiligen Ordnung mit einer Regierung, mit Gesetzen und der Anerkennung von Privatbesitz. Gerade diese bei den Indianern festgestellten „entwicklungsfähigen Grundlagen der Vernunft" bestärken die Hoffnung bei den Christen, alle Indianer in die Herrlichkeit der christlichen Zivilisation führen zu können. Whitaker kündigt für die Zukunft noch weitere Einzelheiten an, ist sich aber über das Grundlegende bereits im klaren [26].

Diese Einzelheiten führt dann Captain John Smith systematisch vor: systematisch im Sinne einer angenommenen, natürlichen Minimalordnung, die das Leben der Wilden – mit ihrem angeborenen Streben zum höherwertigen Leben des Christen – prägt. Smiths eingehendsten Bericht liest man in seiner *Map of Virginia, with a Description of the Countrey, the Commodities, Poeple, Government and Religion* (1612) [27]. Es ist praktisch der gleiche Bericht wie in *General History of Virginia* (1616). Er beginnt mit den Namen der Stämme und mit statistischen Angaben und geht dann zu Schilderungen über: Smith findet die Indianer anmutig, von braunem Teint (wenn auch alle weiß geboren), gründlich rasiert, sehr stark und behende, wankelmütig, ängstlich, von rascher Auffassungsgabe, „von Kopf bis Fuß *Wilde*“, habsüchtig, boshaft und so ehrlich, wie man es von ihnen erwarten kann. Smith ist zugleich fasziniert und abgestoßen von ihrer prunkhaften Kleidung, ihrem barbarischen Schmuck und ihren gräßlichen Körperbemalungen. Er führt aus, daß sie in Gruppen von sechs bis zwanzig Personen in Häusern leben, „die wie unsere Lauben gebaut sind“, und daß sie Gärten besitzen, die sie gemeinsam bestellen. Die Männer fischen, jagen, führen Krieg und beschäftigen sich normalerweise nur mit „derlei mannhaften Übungen“, während „die Frauen und Kinder den Rest der Arbeit verrichten“. Genauso gründlich untersucht der Verfasser das ganze Feld der indianischen Kultur, so wie er sie wahrgenommen hat: Ernährung, Waffen, Werkzeuge, Gebrauchsgegenstände, Bootsbau, Anfertigung von Kleidung, Fischfang, Jagd, Krieg, Musik, Unterhaltung und Medizin.

Was ihn aber am meisten interessiert, sind Glaube und gesellschaftliche Organisation der Indianer; diesen Themen widmet er zwei besondere Abschnitte in seinem Bericht. Seiner Ansicht nach

---

[26] *Good News from Virginia* [1613] (New York, 1936), S. 24–27.

[27] *Travels and Works of Captain John Smith*, ed. Arber and Bradley, I, S. 65–84.

„gibt es in Virginia keinen bis jetzt entdeckten Ort, der so *barbarisch* wäre, daß die *Barbaren* nicht einmal über einen Glauben verfügen [...].“ „Aber,“ fügte er sogleich hinzu, „der höchste von ihnen verehrte Gott ist der Teufel.“ Tatsächlich entstellt die Teufelsanbetung eine ganze Religion, die von verderbten Priestern beherrscht wird, und diesen Satansjüngern muß ein teuflischer Tribut gezollt werden. Deshalb haben die religiösen Zeremonien dieser Menschen – mit ihren frevelhaften Kostümen, Teufelsbeschwörungen, Gesängen, Tänzen und sogar Menschenopfern – einen diabolischen Anstrich. Sie glauben, nur den Häuptlingen und Priestern sei ein Leben nach dem Tode beschieden – und zwar zusammen mit dem angebeteten Teufel. Für einfache Menschen gibt es nach ihrer Überzeugung kein Leben nach dem Tod. Wenn man sieht, wie einige den Wunsch haben, Christen zu werden, dann gibt es durchaus Anlaß zur Hoffnung auf eine Bekehrung aller. Bis jetzt aber „bekennen sich diese armen Seelen in ihrer jämmerlichen Unwissenheit und in Unkenntnis ihres wahren Schöpfers zum Satan“.

Trotz aller Mängel ist die gesellschaftliche Organisation der Indianer aufgeklärter als die indianische Religion:

> Wenn auch die Landbevölkerung ausgesprochen barbarisch sein mag, so verfügt sie doch über eine so achtenswerte Herrschaftsform, daß die Regierenden mit ihrer angemessenen Führung und die Bevölkerung mit ihrem gebührenden Gehorsam mancherorts einer wahrhaft zivilisierten Gesellschaft zum Vorbild gereichen könnten.

In ihrem monarchischen Regiment sind Könige einem Kaiser unterstellt. Der Kaiser ist Powhatan, der als der Ranghöchste nicht nach geschriebenen Gesetzen, sondern nach Sitte und Brauch regiert. „Wenn er jedoch einen Wunsch äußert, ist sein Wille Gesetz und muß befolgt werden. Sie achten ihn nicht nur als ihren König, sondern als einen Halbgott.“ Jeder König und sein Volk erhalten direkt vom Kaiser ihr Land; dort leben sie in stetigem Bemühen, die Anordnungen des Kaisers zu befolgen, weil er hart und grausam ist. Smith merkt an, daß Powhatan versucht habe, die Engländer einzuschüchtern, aber ohne Erfolg, so daß der Friede weiterhin erhalten blieb. Daß dieser Friede von Dauer sein könnte, bezweifelt Smith nicht ein einziges Mal in seinem gesamten Bericht.

Aber es blieb nicht dabei. Das Massaker von 1622 ließ die Hoffnung auf eine Christianisierung und Zivilisierung der Indianer – jenseits aller praktischen Erwägungen – als unrealistisch erscheinen. Im wesentlichen wurde die Indianerfrage nun nicht mehr als ein Problem der Friedenssicherung angesehen, sondern als ein Problem des Überlebenskampfes. Deshalb kümmerten sich die Bewohner Virginias kaum mehr darum, den Indianer verstehen zu lernen, denn er war es schlichtweg nicht wert, verstanden zu werden. Erst im frühen 18. Jahrhundert, als bedeutende gelehrte Herren aus Virginia, die ihr Land und dessen Vergangenheit genauer erforschten, sich neugierig der früheren Rolle der Indianer und den Unterschieden zwischen den zivilisierten Weißen und den Wilden zuwandten, wurde ein ernsthaftes und dauerhaftes Interesse am Wesen und am Schicksal des Indianers erkennbar.

3

Den Berichten und Reaktionen aus Maryland zufolge hatten die dortigen Siedler mit ihren Beziehungen zu den Indianern mehr Glück als die Bewohner Virginias. Anglikaner und Katholiken, die Maryland im Jahr 1634 gründeten, fanden friedlich gesonnene Indianer vor, die offenbar ungeduldig darauf warteten, sie willkommen heißen zu dürfen. In Wirklichkeit hofften die dort ansässigen Patuxent auf die Hilfe der Engländer gegen die Überfälle ihrer grimmigen Nachbarn, der Susquehannock. Die Engländer waren natürlich darauf bedacht, ihre kolonialen Einrichtungen zu sichern, und beschützten bereitwillig die Indianer, denn sie wußten von den Zusammenstößen im Süden und waren entschlossen, an ihrer Entscheidung festzuhalten, den Indianern freundlich zu begegnen. Sie trafen angemessene Vorsichtsmaßnahmen und errichteten Festungen zu ihrem eigenen Schutz für den Fall, daß sich Konflikte ergeben sollten; „dennoch“, so heißt es in einem zeitgenössischen werbenden Traktat, „fuhren sie fort, jedweden Argwohn bei den Eingeborenen auszuräumen, indem sie sie so höflich wie irgend möglich behandelten und schließlich dauerhaften Frieden und ewige Freundschaft mit ihnen besiegelten." [28] Indianisches Land wurde nur durch Kauf erworben. Um die Mitte des 17. Jahrhunderts verlangte der vom König zum Verfügungsberechtigten über die Kolonie bestimmte udn stets wie ein vornehmer Feudalherr agierende Lord Baltimore etwa 10 000 Morgen abgelegenen Landes für eine Art Indianerreservation, doch geriet dieser Plan im Verlauf politischer Kämpfe um die Herrschaft über die Kolonie in Vergessenheit [29]. Nach 1640 und dann wieder nach 1670 gab es Streitfälle mit den Indianern an den nördlichen, südlichen und westlichen Grenzen; bei beiden Anlässen wurden erfolgreiche Strafexpeditionen ausgesandt. Die nach 1670 gemeinsam mit Virginia unternommene Expedition gehörte zu der Abfolge von Ereignissen, die am Ende zu Bacon's Rebellion führten. In Maryland selbst wurde aber der Friede im großen und ganzen bewahrt, und das Wohlwollen der Einwohner Marylands für die Indianer ist ein Siegel dieses dauerhaften Friedens.

Obwohl auch in Maryland mit Nachdruck das Ziel verfolgt wurde, die Wilden zu bekehren, war das nie Teil der offiziellen Politik von Lord Baltimore. Die Christianisierung wurde zu einer privaten – insbesondere katholischen – Angelegenheit [30]. Die Anglikaner sowie die um die Mitte des Jahrhunderts nach Maryland gelangten Puritaner entsandten nur wenige Missionare. Die Katholiken aber, die in Maryland mehr Duldung genossen als sonst in Amerika, waren überzeugt, daß die jesuitischen Missionare gerade in dieser Kolonie ihre Bekehrungsabsichten verwirklichen konnten. Im Jahr 1634 schildert ein jesuitischer Teilnehmer die erste Kolonisierungsexpedition; der Text strahlt die großen Hoffnungen eines Menschen aus, der die Indianer ganz naiv als Ungläubige betrachtet, die nur auf ihre Bekehrung warten [31]. Die Jesuiten konnten sich eine

---

[28] *A Relation of Maryland* [1635], in *Narratives of Early Maryland, 1633–1684*, ed. C. C. Hall (New York, 1910), S. 76.

[29] Matthew P. Andrews, *History of Maryland: Province and State* (New York, 1929), S. 63.

[30] *Ebd.*, S. 42.

[31] Father Andrew White, *A Briefe Relation of the Voyage unto Maryland* [1634], in *Narratives of Early Maryland*, S. 40–45.

Zeit lang ungehindert um die Indianer bemühen, und ihre Bemühungen waren so hartnäckig und erfolgreich, daß einer von ihnen im Jahr 1639 berichten konnte:

Wer mit dem geistigen Auge die ganze Welt betrachtet, wird vielleicht nirgendwo Menschen von derart primitivem Aussehen finden wie diese Indianer; und sie haben dennoch eine Seele, die – eingedenk der Erlösung aller Menschen durch Christus – nicht weniger wertvoll ist als die Seelen der hochkultivierten Europäer. Obwohl sie wirklich zu Lastern neigen (wenn auch nur zu wenigen) und in dumpfer Unwissenheit, in Barbarei und einer zügellosen, unsteten Lebensführung verharren, sind sie dennoch von ihrer Anlage her gelehrig, und man wird bei ihnen kaum einmal heftige Gefühlsausbrüche bemerken [...]. Sie sind durchaus der Vernunft zugänglich und widersetzen sich nicht starrköpfig der Wahrheit, wenn sie glaubhaft dargebracht wird. Diese natürliche Veranlagung des Stammes, die dazu im rechten Augenblick unterstützt wird durch die hilfreiche Gnade Gottes, bestärkt unsere Hoffnung auf eine hocherfreuliche Ernte und spornt uns in höchstem Grade an, unser Werk auf diesem „Weinberg" fortzusetzen [32].

Doch trotz aller Zuversicht und des typischen Enthusiasmus, mit dem Jesuiten primitiven Völkern begegneten – deren Bekehrung leicht zu bewerkstelligen schien, weil ihnen alle Laster der Zivilisation noch fremd waren –, stieß die Arbeit der Jesuiten auf Grenzen [33]. Durch ihre Bemühungen, mit den Indianern vertraut zu werden, hatten sie sich aus erster Hand Zusagen für Landbesitzübereignungen eingeholt. Lord Baltimore sah sich – obwohl selbst Katholik – gezwungen, dagegen vorzugehen, denn er hatte alle Befugnisse eines absoluten Herrschers über Maryland. Jesuitische Autoritäten in England pflichteten seinem Einspruch bei. Schließlich verzichteten die Jesuiten in Maryland auf ihr indianisches Land. Auch wenn sie ihre missionarischen Bemühungen um die Indianer fortsetzten, mußten sie ihre Hoffnungen auf umfassende

[32] *Annual Letter of the English Province of the Society of Jesus, 1639*, ebd., S. 129 f.

[33] Vgl. Gilbert Chinard, *L'Amérique et le rêve exotique dans la littérature Française au XVIIe et au XVIIIe siècles* (Paris, 1934), S. 122–187.

Bekehrungserfolge aufgeben, wie sie in Kanada und Südamerika errungen wurden [34].

Wenn nun die Jesuiten keinen Vorteil mehr aus ihren friedlichen Beziehungen zu den Indianern ziehen konnten, so gilt dies nicht für die ‚weltlichen' Bewohner Marylands. Der anonyme Verfasser von *A Relation of Maryland* (1635) kann noch dreizehn Jahre nach dem Massaker in Virginia an die untrennbare Einheit von Religion und Weltreich glauben [35]. Er widerspricht damit anderen Berichten wie denen Captain Smiths, der in seinen Darstellungen stets behaupte, Krieg mit den Indianern sei überall fester Bestandteil des kolonialen Lebens (In diesem Punkt verfälscht der Verfasser von *Relation* – persönliche Interessen verfolgend – Smiths Position). Seiner Meinung nach sind Smiths Ausführungen einfach falsch, denn wenn die Indianer gut behandelt und zu allen zivilisatorischen Tugenden erzogen würden, wenn sie Landwirtschaft und Handwerk erlernten, dann könnten sie für die Engländer überaus nützlich sein. So wie die Dinge lägen, lebten sie nur nach dem Gesetz der Natur und dem daraus erwachsenden „Gutdünken". Ergänze man ihre natürlichen Tugenden noch mit den Tugenden des Christentums, so ergebe sich daraus ein „prächtiges Volk". Er kommt zu dem Schluß,

> [...] daß es, da nun Gott der Allmächtige dieses Land so groß und so fruchtbar geschaffen hat und die Menschen so sind, wie ich sie euch beschrieb, viel vernünftiger und barmherziger ist, diese Menschen zu zivilisieren und zu Christen zu bekehren, als sie zu töten, zu berauben und wie einen Wolf von Ort zu Ort zu jagen. Führt man sie auf den rechten Pfad, so dient man Gott, vergrößert Seiner Majestät Weltreich um Tausende von Untertanen und riesige Territorien und dient dem Ruhme unserer Nation; auch die Kolonisten werden bereichert durch den Handel mit ihnen [36].

---

[34] Was wirklich im einzelnen in diesem Punkt unternommen wurde, ist unklar. Vgl. hierzu die überzeugende Darstellung von Charles M. Andrews, *The Colonial Period of American History,* II (New Haven, 1936), S. 313.

[35] „Of the Naturall disposition of the Indians", in *Narratives of Early Maryland,* S. 83–90.

[36] *Ebd.,* S. 90.

Der hier zum Ausdruck gebrachte Optimismus mag vielleicht auf die beabsichtigte Werbewirkung der Schrift zurückführbar sein; in größerem Zusammenhang betrachtet, spiegelt er jedoch die unerschütterliche Hoffnung auf Christianisierung und zivilisatorischen Fortschritt wider, die das gesamte amerikanische Indianerbild so nachhaltig prägte. Daß sich diese optimistische Zukunftsperspektive in Maryland so stark von der grimmigen Entschlossenheit in Virginia, von der ausschließlich auf ein friedliches Nebeneinander zielenden Zuversicht in Pennsylvania oder von der hitzigen Zukunftsbejahung in Neuengland unterscheidet, ist in erster Linie darauf zurückzuführen, daß es in der Kolonie Maryland praktisch kein „Indianerproblem" gab. Bezeichnenderweise wurde alles, was man über die Indianer in Maryland sagen konnte, schon im Jahr 1635 berichtet [37].

4

In den dreißiger Jahren des 17. Jahrhunderts wußten die Puritaner Neuenglands – aus der ganzen Tiefe ihrer puritanischen Überzeugung heraus –, daß auch sie als Erretter der Indianer zu deren Zivilisierung und Christianisierung beitragen mußten und daß Gott ihnen den rechten Weg im Umgang mit den Indianern weisen werde. Sie wußten auch von den vom Glück begünstigten Erlebnissen der Pilgerväter etwa zehn Jahre zuvor bei den Indianern: Gott hatte eine „wunderbare Seuche" über die Wilden kommen lassen, um sie auszurotten und den Großteil ihres Landes für die Inbesitznahme durch zivilisierte Menschen freizumachen [38]. Die

[37] Zu dem einzigen weiteren detaillierten Bericht – von George Alsop, *Character of the Province of Maryland* – ist festzustellen, daß der Indianer nicht ernst genommen wird. Vgl. ebd., S. 365–371.

[38] Edward Winslow an George Morton (?) am 11. Dezember 1621, in Alexander Young, *Chronicles of the Pilgrim Fathers* (Boston, 1841), S. 232 f.; The Great Patent of New England (3. November 1620), vgl. Zitat ebd., S. 184, Fußnote 3; und eine Predigt von Robert Cushman in Plymouth (1621), ebd., S. 258 f.

Puritaner erhielten – wie sie von Gott erwarteten – die gleiche Art von Unterstützung, aber sie halfen sich auch selbst.

John Winthrop konnte zwar im Jahr 1634 einem englischen Freund mitteilen, „daß die meisten [der Eingeborenen] an den Pocken gestorben sind, gerade so, als ob Gott der Herr uns den Weg zu den uns zugedachten Besitztümern räumen wollte“ [39], aber trotzdem bewahrten die Indianer im Süden und Norden eine beachtliche Stärke und Unabhängigkeit, so daß man sie sogar in ihre Schranken verweisen mußte. Im Verlauf des Jahrhunderts kam es zweimal zu Grenzkriegen: 1637 gegen die Pequot – sie wurden bei Mystic durch Masons Strafexpedition niedergemetzelt – und 1675–1676 gegen die Wampanoag und ihren Häuptling King Philip; auch sie wurden vernichtet, wenn auch nicht ganz so mühelos wie die Pequot. Zudem gab es ständig kleinere Scharmützel, denn man mußte die verschiedenen Stämme voneinander fern und somit ihre Kampfkraft gering halten, die Grenzsiedlungen vor plündernden Banden schützen, den Einfluß französischer Papisten auf den Norden bekämpfen und schrittweise Gebiete besetzen, wenn der Zeitpunkt dafür geeignet schien. Unter ständiger Ausweitung ihres kolonialen Grundbesitzes und ihrer Macht drangen die Engländer von ihren Küstensiedlungen aus in das Landesinnere vor, um sich immer mehr indianisches Gebiet einzuverleiben. Kriege blieben dabei unvermeidlich, doch auch das gehörte zu Gottes Plänen mit Neuengland.

In diesem Punkt trieben die Puritaner die Philosophie des christlichen Imperialismus, wie er sich im 17. Jahrhundert darbot, auf die Spitze. Gott hatte das ganze Land der indianischen Wilden den zivilisierten Engländern zugedacht und darüber hinaus den Naturzustand der Wilden als ein Zeichen gesetzt für die Macht des Teufels und ihren Kampf als ein Zeichen für weltliches Streben und weltliche Sünde. Das Unterfangen der Kolonialisierung war in jeder Hinsicht zugleich auch ein religiöses Unterfangen. Wie die Pilgerväter vor ihnen begründeten die Puritaner ihren Besitzanspruch auf

[39] Winthrop an Sir Nathaniel Rich am 22. Mai 1634, *Winthrop Papers,* III (Massachusetts Historical Society, 1943), S. 167.

das Land im Grundsatz theologisch [40]. Falls die eingeborenen Wilden Besitzansprüche anmeldeten, sollte indianisches Land durch Kauf erworben werden, dies jedoch nur, um den Frieden mit den Wilden zu erhalten [41]. Tatsächlich konnten die Indianer ihr Land nur nach dem Naturrecht als Eigentum beanspruchen. Da aber dieser Eigentumsanspruch bestand, bevor überhaupt ein ordentlicher zivilisierter Staat gegründet war und darüber hinaus nicht im Einklang mit Gottes Gebot stand, daß der Mensch die Erde bevölkern und sich mehren sollte, war das Land folglich ein *vacuum domicilium* –, und die Engländer, die es bewirtschaften, fruchtbar machen und in einen Zustand der Ordnung überführen wollten, waren verpflichtet, sich seiner anzunehmen [42]. Aus diesem Grund zeigten die Puritaner mit ihrer vehementen Rechtgläubigkeit bezeichnenderweise kaum Interesse für das Naturrecht, sondern widmeten sich lieber unmittelbar den göttlichen Geboten und ihrer Rechtsauffassung. Für John Winthrop war es daher eine logische Schlußfolgerung, daß

---

[40] „Reasons and Consideration Touching the Lawfulness of Removing Out of England into the Parts of America“, *Mourt's Relation* [1622], in Young, *Chronicles of the Pilgrim Fathers*, S. 243–246.

[41] Als Beispiel siehe hierzu die Instruktionen, die John Endicott am 17. April und 28. Mai 1629 von der Massachusetts Bay Company erhielt; in Alexander Young, *Chronicles of the First Planters of the Colony of Massachusetts Bay* (Boston, 1846), S. 159 und 176.

[42] Zu diesem Problembereich siehe den Überblick von Chester E. Eisinger, „The Puritan's Justification for Taking the Land“, *Essex Institute Historical Collections*, LXXXIV (1948), S. 131–143. Die beste Einzeldarstellung der puritanischen Position findet sich in John Winthrops „General Considerations for the Plantation in New-England“ [1629], in Young, *Chronicles of the First Planters*, S. 271–278. Zum Beweis von Winthrops Verfasserschaft von den „General Considerations“ sowie zum Vergleich verschiedener Textfassungen siehe die *Winthrop Papers*, II (Massachusetts Historical Society, 1931), S. 106–121. Youngs Text scheint das zu sein, was G. W. Robinson, der Herausgeber der *Winthrop Papers*, als Entwurf D der Higginson Papers bezeichnet. Youngs Text weicht nur leicht, d. h. unwesentlich von Entwurf D ab, wie er in den *Winthrop Papers* abgedruckt ist.

[. . .] die ganze Erde der Garten des Herrn ist, den er den Söhnen Adams überließ, um ihn zu bestellen. Warum also sollten wir hier nach Grund und Boden darben – wenn der hohe Einsatz, den viele Menschen an Vermögen und Arbeit für den Erwerb und Erhalt von ein oder zwei Morgen Land leisten, ihnen andernorts viele hundert Morgen Land gleicher oder besserer Güte einbringen könnte –, während gleichzeitig ganze Länder, die so einträglich für den Menschen wären, ohne jede Bewirtschaftung brachliegen [43].

So waren die Puritaner durchdrungen von ihrem durch Gott legitimierten Anspruch auf indianisches Land, und sie vermeinten bei den Indianern Anzeichen eines teuflischen Widerstandes gegen das reine Prinzip der göttlichen Macht zu erkennen. Wo aber Gottes Wille sich so klar offenbarte und die Bibel jeden Menschen bei jedem Schritt leitete, wo es vor allem auf die Zivilisation und den von Gott erleuchteten menschlichen Verstand ankam, da mochte der Indianer ebensogut eine gräßliche Mißbildung darstellen oder bestenfalls ein Symbol dessen, was aus dem Menschen werden konnte, wenn er sich Gottes Wort entfremdete. Dennoch war auch der Indianer ein Mensch, aus dem man einen zivilisierten, verantwortungsbewußten Christen machen mußte; ein roher, urwüchsiger Mensch, den man wie das urwüchsige Land zu kultivieren hatte; eine Kreatur, die nur durch die Bekehrung zum Puritaner zu retten war: Errette ihn, und du errettest ein Opfer Satans. Vernichte ihn, und du vernichtest einen Jünger Satans.

Diese Logik war unerbittlich und unerschütterlich. Überall wo sich der Indianer dem Puritaner widersetzte, widersetzte sich der Teufel Gott; Satan hatte den Indianer so lange heimgesucht, bis er sich in eine wahre Bestie verwandelte; die religiöse Ehrfurcht der Indianer war die Ehrfurcht vor dem Teufel. Im frühen 17. Jahrhundert wurden in London Berichte über den Glauben der Indianer veröffentlicht. Sie waren anfangs – wohl nicht zuletzt aus propagandistischen Gründen – immerhin noch durch schwache Hoffnungsschimmer gekennzeichnet, gingen aber bald in eine verallgemeinern-

[43] „General Considerations“, in Young, *Chronicles of the First Planters*, S. 272.

de Darstellung der Verderbtheit dieses Glaubens über [44]. Unbestreitbar schien die Teufelsanbetung das Zentrum im Leben der Wilden zu sein [45], und es fiel nicht schwer, die körperliche Verfassung des durch einen harten freudlosen Lebensalltag geprägten Indianers mit seinem seelischen Befinden in Verbindung zu bringen; so konnte man allerorts auf den ersten Blick erkennen, was es bedeutete, ein Teufelsanbeter zu sein. Das ganze 17. Jahrhundert hindurch wuchsen die rassischen und kulturellen Spannungen, bis in den neunziger Jahren schon die bloße Existenz der indianischen Teufelsanbeter als Beweis dafür galt, daß Neuengland von einem Heer von Hexen und Zauberern heimgesucht wurde: ein fixe Idee von der Existenz geheimnisvoller Mächte, die als „Hexenwahn“ bekannt wurde. Die indianischen Medizinmänner mit ihrer Schwarzen Kunst waren offensichtlich auf teuflische Weise eingeweiht in die Mysterien der unsichtbaren Welt [46].

Als einige der Grenzsiedler Neuenglands in die Hände von Indianern gerieten und gefoltert wurden, deuteten sie ihr Leiden folgerichtig als eine vom Teufel mitgeteilte Warnung Gottes an Neuengland. Aus den Qualen der Gefangenschaft Mary Rowlandsons im Jahre 1676 zog der zeitgenössische Herausgeber ihres Berichts den folgenden Schluß:

---

[44] Als Beispiel für einen hoffnungsvollen Bericht siehe Edward Winslow, *Good Newes from New England* [1624], in Young, *Chronicles of the Pilgrim Fathers*, S. 354–367. Zu Gegendarstellungen siehe Francis Higginson, *New England's Plantation* [1630], in Young, *Chronicles of the First Planters*, S. 241–264; Philip Vincent, *A True Relation of the Late Battell Fought in New England* [1638], in Charles Orr, *History of the Pequot War* (Cleveland, 1897), S. 98 f.; John Underhill, *Newes from America* [1638], ebd., S. 47–86; Thomas Lechford, *Plain Dealing: or, Newes from New-England* [1642], *Massachusetts Historical Society Collections*, Ser. 3, III (1833), S. 102–106; und John Josselyn, *An Account of Two Voyages to New-England* [1674], ebd., Ser. 3, III (1833), S. 293–311.

[45] Morison, *The Founding of Harvard College*, S. 415.

[46] George Lyman Kittredge, *Witchcraft in Old and New England* (Cambridge, 1929), S. 362 f., 371; Cotton Mather, *Decennium Luctuosum* [1699], in *Narratives of the Indian Wars, 1675–1699*, ed. Charles H. Lincoln (New York, 1913), S. 242.

Ich möchte behaupten, daß niemand weiß, was es bedeutet, einen solchen Feind zu verfolgen und zu bekämpfen, außer denen, die ihn bereits verfolgt und bekämpft haben. Darum kann sich niemand vorstellen, was es bedeutet, gefangen und versklavt zu werden von ungläubigen, stolzen, wilden, grausamen, barbarischen, bestialischen – mit einem Wort –, teuflischen Kreaturen wie diesen, den verworfensten aller Heiden [...] [47].

Für alle Siedler an den westlichen, südlichen und nördlichen Grenzen von Maine stellte sich daher nur die Alternative, zu töten oder getötet zu werden; es war für sie nur ein weiteres, nun auf ein Schlachtfeld in der Neuen Welt verlegtes Scharmützel im ‚Heiligen Krieg' des Menschen gegen den Teufel. Als erst ziemlich spät, im Jahre 1703, empfohlen wurde, die lästigen Indianer mit Hunden zur Strecke zu bringen, stützte man sich auf altbekannte Argumente für christliche Gewaltanwendung. Etwa 65 Jahre zuvor hatte ein Soldat das Massaker an den Pequot mit dem Argument des gerechten Kriegs verteidigt:

Es mag jemand einwenden: Warum dieser Zorn? Sollten Christen nicht mehr Gnade und Erbarmen zeigen? Ich aber würde auf den Krieg Davids verweisen. Wenn ein Volk in ein solch fürchterliches Blutvergießen und in Sünde gegen Gott und die Menschen geraten ist und alle Angehörigen dieses Volkes mitschuldig sind an den Taten, dann kennt ein solches Volk keine Achtung mehr vor dem Menschen, sondern quält und zerstückelt und tötet ihn auf die grausamste Weise. Die Heilige Schrift sagt, daß manchmal auch Frauen und Kinder mit den Männern als ihren Beschützern in den Tod gehen müssen. Manchmal sind die Verhältnisse anders als jetzt, aber das wollen wir hier nicht erörtern. Für unser Vorgehen fanden wir genug Erleuchtung im Wort Gottes [48].

---

[47] *Sovereraignty and Goodness of God* [1682], Nachdruck der Ausgabe von 1795, die erschienen war als *A Narrative of the Captivity and Restoration of Mrs. Mary Rowlandson*, ebd., S. 116. Vgl. die Stockwell-Schilderung in Increase Mathers *Essay for the Recording of Illustrious Providences* (London, 1684), S. 39–58; und die Einleitung in John Williams' *Redeemed Captive Returning to Zion* (Boston, 1707).

[48] Diese Empfehlung stammt aus einem Brief von Reverend Solomon Stoddard an Gouverneur Dudley, *Massachusetts Historical Society Collections*, Ser. 4, II (1854), S. 235 ff. Die Schlußfolgerung stammt von John

In dieser Form machten die Puritaner Geschichte – und brachten sie auch so zu Papier. Puritanische Historiker und Chronisten wollten nichts anderes, als ihr eigenes Wesen und ihre Bestimmung ebenso wie die Indianerprobleme insgesamt im Lichte von Gottes Wort zu begreifen. So setzte Edward Johnson den Krieg gegen die Pequot mit dem Aufruhr der Antinomisten gleich und beides wiederum mit einem Kräftemessen zwischen den Puritanern und dem Teufel. John Mason fügte seiner Geschichte des Kampfes gegen die Pequot eine Liste „göttlicher Fügungen" bei, mit deren Hilfe die Engländer ihre Siege errungen hätten. Nathaniel Saltonstall beteuerte, daß Gott – wie drohend seine Hand auch über allen puritanischen Sündern sei – die Puritaner dennoch entsandt habe, um die verschlagenen, bestialischen und teuflischen Kreaturen zu vernichten, die sich ihnen entgegenstellten. William Hubbard glaubte fest daran, daß King Philips Angriff nichts anderes als ein teuflisches Komplott gegen Gottes auserwähltes Volk war; Increase und Cotton Mather deuteten die Indianerkriege übereinstimmend als Beweis, daß Satan zu einem letzten Schlag gegen seine puritanischen Feinde ausholte [49]. Für den Puritaner war die Geschichte allenthalben von kosmischer und ewi-

Underhill, dem stellvertretenden Kommandeur unter Mason bei den Ereignissen von Mystic; siehe hierzu Underhills *Newes from America* [1638], in Orr, *History of the Pequot War*, S. 81.

[49] Johnson, *Wonder-Working Providence* [1654], ed. J. F. Jameson (New York, 1910), S. 80; Mason, *Brief History of the Pequot War* [1736], in Orr, *History of the Pequot War*, S. 1–46; Saltonstall, *A Continuation of the State of New-England* [1676], in *Narratives of the Indian Wars, 1675–1699*, S. 54; Hubbard, *Narrative of the Indian Wars in New England* [1677] (o. O., 1814), S. 61; Increase Mather, *Brief History of the War with the Indians* (London, 1676), *passim* und *Relation of the Troubles Which Have Hapned in New England* (London, 1677), *passim*; Cotton Mather, *Decennium Luctuosum* (London, 1699), *passim*. Die genannten Titel bilden natürlich nur eine Auswahl. Johnsons Gleichsetzung zwischen dem Pequot-Krieg und dem Aufruhr der Antinomisten bildet keinen Einzelfall: Vgl. den Brief von John Higginson an John Winthrop (ca. Mai 1637), *Winthrop Papers*, III (Massachusetts Historical Society, 1943), S. 404–407; und Thomas Shepards „Memoir of Himself" (ca. 1645–1650), in Young, *Chronicles of the First Planters*, S. 550.

ger Bedeutung. Ein teuflisches Prinzip war Teil dieser Bedeutung – und die Indianer Neuenglands verkörperten gewissermaßen dieses teuflische Prinzip.

Aus einem solchen Verständnis vom zivilisierten Menschen in Neuengland erwuchs also das puritanische Verständnis vom rohen unzivilisierten Menschen. Zunächst bereitete es keine Schwierigkeiten, die Genesis des Wilden zu erklären. Man kam fast einhellig überein, daß die Indianer der menschlichen Rasse angehörten und (in der nachstehenden Rangfolge) von Adam, Noah und von sibirischen Tataren abstammten, die über eine Landbrücke von Nordasien nach Amerika eingewandert waren [50]. Mit dieser im 17. Jahrhundert allgemein anerkannten Theorie [51] konnten die Puritaner die heidnische Natur des Indianers auf einfache Weise herleiten. Stand er nicht von allen menschlichen Kreaturen Gottes seinem Schöpfer am fernsten? Hatte er als Nachfahr von Nomaden nicht den Sinn für die Zivilisation und für Recht und Ordnung verloren? Hatte er nicht, bis auf eine blasse Erinnerung, Gott selbst verloren, und unterlag er nicht, als direkte Folge dieses Verlusts, der Macht Satans? Im Verständnis der Puritaner verkörperte der Indianer aus dieser Perspektive, eben als Gegenstand einer in erster Linie auf Gott ausgerichteten Lebensbetrachtung, das Böse.

Alle puritanischen Veröffentlichungen über die Indianer beschäftigten sich daher weniger mit der indianischen Kultur als vielmehr mit dem religiösen und seelischen Verfall, den diese Kultur offenbarte. Frühe Berichte über die Indianer – wie z. B. Edward Winslows *Good Newes from New England* (1624), Francis Higginsons *New-England's Plantation* (1630) und William Woods *New England's Prospect* (1634) – schildern in Umrissen äußere Erschei-

[50] Einen allgemeinen Überblick über die zeitgenössisch gültige Ansicht bezüglich der indianischen Ursprünge liefert Daniel Gookin im ersten Kapitel seiner *Historical Collections of the Indians of New England* [Manuskript, ca. 1680?], *Massachusetts Historical Society Collections*, Ser. 1, I (1792), S. 141–226.

[51] Siehe John H. Powells Skizze *On the Origins of the American Indians* (Philadelphia, 1946); und Don Cameron Allens maßgebende Studie in *The Legend of Noah* (Urbana, Ill., 1949), S. 113–137.

nung, soziale Ordnung und Bräuche der dort ansässigen Indianer, aber diese Berichte verraten, im Vergleich zu späteren, immer noch eine optimistische Grundhaltung. Sie beschreiben heidnische Indianer, die – von den Pocken grausam dezimiert – ohne die Früchte der Zivilisaton und in ständiger Furcht vor ihren Feinden leben müssen; sie würden sicherlich die Engländer und deren Lebensweise willkommen heißen. Doch mit der Zeit wurden die Puritaner von Streitereien, Kriegen und der – heute erkannten – erstaunlichen Widerstandsfähigkeit einiger Indianerkulturen geplagt. Für viele Puritaner stand fest, daß die Indianer schon wegen ihrer primitiven Lebensumstände rettungslos verloren waren und daß eine nähere Beschäftigung mit ihnen nichts einbringen würde. Gegen Ende des 17. Jahrhunderts wußte selbst Daniel Gookin, der im Auftrag der Vereinigten Kolonien die christlichen Indianersiedlungen beaufsichtigte und für seine verständnisvolle Haltung gegenüber den Indianern bekannt war, nur noch Niederschmetterndes über die indianische Kultur zu berichten. Seine Stellungnahme „Über die Sprache, Religion, Sitten und Bräuche der Indianer“ [52] ist ehrlich und düster zugleich. Gookin kommt zu dem Schluß, daß die Indianer – mit Ausnahme einiger zum Christentum Bekehrter – nach wie vor roh und barbarisch sind: sie frönen der Polygamie, sind rachsüchtig, und die Männer beschäftigen sich ausschließlich mit Jagen und Fischen, während die Frauen kochen und ein wenig Ackerbau betreiben; sie sind allesamt Lügner und Diebe, außerdem zu Trinkern herabgesunken. Immerhin bescheinigt Gookin den Indianern wahrheitsgemäß, daß sie gastfreundlich sind und in Ansätzen über eine geregelte Gesellschaftsordnung verfügen; und dennoch sind sie der ewigen Verdammnis preisgegeben wegen ihrer heidnischen Kulte und ihrer Unterwerfung unter die Medizinmänner, die nichts anderes sind als dem Teufel verschriebene Gaukler und Hexenmeister. Gookins Interesse gilt weniger den Indianern selbst als vielmehr dem

[52] „Of the Language, Customs, Manners, and Religion of the Indians“ bildet das dritte Kapitel in Gookins *Historical Collections of the Indians in New England, Massachusetts Historical Society Collections*, Ser. 1, I (1792), S. 149–156.

Umstand, daß die Indianer niemals richtige Puritaner werden können.

Nicht die spezifischen Wesensmerkmale der Indianer also, nicht ihr wahrer Charakter war von Belang, sondern der Einfluß, den dieser Charakter auf das gesamte Leben in Neuengland nehmen konnte. Darum wären alle nicht-puritanischen Darstellungen, vom befleckten edlen Wilden in Thomas Mortons *New English Canaan* (1632), vom über alle Maßen jähzornigen Krieger in Philip Vincents *True Relation* (1638), vom Naturvolk in Thomas Lechfords *Plain Dealing* (1643) und in John Josselyns *Account of Two Voyages* (1674) –, alles Versuche, über die Indianer Neuenglands unparteiisch zu berichten, den Puritanern als völlig verfehlt erschienen. Gerade weil die Puritaner so tief besorgt waren wegen der Bedeutung des Indianers für ihre gesamte Kultur, konnten sie sich nicht vorstellen, eben diesen Indianer unparteiisch zu behandeln. Das puritanische Verständnis vom Wilden ist am vollständigsten überliefert in der Geschichte des bitteren Mißerfolgs der Puritaner, die Indianer zu Gott zu führen.

Es gibt zahlreiche Aufzeichnungen über missionarische Bemühungen einzelner Personen in Neuengland, die jedoch den Leser verwirren, weil sie fast ebensoviele Organisationen wie Menschen einbeziehen [53]. Offenbar wurde erstmals in den dreißiger Jahren des 17. Jahrhunderts – als Roger Williams und vielleicht auch John Eliot zu den Indianern aufbrachen – Geld für die Missionstätigkeit nach Neuengland übersandt. Im Jahr 1636 erließ die *Plymouth Company* Gesetze zur Verbreitung des Evangeliums unter den Indianern, und im Jahr 1643 nahm Thomas Mayhew seine Missionsarbeit in Martha's Vineyard und Nantucket auf. Es kam wenig, um nicht zu sagen: nichts dabei heraus, bis im November 1644 die gesetzgebende Körperschaft von Massachusetts, der *General Court,* die Geistlichen um Empfehlungen für die Bekehrung der Indianer

---

[53] Ich folge hier dem Abriß in W. Deloss Love, *Samson Occom and the Christian Indians of New England* (Boston, 1899), S. 12 f.; und in George Parker Winship, „Introduction“, *The New England Company of 1649 and John Eliot, Publications of the Prince Society,* XXXVI (1920), S. vi-xliv.

ersuchte. Zwei Jahre später wies der *General Court* die Geistlichen an, jedes Jahr zwei aus ihren Reihen zu wählen, die sich mit der Verbreitung des Evangeliums unter den Heiden befassen sollten. Im Jahr 1646 begann John Eliot, nachdem er einen der örtlichen Indianerdialekte erlernt hatte, regelmäßig zu den Indianern zu predigen. Drei Jahre später gelang es Edward Winslow, dem Londoner Bevollmächtigten der Vereinigten Kolonien, das Parlament zur Genehmigung einer Körperschaft namens „Vorstand und Verein zur Verbreitung des Evangeliums in Neuengland" zu bewegen; diese reichlich schlecht verwaltete Organisation finanzierte fortan – bis zu ihrer Auflösung in der Restaurationszeit – die Missionierung Neuenglands. Im Februar 1662 wurde dann die neugegründete „Gesellschaft zur Verbreitung des Evangeliums in Neuengland und in angrenzenden Gebieten Amerikas" mit königlichen Privilegien ausgestattet. Diese Gesellschaft leistete den Hauptanteil der weiteren Finanzierung der Missionen in Neuengland, bis im Jahr 1779 durch den Revolutionskrieg die Zahlungsanweisungen nach Amerika unterbrochen wurden. Ein 1698 in England neugegründeter „Verein zur Förderung des christlichen Wissens", der 1709 ins Leben gerufene „Schottische Verein zur Verbreitung christlichen Wissens" sowie der erfolglose, im Jahr 1762 in Massachusetts gegründete „Verein zur Verbreitung christlichen Wissens" dienten ebenfalls dem frommen Zweck. (Der im Jahr 1701 von Anglikanern gegründete „Verein zur Verbreitung des Evangeliums im Ausland" sandte seine Missionare hauptsächlich zu den Indianern in den Kolonien des mittleren Westens, gab seine Arbeit dort aber im späten 18. Jahrhundert auf.) Sämtliche Organisationen mündeten schließlich in die 1787 vollzogene Neugründung der „Vereinigung zur Verbreitung des Evangeliums unter den Indianern und anderen in Nordamerika". Der wahrhaft großen Anzahl von Vorhaben und Organisationen standen nur wenige praktische Resultate gegenüber. Nur durch einzelne hingebungsvolle Seelen wie Eliot und die Mayhews im 17. Jahrhundert und durch evangelische Missionare wie Sargeant und Brainerd im 18. Jahrhundert kam das Evangelium wirklich zu den Heiden. Es gab offenbar doch nur wenige, die auf diesem riesigen, wildwachsenden ‚Weinberg' arbeiteten.

Bei aller Gewißheit, daß es ihre heilige Mission war, die Heiden zu bekehren, mußten die Puritaner feststellen, daß ihre Arbeit nur quälend langsam vorankam. Auf der Suche nach den Gründen hierfür fanden sie wie immer die Antwort in der Heiligen Schrift. In den Augen der Puritaner wollte Gott sie durch die Schwierigkeiten mit den Indianern und durch deren Feindseligkeit und Widerstand daran erinnern, daß der Lebensweg des Puritaners auf Erden von Mühsal begleitet ist. Auf diese Weise diente also der Indianer einem ganzen Volk, das an seine eigene Sündhaftigkeit und sehnsüchtige Hoffnung auf Auferstehung und Auserwähltsein erinnert werden mußte, als *Advocatus Diaboli.* Darüber hinaus schien nach 1640 ein eigentümliches biblisches Zeugnis die Verzögerung bei der Bekehrung der Indianer erklären zu können. Die Prophezeiung im 15. Kapitel der Offenbarung des Johannes wurde dahingehend interpretiert, daß es so lange keine umfassende Bekehrung der Heiden geben werde, wie die Juden nicht selbst bekehrt seien und der Anti-Christ vernichtet[54]. Diese Ansicht hielt sich bis zum Krieg gegen King Philip in den siebziger Jahren; dann versuchte Increase Mather sie auszuräumen, indem er darauf hinwies, daß – trotz der Streitigkeiten, die zum Krieg geführt hatten – in Neuengland ein „köstliches Rieseln" an bekehrten Indianern eingesetzt habe[55].

Es war tatsächlich nur ein „Rieseln" – das Arbeitsergebnis von einigen wenigen Menschen, die ein tiefes Pflichtgefühl zu den Indianern gehen hieß. Aber sogar diese wenigen Missionare folgten mit einer solchen Gewißheit ihrem puritanischen Pfad, daß sie im Indianer nur ein unvollkommenes Abbild ihrer selbst sehen konnten. John Eliot, um nur einen zu nennen, kümmerte sich von 1634 an um die Indianer, konnte nach 1640 zu ihnen in ihrer eigenen Sprache predigen, übersetzte das Alte und Neue Testament in

[54] Siehe Thomas Lechford, *Plain Dealing* [1642], *Massachusetts Historical Society Collections*, Ser. 3, III [1833], S. 79 f.; Roger Williams, *Christenings Make Not Christians* [1645], ed. H. M. Dexter, *Rhode Island Historical Tracts*, Ser. 1, no. 14 (1881), S. 19 f.; und John Cotton, *The Way of the Congregational Churches Cleared* (London, 1648), Part I, S. 78.

[55] *A Brief History of the War with the Indians in New England* [1676], in *The History of King Philip's War*, ed. S. G. Drake (Boston, 1862), S. 39.

den lokalen Massachusetts-Dialekt, gründete 1651 eine christlich-indianische Gemeinde – bis 1674 folgten dreizehn weitere – und wagte im Jahr 1659 sogar die Behauptung, daß es möglich sei, auf der Grundlage seiner Versuche mit dem Aufbau von Indianergemeinden die reinste aller christlichen Nationengemeinschaften zu formen. Dennoch ist nicht zu leugnen, daß er das Leben der Wilden als teuflische Entartung betrachtete und daß er, wie Cotton Mather in seiner Eliot-Biographie hervorhob, die Indianer charakterisierte als „traurige Kreaturen, wahre *Ruinen des Menschengeschlechts,* die man überall am Boden liegend finden konnte“ [56]. Sogar Roger Williams, der sich für die Rechte der Indianer ebenso einsetzte wie für die der Zivilisierten, war entsetzt über die Indianer mit ihrer „widerlichen *Anbetung* von *Tieren* und *Teufeln*“ [57]. Die große Leistung der Missionare bestand aber darin, daß sie sich durch solche Gefühle des Abscheus nicht von ihrer heiligen Pflicht abbringen ließen.

Ihr Glaube war sehr schlicht: Wenn es den englischen Missionaren gelang, zu den Indianern zu gehen und zuerst deren Lebensart in eine zivilisierte Form zu bringen, um sie dann das Wort Gottes zu lehren, dann winkte ihnen auch der Erfolg, die Indianer aus der Umklammerung Satans zu befreien. Ein geordnetes, zivilisiertes Leben war die Grundlage für ein frommes Leben; die Zivilisation ebnete somit den Weg zur Frömmigkeit. Die zivilisierten und geheiligten Bündnisse zwischen Gott und den Menschen waren Teil eines kosmischen Ordnungsprinzips. Wenn ein solcher Glaube Stützpfeiler der puritanischen Gesellschaft sein konnte, dann konnte er ohne Zweifel auch eine indianische Gesellschaft formen.

Trotz des Vertrauens, das die Missionare nicht nur in ihre eigene Tätigkeit und ihre Gesellschaft setzten, sondern auch in die Bereitschaft der Wilden, die Zivilisation und Gott anzunehmen, schienen die Bemühungen der wenigen, die unter den Indianern lebten, zum Scheitern verurteilt. Gegen Ende des 17. Jahrhunderts stand der Mißerfolg jedermann klar vor Augen. Die Heimsuchungen durch

[56] *Magnalia* (Hartford, 1820), I, S. 504.

[57] *The Bloody Tenant Yet More Bloody* [1652], *Publications of the Narragansett Club.* Ser. 1, IV (1870), S. 85.

den Krieg gegen King Philip hatten die Herzen der Puritaner verhärtet; sogar die christlichen Indianer, die sich auf dem besten Weg zur Rettung ihres Seelenheils befanden, wurden immer schlechter behandelt [58]. Eine Aufstellung von 1698 gibt eine Zahl von nur 2500 Bekehrten in den Indianergemeinden an und weist darauf hin, daß die meisten rasch wegsterben [59]. Die oben erwähnte deprimierende Trunksucht unter den Indianern wurde von den Puritanern regelmäßig – mit einem ritualisierten Schlagen an die eigene Brust – angeprangert [60]. Aber für das Ganze machen sich die Puritaner nicht selbst verantwortlich, sondern die nicht-puritanischen Händler in ihrer Mitte [61]; mehr noch: sie beharrten darauf, daß das Scheitern der Missionen und der Erfolg der ruchlosen Händler Prüfsteine für den Verfall der puritanischen Sitten seien – Mahnungen Gottes an die Menschen in Neuengland, sich moralisch zum Besseren zu wenden [62]. So war es eine erschütternde und zugleich paradoxe Erkennt-

[58] Siehe Daniel Gookin, *An Historical Account of the Doings and Sufferings of the Christian Indians* [Ms., ca. 1680], *American Antiquarium Society Collections*, II (1836), S. 423–534; und *A True Account of the Most Considerable Occurences* [1676], in S. G. Drake, *The Old Indian Chronicle* (Boston, 1867), S. 247–285.

[59] Nicholas Noyes, *New Englands Duty and Interest* (Boston, 1698), Anhang.

[60] Vgl. frühe Darstellungen wie z. B. von Thomas Lechford, *Plain Dealing* [1642], *Massachusetts Historical Society Collections*, Ser. 3, III (1833), S. 105, und John Josselyn, *An Account of Two Voyages* [1674], ebd., Ser. 3, III (1833), S. 304, mit späteren Darstellungen wie z. B. von Daniel Gookin, *Historical Collections of the Indians in New England* [ca. 1680], ebd., Ser. 1, I (1792), S. 151; Samuel Danforth, *The Woful Effects of Drunkenness, a Sermon* (Boston, 1710); *The Diary of Samuel Sewall, Massachusetts Historical Society Collections*, Ser. 5, V (1878), S. 108 und 115; VI (1879), S. 438; Samuel Penhallow, *The History of the Wars in New England* [1726] (Cincinnati, 1859), S. 125; und Experience Mayhew, *Indian Converts* (London, 1727), S. xvii f.

[61] *A Monitory, and Hortatory Letter to Those English, Who Debauch the Indians by Selling Strong Drink Unto Them* (Boston, 1700), S. 10 ff.

[62] Increase Mather, *Ichabod, or, a Discourse Shewing What Cause There Is To Fear That The Glory of the Lord Is Departing from New-England* (Boston, 1702), S. 71 ff.

nis, daß die heidnischen Wilden durch den Kontakt mit zivilisierten Christen aus ihren Lebensverhältnissen nicht herausgehoben wurden, sondern nur noch mehr herabsanken.

Wir können aber festhalten, daß die wahren Ursachen für das Scheitern der Puritaner tiefer lagen als nur das Einschleppen von Krankheit, Alkohol und Laster; sie gingen zurück auf die besondere puritanische Auffassung vom Indianer und damit auf den ganz strengen Puritanismus selbst – und schließlich auf den verzweifelten Wunsch aller, die Neuengland besiedelt hatten, ihren ureigenen Überzeugungen über die Natur und das Schicksal des Menschen treu zu bleiben, wenn sie schon dem von Gott bestimmten Lebensweg treu folgen sollten. Sie mußten annehmen, daß ihre eigene und die Natur des Indianers ein und dieselbe waren; die auf Integration bedachte Rechtgläubigkeit der Puritaner forderte diese absolute Gleichsetzung. In dieser ausweglosen Lage trieb sie ihre Verzweiflung schließlich dazu, sich selbst zum Narren zu halten. Im Jahre 1665 berichtete eine königliche Kommission zunächst darüber, daß es im mehrkonfessionellen Rhode Island „die größte Anzahl an Indianern gibt, obwohl niemand jemals Zivilisierungs- und Bekehrungsversuche mit den Indianern gebilligt hatte"; im Hinblick auf das orthodoxe Massachusetts heißt es weiter:

> Sie bekehren Indianer, indem sie sie durch Bestechung dazu bringen, an den Predigten teilzunehmen; und sie lehren sie, nicht ihre heidnischen Häuptlinge zu verehren und gleichzeitig unter ihnen Anführer über zehn, zwanzig, fünfzig zu ernennen. Das Leben sowie die Sitten und Bräuche derer, die sie als Bekehrte bezeichnen, kann man nicht unterscheiden von denen der Nicht-Bekehrten – mit einer Ausnahme: die Bestechungsversuche zur Teilnahme an den Predigten werden von den edleren Eingeborenen verachtet [63].

Diese Ausführungen mögen polemisch klingen und sind zudem nicht frei von Widersprüchen. Dennoch deuten sie an, wenn auch aus einer anti-puritanischen Perspektive, daß die Puritaner möglicherweise Schein und Sein verwechseln. Zudem weist der Bericht trotz aller Ungenauigkeit auf eine wesentliche Tatsache hin: Bei dem

[63] *Maine Historical Society Collections,* Ser. 2, VI (1889), S. 294.

Versuch, für die Indianer eine zivilisierte und religiöse Reinheit wiederzuentdecken, die der Puritaner seiner Überzeugung nach für sich selbst bereits wiederentdeckt hatte, beschrieb er im 17. Jahrhundert auf eine simple Weise die eine Realität mit den Begriffen einer anderen: das Primitive mit den Begriffen des Zivilisierten, den Indianer mit den Begriffen des Puritaners. Es lag in der Natur der Sache, daß er irren mußte und daß sein frommes Beginnen zum Scheitern verurteilt war.

Trotzdem gab es bald Anlaß zu neuer Hoffnung. Diese im wesentlichen aus den Evangelien geschöpfte Hoffnung, einen sterbenden Indianer für Gott zu erretten, war das Ergebnis eines aus der Not geborenen Versuchs einiger Puritaner, Puritaner zu bleiben, auch wenn der Rationalismus und der materielle Fortschritt sie auf düstere und unmenschliche Weise unzeitgemäß erscheinen lassen mußten. Sie wollten dazu beitragen, ein Wunder zustande zu bringen: die verdorbenste aller Kreaturen Satans zu erretten und damit ruhmreich ihren puritanischen Glauben zu rechtfertigen.

Mehrere Rechenschaftsberichte an die englischen Missions-Vereine, die das evangelische Werk finanzierten, lieferten im ersten Viertel des 18. Jahrhunderts eingehende Darstellungen, Planungen und Ankündigungen von großen Vorhaben: vom vermehrten Einsatz eingeborener Missionare; von einer Art Reservationen-System; von mehr als dreißig neugegründeten Glaubensgemeinschaften im südlichen Neuengland; von erneuten Bemühungen, mit den von den französischen Papisten verdorbenen Indianern im Osten in Kontakt zu kommen; von der Zusammenarbeit mit niederländischen Missionaren, die in den *„Fünf Nationen“* [64] tätig waren, und den Unternehmungen zur Bekämpfung von Alkoholismus, betrügerischen Händlern und von Krankheiten [65]. Dennoch war Gottes Zorn über

[64] Anm. d. Übers.: Die „Fünf Nationen“ der Onondaga, Mohawk, Oneida, Seneca und Cayuga bildeten den – vermutlich um die Mitte des 16. Jahrhunderts gegründeten – „Irokesenbund“ (*Iroquois League*; dieser Name wurde den *Five Nations* von den Franzosen und den mit ihnen verbündeten Algonkinstämmen verliehen), der im Jahr 1722 durch den Beitritt der Tuscarora zu den „Sechs Nationen“ wurde.

[65] Samuel Sewall am 3. Mai 1700 an Sir William Ashurst, Vorstand der

das Scheitern Neuenglands bei der Bekehrung der Heiden nur zu gut zu verstehen, wenn man seine klaren Hinweise in der Heiligen Schrift zur Kenntnis nahm.

Für uns, die wir selbst große Furcht empfinden, zur Hölle zur fahren [heißt es 1723 bei Reverend Solomon Stoddard], sollte es schrecklich sein, uns mit der ewigen Verdammnis der Indianer abzufinden. Liebe und Mitleid fordern von uns, daß wir ihnen aus der Gefahr helfen. Es ist unsere Pflicht, daß wir uns des *wilden Tieres* in Not erbarmen und erst recht des *Menschen*: Auch wenn sie ungeschlachte Wesen sein mögen, so gehören sie doch auch dem Menschengeschlecht an und sind damit würdig unseres Erbarmens. Es ist ein Akt der Liebe zu unserer eigenen Natur, daß wir nach ihrer Erlösung streben [...] [66].

Wer waren die Indianer, die gerettet werden sollten? Da gab es z. B. Joseph Quasson, der – nach dem Tod seines verschuldeten Vaters – von einem weißen Mann zwangsverpflichtet wurde und der in Knechtschaft das Lesen lernte und mit der Bibel vertraut wurde. Wieder in Freiheit, wurde er jedoch zum Maulhelden und Trinker und 1726 als Mörder verurteilt. Der uns erhaltene Bericht über Quasson wurde in der Todeszelle von einem wohlmeinenden Geistlichen verfaßt. Was dieser Geistliche mit seiner Niederschrift erklären will: Alle Stationen im Leben Quassons: daß er einem weißen Mann überantwortet worden war, daß sein Prozeß erst drei Jahre nach dem Mord stattfand, daß ihm nach seiner Verurteilung noch sieben Wo-

---

Company for the Propagation of the Gospel, *Massachusetts Historical Society Collections*, Ser. 6, I (1886), S. 231 ff.; [Increase Mather, Cotton Mather und Nehemiah Walker], *A Letter About the Present State of Christianity, among the Christianized Indians of New England* (Boston, 1705); und Experience Mayhew, *Indian Converts* (London, 1727), S. xvii f.

[66] *Question, Whether God is not Angry with the Country for doing so little towards the Conversion of the Indians* (Boston, 1723), S. 8. Zu unterschiedlichen Darstellungen desselben Themas vgl. den Brief von Cotton Mather an Robert Wodrow, Professor für Theologie in Glasgow, vom 17. September 1715, *Massachusetts Historical Society Collections*, Ser. 7, VIII (1912), S. 328 f.; und Thomas Paine, *The Temporal Safety of the Lord's People* (Boston, 1732).

chen Lebenszeit zugestanden wurden, daß man ihm Alkohol verweigerte – zeigten, wie hartnäckig Gott der Herr sich um seine Seelenrettung bemüht habe [67]. Da war auch Sarah Coomes, ein im Sterben liegendes sechsjähriges Mädchen, über das Experience Mayhew 1727 das folgende schrieb:

> Vor ihrem Tod lag sie lange Zeit krank darnieder. In dieser Zeit erflehte sie beständig Unterweisungen über die Dinge Gottes und des Jenseits, erkannte sie als wahr an und fügte sich in sie. Sie zeigte besonders einen beharrlichen Glauben an die Lehre von Christus, seinem Leiden und seiner Fürbitte für die Sünder. Um seinetwillen bat sie in ihren Gebeten um Gottes Gnade für sich [68].

Hier artikuliert sich puritanischer Geist in seiner äußersten Strenge.

Zusammen mit dem Enthusiasmus der religiösen Erweckung markiert dieses wiederbelebte Interesse an der Bekehrung des Indianers eine letzte Station in der Geschichte des Puritanismus. Die Tätigkeit der in Neuengland geborenen und ausgebildeten kongregationalistischen Missionare hatte sich bis zum Jahre 1725 auf die westlichen Teile der mittleren Kolonien verlagert, wo sie – zusammen mit den dortigen schottisch-irischen Presbyterianern – auf eine Vereinigung von kongregationalistischen und presbyterianischen Missionierungsversuchen hinarbeiteten, die am Ende des Jahrhunderts schließlich offiziell genehmigt wurde. Die Begegnung mit presbyterianischen Kalvinisten muß viel zur Ermutigung der kongregationalistischen Missionare beigetragen haben. Für die beteiligten Geistlichen – John Sargeant, David Brainerd, Charles Beatty und John Edwards als Leiter der Gruppe – war nur die Bekehrung wichtig, nicht aber die Zivilisierung; der puritanische Glaube an den Erfolg der Zivilisation als Mittel zur Bekehrung war nahezu vollständig verschwunden. Die Wilden sollten in den Grenzgebieten, fernab vom unmittelbaren, verderblichen Einfluß der Zivilisation, bekehrt werden. In dem Bericht, den Brainerd für den Schottischen Verein zur Verbreitung christlichen Wissens vorbereitete, beschäftigt er sich

[67] Samuel Moody, *A Summary Account of the Life and Death of Joseph Quasson, Indian* (Boston, 1726).

[68] *Indian Converts* (London, 1727), S. 264.

in erster Linie mit einer „experimentellen Religion", d. h. mit einer auf Anschauung beruhenden Form der religiösen Bekehrung. Er spricht z. B. von seiner leidenschaftlichen Predigt zu den Indianern, die er am 8. August 1745 in Crosweeksung hielt; er äußert seine Zufriedenheit, daß die Indianer offensichtlich nicht in der Lage waren, „dem Schrecken seines überraschenden Vorstoßes zu entgehen [...]. Im ganzen Haus beteten und jammerten fast alle um Gnade, und viele draußen vor den Türen konnten weder gehen noch sich aufrecht halten" [69]. Auf diese Weise folgte er den Regeln Ebenezer Pembertons, der bei seiner Ordination gepredigt hatte und behauptete, Bekehrungen seien nur durch eindringliche Predigten zu erreichen: „Sie [die Prediger] müssen die Sünder durch eine lebendige Verkörperung der Macht und der Barmherzigkeit des allmächtigen Erlösers zum Beitritt zwingen." [70] Sein Herausgeber und Biograph Jonathan Edwards, der beinahe auch sein Schwiegervater geworden wäre, wies voller Freude darauf hin, daß der unheilbar schwindsüchtige Brainerd in seinem kurzen Leben vor allem jene wahre Liebe zur Religion bewies, die den einzigen Weg zum Seelenheil eröffnet. Eine nach Edwards Tod veröffentlichte Ausgabe der Biographie „Life of Brainerd" enthielt ein weiteres zeitgenössisches Zeugnis über die Notwendigkeit einer machtvollen Bekehrung des Heiden – nämlich Charles Beattys „Further Remarks respecting Indian affairs". Ausführlich erläutert Beatty die Gründe dafür, warum die Bekehrung des Indianers vor seiner Zivilisierung zu erfolgen habe: Die Indianer hassen die Zivilisation und das Christentum gleichermaßen, und sie müssen zunächst von ihrem eigenen seelischen Verfall überzeugt werden, bevor sie eigentlich das Elend ihrer unzivilisierten Lebensführung verstehen können. Nur die „stete Verkündigung des Evangeliums" verspricht Erfolg, wo alle Zivili-

[69] *Mirabilia Dei Inter Indicos* [1746], in Jonathan Edwards, ed. *An Account of the Life of Mr. David Brainerd* [1749] (Edinburgh, 1798), S. 376 f. Vgl. einen entsprechenden Bericht von John Brainerd, dem Bruder David Brainerds, *John Brainerd's Journal (1761–1762), a Reprint* (Newark, N. J., 1941).

[70] *A Sermon Preached in Newark, June 12, 1774,* in *An Account of the Life of Mr. Brainerd,* S. 525–545.

sierungsversuche scheitern [71]. Nachdem man die Indianer durch den Versuch, ihnen ein neues zivilisiertes Leben beizubringen, faktisch ins Elend getrieben hatte, sollten die neuenglischen Missionare – ermutigt von ihren presbyterianischen Glaubensbrüdern – den Heiligen Geist nun ohne zivilisatorischen Umweg auf die Indianer herabrufen, um ihnen auf diese Weise auch das neue Leben unmittelbar zugänglich zu machen. Ohne Zweifel war ein Wunder vonnöten.

Und so endete das puritanische Verständnis vom Indianer in der Erweckungsbewegung und im Anti-Rationalismus, was letzten Endes das Selbstverständnis des Puritaners kennzeichnete. Stets hatte er vom Inneren auf das Äußere geschlossen: von Gott, der Heiligen Schrift und der Vernunft auf den Menschen und die Natur. Alles, was er in der äußeren Welt wahrnahm, das war ihm innerlich bereits begegnet. Er verstand den Indianer in seinem Verhältnis zum Menschen und zur Natur, und nur so gelang es dem Puritaner – falls es ihm überhaupt gelang –, ein bißchen mehr über Gott, die Heilige Schrift, die Vernunft – und über sich selbst zu erfahren.

5

Den pennsylvanischen Quäkern blieb es vorbehalten, die größten Erfolge bei der Bekehrung und Zivilisierung des Indianers zu erringen – aber am Ende scheiterten auch sie. Die Gründe für das Versagen liegen in der Kultur des Quäkers und seiner Vorstellung von einem rechtschaffenen Leben. Bei der Ankunft in Amerika hofften die Quäker, die Indianer dem Heidentum zu entreißen und ihnen das rettende Bewußtsein des auch ihnen innewohnenden göttlichen Prinzips einzupflanzen. Für die Quäker bestand die Schwierigkeit nicht in der Aufdeckung und Beschreibung von Unterschieden zwischen den Wilden und den Zivilisierten, sondern vielmehr in der Aufdeckung von Ähnlichkeiten. Mit Hilfe von Begriffen versuchten sie zu vermitteln, was jedem die Vorstellung von einem rechtschaffenen und friedlichen Zusammenleben geben konnte und was dazu

[71] *Ebd.*, Anhang, S. 52–[60]. Beattys „Remarks“ sind als Nachdruck Teil seines *Journal of a Two Months' Tour* (London, 1768).

geeignet war, die Wilden von den Vorzügen der Zivilisation zu „überzeugen". Die Quäker bereisten zahlreiche Indianergebiete und leisteten dort schwere Arbeit, ohne sich jemals mit Theorien oder komplizierten Bekehrungsstrategien zur Umwandlung der heidnischen Wilden in zivilisierte Christen zu belasten. Kulturelle oder politische Komplikationen zogen sie nicht in Betracht. Sie konnten den Indianern weder Rituale noch Dogmen bieten, sondern nur Liebe. Nach den uns überkommenen Aufzeichnungen hörten sie dort auf, wo sie begonnen hatten: beim schlichten Glauben an das rettende Bewußtsein vom allen Menschen innewohnenden göttlichen Prinzip. Unterdessen wurden die Indianer an den Grenzen von Pennsylvania im Verlauf kultureller und politischer Verwicklungen vernichtet, an die gerade die Quäker nicht glauben mochten.

Die ersten umherreisenden Quäker bemühten sich aufrichtig um freundliche Beziehungen zu den Indianern. Als sie sich im Jahr 1677 als Siedler in West Jersey niederließen, waren sie beim Erwerb des ihnen von der Krone zugebilligten Indianerlandes auf einen ehrlichen, korrekten Kauf bedacht. Als Gegenleistung halfen ihnen meist die Indianer, mit den Lebensverhältnissen im Grenzgebiet vertraut zu werden – und es herrschte Friede. So heißt es in einem Brief, den ein Quäker im Jahr 1678 nach England sandte: „Ohne irdische Waffen kamen wir ins Land und ließen uns dort nieder; so unversehrt, als hätten dort Tausende von Garnisonen gestanden, weil uns der Allerhöchste vor Schaden durch Mensch und Tier bewahrte." [72] Aus diesem Geist war Pennsylvania selbst hervorgegangen. Die im Jahr 1659 sporadisch begonnene missionarische Arbeit der Quäker unter den Indianern ging ihrer Kolonisierungsarbeit in Amerika voran. George Fox selbst ermutigte seine Glaubensbrüder: „Gehet hin und bittet einige dieser heidnischen Könige, ihren Ältestenrat und ihr Volk zusammenzurufen, damit ihr ihnen von Gottes ewiger Wahrheit und seinem ewigen Weg des Lebens und der Erlösung berichten könnt." [73] In den Jahren 1672 und 1673 reiste auch

[72] *Some Account of the Conduct of the Religious Society of Friends towards the Indian Tribes in the Settlement of the Colonies of East and West Jersey and Pennsylvania* (London, 1844), S. 16.

[73] *Ebd.,* S. 20.

Fox nach Nordamerika und predigte dort zu den Indianern. Mit der Besiedlung von Pennsylvania im Jahr 1681 wurden missionarische Tätigkeiten der Quäker und politische Beziehungen zu den Indianern offiziell zu einer Einheit, was auch wirklich für die nächsten 75 Jahre zutraf. In einem Vertragstext von 1728 wurde einvernehmlich erklärt, „daß alle Wege sowohl Indianern als auch Christen offenstehen sollen“ [74].

Christen und Indianer waren gleichwertige Menschen, gleich durch das ihnen innewohnende göttliche Prinzip. Gebete und sonstige Bemühungen sollten der Bekehrung der Indianer zu zivilisierten Christen dienen; aber kein guter Freund durfte in dieser Welt so überheblich oder so von sich eingenommen sein, daß es ihm erlaubt war, die Rechte eines anderen Menschen zu verletzen, nur weil dieser kein Christ war oder weil es ihm an den Qualitäten eines zivilisierten Menschen mangelte. Die Liebe eines Freundes würde einen Weg finden. Darum wandte sich William Penn mit folgenden Worten an die Indianer:

> Es gibt einen großen mächtigen Gott, der die Welt und alle Dinge in ihr geschaffen hat, dem ihr und ich, dem alle Menschen ihr Leben und ihr Auskommen verdanken und dem wir alle eines Tages Rechenschaft ablegen müssen über das, was wir in dieser Welt getan haben.
>
> Dieser große Gott hat sein Gesetz in unsere Herzen geschrieben, das uns lehrt und befiehlt, unseren Nächsten zu lieben, ihm zu helfen und Gutes zu tun. Nun gefiel es diesem großen Gott, mich an eurer Welt teilhaben zu lassen, von der mir der König meines Landes ein großes Gebiet zugebilligt hat; aber ich möchte mich dieses Landes nur mit eurer Liebe und Zustimmung erfreuen, auf daß wir immer als Nachbarn und Freunde zusammenleben, denn was würde der große Gott uns sonst zufügen, Er, der uns erschaffen hat, nicht um einander zu verschlingen und zu vernichten, sondern bescheiden und gütig miteinander in dieser Welt zu leben [75].

Auf lange Sicht waren die missionarischen Bemühungen der Quäker aber ebenso unergiebig wie ihre politischen. In Wirklichkeit gab es keine „bekehrten“ Indianer, weil die Wilden Religion als Ritual und

[74] Ebd., S. 32.

[75] William Wistar Comfort, *William Penn, 1644–1718: A Tercentenary Estimate* (Philadelphia, 1944), S. 44.

Zeremonie verstanden, die Quäker ihnen aber nur das Gesetz anboten, das Gott in die Herzen gepflanzt hat. Wenn die Indianer Christus huldigen sollten, dann mußte dies ein sichtbarer, dramatisch inszenierter und zum Leben erweckter Christus sein, nicht aber dieser verborgene Christus, der seinen Jüngern nichts als eine innere Erleuchtung war. Ebenso konnte eine Zivilisation, die an Entscheidungsfindung in unzähligen Zusammenkünften gebunden war, nur geringe Bedeutung für den Indianer haben; seine sozialen Beziehungen waren von strengen Traditionen und Formen geprägt. Die Freiheit und die Liebe des Quäkers, die den Wilden erreichen sollten, waren für ihn eine zu geringe, gleichzeitig aber auch zu große Herausforderung.

Soweit ich weiß, hat nie ein Quäker versucht, die Natur des Wilden und deren Bedeutung für den zivilisierten Menschen zu erforschen. Fast hat es den Anschein, als wäre es den wackeren Quäkern nie in den Sinn gekommen, über grundsätzliche Unterschiede zwischen Wilden und Zivilisierten nachzudenken. Immerhin liegen uns zahlreiche Berichte über Zusammenkünfte zwischen Quäkern und Indianern vor, sowie ebenso zahlreiche Randbeobachtungen und Schlußfolgerungen. So erinnert sich der den Quäkern angehörende Wanderprediger John Richardson in einem langen Bericht über seine „Versuche und Übungen" an das Ende einer Erörterung zwischen William Penn und einigen Indianern. Penn hatte den Indianern einige Pelzmäntel überreicht sowie „ein wenig Brandy oder Rum oder beides", was sie „ruhig und würdevoll" annahmen. Richardson merkt hierzu an,

> [. . .] daß in all ihren Beratungen niemals zwei zur gleichen Zeit sprachen noch in irgendeiner Form einander störten. Das Essen und Trinken geschah in großer Ruhe und Andacht. Ich würde mir sehr wünschen, daß alle – wahren oder nur vorgeblichen – *Christen* danach strebten, es dem höchst löblichen Verhalten dieser Menschen gleichzutun, wodurch man Zeitvergeudung verhindern und Geschäfte zumindest ebenso beschleunigen kann, als ob man jemanden in Erörterungen und Geschäftsberatungen am Reden hindert [76].

[76] *An Account of the Life of That Ancient Servant of Jesus Christ, John Richardson* (London, 1758), S. 137 f. Zu ähnlichen Beobachtungen und

Darüber hinaus besitzen wir Penns Bericht von 1683 über die unkomplizierten, glücklichen Indianer Pennsylvaniens, die „in Dingen der *Religion* im dunkeln tappen, zumindest was deren *Tradition* betrifft; [die dennoch] an einen *Gott* und die *Unsterblichkeit* glauben, ohne die Hilfe der Metaphysik in Anspruch nehmen zu müssen“ [77]. Es ist charakteristisch für den Quäker, daß er vor allem das potentiell Gute in den Bräuchen und in der Religion der Wilden wahrnahm, denn er wollte mit den Wilden in Eintracht leben und den menschlichen Kern ihres Wesens ergründen, von dessen Existenz er überzeugt war.

Alle Mühen und Hoffnungen der Quäker wurden durch die Machtpolitik in den Bündnissen der Franzosen mit den pennsylvanischen Indianern in der ersten Hälfte des 18. Jahrhunderts zerschlagen. Unter der Führung des Sohnes von William Penn beherrschten reine Geschäftsinteressen immer mehr die Politik der Kolonie. Die „Männer der Praxis“ in Pennsylvania – Verwalter, die sich an den Interessen der kolonialen Grundbesitzer, nicht aber der ansässigen Quäker orientierten – schlossen im Jahr 1732 mit den Irokesen Frieden, weil diese zusammen mit ihren Verbündeten das Gleichgewicht der indianischen Kräfte im Grenzgebiet bestimmten; in der Folgezeit blieb den Quäkern nichts anderes übrig als mitanzuschauen, wie ihre gutgemeinten Bemühungen um die Delawaren zunichte gemacht wurden – so etwa durch den berüchtigten Landbetrug *(Walking Purchase)* von 1737 [78]. In ihrer Verbitterung

---

Schlußfolgerungen vgl. Emily Moore, ed., *Travelling with Thomas Story* (Letchworth, 1947), S. 54 ff.

[77] *A Collection of the Works of William Penn* (London, 1726), II, S. 699–706. Das Zitat stammt von S. 703.

[78] Anm. d. Übers.: *Walking Purchase* war ein bei vielen Indianerstämmen verbreitetes Maß beim Landverkauf an weiße Siedler: Diese konnten so viel Land erwerben, wie ein Mann in einer vorgegebenen Zeit durchschreiten konnte. Während William Penn und eine Gruppe ihn begleitender Delaware im Jahr 1682 eine Strecke von ca. 40 Meilen zurücklegten, heuerte sein Sohn Thomas Penn 1737 – als ein weiterer Landverkauf der Delawaren anstand – einige professionelle Läufer an, die es auf 66 1/2 Meilen brachten und damit ein Gebiet von mehr als 12 000 Quadratmeilen absteckten. Als sich die Delawaren über den Betrug beschwerten und

darüber, daß die Pennsylvanier ihre Freundschaftsgelöbnisse gebrochen und sie an die Irokesen verraten hatten, gerieten die Delawaren schnell unter den Einfluß der Franzosen; das Leben in den nunmehr von schottisch-irischen Pionieren bewohnten – Grenzgebieten entwickelte sich zu einem blutigen und harten Dasein. Da die Quäker ihrer pazifistischen Überzeugung treu blieben, konnten sie weder die Pläne zur Grenzbefestigung noch Braddocks Strafexpedition von 1755 voll und ganz unterstützen; sie hofften immer noch darauf (denn als Quäker mußten sie darauf hoffen), die Gefahr, die von den Indianern ausging, mit Liebe und Zuneigung zu bannen. Im Schatten der imperialistischen Rivalitäten mit den Franzosen vor allem in den mittleren Kolonien waren sich die Quäker der Bedeutungslosigkeit ihrer pazifistischen Ziele und Hoffnungen nicht bewußt. Zwangsläufig verloren sie mehr und mehr an politischem Einfluß. Allgemein war dieser Fehlschlag bei den Indianern nur einer von vielen, weil die Quäker immer darauf beharrten, freundschaftliche Beziehungen zu allen rivalisierenden Parteien zu wahren, auch wenn niemand um ihre Freundschaft bemüht war. Im Jahr 1756 kam es zu einem Krieg; Pennsylvania hatte sich der beständigen Freundschaft der Irokesen versichert und setzte hohe Prämien für die Skalps von Delawaren aus [79]. Das Prinzip des Überlebens hatte das Prinzip Gottes außer Kraft gesetzt.

Mit dem Näherrücken des Kolonialkriegs [80] errangen die Quäker schnell den Status eines neutralen Beobachters, der ihrer Haltung von Beginn an eigen gewesen war. Wohlhabende Kaufleute unter den Quäkern gründeten im Jahr 1756 den „Freundschaftsverein

---

daraufhin von Thomas Penn zu hören bekamen, daß sie ja versuchen könnten, die weißen Siedler aus dem Land zu jagen, verbündeten sie sich mit den Franzosen.

[79] Ich folge hier der Untersuchung von Julian Boyd, „Indian Affairs in Pennsylvania, 1736–1762“, in *Indian Treaties Printed by Benjamin Franklin, 1736–1762* (Philadelphia, 1938), S. iii–lxxviii; und Frederick B. Tolles, *Meeting House and Counting House, The Quaker Merchants of Colonial Philadelphia, 1682–1763* (Chapel Hill, 1948), S. 21–28.

[80] Anm. d. Übers.: *French and Indian War* (1754–63) – als Kolonialkrieg der Engländer gegen die Franzosen und deren indianische Verbündete ein Vorläufer des Siebenjährigen Krieges in Europa.

zur Erlangung und Erhaltung des Friedens mit den Indianern mit friedlichen Mitteln". (Im folgenden Jahr gründeten John Woolman und andere in New Jersey einen ähnlichen, aber weniger rührigen Verein.) Durch sein großzügiges Budget – mit dem man Geschenke für die Indianer und Verhandlungssitzungen mit ihnen finanzieren konnte – erhielt der Verein die Erlaubnis, Kontakte mit den im Grenzgebiet plündernden Delawaren und Shawnee anzuknüpfen, die schließlich zum Erfolg eines Friedensabkommens führten. So war der Frieden an der Grenze Pennsylvanias während des Kolonialkrieges in erster Linie auf die Bemühungen des Vereins zurückzuführen; doch selbst nach diesem Anfangserfolg gestatteten die Administratoren der Kolonie den Quäkern nur eine inoffizielle Teilnahme – in der Rolle von Beratern und Beobachtern – an Verhandlungen mit den Indianern. Trotz seiner vielen guten Absichten und hochgesteckten Erwartungen gelang es aber auch dem „Freundschaftsverein" nicht, den Frieden an der Grenze zu erhalten, wo es zwischen den Indianern und skrupellosen Weißen zu schweren Konflikten kam. Nach solchen Vorfällen, wie dem von den sogenannten Paxton-Boys 1763 begangenen Massaker unter den harmlosen Connestoga und Pontiacs Aufstand im Nordwesten, verschwand der „Freundschaftsverein" von der Bildfläche. Immerhin war eine Tradition begründet worden, denn die Quäker traten später häufig in Verhandlungen zwischen Indianern und Weißen offiziell als aufmerksame Unparteiische auf. Dies war nur folgerichtig, denn von Anfang an galt die Anteilnahme der Quäker nicht nur den Rechten der Indianer oder nur des weißen Mannes, sondern vielmehr den unantastbaren Rechten aller Menschen [81].

Die Erfahrung der Quäker ist nur eine weitere Lektion über das Versagen angesichts der Realität, und dieses Versagen beruhte ausgerechnet auf dem, was die Quäker für das Grundprinzip des Erfolgs hielten: auf dem Bewußtsein des allen Menschen innewohnenden göttlichen Prinzips. Mit dieser Überzeugung mußten sie

[81] Siehe hierzu Theodor Thayer, „The Friendly Association," *Pennsylvania Magazine of History and Biography,* LXVII (1943), S. 356–376.

Pazifisten sein, durften die Indianer nicht nach ihrem eigenen Vorbild umformen, sondern durften einfach nur den Versuch unternehmen, ihnen das Bewußtsein von diesem göttlichen Prinzip zu vermitteln. Die Schlichtheit eines solchen Prinzips überstieg den Horizont der meisten Wilden und – wie die Dinge lagen – sicherlich auch der meisten zivilisierten Menschen; sie überstieg sogar, wenn wir uns die Aufzeichnungen über den Unternehmergeist der Quäker in der ersten Hälfte des 18. Jahrhunderts genau ansehen, den Horizont vieler Quäker. Wir besitzen frühe zeitgenössische Zeugnisse zu diesem Versagen. In den achtziger Jahren des 17. Jahrhunderts bemerkten die holländischen Reisenden Dankers und Sluyter, daß die Bemühungen der Quäker um die Indianer zum Scheitern verurteilt waren; zum einen weil die Quäker selbst nicht in der Lage waren, nach ihren Idealen zu leben, zum anderen weil – auch wenn die Quäker selbst es vermocht hätten – die Indianer weder Respekt noch Verständnis für die Taten gezeigt hätten, die aus diesen Idealen folgen:

> Die Indianer hassen die Quäker wegen ihrer Hinterlist und Habsucht. Sie sagen, die Quäker seien keine Engländer, und grenzen sie immer wieder von den übrigen Engländern ab, wie dies auch die meisten anderen Menschen tun. Die Indianer sagen: „Sie sind keine Christen, sie sind wie wir selbst.“ [82]

Die Aussage der Indianer über die Quäker – „sie sind wie wir“ – bezeichnet gewiß ein Versagen. Sie kennzeichnet aber auch einen Erfolg: Wo imperialistische und merkantilistische Interessen vorherrschen und daraus folgend ein Haß auf die Wilden, die der Schaffung eines Weltreichs im Wege stehen, ist das sichere Kennzeichen des wahren Erfolgs – das Versagen.

[82] *Journal of a Voyage to New York in 1679–80, Memoirs of the Long Island Historical Society*, I (1867), S. 244.

6

Imperialistische und merkantilistische Kräfte – die alle Bemühungen der Quäker, den Indianer für die Zivilisation zu erhalten, zunichte gemacht hatten – eroberten sämtliche amerikanischen Kolonien. Im Verlauf dieser Entwicklung fand der Indianer auch in der offiziellen Politik Großbritanniens weniger unter dem Gesichtspunkt der Zivilisation als der Handelsinteressen Berücksichtigung. In den westlichen Teilen der mittleren Kolonien sowie in den Kolonien im Süden Virginias waren die Händler offiziell dazu angehalten worden, gute Beziehungen zu den Indianern zu wahren, und den Siedlern hatte man im großen und ganzen empfohlen, sich vom Indianerland fernzuhalten. Es war aber gar nicht zu verhindern, daß Siedler den Händlern in die indianischen Gebiete folgten oder daß Händler Betrügereien begingen. Es war ebenfalls nicht zu verhindern, daß Konflikte zwischen den Indianern und den Kolonien daraus entstanden wie der blutige Yamasee-Krieg von 1715/16. Aber auf lange Sicht trat indianischer Widerstand kaum noch in Erscheinung. Zur Zeit des Kolonialkriegs, der selbst wegen kollidierender Handelsinteressen geführt wurde, spielten die Indianer nur als – von den Handelsgeschäften beider Seiten – Betrogene eine Rolle. Der britische Imperialismus war stärker als der französische. Britische Beauftragte, die sich um die Indianerangelegenheiten im Norden und Süden kümmern sollten, wurden um 1755 ernannt; die Aufsicht über Indianerangelegenheiten wurde auf diese Weise zentralisiert und die Zukunft des Handels mit den Indianern gesichert. Aber noch immer begingen viele Händler Betrügereien, und noch immer drangen Siedler unbefugt in Indianergebiete ein. Durch *Pontiacs Aufstand* in den Jahren 1763–1765 entstand noch einmal Verwirrung [83]. Die Aufzeichnun-

[83] Anm. d. Übers.: Pontiac, Häuptling der Ottawa, Chippewa und Potawatomi, unternahm 1763 den am Ende erfolglosen Versuch, die Stämme des Seengebiets mit den Franzosen gegen die Engländer zu verbünden. Der Grund hierfür lag in Pontiacs Verbitterung über den im selben Jahr erfolgten Friedensschluß in Paris, der den *Kolonialkrieg* beendet und damit den Engländern die Möglichkeit eingeräumt hatte, weit westlich in die Indianergebiete vorzudringen.

gen sprechen von Streitigkeiten, Verträgen, Notmaßnahmen zur Erhaltung des Friedens, Gezänk zwischen den Kolonien wegen des Handels mit den Indianern und wegen der Indianergebiete – und von den Anfängen eines unaufhaltsamen Vormarschs in Richtung Westen.

Zu dieser Zeit hatte niemand mehr Interesse daran, den Indianer als einen Menschen zu begreifen, der zivilisiert werden sollte und mit dem man zusammenleben wollte; es ging vielmehr darum, den Indianer als ein Wesen zu begreifen, dessen Natur und Lebensform ein Hindernis bildeten für den westwärts gerichteten zivilisatorischen Fortschritt. Man beobachtete, wie die Tugenden der Hochkulur – genau wie deren Laster – das Leben der Wilden zerstörten: gerade das zerstörten, was man unumwunden als Tugenden der Wilden anerkennen mußte. Wo liegt die Erklärung für dieses Paradoxon einer eingestandenen Unvereinbarkeit von eingestandenen Tugenden? Hierbei handelt es sich um das Problem des Wilden, wie es sich den amerikanischen Kolonisten Mitte des 18. Jahrhunderts darstellte. Deren Verdienst bestand darin, daß sie beginnen, das Problem klar und objektiv darzulegen, daß sie nicht nur über etwaige Ähnlichkeiten zwischen den Wilden und Zivilisierten nachdenken, sondern über unumstößliche Unterschiede. Unter diesen Vorzeichen wurde das Problem an die Amerikaner nach 1775 weitergereicht und dann in einer Form gelöst, die das wahre Grundprinzip für das Vorrücken der amerikanischen Zivilisation gegen die Wilden und die von ihnen bewohnte unkultivierte Landschaft.

7

In Robert Beverlys *History of the Present State of Virginia* (1705) stößt man auf den ersten Versuch eines Kolonialamerikaners, einen „vollständigen“ Bericht über die Natur des Indianers zu schreiben [84]. Im ersten Buch seiner „History“ folgt er den Spuren der

[84] Beverlys Bericht über die Indianer Virginias folgte teilweise dem wahrheitsgemäßen Material in John Oldmixons *British Empire in Ame-*

Geschichte im Hinblick auf die Beziehungen zwischen Indianern und Weißen im 17. Jahrhundert; er betont dabei nachdrücklich, daß die Engländer in gleichem Maße wie die Indianer zu dem Blutvergießen beigetragen hätten, das die Beziehungen zwischen beiden belastet hat. Im dritten Buch gibt Beverly einen zusammenfassenden Bericht „über die Indianer – ihre Religion, Gesetze und Bräuche – in Krieg und Frieden". Er behandelt ausführlich – so seine Kapitelüberschriften – Aussehen und Kleidung, Hochzeiten und Kinder, Wohngebäude und Befestigungen, Kochen und Lebensmittel, Reisen, Begrüßung und Unterhaltung, Lernen und Sprache, Krieg und Frieden, Religion und Verehrung, Krankheiten und Heilverfahren, Sport und Zeitvertreib, Gesetz und Ordnung, Schätze und Reichtümer sowie Gewerbe und Handwerk. Beverly vermittelt – so objektiv wie möglich – zahlreiche Details, die aus eigener Beobachtung und von anerkannten Autoritäten stammen, und ordnet sie systematisch; er beginnt bei der äußeren Erscheinung und dringt über die materielle Kultur bis hin zu Institutionen und Bräuchen vor.

Beverly will die Indianer hauptsächlich als Naturvolk begreifen, ohne sie jedoch deswegen zu verurteilen. Es bereitet ihm sogar besondere Freude, gewisse Parallelen zwischen dem Leben der Wilden und der antiken und heroischen Lebenswelt aufzuzeigen. So vergleicht er etwa die indianische Küche mit der der Spartaner und kommentiert den erstaunlichen Brauch, ausgewählten Besuchern ein Mädchen aus dem Dorf anzubieten: „Auf diese Weise wurden vielleicht viele der Helden aus jenen alten Tagen gezeugt, die sich rühmten, die Söhne irgendeines Wander-Gottes zu sein." [85] Beverlys *History* war illustriert mit den Kopien, die Gribelin – mit Hilfe

rica (1708), das Beverly in Manuskriptform 1703 gesichtet hatte. Beverlys Schwager, William Byrd II., hatte Oldmixon mit Material für seinen Bericht versorgt. Beverly wurde gebeten, den Bericht von Oldmixon zu überarbeiten, befand diesen jedoch nicht für bearbeitungswürdig. In seinem *British Empire* spricht Oldmixon geringschätzig von Beverly, plagiiert ihn jedoch Wort für Wort. Siehe hierzu Louis B. Wright, ed., *The Present State of Virginia* (Chapel Hill, N. C., 1947), S. xvii, 349.

[85] *Ebd.*, S. 189.

der Kopien De Brys – von John Whites Darstellungen virginischer Indianer des 16. Jahrhunderts angefertigt hatte. In Gribelins Nachbildung sind die authentischen Indianer tatsächlich ihren klassischen Vorbildern gewichen: Sie erscheinen als Spartaner. Entgegen allen Argumenten von orthodoxen und rationalistischen Eiferern kommt Beverly zu dem Ergebnis, daß der indianische Glaube nicht als unmenschliche Teufelsverehrung oder deistisches Freidenkertum abgetan werden kann, vielmehr muß er als Religion einer primitiven Unwissenheit angesehen werden.

Am Schluß äußert er seine persönliche Meinung über die derzeitige Lage der virginischen Indianer:

Ich glaube, es ist mir gelungen, die *Indianer* kurz und prägnant zu charakterisieren. Ich glaube, daß sie ein zufriedenes Leben führen, weil sie sich einer einfachen Natürlichkeit und des Wohlstands erfreuen können, ohne mit dem Fluch der Arbeit belastet zu sein. Aus verschiedenen Gründen haben sie Anlaß, die Ankunft der Europäer zu beklagen, durch die sie ihre Glückseligkeit und ihre Unschuld verloren zu haben scheinen. Die *Engländer* nahmen ihnen einen großen Teil ihres Lebens und verringerten dementsprechend ihren Wohlstand. Sie brachten Trunksucht und Luxus mit sich, was die Bedürfnisse der Indianer vermehrte und sie tausend Dinge begehren ließ, von denen sie nie zuvor geträumt hatten [...] [86].

Zivilisierung und Bekehrung der Indianer, sogar Ehen zwischen Indianern und Weißen bleiben als große Hoffnungen bestehen, die Wilden doch noch Gott und der Zivilisation zuzuführen [87]. Allerdings weiß Beverly sehr wohl, daß die Indianer – sollten sie tatsächlich dem Leben eines Wilden abschwören – nicht nur das Böse, sondern auch das Gute ihrer bisherigen Lebensweise hinter sich lassen müßten.

Wie Beverly konzentriert sich auch John Lawson in *New Voyage to Carolina* (1708) zunächst auf die allgemeinen Lebensformen des Wilden, um sich erst dann den Auswirkungen der Zivilisation auf diese Lebensformen zuzuwenden. Als Generalinspektor von

[86] *Ebd.*, S. 233.

[87] In der Ausgabe von 1722 tilgte Beverley den Aspekt der Rassenmischung aus seiner *History*.

North-Carolina bereiste Lawson ausgiebig die ganze Kolonie, und er führte ein detailliertes Tagebuch über seine Reisen. Darin finden wir eine Fülle von Beobachtungen zu den Indianern; der Zusammenhang wird aus einem zwar weitschweifigen, aber systematisch angelegten Kommentar ersichtlich.

Auch Lawson beginnt mit einer Beschreibung des Aussehens, wendet sich dann den materiellen Kulturgütern zu und schließt mit einer Erörterung der verschiedenen Institutionen – Familie, Ehe, soziale Rangfolge, Religion und Sitten. Sein Hauptaugenmerk ruht auf den konkreten Einzelheiten, weil nach seiner Ansicht verantwortungslose Berichterstatter zu viele Darstellungen aus zweiter und dritter Hand veröffentlichten. Er will die Indianer weder preisen noch sie verurteilen; sein Ziel ist es vielmehr, sie objektiv darzustellen. So gelangt er zu dem Schluß, daß die Indianer in Carolina einfache Menschen mit schlichten Tugenden und harmlosen Lastern sind. Sie neiden anderen nicht deren Reichtümer und Errungenschaften; sie wollen nur ihre Fähigkeiten als Krieger und Jäger entwickeln können und ein Leben führen ohne Furcht vor dem Tod, von dem sie genau wissen, daß er sie eines Tages ereilt. Wenn sie ihre Gefangenen grausam behandeln und sie gnadenlos foltern, dann nur, weil sie wissen, daß der Tod der leichte, der natürliche Ausweg ist und weil sie diesen Ausweg erschweren wollen, so gut sie können. Wenn sie „rachsüchtig" sind, dann nur, weil sie Kränkungen niemals vergessen, nicht aber, weil sie „die Wut und den Jähzorn" haben, der Europäern eigen ist. Wenn ihre Religion barbarisch ist, dann nur, weil sie unaufgeklärte Eingeborene sind, die in einer harten und grausamen Welt leben – und bis zu diesem Zeitpunkt haben ihnen die Engländer mit ihrer Ankunft in Amerika nur den Tod gebracht. Lawson faßt zusammen:

In den ihnen eigenen Lebensverhältnissen erscheinen sie uns, kurz gesagt, als sonderbare Menschen, die auf ihrem Lebensweg so geheimnisvolle Pfade beschreiten, daß es uns wie ein Wunder vorkommt, wie sie ihre Vorhaben zuwege bringen, auch wenn sie so völlig anders sind als wir. Ich bin davon überzeugt, daß sie (zumindest in diesem Leben) ein sehr zufriedenes Volk sind und – gäbe es nicht die Fehden unter ihnen – sich der glücklichsten Lebensumstände erfreuen dürften, die dem Menschen (in dieser Welt) beschieden sein können. Mit unserem Kommen trafen sie auf einen Feind, denn allem Anschein nach stehen sie dem Christentum heute nicht näher als zu dem Zeitpunkt ihrer Entdeckung. Sie haben sich zahlreiche Laster der Europäer zu eigen gemacht, aber – soweit ich weiß – nicht eine ihrer Tugenden [88].

Was ist zu tun? Lawson sagt es klar und deutlich:

[...] wenn wir der Vernunft gestatten, uns zu führen, dann wird sie uns kundtun, daß diese Indianer – als das freieste Volk auf der Welt – weit davon entfernt sind, als Störenfriede über uns hereinzubrechen, die wir unsere heimatliche Erde verlassen haben, um sie zu vertreiben und ihr Land in Besitz zu nehmen. Wir haben kein Recht, die armen Heiden zu verurteilen, denen wir all das nicht zugestehen, was ihr Leben so stark prägt (und was uns so fremdartig anmutet): ihre natürlichen Veranlagungen, ihre urwüchsige Erziehung und ihre seltsamen Bräuche. Solches Verhalten ist eines Christen unwürdig, und niemand kann sich als Sittenlehrer aufspielen, wenn er sich nicht um die Schaffung und Anwendung besserer Lebensregeln bemüht, denen man folgen und nach denen man handeln kann [89].

Die Händler müssen ihre Geschäfte in einer Weise führen, die den Indianern als Vorbild dient für den „Weg der Rechtschaffenheit und für die goldene Regel, den anderen so zu behandeln, wie wir selbst behandelt werden möchten". Wie vor ihm Beverly befürwortet auch Lawson Zivilisierungs- und Christianisierungsbemühungen und sogar Mischehen zwischen Weißen und Indianern. Wie Beverly ist er davon überzeugt, daß der Wilde zivilisiert werden kann. Aber er erkennt, daß das Leben des Wilden über eine eigene Integrität verfügt: eine Integrität, die von der des Lebens in der Zivilisation grundverschieden ist und die durch die Zivilisation unerbittlich zerstört werden wird.

Diese dem Leben der Wilden innewohnende Integrität erwies sich für die Amerikaner des 18. Jahrhunderts zunehmend – im Guten wie im Schlechten – als Hauptproblem. Mit der Veröffentlichung seiner *History of the Dividing Line* beschäftigt, bezeichnet William Byrd II. die Indianer – nicht nur im Hinblick auf ihre Religion, sondern verallgemeinernd – als kriegerisch, grausam, hinter-

---

88 *Lawson's History of North Carolina* (Richmond, Va., 1937), S. 251 f.
89 *Ebd.*, S. 256.

listig, von Grund auf böswillig, verschlagen, aber auch tapfer – „zufrieden mit der Natur, so wie sie sie vorfinden“ [90]. Cadwallader Colden – ein in New York ansässiger Anwalt indianischer Interessen – beschreibt in der zweiten Auflage seiner *History of the Five Indian Nations* (1747) die aristokratischen, grausam herrschenden Irokesen als ein Naturvolk, das die Freiheit und den Krieg liebt, glänzende Redner, geradezu homerische Helden [91]. Der Rechtshistoriker William Smith folgt Colden in seiner *History of the Province of New York* (1757), kann aber in den barbarischen Helden – Homer hin oder her – nichts Nobles entdecken [92]. Louis Evans wirft in seinem *Brief Account of Pennsylvania* (1753) einen düsteren Blick auf die Indianer, die sich als treue Republikaner keiner Autorität beugen werden, es sei denn, diese werde aus ihrer natürlichen Identität herausgehoben [93]. Zu ähnlichen Ergebnissen kommt auch Benjamin Franklin in seinen „Observations Concerning the Increase of Mankind, Peopling of Countries, etc.“ (1755); er konstatiert über die Indianer, daß „deren Bedürfnisse [...] befriedigt [werden] durch die wildwachsenden Erzeugnisse der Natur“ und daß sie von Natur aus nicht zivilisiert werden wollen [94]. Im Zusammenhang mit den Auswirkungen von Pontiacs Aufstand betonen in den Jahren 1764 und 1765 verschiedene Verfasser, man dürfe die Indianer nicht mit den ehrenvollen Mitteln der Zivilisation bekämpfen, sondern mit den schändlichen der Wilden. Allerdings müssen auch sie eingestehen, daß die Indianer einen heldenhaften Kampf führen werden, um die von ihnen geliebte Freiheit zu ver-

[90] Williams Byrds *Histories of the Dividing Line,* ed. William K. Boyd (Raleigh, N. C., 1929), S. 112–123, 218–222, 306–308.

[91] Coldens Darstellung ist enthalten in „Short View of the Form of the Five Nations, and of their Laws, Customs, etc.“, der Einführung in die zweite Auflage der *History of the Five Indian Nations* (London, 1747).

[92] *History of the Province of New-York* (London, 1757), S. 35–38.

[93] *Brief Account* [1753], in L. H. Gipson, *Louis Evans* (Philadelphia, 1939), S. 90–94.

[94] Ich folge dem Text (der Shaftesbury-Papiere) in A. O. Aldridge, „Franklin's Letter on Indians and Germans“, *American Philosophical Society Proceedings,* XIV (1950), S. 391–395.

teidigen [95]. Man ging immer mehr dazu über, die Konflikte zwischen Indianern und Weißen als Folge unterschiedlich ausgerichteter Lebensideale zu betrachten; und zwar so unterschiedlich ausgerichtet, daß sie immer wieder tödliche Auseinandersetzungen hervorriefen. Im Jahre 1765 hatte Leutnant Henry Timberlake auf seinen Reisen genug Erfahrungen bei den Cherokee gesammelt, um das Leben vom Standpunkt eines Wilden beurteilen zu können:

> [...] wer würde sich danach sehnen, sein Dasein in Arbeit zu fristen, wenn es ihm gegeben ist, nur in Kurzweil zu leben? Die wenigen Beschäftigungen in einem Indianerleben bestehen darin, zu jagen, auswärts Krieg zu führen und zu Hause zu faulenzen. Man sagt, daß Arbeit aus den Bedürfnissen des Menschen folgt, aber die Befriedigung der indianischen Bedürfnisse fordert einen geringeren Preis [96].

Etwa zehn Jahre später ging James Adair, der mit den Cherokee Handel trieb, noch wesentlich weiter als Timberlake; er erkannte in der Gesellschaft der Wilden das moderne Gegenstück zur Gesellschaft des Alten Testaments. Bei dem Versuch, in seiner *History of the American Indians* eine nahe Verwandtschaft zwischen dem Leben der Indianer und der Hebräer aufzuzeigen – und auf diese Weise (entgegen der weitgehend anerkannten Theorie der tatarischen Vorfahren) die hebräische Abstammung des Indianers zu beweisen –, stellt Adair die schlichte Aufrichtigkeit der hebräischen Wilden über die vielschichtige Verderbtheit der zivilisierten Briten. Tatsächlich entdeckt er vieles im Leben der Indianer, was auch im Leben der zivilisierten Briten wünschenswert wäre. Da die Indianer durch das „unverfälschte und ehrliche Naturrecht" regiert werden.

---

[95] Gavin Cochrane, „Treatise on the Indians of North America", Ayer Collection Ms. 176 (Newberry Library, Chicago); Robert Rogers, *Concise Account of North America* (London, 1765), S. 205–264; William Smith, „Of the Temper and Genius of the Indians", in *An Historical Account of the Expedition against the Ohio Indians* [1765] (Cincinnati, 1868 [geht zurück auf die Ausgabe: London, 1766]), S. 95–110; Henry Timberlake, *The Memoirs of Lieutenant Henry Timberlake* [1765] (Johnson City, Tenn., 1927), S. 75–102.

[96] Henry Timberlake, *Memoirs,* S. 99.

[...] atmet ihre Verfassung nichts als Freiheit; da ihrer aller Lebensumstände, ihre Bräuche und Privilegien in Einklang stehen und aufgrund der beständigen familiären Zwanglosigkeit ihrer Gesellschaft, die in jedem Indianervolk in allen unseren britischen Kolonien vorherrscht, erglühen ihrer aller Herzen in solchem Frohsinn und in einem solchen Feuer der Tapferkeit, daß man es kaum in Worte fassen kann [97].

Diese Auffassung von einer zwar unzivilisierten, doch gleichsam ursprünglich-natürlichen Würde bei den Cherokee stößt rasch auf Widerspruch, und zwar von Bernard Romans, einem anderen Kenner der Cherokee, der außerdem auch Gebiete anderer südöstlicher Indianervölker bereist hatte. In *Concise Natural History of East and West Florida* (1775) vertritt Romans die Ansicht, diese Wilden seien derart widernatürliche Wesen, daß ihre Erschaffung nicht mit der des Menschen identisch gewesen sein könne. Mit Blick auf ihren ziellosen Müßiggang heißt es:

Aber ach! Was ist das nur für ein Volk, das nicht nur roh und unkultiviert ist, sondern auch untauglich für jeden Zivilisierungsversuch; ein Volk, das es als die schlimmste Erniedrigung empfinden würde, wenn es sich uns anpassen müßte; das mit der größten Verachtung herabschaut auf uns und unsere Sitten, hat uns doch die Erfahrung gelehrt, daß es bei erster Gelegenheit zurückkehren wird zu seinen alten Gewohnheiten wie der Hund zu seinem Ausgespienen. Seht euch diesen gepriesenen und bewunderten Naturzustand an, in dem sich diese Kreaturen hier ergehen und ihre Zeit vertun [98].

Romans vertritt natürlich eine extreme Position, aber für ihn – wie für alle anderen in den Kolonien lebenden Autoren des 18. Jahrhunderts – blieb der Indianer das, was er immer gewesen war: ein Naturmensch. Nun wurde immer häufiger die Meinung geäußert, er sei fest und möglicherweise dauerhaft an seine ungeformt-rohe Natur gefesselt. Außer Romans mochten alle Autoren noch die Hoffnung und das Vertrauen hegen, daß der Indianer von diesem Zustand befreit und der Zivilisation zugänglich gemacht werden

---

[97] James Adair, *History of the American Indians* (London, 1775), S. 379.

[98] Bernard Romans, *Concise Natural History of East and West Florida* (New York, 1775), S. 39.

konnte. Gleichzeitig erkannten sie aber immer deutlicher, daß die Kluft zwischen den Wilden und der Zivilisation wohl nicht so leicht zu überbrücken sei; das war keine schmale Kluft, sondern ein Ozean, ein Kontinent, den man niemals überwinden werde.

8

In den ersten 75 Jahren des 18. Jahrhunderts wurde das Problem der Beziehung zwischen den Indianern und der amerikanischen Lebensauffassung immer häufiger folgendermaßen beschrieben: Vereinfacht und verallgemeinernd handelte es sich um die spannungsgeladene Beziehung des Indianers zum zivilisierten Leben. Die Wilden waren unlösbar an ihre ursprünglichen, natürlichen Lebensformen gefesselt. Sie mochten unter diesen Gegebenheiten durchaus ein auf ihre Art rechtschaffenes Leben führen, denn sie hatten viele ihnen eigene, d. h. natürliche Tugenden – auch wenn es nicht nur besonders edle Wilde gab. Zudem konnte niemand anzweifeln, daß Moral und Tugendhaftigkeit überall im wesentlichen ein und dasselbe sein mußten, wenn die von Adam abstammenden Menschen überall im wesentlichen ein und dasselbe waren. Wie sollte man gleichzeitig dem von Gott verfügten moralischen Ideal und der Beteuerung einer gemeinschaftlichen Humanität folgen und überdies noch Verständnis aufbringen für das, was an den Gesellschaftsformen der Wilden lobenswert sein mochte? Wie sollte man dieses Gute in Beziehung setzen zu dem offensichtlich Besseren der zivilisierten Gesellschaft? Wie konnte man zugleich an zwei verschiedene Ordnungsvorstellungen glauben? Diesem besonderen Dilemma sahen sich die Amerikaner gegenüber, die von 1775 an bis in die Mitte des 19. Jahrhunderts hinein versuchten, die Bedeutung des Indianers für ihr Leben zu verstehen, und zugleich Zuschauer als auch Akteure des westwärts gerichteten Zivilisationsfortschritts waren.

Die amerikanische Lösung des Problems war Teil einer Vorstellung von Fortschritt, vom amerikanischen Fortschritt. Man tolerierte andere Kulturen, insofern sie die vollständige Verwirklichung der dem Menschen wesenseigenen moralischen Natur gewährleisteten; und der Mensch verwirklicht diese Natur mit seinem historischen Fortschreiten vom weniger Guten zum Besseren, vom Simplen zum Komplexen, vom Naturzustand zur Zivilisation. So konnte man also den westwärts gerichteten, amerikanischen Fortschritt als eine Wiederholung des historischen Fortschreitens auffassen – und den Wilden als jemanden, dem es bis dahin und wohl auch später nicht vergönnt war, in die zivilisierte Welt ‚fortzuschreiten'; er mußte durch sie unvermeidlich vernichtet werden, weil das weniger Gute dem Besseren den Weg frei machen mußte. Zivilisierte Menschen, die der Versuchung nachgaben, sich mit den Wilden einzulassen, würde man ebenso vernichten, weil der Indianer nur der kümmerliche Rest der Wilden aus grauer Vorzeit war, von dem sich die zivilisierten Menschen mühsam fortentwickelt hatten. Sich mit ihm beschäftigen hieß sich mit Vergangenem beschäftigen. Ihn zivilisieren hieß über die Vergangenheit triumphieren. Ihn töten hieß das Zurückliegende töten. Die Geschichte war daher der Schlüssel zum moralischen Wert der Kulturen; die Geschichte der amerikanischen Zivilisation wurde daher als dreidimensional aufgefaßt, als Fortschreiten von der Vergangenheit zur Gegenwart, von Ost nach West, von niedrig zu hoch.

Wenn es für diese Vorstellung vom zivilisatorischen Fortschritt gilt, daß sie ein Gegenstand der amerikanischen Überzeugung wurde, dann gilt dies auch für die Vorstellung vom Naturzustand, von der sie ihre Substanz bezog und der sie wiederum Kraft verlieh. Es war eine Vorstellung von Fortschritt, die aufkam, als sich die Amerikaner veranlaßt sahen, über die mögliche Beziehung zwischen ihrem Leben und dem der Indianer nachzudenken; diese Beziehung praktisch, theoretisch und symbolisch zu verstehen und im Einklang mit diesem Verstehen zu handeln. Kurzum: die Amerikaner mußten zur gleichen Zeit ihr Schicksal bestimmen, erkennen und danach leben. Das Bemühen der Kolonialamerikaner hatte hauptsächlich zum Ziel gehabt, die unauflösbare Einheit der Bestimmung des wilden Eingeborenen und des zivilisierten Weißen nachzuweisen. Dies Bemühen mußte scheitern, und die Amerikaner nach 1775 lernten bei dem Versuch, ihre eigene Bestimmung zu erfassen, diese in den Begriffen vom Wilden kennen; allerdings war es dem Wilden selbst nicht vergönnt, an ihr teilzuhaben.

Teil 2

Leben und Sterben des amerikanischen Wilden, 1777–1851

„Zivilisation oder Tod allen amerikanischen Wilden.“

Soldatentrinkspruch, 4. Juli 1779

„Wir haben sie weder das Leben noch das Sterben gelehrt.“

Lewis Cass, Gouverneur des Michigan-Territoriums, 1826

II

Ein bedrückendes Thema:

Die Stellung des Indianers im Leben der Amerikaner

Die Amerikaner konnten den Indianern in ihrer gerade neu entstehenden Gesellschaft nur dann einen Platz einräumen, wenn sich die Indianer den amerikanischen Lebensformen anpaßten – wenn sie also seßhaft, rechtschaffen und zivilisiert wurden. Der Indianer blieb aber so, wie er immer gewesen war – nomadisch, unberechenbar und wild. Daraus folgerten die Amerikaner, daß sie dazu bestimmt waren, den Indianer zu zivilisieren und – nach dem Scheitern dieser Bemühungen – zu vernichten, denn offensichtlich konnte und wollte der Indianer nicht zivilisiert werden. Dafür verdiente er Mitleid, aber auch Tadel. Mitleid und Tadel waren der Preis, den die Amerikaner für die Vernichtung des Indianers bezahlten. Mitleid und Tadel waren aber auf Dauer auch der Preis für den Sieg der Zivilisation über den Naturzustand.

1

Mitten im Unabhängigkeitskrieg, als die Amerikaner kaum in der Lage waren, sich der Briten zu erwehren, bemühten sie sich, die Macht der Indianer zunächst einmal zu neutralisieren, um sich dann später mit ihnen zu einigen. Andererseits versuchten die Briten, die Indianer davon zu überzeugen, daß ein Sieg der landhungrigen Kolonisten das Ende ihrer Lebensart bedeuten werde. Britische Unterhändler und Verwaltungsbeamte zeigten im Umgang mit den Indianern großes Geschick: mit überzeugenden, unzweideutigen und realistischen Appellen versprachen sie für die Zukunft Bewahrung der indianischen Territorien, Rechte und Handelsbeziehungen. In der Folge sahen sich die amerikanischen Kolonisten an fast allen Fronten von Indianern bedroht, die Verbündete der Briten geworden waren. Aber sie konnten den von den Briten angeheizten Aufstand der Cherokee im Jahr 1776 niederschlagen, sich der wiederholten – ebenfalls von den Briten angestifteten – Grenzüberfälle erwehren und ihrerseits gegen die Indianer vorgehen. Sullivans Strafexpedition von 1779 sollte das Getreide und die Dörfer der den Briten ergebenen Irokesen zerstören. Sie erkannten aber auch, daß es niemals gelingen würde, die Macht der Indianer einfach zu neutralisieren, sondern daß eine baldige und beständige Einigung mit ihnen vonnöten war.

Das Schicksal des Indianers nach der amerikanischen Unabhängigkeit ließ erkennen, daß er das Recht verloren hatte, frei über Ort und Form seines Lebens zu bestimmen. Die offizielle amerikanische Auffassung war immer noch dieselbe wie die Auffassung der britischen Kolonisten: daß indianische Gebiete als eroberte Territorien einzustufen waren. Dennoch beharrten die Indianer – nach 1780 von britischen Unterhändlern ermutigt, die von britisch besetzten Gebieten im Norden und Süden aus operierten – auf ihren Eigentumsanspruch und auf legalen Landkauf der Amerikaner. Daraufhin wurden Verträge aufgesetzt und Grenzziehungen durch die neue amerikanische Regierung vorgenommen; Vertragsbrüche und Grenzmißachtungen folgten jedoch auf dem Fuße, weil die Grenzbewohner weder ihre Regierung respektierten noch – mit den Worten Hugh Henry Brackenridges aus dem Jahr 1782 – „die Tiere, die man gemeinhin Indianer nennt“ [1].

So also sahen die Beziehungen zwischen roten Indianern und weißen Amerikanern in der Folgezeit aus. Im besiedelten Osten, aus dem die Indianer bereits vertrieben waren, hoffte man, ihre westlichen Territorien Schritt für Schritt zu okkupieren und durch die nachströmende weiße Bevölkerung zivilisatorisch zu erschließen. Der Kongreß leistete diesen Absichten Vorschub: Im Jahre 1786 legte er die Aufsicht über alle Indianerangelegenheiten ausschließ-

---

[1] Hugh Henry Brackenridge, *Indian Atrocities* (Cincinnati, 1867), S. 62.

lich in den Verantwortungsbereich der nationalen Regierung. Aber der fortbestehende Expansionsdrang ließ einzelne Staaten doch mit den Indianern weiterverhandeln und – so wie die einzelnen Grenzer – alles einheimsen, was sich ihnen bot. In der ‚Verordnung für die Regierung des Territoriums der Vereinigten Staaten nordwestlich des Ohio' *(Northwest Ordinance)* von 1787 und in der Verfassung von 1789 ist der Grundsatz der Indianerpolitik dargelegt, daß indianische Eigentumsansprüche auf das Land im Westen – auch wenn es als erobert gelten mochte – formell aufgehoben werden mußte, bevor sich dort Amerikaner niederlassen durften, und daß ferner die enteigneten Indianer auf Farmen angesiedelt und dort zivilisiert werden sollten. Unwillige Grenzer brachen das Gesetz, aber sie zwangen die Indianer, es anzuerkennen.

Es fehlte an Zeit, das Zivilisierungsvorhaben in die Tat umzusetzen. Amerikanische Siedler strömten in Richtung Westen, und deshalb bemühten sich die Indianer – am Ende erfolglos –, an eben den Lebensformen des Wilden festzuhalten, die sie im Zuge der geplanten Zivilisierungsmaßnahmen aufgeben sollten. Von den Briten angestachelt, wagten es die Stämme im Ohio-Gebiet, frühere Verträge mit den Vereinigten Staaten für nichtig zu erklären und das gesamte Land westlich des Ohio als ihr ewiges Eigentum zu beanspruchen. In ihrer verzweifelten Entschlossenheit, sich zu behaupten, waren sie zunächst siegreich gegen die Strafexpedition von Harmar (1790) und St. Clair (1791); später folgte allerdings eine vernichtende Niederlage gegen Waynes Armee (1794). Dies führte im Jahr 1795 zum Vertrag von Greenville, mit dem die Indianer – von den Briten im Stich gelassen – fast das ganze Ohio-Gebiet an die Amerikaner abtraten. Die im Südwesten von den Creek angeführten Stämme wurden von den Spaniern angetrieben, den Ansturm der Pioniere der neuen Republik aufzuhalten; doch bis spätestens 1790 waren auch sie bereit, durch Vertrag die Herrschaft der Vereinigten Staaten anzuerkennen.

Verträge bedeuteten den amerikanischen Pionieren wenig, die ohne Zögern in indianisches Land vordrangen und sich nahmen, was sie wollten. Als z. B. im Jahr 1802 die Abgesandten der Kickapoo, Wea und Delawaren weitere Gebietsabtretungen an das Indiana-Territorium verweigerten, ließ dessen Gouverneur William

Henry Harrison sie wissen, daß das Land bereits den Vereinigten Staaten gehöre und notfalls mit Waffengewalt übernommen werde. Solche Methoden – die die Grenzer veranlaßten, sich mehr Land, Macht und Ellbogenfreiheit zu verschaffen – trieben die Indianer im Nordwesten erneut in ein Widerstandsbündnis, diesmal von Tecumseh und dessen Halbbruder, dem ‚Propheten', angeführt. Trotz britischer Unterstützung mißlang auch dieser Versuch, sich gegen die vorrückenden Amerikaner zu behaupten. Die endgültige Niederlage der Indianer aus dem Nordwesten war aber nur eine Episode im Krieg von 1812; damals wurden auch im Südosten die zum wiederholten Male mit den Briten verbündeten Creek niedergemacht, und zwar von Andrew Jackson und seinen ‚Indianerhassern'. Ergebnis dieses Kriegs war schließlich der Vorrang der amerikanischen Landeshoheit vor der indianischen. Ein Trinkspruch, von Offizieren der Strafexpedition Sullivans am 4. Juli 1779 ausgebracht (es war der zehnte an diesem Abend), brachte im wesentlichen zum Ausdruck, was sich als bedeutungsvolle und fortan gültige Grenzerparole erweisen sollte: „Zivilisation oder Tod allen amerikanischen Wilden." [2]

Nach dem Plan sollte der Tod der Wilden durch die Zermürbungstaktik einer in Etappen fortschreitenden, geordneten und klug geführten Expansion nach Westen eintreten. Dieser Prozeß würde eingestandenermaßen beschwerlich, aber trotzdem unvermeidbar sein. Schon früh kam diese Strategie zu offizieller Anerkennung: Henry Knox – als Kriegsminister auch für Indianerangelegenheiten zuständig – konnte im Jahr 1789 gelassen erklären:

> Auch wenn man die Pläne amerikanischer Staatsbürger, indianisches Land zu besiedeln, nicht wirksam verhindern kann, sollte es doch möglich sein, diese Entwicklung einzudämmen und zu regulieren.
>
> Einschränkende Maßnahmen könnten darin bestehen, daß man den geplanten Neuerwerb indianischer Territorien aufschiebt und den Bürgern untersagt, in indianisches Land vorzudringen.
>
> Regulative Maßnahmen könnten in der Gründung von Kolonien be-

[2] Über das Festgelage wird im Tagebuch von Major James Norris berichtet, in Frederick Cook, ed., *Journals of the Military Expedition of Major General John Sullivan* (Auburn, N. Y., 1887), S. 225 f.

stehen, die man der Regierung unterstellt, sowie in der Stationierung von Truppen, die die Einhaltung der Regierungsanweisungen überwachen sollen.

Aufgrund der Bevölkerungszunahme und dem damit verbundenen Näherrücken an die indianischen Grenzen wird der Wildbestand dezimiert werden, und neue Landkäufe werden möglicherweise nur gegen geringe Entlohnung vonstatten gehen. Das war die unvermeidliche Konsequenz der Kultivierung, und das wird sie aller Wahrscheinlichkeit nach auch in Zukunft sein.

Dennoch schmerzt der Gedanke, daß alle Indianerstämme, die einst in jenen Staaten lebten, die nun die kultiviertesten und am dichtesten bevölkerten sind, ausgelöscht wurden. Wenn sich dieser Prozeß fortsetzt, dann wird er auch hier zu denselben Resultaten führen, und in kurzer Zeit wird die Vorstellung von einem Indianer diesseits des Mississippi nur noch in Geschichtsbüchern zu finden sein [3].

In Wirklichkeit kam der Tod gewalttätiger über die Wilden, als es Knox im Sinn hatte. Im Jahr 1803 verkauften die Franzosen Louisiana an die Vereinigten Staaten, – und das war der Anstoß für die Überlegung, die Indianer in ein Gebiet zu verlegen, wo sie dem Zivilisationsprozeß nicht im Wege standen, wo sie vielleicht sogar eine Chance hatten, ihr Leben als Wilde weiterzuführen, wo sie möglicherweise der erwünschten Zivilisierung doch noch zugänglich gemacht werden konnten. Dieses Gebiet sollte westlich des Mississippi liegen – weil kein zivilisierter Mensch jemals darauf Anspruch erheben würde. Offenbar verfolgte Jefferson schon bei der Vorbereitung des Handels diesen Plan. Jedenfalls deutete sich da eine Lösung für ein quälendes Problem an, die von den Freunden wie den Feinden der Indianer hoffnungsvoll begrüßt wurde: von den ersteren, weil sie hofften, die Indianer könnten auf diese Weise vor weiterem Übel bewahrt bleiben; von den letzteren, weil sie froh waren, die Indianer loszuwerden. Als zwischen 1820 und 1840 dann der Zusammenstoß von Indianern und Weißen an der Grenze unvermeidlich wurde, setzte man den Plan als offizielle Umsiedlungspolitik der Regierung in die Tat um. Demnach sollten die Indianer östlich des Mississippi ihr Land, das von den zivilisier-

[3] *American State Papers, Indian Affairs,* I, no. 4, S. 53.

ten Menschen benötigt wurde, gegen ein anderes tauschen, das den Wilden eher angemessen schien. Im Jahr 1825 begann man zunächst damit, die Indianer in den nordwestlichen Gebieten dazu zu bringen, ihr Land abzutreten und in das Indianerterritorium westlich des 95. Längengrades überzusiedeln; nur ‚Black Hawk' und die Sauk und Fox leisteten gewaltsamen Widerstand, der allerdings erbarmungslos niedergeschlagen wurde. Danach zogen im Jahr 1830 die im Südosten lebenden Indianer auf Drängen der Regierung nach Westen, und im Verlauf der nächsten zehn Jahre fanden fast alle eine neue Heimat in diesem Territorium. Nur die östlichen Cherokee versuchten – obwohl sie sich bereits auf Farmen angesiedelt hatten und sogar um die amerikanische Staatsbürgerschaft ansuchten –, ihre Rechte zu behaupten. Auch ihr Widerstand wurde niedergeschlagen, als die Truppen sie im Jahr 1838 von Georgia aus in einem Fußmarsch in ihre neue Heimat im Westen trieben; sechs Monate dauerte der Marsch; ein Zehntel der Indianer starb an den Strapazen. Solcher Widerstand und sein Ende machten nur eins deutlich: Indianer konnten nur noch als Almosenempfänger gelten; als Opfer, die unentrinnbar den Gesetzen des Zivilisationsfortschritts ausgeliefert waren.

Präsident Jackson faßte den Sachverhalt am 6. Dezember 1830 in seiner zweiten Jahresansprache für seine amerikanischen Mitbürger zusammen:

Menschlichkeit hat manche Träne vergossen über das Schicksal der Ureinwohner dieses Landes, und Nächstenliebe hat sich lange darum bemüht, Mittel und Wege zu ersinnen, wie man dieses Schicksal abwenden könne; der Lauf dieses Schicksals aber konnte nicht aufgehalten werden; und viele einst mächtige Völker sind nach und nach von der Erde verschwunden. Dem letzten seiner Rasse an seine Ruhestätte zu folgen und über die Gräber untergegangener Völker zu schreiten weckt traurige Gedanken. Aber die wahre Menschenliebe versöhnt das Gemüt mit solchen Schicksalsschlägen, so wie es versöhnlich ist, daß eine Generation durch ihren Untergang Platz macht für die nachfolgende. [...] Die Menschenliebe konnte nicht darauf sinnen, diesen Kontinent in den Zustand zurückzuversetzen, den unsere Vorfahren bei seiner Entdeckung vorfanden. Welcher aufrechte Mensch würde ein von ein paar tausend Wilden bewohntes Waldland unserer weitläufigen Republik vorziehen, die von großen Städten, Gemeinden und blühenden Farmen übersät ist, geschmückt mit allen Errungenschaften, die die Kunst aufzuweisen oder das Gewerbe zu erschaffen vermag, die von mehr als zwölf Millionen glücklicher Menschen bevölkert wird und mit den Segnungen der Freiheit, der Zivilisation und der Religion versehen ist?

Die gegenwärtige Regierungspolitik ist nichts anderes als eine mildere Fortsetzung desselben fortschrittlichen und erneuernden Wechsels [...] [4].

In dieser milden und fortschrittlichen Form tauschte der Indianer seine Heimat östlich des Mississippi gegen eine weiter westlich gelegene Bleibe, und damit wurde er aus dem amerikanischen Leben in die amerikanische Geschichte verbannt. Die wenigen Aufgaben, die nach der Zwangsumsiedlung nach 1830 noch gelöst werden mußten, waren Grenzkriege, die Absicherung des Westens für die amerikanische Zivilisation und Fürsorgemaßnahmen für Indianer, denen es gelungen war, mit dem Leben davonzukommen. Nach der Zwangsumsiedlung waren die Wilden und ihr Naturzustand keine Bedrohung mehr für das zivilisierte Leben der Amerikaner. Es wurde nun aber auch deutlich, daß eine solche Bedrohung *de facto* niemals im umfassenden Sinne, sondern höchstens für einzelne Amerikaner bestanden hatte. Der Weg zum beginnenden Verständnis für den Wilden und seinen Naturzustand – und damit zum Verstännis von Zivilisation – war die Vernichtung des Wilden.

2

Die Besorgnis über die traurige Lage der Indianer wurde ebenso tief und aufrichtig empfunden wie die Überzeugung, daß sie der endgültigen Vernichtung ausgeliefert waren. Jacksons und Knox' Phrasen drücken das Bedauern der amerikanischen Öffentlichkeit aus angesichts der für jedermann erkennbaren Tragik, zugleich aber den Sieg des zivilisatorischen Fortschritts über den Naturzustand der Wilden – denn der Indianer galt überall als verloren.

Grenzsiedler schilderten ihn in ihren Berichten selbstverständlich

[4] J. D. Richardson, ed., *A Compilation of the Messages and Papers of the Presidents, 1789–1897*, II, S. 520 f.

immer noch als einen, den man fürchten und hassen mußte. Bis um das Jahr 1800 waren Erzählungen von der Gefangenschaft bei Indianern Hauptquelle für Nervenkitzel und Grauen im harten Leben der Grenzer. Darin war der Indianer ein vollendeter Schurke: ein Tier, das mit dem Kriegsbeil Väter erschlug, dic Schädel von Neugeborenen zerschmetterte und die Mütter verschleppte, um sie zu *Squaws* zu machen. Das war – wie der Leser sich selbst überzeugen konnte – der Preis, den man bezahlen mußte, wenn man als Vorhut der Zivilisation und friedliebender Farmer in der Nähe blutrünstiger Wilder sein Dasein zu fristen versuchte. Die Schilderungen, die dem Leser angeboten wurden – eine Mischung aus Mord, Getöse, zerhacktem Fleisch und Sentimentalität –, waren reichlich krampfhafte Versuche, das Schreckbild vom grausam triumphierenden Indianer gegenwärtig zu halten [5]. Der Indianer und die Romanfigur des Indianers gaben spannende Lektüre im amerikanischen Hinterland; aber die Leser wußten wohl, daß ihm ein anderes Schicksal bestimmt war.

Wenn sie dann tatsächlich einmal Indianern begegneten, waren es betrunkene, kranke und heruntergekommene Indianer; und man sagte ihnen, daß es den Indianern jenseits der Grenze früher oder später nicht besser ergehen werde. Wie schon in den beiden Jahrhunderten zuvor betrachtete man den Alkohol auch jetzt als das wirkungsvollste Mittel, um den Charakter des Wilden zu zerrütten. Amerikanische und europäische Reisende lieferten stets die gleichen Berichte über Ausschweifungen und Gewalt bei Indianern, wenn sie mit Alkohol in Berührung gekommen waren; sehr häufig gab man der Hoffnung Ausdruck, daß mit Gesetzesverschärfungen der Alkoholverkauf unterbunden und damit der Zustand geändert werden könne [6]. Einige Reisende, die über an der Grenze begangene Grausamkeiten gegen Indianer berichteten, stellten aber auch die Gren-

[5] Zu einer ausführlichen Interpretation der Geschichte dieser zeitgenössischen Schilderungen siehe meinen Aufsatz „The Significance of the Captivity Narrative", *American Literature*, XIX (1947), S. 1–20.

[6] Charakteristische Beispiele für viele derartige Stimmungsbilder finden sich bei: John F. D. Smyth, *A Tour in the United States of America* (London, 1784), I, S. 186; C. F. Volney, *View of the Soil and Climate of*

zer als Verbrecher und die Indianer als schlicht bemitleidenswert dar. Fortescue Cuming erzählt im Jahr 1810 von einem Farmer, der – auf die Frage, ob ihm ein kleiner Stamm von in der Nähe lagernden Miami-Indianern Unannehmlichkeiten bereitete – „ausgesprochen kaltblütig entgegnete [...]: ‚Wir erlauben ihnen gar nicht, uns Unannehmlichkeiten zu bereiten, denn sobald sie unser Mißfallen erregen, schleppen wir sie ins Freie und verpassen ihnen ein paar Fußtritte, weil sie wie Hunde sind und ihren Herrn danach um so mehr verehren.‘ “ Der Farmer fügte noch eine Bemerkung über ein verbreitetes Freizeitvergnügen hinzu, das darin bestand, Indianer betrunken zu machen und dann gegeneinander kämpfen zu lassen [7].

Natürlich ging es bei den Grenzern – unabhängig davon, ob sie Farmer, Fallensteller oder Jäger waren – zunächst einmal ums nackte Überleben. Insofern konnte man Gefangenschaftsberichte und Vergleichbares gelten lassen. Denselben Quellen zufolge war es aber ebenso sicher, daß die Grenzer nur Mittel zum Zweck einer grausamen Vernichtung waren. Wie weit diese Vernichtung als unvermeidlich gelten mochte: die Grausamkeit dabei war nicht zu übersehen. Daß die Zerstörung zugleich unvermeidbar und notwendig war, steigerte den Eindruck der Grausamkeit sogar noch. Je weiter die Grenze nach Westen vorgeschoben wurde, desto mehr wurde der Indianer zum bemitleidenswerten Opfer der Grenzer stilisiert und die Grenzer selbst als blinde Handlanger des zivilisierten Lebens angeprangert. Man mußte schon sehr weit nach Westen gehen, um wenigstens die kümmerlichen Überreste einstiger indianischer Größe sehen zu können [8].

---

the United States of America, übers. C. B. Brown (Philadelphia, 1804), S. 354; DeWitt Clinton, „A Discourse“, *New York Historical Society Collections,* II (1814), S. 83 f.; Morris Birkbeck, *Letters from Illinois* (London, 1818), S. 100 f.; C. D. Arfwedsen, *The United States and Canada, in 1832, 1833, and 1834* (London, 1834), I, S. 431 ff., II, S. 10 f., 23–35.

[7] Fortescue Cuming, *Sketches of a Tour to the Western Country* [1810], in R. G. Thwaites, ed., *Early Western Travels* (Cleveland, 1904), IV, S. 263.

[8] Die hier von mir wiedergegebene charakteristische Stellungnahme stammt von James Fenimore Cooper, *Notions of the Americans* (London, 1828), I, S. 328.

Das tief Ergreifende der Situation weckte eine letzte beständige Zuversicht, daß man die Lebensverhältnisse des Indianers verbessern und daß man ihn doch noch auf irgendeine Weise zum zivilisierten Menschen machen könnte. Die offizielle Regierungspolitik beschäftigte sich natürlich mit der Realisierbarkeit dieser Hoffnung; private und halboffizielle Organisationen und Einzelpersonen entwickelten ständig neue Pläne zur Läuterung und Zivilisierung des Wilden. Im Grunde liefen alle diese Pläne darauf hinaus, die Indianer umzusiedeln und von den Weißen zu trennen, damit sie in einem eigenen Indianerstaat zu einem zivilisierten Farmerleben erzogen würden. Der ‚Amerikanische Verein zur Förderung der Zivilisierung und allgemeinen Entwicklung bei den Indianerstämmen der Vereinigten Staaten' gab in seinem ersten und einzigen Jahresbericht im Jahre 1824 stichwortartig sein Arbeitsprogramm bekannt:

Gewährleistung einer den Fähigkeiten und Verhältnissen dieser Stämme angemessenen Wissensvermittlung auf allen Wissensgebieten und die zu diesem Zweck erforderliche Stärkung ihres moralischen und geistigen Vermögens sowie ihrer Bereitschaft, Unterweisungen zu empfangen. [...] Sicherungsmaßnahmen zur Erhaltung der Stammesanzahl und Stammesnamen sowie ihrer Dörfer; Zusicherungen im Hinblick auf Größe und Qualität des Ackerlandes sowie des Klimas in den zukünftigen Territorien. Absprachen darüber, wo Lehrerfamilien zum größtmöglichen Nutzen angesiedelt werden sollten. Schließlich auch Überlegungen betreffs aller denkbaren Mittel, die zu ihrem Gewinn angewendet werden können [9].

Zur Verwirklichung eines solchen Plans hätte man das Tempo des Vormarschs der Amerikaner in Richtung Westen verringern und die Amerikaner gleichzeitig zur Beachtung von Vertragsvereinbarungen anhalten müssen. Dem Gründer des Vereins Jedediah Morse war dies nur zu gut bekannt, weil er für die Regierung bereits ein offizielles Gutachten über die Lage der Indianer erstellt hatte. Aber – wie viele andere vor ihm und zu dieser Zeit, die sich mit Indianerangelegenheiten beschäftigten – hatte er zugleich feststellen müs-

---

[9] *American Society for Promoting the Civilization and General Improvement of the Indian Tribes in the United States,* Erster Jahresbericht (New Haven, 1824), S. 3 f.

sen, daß es absolut unmöglich war, den Zivilisationsfortschritt in Richtung Westen zu drosseln [10].

Eine solche letzte Hoffnung wurde vor allem von den Missionsvereinen am Leben gehalten, weil sie aus religiösen Gründen hofften und nicht ausschließlich weltliche Überlegungen zur Schaffung eines Weltreiches anstellten. Der auf die Missionstätigkeit einwirkende koloniale Impuls reichte bis weit in das 19. Jahrhundert hinein. Zahllose Missionsvereine schossen aus dem Boden, denn nur durch Bekehrung schien die Errettung des heidnischen Indianers möglich, und der christliche Glaube mochte am Ende das einzige sein, was die Zivilisation ihm geben und nicht nehmen konnte. Die Tradition der neuenglischen Missionierung wurde durch die Bemühungen des 1810 ins Leben gerufenen ‚Amerikanischen Ausschusses der Beauftragten für ausländische Missionen' nicht nur fortgesetzt, sondern durch die Zusammenarbeit mit Methodisten und Baptisten aus den mittleren und südlichen Landesteilen sogar noch erweitert [11]. Die neuenglischen Missionare arbeiteten hauptsächlich im Süden, bis sie – bedingt durch die Zwangsumsiedlung in den späten dreißiger Jahren des 19. Jahrhunderts – den von ihnen betreuten Indianern in Richtung Westen folgten. In der Nachfolge Edwards', Brainerds und Beattys setzten sie auf schnelle und leidenschaftlich-ungestüme Bekehrungsversuche, die ihnen als das einzig erfolgversprechende Mittel zum Zweck der Erlösung und der Zivilisierung erschienen [12]. Baptisten und Methodisten verteilten sich über das

---

[10] Jedediah Morse, *Report to the Secretary of War of the Unites States, on Indian Affairs* (New Haven, 1822), *passim.* Siehe auch die analogen Darstellungen von Col. John Johnston, *Recollections of Sixty Years* [1846], ed. Charlotte C. Conover (Dayton, Ohio, 1915); und Thomas McKenney, *Memoirs Official and Personal* (New York, 1846); im ersten Fall handelt es sich um einen indianischen Unterhändler, der im Ohio-Land zwischen 1806 und 1853 tätig war, im letzteren um den Direktor des *Bureau of Indian Affairs* zur Zeit der Zwangsumsiedlung.

[11] Siehe Oliver W. Elsbree, *The Rise of the Missionary Spirit in America, 1790–1815* (Williamsport, Pennsylvania, 1928), S. 25–83.

[12] Siehe William W. Sweet, *Religion on the American Frontier,* III (Chicago, 1939), S. 43, Fußnote 1.

ganze gottlose Grenzgebiet und bemühten sich – ohne Unterschiede zu machen –, das Evangelium unter den Roten wie auch den Weißen zu verbreiten. In geringerem Umfang knüpften auch die Quäker und Herrnhuter wieder an ihre vor der Revolution aufgenommene Tätigkeit bei den Wilden an. Trotz alledem waren die Indianermissionen – wie die Historiker sagen – „praktisch gesehen ein Mißerfolg“ [13].

Es gibt zahlreiche Zeugnisse für diesen Mißerfolg. Religiöse Eiferer bestätigten ihn indirekt, indem sie von 1815 an erneut versuchten, ihre Leser und sich selbst durch phantastische Forschungsergebnisse davon zu überzeugen, daß die Indianer in Wahrheit Hebräer waren, die von den ‚Verlorenen Zehn Stämmen‘ abstammten [14]. Man muß anerkennen, daß es sich dabei um das aus der Erwekkungsbewegung hervorgegangene Unterfangen handelte, dem Indianer in buchstäblich letzter Sekunde einen Platz in der Christenheit zu sichern. Die Amerikaner würden diesen armen, unwissenden, umherirrenden Israeliten mit Liebe und Geduld begegnen müssen – so hatte man gedacht.

Unmittelbare Bestätigungen für den Mißerfolg lieferten die Missionare an der Front, wenn sie – so optimistisch wie irgend möglich – über ihre Erfolgsaussichten berichteten. Im Jahr 1832 schrieb ein in Oklahoma unter den Osage lebender Kongregationalist an den ‚Ausschuß der Beauftragten für ausländische Missionen‘ in Boston:

---

[13] Elsbree, *Rise of the Missionary Spirit,* S. 48. Betrübliche Details über gescheiterte Missionierungsversuche um die Mitte des 19. Jahrhunderts, die Elsbrees behutsame Analyse bestätigen, finden sich in der *History of American Missions to the Heathen* (Worcester, 1840).

[14] Siehe z. B. Elias Boudinot, *A Star in the West* (Trenton, N. Y., 1816); Ethan Smith, *View of the Hebrews* (Poultney, Vt., 1823); William Apes, *A Son of the Forest* (New York, 1829); Epaphoras Jones, *On the Ten Tribes of Israel, and the Aborigines of America* (New Albany, Indiana, 1831); Mordecai Noah, *Discourse on the Evidences of the American Indians Being the Descendants of the Lost Tribes of Israel* (New York, 1837).

[...] Die Finsternis, die dieses Thema [Zivilisierung und Christianisierung] vor elf Jahren umgeben haben mag, hat sich durch die Geschichte dieser Missionen längst zerstreut. [...] Den Osage mangelt es bis jetzt völlig an der grundlegenden Motivation, die unerläßlich ist, wenn man ein Volk für das Lesen begeistern will. Immer noch sind sie gefesselt in den Ketten der Finsternis, haben kein religiöses Ziel, das sie durch die Kunst des Lesens zu erreichen versuchten. Weitere Gründe für ihren Mangel an Motivation liegen in ihrem unterentwickelten Geschäftssinn und weil sie keine Aussicht auf irgendeine Verbesserung ihrer Verhältnisse haben [15].

Ähnlich Entmutigendes berichtete zwei Jahre später ein presbyterianischer Missionar, der sich bei den Stockbridge-Indianern im Michigan-Territorium aufhielt:

Es gibt fast nichts, das unter dem Aspekt der Zeit mehr Ablehnung verdient hätte als die Umsiedlung eines Indianerstammes. Immer drängt sich dabei der Vergleich mit der Verpflanzung alter Bäumen auf, die dabei entweder zerstört werden oder kaum einmal genügend Kraft haben, diesen Prozeß zu überstehen, sondern alsbald Anzeichen eines vorzeitigen Verfalls verraten. Obgleich ich angesichts des Niedergangs der Indianer und der aus der Umsiedlung entstehenden Übel fast so weit bin, in einen Zustand tiefer Mutlosigkeit zu versinken, halten mich doch diese barmherzigen Verheißungen aufrecht, „Siehe, ich bin stets bei dir“, „Und die Wildnis als auch der einsamste Platz sollen heiter sein, die Wüste erfreuen und blühen wie eine Rose.“ [16]

Fromme Menschen konnten diesen Mißerfolg in einer Weise begründen, oder genauer: aus ihrem Glauben begründen und ihre Auffassung mit dem fortschrittlichen Muster von Mitleid und Tadel in Einklang bringen. Im Jahr 1792 – also zu Beginn der Periode, die ihren Höhepunkt in der Zwangsumsiedlung fand – berichtete John Heckewelder, Missionar von den Herrnhuter Brüdern und

[15] William Montgomery am 27. August 1832 an den *Board of Commissioners for Foreign Missions,* in Sweet, *Religion on the Frontier,* III, S. 349.

[16] Cutting Marsh am 1. Februar 1834 an den ‚Schottischen Verein zur Verbreitung christlichen Wissens‘, *Wisconsin State Historical Society Collections,* XV (1900), S. 94.

Chronist der Delawaren, über eine Baptistenpredigt, die er im Ohio-Land miterlebt hatte:

Im Hinblick auf den Indianerkrieg sagte [der baptistische Geistliche] u. a.: „Gott hat uns hierhergeführt, um uns für unsere Sünden zu bestrafen. Zu diesem Zweck macht er uns den Heiden gleich, und solange wir nicht unseren Lebensweg ändern und zu Bekehrten werden, wird diese Strafe auf uns lasten." Und dann sagte er noch: „Ich bin fest davon überzeugt, daß auch wir den Heiden als eine Geißel erscheinen, weil Gott ihnen nichts bedeutet." [17]

In ähnlicher Weise vertrat gegen Ende jener Periode auch James Knowles – Professor für seelsorgerlische Pflichten am Theologischen Institut in Newton – eine Auffassung, die schon zwei Jahrhunderte zuvor von Neuengländern verkündet worden war: daß es nämlich im Hinblick auf die Bestimmung Amerikas zu Gottes unergründlichem Plan gehörte; die neuenglischen Indianer zu vernichten, weil sie niemals „das große Gesetz Gottes" anerkennen würden, das „sie dazu verpflichtete, zu zivilisierten Menschen zu werden und alle Lebensformen zu übernehmen, mit deren Hilfe ihr Territorium die größtmögliche Anzahl von Menschen ernähren kann". Was also war zu tun? Die Amerikaner konnten ihre Bestimmung erfüllen, „indem sie die hilflosen Nachkommen der Wilden vor dem Untergang bewahrten" [18].

Unter den Indianern, die nach 1830 ganz besonders hilfsbedürftig erschienen und um deren Schicksal die Amerikaner im Hinterland sich am meisten sorgten, waren die östlichen Cherokee die von der Umsiedlungspolitik am stärksten betroffenen Opfer. Die Cherokee waren der Stamm, den man am ehesten als „zivilisiert" bezeichnen konnte: ein bekanntermaßen von der Landwirtschaft lebendes, bodenständiges, fleißiges und rechtschaffenes Volk, das auf dem besten Weg war, Lesen und Schreiben zu lernen. Die Einwohner Georgias forderten das Land der Cherokee für sich und bestanden

[17] *Pennsylvania Magazine of History and Biography*, XII (1887), S. 48.

[18] James Knowles, *Memoir of Roger Williams* (Boston, 1834), S. 95–98.

darauf, daß man die Indianer in westlichere Gebiete umsiedelte, wo sie in Sicherheit wären und man sie behutsam an ein zivilisiertes Leben heranführen könnte – fernab von den schlimmen Einflüssen, die paradoxerweise von der hochentwickelten Zivilisation selbst ausgingen. Während viele Amerikaner die Umsiedlungspolitik ansonsten befürworteten, taten sie dies im Falle der Cherokee nicht; auch die Cherokee selbst, die die Umsiedlung grundsätzlich als notwendig anerkannten, kritisierten öffentlich die Regierungsmaßnahmen. Dennoch folgte die Regierung auch weiterhin ihrem Kurs. So weigerte sich Präsident Jackson im Jahr 1832, einen Beschluß des Obersten Gerichtshofes auszuführen, wonach das Land der Cherokee zum Schutzgebiet erklärt war. Plötzlich erkannten die Amerikaner in der Misere der Cherokee die Misere aller Indianer. In den Zeitungen des amerikanischen Ostens wuchs die öffentliche Kritik an der Bundesregierung, am Staate Georgia und seinen Bewohnern; schließlich wurde sogar ein Flugblatt herausgegeben. Auch der junge Ralph Waldo Emerson zeigte sich so entsetzt, daß er eine dramatische Rede hielt und einen ebensolchen Brief an Präsident Van Buren richtete: „Herz, Gerechtigkeitssinn und Mitgefühl, die allen Menschen zwischen Maine und Georgia gemeinsam sind, verurteilen diese Maßnahme.“ [19] Dennoch dachte niemand daran, Kritik am Fortschreiten der amerikanischen Zivilisation zu üben. Vielmehr standen die Cherokee nur deswegen im Blickpunkt, weil sie die zuversichtliche Hoffnung verkörperten, daß es doch noch möglich sei, die Wilden zu zivilisieren. Aber selbst diese Zuversicht sollte nicht von Bestand sein.

[19] Der wirkungsvollste Verfasser von Flugblättern war Jeremiah Evarts, der unter dem Pseudonym „William Penn“ schrieb. Siehe seinen *Essay on the Present Crisis in the Condition of the American Indians, First Published in the National Intelligencer* (Boston, 1829). Es erschienen – besonders während der letzten Jahre der Umsiedlung – zahlreiche Zeitschriftenartikel. Als Beispiele seien genannt: *New England Magazine,* I (1831), S. 545, IV (1833), S. 252; *National Enquirer,* II (1837), S. 75; *Jeffersonian,* I (1838), S. 52, 99, 158, 188, 263; *New Yorker,* V (1828), S. 78, 108, 254, 268. Zu Emersons Brief vom 23. April 1838 siehe Emersons *Works,* Centenary Edition, XI, S. 96 ff.; und Ralph L. Rusk, *The Life of Waldo Emerson* (New York, 1949), S. 266 f.

So befanden sich die Amerikaner im Zwiespalt, was den Indianer betraf, den sie vernichteten. Zum einen empfanden sie Mitleid für dessen Lage, zum anderen aber betrachteten sie eben diese Lage als unumgänglich; auf der einen Seite hofften sie, den Indianer der Zivilisation zuführen zu können, auf der anderen Seite erkannten sie, daß die Zivilisation seinen Tod bedeuten würde. Henry Marie Brackenridge berichtet in *Recollections of Persons and Places in the West* (1834), er habe einen indianischen Mörder vor dem Tod durch Erhängen bewahrt, weil er ihn mit dem Argument verteidigte, daß er als Indianer „vollkommen der Grundlagen unserer sozialen Ordnung entbehrt, die aus unserem durch den christlichen Glauben geheiligten Stand der Zivilisation erwachsen“ [20]. Dennoch hatte eben derselbe Brackenridge viele Jahre zuvor in sein Tagebuch auf einer Reise den Missouri hinauf geschrieben, daß „es nur ein geringer Verlust für die Welt wäre, wenn dieses Volk von der Zivilisation verdrängt würde“ [21]. Der Vermonter Anwalt Thomas Farnham begutachtete auf seiner Reise durch die „großartige Wildnis der Prärie“ im Jahre 1839 sorgfältig die 135 000 Indianer des Territoriums und fand durchaus Anlaß zur Zuversicht, daß sie in den Stand der Zivilisation hineinwachsen würden. So schrieb er über die Choctaw, die aus dem Süden in die Prärie umgesiedelt wurden, daß „der Einfluß unserer Institutionen sich schon auswirkt, die Wilden des unerschlossenen Westens zu zähmen und umzuerziehen“. Später pries Farnham die amerikanischen Bemühungen, bei „den Indianern alle Lebensbedürfnisse zu wecken und zu befriedigen, die zu einer zivilisierten Lebensführung gehören“, und sie auf diese Weise „plötzlich und mit dem größten Nachdruck an den ungeheuer reichen Früchten des Wissens und der Tugend teilhaben zu lassen, die während der vergangenen Jahrhunderte von überlegenen Rassen für sie vorbereitet wurden“. Er vertrat aber auch eine andere Auffassung, was die unvermeidliche Vernichtung der östlichen India-

[20] Henry Marie Brackenridge, *Recollections of Persons and Places in the West* [1834], 2. Aufl. (Philadelphia, 1868), S. 251.

[21] Henry Marie Brackenridge, *Journal of a Voyage Up the River Missouri* [1816], in Thwaites, ed., *Early Western Travels*, VI, S. 128.

nervölker des Territoriums – in diesem Falle die Sauk und Fox – anging. Pflichtgemäß schwärmt Farnham:

Wie alle anderen Stämme, so schwindet auch dieser dahin durch den Eingriff der Weißen. Eine traurige Tatsache. Die Gebeine der Indianer müssen den Boden düngen, bevor der Pflug des zivilisierten Menschen ihn erschließen kann. Das edle Herz, durch rohe Naturgewalten gefestigt, auch die äußerste Qual des flüchtigen Lebens ohne Zucken zu ertragen; dieses Herz, das gelernt hat, mit aller Kraft seines Daseins zu lieben und mit der infamen Bosheit eines Dämons zu hassen; das Herz, gelenkt vom Ruf seiner eigenen Existenz – vom lieblichen Plätschern der Bäche und den himmlischen Blumen des Frühlings –, seinem ihm innewohnenden stärkenden Prinzip ebenso Vertrauen und Ehre zu schenken wie der weiten Welt und den Lichtern des hohen Himmels: Dieses Herz muß die Kornfelder einer zivilisierteren Rasse düngen! Das robuste, widerstandsfähige Gewächs der Wildnis verwelkt, entkräftet von der verweichlichenden Kultur eines gepflegten Gartens. Der Indianer wird mit Pfeil und Bogen zu Grabe getragen [22].

Die zwiespältige Haltung eines Brackenridge oder eines Farnham, ja der meisten Amerikaner, entstand aus einem Konflikt zwischen kulturellem Wunschdenken und den kulturellen Fakten, zwischen Phantasie und Wirklichkeit. Die Amerikaner hatten den Prozeß der Akkulturation, den Austausch einer Lebensform gegen eine andere, immer als etwas leicht zu Bewerkstelligendes empfunden. Damit der Indianer zu einem zivilisierten Menschen wurde, mußte man ihn nur zu einem Farmer machen; das war lediglich eine Frage der Erziehung, die ein oder zwei Generationen in Anspruch nähme. Die Bekehrung würde von allein nachfolgen, möglicherweise war die Bekehrung selbst sogar der Weg in die Zivilisation. Aber wie wir zumindest heute wissen, ist Akkulturation keineswegs ein leicht zu bewerkstelligender Prozeß, denn eine Kultur ist ein sensibel ausgewogenes System von Geisteshaltungen, Überzeugungen, Wertmaßstäben, Lebensverhältnissen und Verhaltensweisen; ein solches System läßt sich nicht über Nacht – und auch nicht in ein oder zwei Generationen – ändern oder neu übernehmen. Eben das mußten die

[22] Thomas Farnham, *Travels in the Great Western Prairies* [1843], in Thwaites, ed., *Early Western Travels*, XXVIII, S. 123 f., 142 f., 161.

Amerikaner, die den Indianer zivilisieren wollten, zwangsläufig zur Kenntnis nehmen, auch wenn sie den wahren Sachverhalt nicht auf so differenzierte Weise durchschauten. Das zivilisierte Leben des Christen konnte den Wilden nicht in der beabsichtigten Form aufrichten; vielmehr erniedrigte es manchen Wilden und vernichtete andere. Diese traurige Tatsache mußten die Amerikaner als unaufhaltsame Entwicklung erkennen, die sich aus der Überlegenheit der Zivilisation über den Naturzustand der Wilden ergab.

3

Der Ausgangspunkt für diese Einsicht war lange Zeit Teil der eigentlichen Begründung für den nach Westen vorrückenden Kolonialismus: die natürliche und von Gott gewollte Überlegenheit der Agrarkultur über die Jägerkultur. Die Amerikaner sahen im Indianer ganz einseitig nur den Jäger. Sie waren einfach nicht in der Lage zu erkennen, daß die Indianerkultur – zumindest die der östlichen Indianervölker, die sie bis zum zweiten Viertel des 19. Jahrhunderts am besten kannten – in gleichem Maße auf Landwirtschaft wie auf die Jagd ausgerichtet war. Außerdem vergaßen sie, sofern sie es je zur Kenntnis genommen hatten, daß sie selbst sogar einen Großteil ihrer Anbaumethoden von den Indianern übernommen hatten, die sie nun in Richtung Westen vor sich her trieben. Die einzige Erklärung dafür ist, daß durch ihre eigenen geistigen und kulturellen Traditionen sowie ihre Ordnungsvorstellung eine Erwartungshaltung im Denken und Handeln entstand, die es ihnen gar nicht erlaubte, etwas anderes wahrzunehmen als den jagenden Indianer.

Die Gebote der Bibel formten ihren Glauben, der durch die tatsächlichen Verhältnisse an der Grenze nur bestärkt wurde. Der Indianer benötigte mit seiner wohlbekannten Jagdtechnik mehrere Quadratmeilen als Lebensgrundlage, während sich der weiße Farmer mit einigen Morgen begnügte. Diese letztere Methode war offensichtlich wirtschaftlicher und intelligenter; im Grunde genommen war es die zivilisierte Methode. Deswegen mußte der Indianer einfach weichen, um Platz zu machen für ein besseres und höherwertiges Leben. Auch wenn das Schicksal des Indianers traurig war und der zivilisierte Mensch in angemessener Form darüber bewegt zu sein hatte, eröffneten sich doch letzten Endes aufregende und erhebende Perspektiven. Dazu heißt es bei einem Chronisten gegen Ende des 18. Jahrhunderts:

Der Wilde lebt sein Leben und genießt es auf seine Art und Weise. Er richtet seinen Blick in die Ferne auf die ausgedehnte Wildnis seines unberührten Reiches und seufzt tief über der Sorge, daß sein Volk und seine Rasse untergehen werden, daß sich seine mächtigen Wälder am Ende doch der Menschenkraft beugen müssen und daß die Berge und Täler, in denen er die Jagd genoß, mit den Städten und bestellten Feldern der Weißen bedeckt sein werden. Seine Qual scheint auf den ersten Blick menschlichen Mitleids zu bedürfen, doch wenn wir bedenken, daß der Untergang seiner Rasse und die Vollendung aller Vorhaben, die seine quälende Sorge steigern, der wachsenden Menschheit und der Verbreitung des Ruhmes und Glückes auf Erden dienen; daß fünfhundert vernunftbegabte Wesen sich dort eines Lebens in Wohlstand und Überfluß erfreuen dürfen, wo nur ein einziger Wilder vom Hunger geplagt sein karges Dasein fristet – dann sollten wir über unsere Zukunftsperspektiven hoch erfreut sein [23].

Und doch gründete sich der Glaube an die ruhmreiche Entfaltung einer aus Städten und Feldern aufgebauten Kultur auf mehr als nur biblische Gebote und ökonomische Notwendigkeiten. „Alle, deren Arbeit dem Boden gilt", so hatte Jefferson im Jahr 1784 geschrieben, „sind Gottes auserwähltes Volk, wenn er jemals ein Volk auserwählt hat. Dieser Menschen Brust hat er zum Hort der wahren und reinen Tugend auserwählt" [24]. Das ist das Manifest eines agrarischen Idealismus; der Überzeugung, daß Menschen, die durch Inbesitznahme und Bewirtschaftung ein natürliches Recht auf ihr Land erworben haben, zu Ansehen und Würde kommen, wenn sie dieses natürliche Recht ausüben und zu unabhängigen Farmern werden [25]. Hier handelt es sich um eine tief verwurzelte Überzeu-

---

[23] James Sullivan, *History of the District of Maine* (Boston, 1795), S. 139.

[24] Thomas Jefferson, *Notes on the State of Virginia* [1784], Works, Memorial Edition, II, S. 229.

[25] Siehe Chester Eisinger, „The Freehold Concept in Eighteenth Cen-

gung, die ihre theoretische Grundlage von John Locke bezieht und von seiner Theorie über das freie Individuum und die Metaphysik und Soziologie seiner Freiheit. Für Locke – und eigentlich waren alle Amerikaner im weitesten Sinne Anhänger seiner Philosophie – erreichte der Mensch die höchste Stufe seines Seins, indem er einen Teil der Natur durch seine Bearbeitung zu einem Teil seiner selbst umformte. Sein privater Landbesitz bildete daher – auf der Grundlage enger, persönlicher Beziehungen in einer Agrargesellschaft – das Mittel zur Erlangung einer sozialen Reife. Er gab ihm Standfestigkeit, Selbstachtung, Unabhängigkeit und schuf so auch erst die Voraussetzung für die Gründung einer zivilisierten Gesellschaft. Nach der Locke'schen Theorie mußte also der Indianer den Amerikanern nachlässig, unreif und wie ein buchstäblich vorzeitliches Wesen vorkommen, das – einem falschen Freiheitsbegriff huldigend – der Meinung war, alles tun und lassen zu können, was es wollte. Die Theorie bestärkte auch die Zuversicht der Amerikaner, der Indianer könnte noch zu einem regelrecht vernunftbegabten Wesen werden. Alles, was ein Indianer für das Erreichen der Zivilisation benötigte, war – mit den Worten des Kriegsministers im Jahr 1789 – „die Liebe zum privaten Landbesitz“ [26].

Über das Ende des 18. Jahrhunderts hinaus und noch längere Zeit danach korrigierten die Amerikaner diese Auffassung, um eine Verständnisgrundlage für das zu schaffen, was den Indianern widerfuhr, und sich auf diese Weise ihre Empfindung von Mitleid und Tadel erklären zu können. Der als Revolutionsgeneral und Politiker bekannte Benjamin Lincoln sandte in diesem Zusammenhang am 21. Januar 1792 ein Schreiben an den Historiker Jeremy Belknap, in dem er seine Einsichten in Form eines Grundprinzips zum Ausdruck brachte:

> Zivilisierte und unzivilisierte Menschen können nicht im gleichen Territorium, ja nicht einmal in näherer Nachbarschaft zusammenleben. Die Zivilisation zwingt uns, so schnell wie möglich den natürlichen Bewuchs

---

tury American Letters," *William and Mary Quarterly,* Ser. 2, XXVIII (1947), S. 42–59.

[26] *American State Popers, Indian Affairs,* I, no. 4, S. 53.

des Landes zu beseitigen, der aber als Futterquelle und Lebensraum zur Erhaltung aller Tiere notwendig ist, von denen unzivilisierte Menschen existentiell abhängen.

Lincoln plädierte für einen korrekten, ehrlichen Umgang mit den Indianern als den Repräsentanten des unzivilisierten Amerika. Zugleich aber kommt auch er zu dem Schluß: „[...] es wird die Zeit kommen, in der sie entweder zivilisiert oder ausgelöscht worden sind“ [27].

Lincoln war mit der Angelegenheit unmittelbar und persönlich vertraut. Auf dem Weg zum Abschluß eines Indianer-Abkommens in Detroit im Jahre 1793 konnte er sich selbst von der von Gott verfügten Macht zivilisierter Anbaumethoden überzeugen. Am 14. Juli betrachtete er liebevoll die Landschaft um den Erie-See und schwärmte in seinem Tagebuch:

Wenn ich meinen Blick über dieses weite Land schweifen lasse und mir vor meinem geistigen Auge die Milde seiner Jahreszeiten und die Fruchtbarkeit seines Bodens vergegenwärtige, wenn ich den süßen Sirup – der so angenehm ist im Geschmack und durch Gewohnheit vielleicht sogar für unser Wohlempfinden notwendig geworden – von den Bäumen des Waldes herabrinnen sehe; wenn ich die Salzwasserquellen beobachte und die Stellen auf der Erde, die von Salzkristallen bedeckt sind und die man Salzlecke nennt, weil die Tiere zu ihnen kommen, die aber gleichzeitig auch den gesamten Salzbedarf der hiesigen Bewohner bei nur geringen Kosten decken, weil doch dieser Artikel so wichtig ist für das Wohlbefinden dieser Menschen, die so weit in das Land vorgedrungen sind, daß sie ihn auf anderem Wege nicht beziehen könnten; wenn ich ferner die natürlichen Vorzüge des Landes überdenke – die ihm nicht immer eigen waren, doch über die es nun verfügt – und seine Fähigkeit, eine Bevölkerung zu ernähren, die hundertmal so groß sein dürfte wie die jetzige (denn gegenwärtig findet man im größten Teil des Landes nur einzelne Fußspuren eines Wilden): wenn ich all dies vor Augen habe, dann kann ich mir nicht vorstellen, daß dieses Land lange in diesem unkultivierten Zustand verharren wird – vor allem dann nicht, wenn man bedenkt, daß Gott in seinem Schöpfungsplan die Erde einzig und allein

[27] *Massachusetts Historical Society Collections,* Ser. 6, XIV (1899), S. 512–515.

für den Menschen bestimmt hat. Ich bin zuversichtlich, daß dieser Plan früher oder später vollständig verwirklicht und kein Mensch mehr in Not leben wird, weil er der beschwerlichen Jagd auf einem Land nachgeht, das die besten Voraussetzungen für den Ackerbau bietet und das – wenn es erst einmal kultiviert ist – sehr viel mehr Menschen ernähren wird, als jetzt schon hier leben. Sollten die Wilden daher nicht zur Zivilisierung taugen und nicht von der Jagd ablassen, so wird die Folge ihrer Widerspenstigkeit sein, daß sie dahinschwinden und vergehen werden aus Gründen, die wir vielleicht nie ganz durchschauen. Schließlich wird die ganze Rasse ausgelöscht oder in die Regionen jenseits der großen Seen entschwunden sein, auf deren Felsen und Gebirgszügen man die Fußspuren des Landmannes nicht mehr erkennen kann [28].

Als es immer wahrscheinlicher wurde, daß der Indianer dem Untergang geweiht war, häuften sich Analysen, die – wie Lincoln – versuchten, eine Verstehensgrundlage zu schaffen für das, was da offensichtlich vor aller Augen geschah. Wenn die östlichen Cherokee nach 1830 viel Anerkennung fanden, dann vor allem deshalb, weil sie Farmer waren und sich daher auf dem besten Weg zu einem zivilisierten Dasein befanden; denn alle Begründungen für einen der Lebensform des Wilden innewohnenden Mangel basierten auf der Grundüberzeugung, daß die Indianer keine Farmer waren, und alle Zivilisierungsbemühungen erhoben zur selbstverständlichen Voraussetzung des Erfolges, daß die Indianer Farmer sein müßten. Jefferson – der als Realist die Ansicht vertrat, daß die Indianer, solange sie Schwierigkeiten an der Grenze bereiteten, bekämpft werden müßten – riet den ihm unterstellten Indianern immer wieder, die Anbaumethoden der Weißen zu übernehmen und sich auf diese Weise selbst weiterzuentwickeln. In diesem Sinne wandte er sich 1802 an die Potawatomi:

[Die durch den Ackerbau genutzten] Früchte des Bodens sind euch sicher; sie werden euch niemals enttäuschen, während die Jagdbeute ausbleiben kann, was eure Frauen und Kinder dem Elend von Hunger und Kälte aussetzt. Wir werden euch mit Freude das nötige Handwerkszeug zur Ver-

[28] *Ebd.*, Ser. 3, V (1836), S. 138 f. Vgl. den Eintrag zum 2. August, S. 151 ff.

fügung stellen und euch Leute senden, die euch in deren Handhabung unterweisen [29].

Sogar der Indianerfeind General Jackson schrieb von seinem Hauptquartier in Tennessee am 4. März 1817 an Präsident Monroe: „Ihre Existenz und ihr Lebensglück hängt nun davon ab, ob sie ihre Sitten und Gebräuche ändern können [...].“ [30]

Ein Großteil der Kongreßdebatte über die Umsiedlungspolitik zwischen 1820 und 1840 konzentrierte sich auf legalistische Probleme, die sich aus dem Verhältnis zwischen Agrar- und Jägergesellschaft ergaben. Der Bezugstext jener Debatten war meistens Vattels klassisches Buch *Law of Nations*, das bei den Amerikanern in Fragen des internationalen Rechts als Standardwerk anerkannt war. Vattel hatte sich mit der Kolonisierung Amerikas befaßt und in diesem Zusammenhang geschrieben:

Die ganze Erde ist zur Ernährung ihrer Bewohner bestimmt, kann aber hierfür nicht ausreichen, wenn die Menschen sie nicht bestellen. Jede Nation ist also durch das Naturrecht verpflichtet, den ihr zugefallenen Teil der Erde zu bestellen. Sie hat kein Recht, sich auszudehnen oder die Hilfe anderer in Anspruch zu nehmen, solange das von ihr bewohnte Land das Nötige liefern kann. [...] Völker, die noch heute dieses müßige Leben [der Jagd] beibehalten, nehmen mehr Raum ein, als sie bei einer ehrlichen Arbeit nötig hätten, und sie können sich nicht beklagen, wenn andere Nationen, die fleißiger sind und enger zusammen leben müssen, in ihr Land einfallen und einen Teil besetzen. Daher konnte die Einrichtung von Kolonien auf dem Kontinent von *Nordamerika,* soweit sie sich in vernünftigen Grenzen hielt, durchaus legitim sein. Die Völker der weiten nordamerikanischen Landstriche bewohnten ihr Land nicht, sondern schweiften im Land umher. Hingegen war die Eroberung der gut geordneten Staaten von *Peru* und *Mexiko* eine empörende Gewalttat [31].

---

[29] Jefferson, *Schriften,* Gedenkausgabe, XVI, 391. Bezüglich ähnlicher Anmerkungen siehe *ebd.,* III, S. 489–494; X, S. 303; XII, S. 270 f. Zu Jefferson und dem Indianerproblem an der Grenze siehe *ebd.,* IV, S. 270 ff., 280, 305; V, S. 413; VIII, S. 177 f.; XI, S. 23 f.; XIII, S. 160 f.

[30] *Correspondence of Andrew Jackson,* ed. John S. Bassett, II (Washington, 1927), S. 280.

[31] E. de Vattel, *Le Droit des Gens,* ins Engl. übers. v. Charles G. Fenwick (Washington, 1916), III, S. 37 f.; hier zitierte Ausgabe: ins Dt. übers.

Hatte im 17. Jahrhundert die Schöpfungsgeschichte den Maßstab gesetzt, so war es im 19. Jahrhundert das Naturrecht. Der amerikanische Fortschritt konnte so überwiegend mit Hilfe von Begriffen aus den Naturgesetzen rational erklärt und verstanden werden. Die Entwicklung des Indianers und seine fatale Schwäche konnte man in eine nachvollziehbare Relation zur Entwicklung des Weißen und dessen ruhmreicher Stärke setzen. Daß der Westen dazu bestimmt war, zivilisiert zu werden, wurde damit sogar durch den miserablen Zustand des aussterbenden Indianers bestätigt.

Auf diese Weise erwies sich die Geschichte der Beziehungen zwischen Amerikanern und Indianern als planmäßig und sinnvoll, denn das Völkerrecht konnte mit der zivilisierten Moral in Einklang gebracht werden, die sich aus der Bedeutung des Privateigentums entwickelt hatte – und all dies deckte sich wiederum mit den Tatsachen, die die nach Westen vordrängende amerikanische Kultur schuf. Während der letzten Jahre der Umsiedlungskontroverse hatte sich der im Westen ansässige Anwalt, Journalist und Romancier James Hall vorgenommen, auf dieser Begriffsgrundlage einen Überblick über die Geschichte der „Beziehungen zwischen dem amerikanischen Volk und den Indianern" zu erstellen. Seine Betrachtungen stehen allenfalls auf dem zeitgenössischen Durchschnittsniveau, z. T. wirken sie sogar abgedroschen.

Die Geschichte der indianisch-amerikanischen Beziehungen wird nach Hall durch Irrtümer, Fehlplanungen und Mißhandlungen bestimmt: Die auf ihre einfache Weise rechtschaffenen Indianer hatten die Europäer friedlich willkommen geheißen. Die Europäer hatten sie nur scheinbar als souveräne Nationen anerkannt. Zwangsläufig folgten die Übergriffe auf die Indianergebiete, Haß und Vergeltung der Indianer, Barbarei und Bosheit indianischer Kriegsführung – und am Ende immer die Niederlage der Indianer. Eine angemessene Behandlung sowie eine Politik der Trennung beider Völ-

von Wilhelm Euler (Tübingen, 1959), I, § 81, S. 70 f. Zu Vattels Bedeutung für das politische Denken und die Rechtsauffassung der Amerikaner siehe Fenwicks Einführung, III, S. lviii f. Zu der Bezugnahme auf Vattel während der Umsiedlungs-Debatten siehe Albert K. Weinberg, *Manifest Destiny* (Baltimore, 1935), S. 77–99.

ker würden Schritt für Schritt zur Zivilisierung und Christianisierung geführt haben; aber der verhängnisvolle Drang nach Westen und das Unvermögen der Amerikaner, von der Okkupation weiterer Indianergebiete abzusehen, hatten die indianischen Tugenden zu Verirrungen entarten lassen und schließlich die Umsiedlung notwendig gemacht, der das Elend und der Niedergang der Indianer nachgefolgt waren.

Aber, so erklärt Hall, was vergangen ist, ist vergangen. Die Indianer sind keinesfalls mehr aus einer natürlichen Rechtschaffenheit heraus offen und ehrlich, sondern degeneriert. Daher stelle sich nun die Frage: „Wie sollen wir mit einem Volk umgehen, wenn zwischen ihm und uns keine Gemeinsamkeit der Sprache, des Denkens oder der Sitten besteht, keine gegenseitigen Verpflichtungen, kein gemeinsamer Maßstab, nach dem man unsere jeweiligen Interessen, Ziele und Aufgaben bewerten könnte?" Kurz gesagt, wie sollen wir mit einem Volk umgehen, zu dem wir nahezu jede kulturelle Beziehung verloren haben? Wie sollen wir die Kluft zwischen dem Leben der Wilden und dem der Weißen schließen? Besteht überhaupt die Möglichkeit, diese Kluft zu schließen? Durch seine Beschäftigung mit den Aufzeichnungen über die Beziehungen zwischen Indianern und Weißen kann Hall nur seine Frage mit den Begriffen seiner Aufzeichnungen formulieren: Begriffe, die darüber hinaus auf die Theorie des Konflikts zwischen Agrar- und Jägerkultur und auf die Tugenden des zivilisierten Systems eines privaten Landbesitzes zurückgehen.

Überdies kann Hall auch seine Antworten nur mit Hilfe dieser Begriffe formulieren. Die Wilden sind eine „Wanderhorde" und haben keinen Sinn für Landbesitz, darum auch keine Gesetze und keine Regierung. Daraus folgt, daß sie nicht über die Rechte verfügen, die ein rechtschaffenes Volk oder eine planvoll handelnde Regierung für sich beanspruchen kann. Dennoch stehen die Amerikaner in diesem Zeitalter des „liberalen Denkens, der freien Regeln und der allgemeinen Wissensverbreitung" in der Pflicht, Rechte für die Wilden zu „erschaffen". „Um es frei heraus zu sagen: Wir sind der Meinung, daß es die Pflicht unserer Regierung ist, die Indianer als Untertanen ihrer direkten Kontrolle zu unterstellen." Fernab wären sie zu friedlichem Verhalten gezwungen, und dort mag man sie zu einem zivilisierten Dasein anleiten: zunächst zu einem Hirten-, später dann zu einem Farmerleben. Natürlich muß man sie auch zu einem Sinn für Privateigentum anleiten, denn „[...] die mangelnde Sicherung des Eigentums, genauer: das völlige Fehlen einer Vorstellung von Eigentum bildet die Hauptursache ihrer Barbarei". Dementsprechend gilt: „Die Abfolge der Grundsätze, durch die der Zustand dieser unglückseligen Rasse verbessert werden muß – sofern dies möglich ist –, lautet folgendermaßen: erstens, *persönliche Sicherheit* durch völlige Abschaffung von Kriegshandlungen untereinander; zweitens, Aufenthalt an einem *ständigen Wohnsitz* und drittens, eine *Vorstellung von Landbesitz*." [32]

Wenn auch verschwommen, ist hier die Hoffnung auf den Zivilisierungserfolg erkennbar, die die Amerikaner im gesamten Ablauf ihrer Geschichte begleitete. Von größerer Bedeutung ist, daß es ein mitleidvolles und mildtätiges Erkennen der Diskrepanz gibt, die zwischen den unzumutbaren Lebensverhältnissen des Indianers und dem Leben der zivilisierten amerikanischen Gesellschaft besteht. Ebenso existiert ein Vertrauen in die offenkundige Bestimmung des zivilisierten Lebens. Falls der Indianer in der Lage sein sollte zu überleben, dann konnte ihm dies nicht als einem Wilden, sondern nur als einem zivilisierten Menschen gelingen. Was sein Leben zum Leben eines Wilden machte, war allem voran die Jagd, und das war der Schlüssel für das Indianerproblem: Als Jäger war er zum Sterben verurteilt – und als Jäger starb er tatsächlich; denn Halls Hoffnung – und die vieler anderer –, den Indianer zivilisieren zu können, zerbarst unter dem Ansturm der Zivilisation selbst – und kein Mensch konnte letztlich den Ansturm der Zivilisation bedauern.

4

Bis 1830 hatten die Amerikaner – nach Abschluß der Zwangsumsiedlung – den Indianer so weit unter Kontrolle, daß sie nach seiner wahren Bedeutung für sich und für ihre offenkundige Bestimmung

---

[32] James Hall, *Sketches of History, Life and Manners in the West* (New York, 1835), I, S. 27–133.

suchen konnten. In gewissem Sinne war die Problemstellung klar, weil er, der das Problem geschaffen hatte, im Grunde genommen schon tot war. Die Probleme, die dieser faktische Tod hervorbrachte, wirkten bis in das Jahrhundert hinein und weiter bis in unsere Tage. Aber diese Frage ist weder für die Amerikaner von Bedeutung, die den Indianer in der Praxis und in der Theorie meistern mußten, noch für die Entwicklung, die den Indianer im Verständnis der Amerikaner zum Symbol für all das werden ließ, was die Zivilisation triumphierend zu überwinden hatte. Der Indianer, der für den amerikanischen Plan, eine neue Gesellschaft zu gründen, von Bedeutung war, war kein Mensch, sondern ein Typus, kein Stammesangehöriger, sondern ein Wilder, kein Individuum, sondern ein Symbol. Das amerikanische Bewußtsein wurde durch den Tod des Individuums belastet; aber es konnte diesem Tod nur dann einen Sinn abgewinnen, wenn es ihn als den Tod eines Symbols verstand.

Mitleid, Tadel und Rechtfertigung für beides sind unterscheidungsbedürftige Qualitäten des amerikanischen Denkens zwischen der Revolution und der Umsiedlungsperiode. Wir können nicht bis zu den psychologischen Wurzeln dieser Qualitäten vorstoßen. Bestenfalls können wir – ausgehend von unserem heutigen Kenntnisstand über unsere grundlegende psychologische Natur als Menschen – Spekulationen über derartige Wurzeln anstellen. So viel können wir sagen, daß sich der Amerikaner – mit dem Bewußtsein eines zivilisierten und die Zivilisation verbreitenden Menschen – ein Leben vorstellen konnte, das frei von dem war, was es vage als komplizierte Verwicklungen der Zivilisation empfand. Ein solches Leben vor Augen, mochte er sich sehr wohl danach sehnen; aber in Anbetracht dessen, was er für die beunruhigende Realität des Westens hielt, verachtete er sich selbst für diese Sehnsucht. Man kann sagen, daß er ‚versucht' wurde; und er spürte den Drang, diese Versuchung zu zerstören und ebenso den Versucher selbst. Er bemitleidete den Versucher, weil er sich in seiner Sehnsucht nach einem einfacherem Leben mit ihm identifizieren konnte. Er verurteilte ihn, weil er sich seiner Versuchung schämte und weil er es ablehnte, seine höhere Natur zu leugnen.

All dies mag vielleicht eine zu starke Psychologisierung des Sachverhaltes darstellen und als Ergebnis den uns vorliegenden Beweisen zu viel abverlangen. Meine Schlußfolgerungen sollen aber lediglich die möglichen Wurzeln einer Wechselbeziehung zwischen Mitleid und Verurteilung in Betracht ziehen und darauf hindeuten, daß diese Wechselbeziehung von Spannungspolen herrührt, die nicht nur tief im amerikanischen Wesen, sondern im Wesen aller Menschen verankert sind. Meine Ausführungen spiegeln zum einen die simple Tatsache, daß die jedweder Lebensweise innewohnenden Spannungen beim Menschen die Vorstellung wecken, es gebe einen einfacheren Weg mit geringeren, vielleicht sogar ohne Spannungen; zum anderen, daß die Art und Weise, wie Menschen eine Tatsache wahrnehmen und ihr begegnen – und wie sie diesen Prozeß der Vernunft unterordnen und symbolisieren –, Ausdruck der Bedeutung ist, die sie in ihrer historischen Situation entdecken und dieser zugleich verleihen. Unser Anliegen gilt nicht der Frage, zu was das einzelne und das kollektive Unbewußte die Amerikaner werden ließ, sondern zu welchem Selbstverständnis ihr bewußtes Leben und ihr Vorstellungsvermögen führten.

Bewußt waren sich die Amerikaner des 19. Jahrhunderts der Entwürdigung und der Vernichtung des Indianers; der Zwangsumsiedlung; des verzweifelten Drangs, den Indianer zu zivilisieren und zu bekehren, bevor es zu spät war; der Abscheu über perverse Grausamkeiten von weißen Männern an der Grenze; der furchteinflößenden Blicke der Indianer als den dahinschwindenden Amerikanern. Wenn jene dazu bestimmt waren, geboren zu werden, und die Menschen dazu, mit ihnen zu leben, dann mußten all diese Geisteshaltungen und Einflüsse als Produkte eines zivilisatorischen Prozesses nachgewiesen werden, und dabei würde das Gute in diesem Prozeß schließlich das Böse in ihm leugnen, auch wenn dadurch das Böse nicht automatisch weniger schmerzvoll werden sollte. Wenn diese Hürde genommen und die Bestimmung des Wilden in ihrer Beziehung zur Bestimmung des zivilisierten Menschen vollständig erkannt würde, hätte man den Indianer nicht nur als Individuum, sondern auch als Symbol überwunden. Die Geschichte dieser Überwindung, der Entwicklung einer Vorstellung und der Symbole und Bilder dieser Vorstellung bildet den Schwerpunkt dieser Studie.

III

Wesen und äußere Lebensbedingungen der indianischen Gesellschaft:

Die Vorstellung vom Naturzustand

Aus der zwiespältigen Haltung der Amerikaner gegenüber dem Indianer entwickelte sich rasch eine Theorie über dessen Leben – die Vorstellung vom Naturzustand. Diese Vorstellung war – wie es für alle Vorstellungen gelten sollte – auf ihre Zeit bezogen, d. h. sie bestand aus einer Reihe von Behauptungen, die alles, was man über den Indianer wußte und ihm gegenüber empfand, in einen logischen Zusammenhang brachten; und sie diente als Grundlage für Verständnis, Überzeugung und Handeln der Amerikaner. Als sich immer mehr Erkenntnisse über die Indianer häuften, wurde die Vorstellung zunächst erweitert, dann modifiziert und schließlich über den Haufen geworfen. Zu der Zeit, als sich durch die Vorstellung nicht mehr alle bekannten Fakten in Einklang bringen ließen – das war nach 1850 –, hatte man die Umsiedlung psychisch wie physisch abgeschlossen, und der Indianer war zum Objekt philanthropischer Gesellschaften, der wissenschaftlichen Ethnologie und der Schundromane geworden. Die Wilden und ihr Naturzustand schienen nicht mehr zu existieren oder zumindest die zivilisierte Welt nicht mehr ernsthaft zu bedrohen.

Zwei Perioden sind in der Entwicklungsgeschichte der Vorstellung vom Naturzustand zu erkennen: Zuerst eine Periode während der ersten Dekade des Jahrhunderts, als Berichte von der Lewis und Clark-Expedition eintrafen; sie enthielten nur wenige empirische Fakten, die verstreute verallgemeinernde Details über ein aussterbendes Volk von Jägern lieferten, verkörpert in einer historischen Gestalt der Vorgeschichte Amerikas. Dann folgte – etwa um das Jahr 1851, dem Erscheinungsdatum von Morgans *League of the*

Iroquois – eine Epoche, in der die Amerikaner begannen, ihre Indianer systematisch zu erforschen. Sie fügten neue Fakten so lange in eine alte Theorie ein, bis schließlich, wie bereits erwähnt, die Theorie die Fakten nicht mehr erklären konnte. Wie alle Entwicklungsstufen von spezifischen Überzeugungen können auch diese nur grob unterschieden werden. Wir können nur Tendenzen, Kumulationspunkte und bestimmte Einbrüche beobachten, denn wir müssen uns darüber im klaren sein, daß die Relation zwischen einer Überzeugung und der Situation, in der sich diese Überzeugung entwickelt, zugleich konstant wie dynamisch ist; beide können sich gegenseitig verstärken. Deshalb erfolgt die Aufteilung des Untersuchungsmaterials in dieser Studie in Form eines chronologischen Querschnitts, weil wir damit im großen und ganzen die Beziehung zwischen der Situation und der Überzeugung analytisch nachvollziehen können. Die Zwiespältigkeit der amerikanischen Haltung gegenüber dem Indianer wurde – reduziert auf präzise und formale Begriffe und z. T. durch Forschungen, meist aber nur durch reine Überlegungen gestützt – zur amerikanischen Vorstellung vom Naturzustand. Im Anschluß hieran wurde der Indianer *sui generis* zum amerikanischen Wilden.

1

Nach der Unabhängigkeit wurde die Erforschung des Indianers und seiner Wesensart für die Amerikaner eine drängende, persönliche Notwendigkeit. Der Indianer verschwand aus Amerika, und das war doch einst *der* Amerikaner. So empfanden es die neuen Amerikaner als ihre Pflicht, fehlgeleitete europäische Auffassungen vom Indianer zu korrigieren und dessen Naturzustand in gebührender Form darzustellen. Laßt den amerikanischen Chronisten – so forderte im Jahr 1787 ein Professor der Universität von Pennsylvania –

> [...] die über den ganzen Kontinent verteilten Fußstapfen der Zivilisation aufmerksam kennzeichnen, laßt ihn die Sprachen der Eingeborenen lernen, sie mit denen der Völker der alten Welt vergleichen, und seine Bemühungen sollen reich belohnt werden. Es ist dies der einzige Weg, Herkunft und Geschichte eines Volkes zu rekonstruieren, das gewiß einige herausragende Figuren unseres Welttheaters hervorgebracht hat und das

– nun zwar befleckt durch die Laster der Europäer – dem Wesen des Menschengeschlechts keineswegs Schande bereitet [1].

Es war nicht zu übersehen, daß es den europäischen Autoren in der Regel mißlungen war, ein objektives Bild des Indianers zu zeichnen, denn sie hatten seinen Charakter entweder zu schwarz gemalt oder übermäßig gepriesen. Es kam zu einer Art geistiger Blütezeit, als es den Amerikanern – die ebenfalls über die Indianer schrieben – gelang, die Europäer in nahezu allen Punkten zu widerlegen. Die schärfste Kritik richtete sich gegen die Schotten Robertson, Dunbar und Lord Kames sowie die Franzosen Lafitau, Raynal und besonders gegen de Pauw mit seiner Schilderung von den bartlosen indianischen Männern, die Milch in ihrer Brust trugen. Man warf diesen Europäern vor, daß sie alle in ihrer Ignoranz als Nicht-Amerikaner den gleichen Fehler wie de Pauw begangen hatten, indem sie „[von ihnen] selbst konstruierte Behauptungen [hinschrieben], deren Einfallslosigkeit nur noch von ihrer Leichtfertigkeit und Unlogik übertroffen wird“ [2]. Demgegenüber konnte man als sicher

[1] Benjamin Smith Barton, *Observations on Some Parts of Natural History,* Part I [weiteres wurde nicht veröffentlicht] (London, 1787), S. iv-v. Vgl. Bartons „Observations and Conjectures [...]“, *American Philosophical Society Transactions,* IV (1799), S. 214 f.; und ders., *A Discourse on Some of the Principal Desiderata in Natural History* (Philadelphia, 1807), S. 16, 18 f. Siehe auch Jeremy Belknap, *A Discourse Intended to Commemorate the Discovery of America by Christopher Columbus* (Boston, 1792), S. 36; Jonathan Hart, „A Letter [...] to Benjamin Smith Barton“, *American Philosophical Society Transactions,* III (1793), S. 220 f.; Abiel Holmes, „Memoirs of the Mohegan Indians“, *Massachusetts Historical Society Collections,* Ser. 1, IX (1804), S. 75.

[2] Siehe Thomas Jefferson, *Writings,* Memorial Edition, II, S. 81–93; V, S. 3–7; XIII, S. 156 f.; Samuel Stanhope Smith, *An Essay on the Causes of the Variety of Complexion and Figure in the Human Species,* 2. Aufl. (New Brunswick, N. J., 1810), S. 208–211; Hugh Williamson, *Observations on the Climate in Different Parts of America* (New York, 1811), S. 2, 30 f., 66 f., 76 ff. Die Bewertung de Pauws stammt von Barton, *Observations on Some Parts of Natural History,* S. 53; vgl. S. 7–16, 22 ff., und Bartons *Remarks on the Speech Attributed, by Mr. Jefferson, To an Indian Chief, Of the Name of Logan* (Philadelphia?, 1806?), S. 10 f.

annehmen, daß die amerikanischen Veröffentlichungen aussagekräftiger waren, weil die Amerikaner den aussterbenden Indianer wirklich gekannt haben mochten; außerdem würden die Amerikaner die Wesensart des Wilden akzeptieren, – auch wenn sie ihn zur gleichen Zeit umbrachten.

So waren die Amerikaner – wie es sich für ein Volk kolonialen Ursprungs gehörte – dazu ausersehen, die Schranken ihrer Herkunft zu durchbrechen und die Wahrheit über das Leben in der neuen Welt zu erfahren. Und trotzdem war es – wie wir heute erkennen – gerade ihre Herkunft, die ihre Ansichten hervorbrachte und lenkte. So stellten sie die gleichen Fragen über den Indianer wie die Europäer vor ihnen; aber sie stellten ihre Fragen auf eine spezifische Art und Weise, indem sie den offenkundigen Tatsachen Rechnung trugen, und erhielten so auch ihre spezifischen Antworten.

Sie fragten zum Beispiel nach der viel gerühmten Redegewandtheit des Indianers, die den englischen und französischen Gelehrten lange Zeit als ein wesentliches Unterscheidungsmerkmal zwischen dem Wilden und dem zivilisierten Weißen erschienen war. Die feierliche Redeweise bei indianischen Verhandlungen und die legendären Totengesänge der edlen Wilden: Das konnte man ohne weiteres als Zeichen der Überlegenheit des Wilden über den zivilisierten Weißen interpretieren – oder zumindest als Hinweis auf ein „ursprüngliches Talent", das der hochentwickelten Zivilisation für immer verlorengegangen war. Den Amerikanern stellte sich nun das Problem, derartige Anzeichen einer auch noch so begrenzten Überlegenheit zu erforschen und – falls eine solche Überlegenheit sich tatsächlich bestätigen sollte – zu erklären, wie es bei einem unterentwickelten und unterlegenen Volk zu einem solchen Phänomen kommen konnte.

Im 18. und 19. Jahrhundert konzentrierte sich in Amerika dieses Interesse insbesondere auf die Ansprache, die Chief Logan im Jahr 1774 an Lord Dunmore gerichtet haben soll; sie wurde nach 1775 oft nachgedruckt, am eindrucksvollsten aber in der Fassung bei Jefferson in *Notes on the State of Virginia* (1784). Nach Jefferson begann die Ansprache wie Matthäus 25, 35–36 – „Ich wende mich an jeden weißen Mann, um ihn zu fragen, ob er jemals Logans

Hütte hungrig betrat, ohne von Logan mit Fleisch versorgt zu werden; ob er jemals nackt und frierend kam, ohne von Logan mit Kleidung versehen zu werden [...]" – und vermittelte den Eindruck von wahrem Edelmut bei den Wilden. Obwohl die Echtheit der Ansprache zunächst angezweifelt wurde, erkannte man sie doch größtenteils als aufrichtiges Bekenntnis der Wilden an – sogar noch bis in die fünfziger und sechziger Jahre, damals standen Auszüge der Rede in McGuffeys ‚Viertem und Fünftem Grundschul-Lesebuch' [3]. Der Appell in Logans Ansprache – ebenso wie in unzähligen anderen Reden und Episoden, über die Zeitungen, Zeitschriften und Chroniken ständig berichteten – war ein Appell an das Verständnis für die schlichte Größe, die dem Gemüt des Wilden eigen war. Und doch konnte diese Ansprache ebensowenig wie die geheiligte Tradition, die sie verriet, die Amerikaner vom reinen Edelmut des Wilden überzeugen. Sie wurde vielmehr als Ausdruck eines dem Wilden eigenen unterentwickelten Edelmutes verstanden, der seine Ziele eher durch das Gefühl als durch den Verstand, eher durch die Tat als durch den Gedanken und eher durch Brauchtum als durch Gesetz erreichte. („Was zivilisierte Nationen bei ihren Bürgern durch Zwangsmaßnahmen durchsetzen, erreichen sie durch ihre Redegewandtheit," schrieb ein Kenner der Indianer in den neunziger Jahren des 18. Jahrhunderts [4].) Es mußte paradoxerweise nachgewiesen werden, daß diese Art von Edelmut zum Tod der Menschen geführt hatte, für die er charakteristisch war. Die Redegewandtheit des Wilden so zu interpretieren war eine spezifisch amerikanische Thematik im Zusammenhang mit der Vorstellung vom Naturzustand.

So wurden auch das europäische Interesse an den Geheimnissen der Indianersprache und die europäische Hypothese über Abstammung und Vergangenheit des Indianers zu spezifisch amerikanischen Themen, die im Grunde auf spezifisch amerikanische Erkenntnisziele hin ausgerichtet waren. In der Sprachforschung konzentrier-

[3] Siehe Edward D. Seeber, „Critical Views on Logan's Speech", *Journal of American Folklore,* LX (1947), S. 130–146.

[4] Jedediah Morse, *The American Geography* [1789], 3. Aufl. (Dublin, 1792), S. 18.

te man sich auf das Problem des Sammelns und Klassifizierens, um auf diese Weise die elementare Einheit des Menschengeschlechts zu beweisen, und so wollte man auch aufzeigen, wie weit sich der Indianer von der ihm ursprünglich wesenseigenen, wahren Menschlichkeit entfernt hatte. Franklin [5], Washington [6] und Jefferson [7] förderten im Rahmen eines internationalen Projekts der vergleichenden Sprachwissenschaft das Sammeln von Listen indianischer Wörter. Sowohl Franklin als auch Washington sandten Wörterverzeichnisse an Lafayette, der sie für den deutschen Gelehrten P. S. Pallas erbeten hatte. Dieser bereitete gerade – als Resultat eines globalen Sprachenvergleichs – die zweite Auflage seines gigantischen Wörterbuches vor. Vor allem Jefferson verdanken wir unsere wissenschaftlichen Erkenntnisse über die Indianersprachen. Er entwickelte in dieser Hinsicht besondere Aktivitäten, legte selbst Listen indianischer Wörter an und forderte andere dazu auf, dasselbe zu tun, und er entwickelte verschiedene Theorien über die Vielfältigkeit der ursprünglichen Indianersprachen; sogar nach dem Verlust seiner eigenen umfangreichen Sammlung von Wortlisten setzte er sein Projekt fort. Jefferson war mit seiner Ansicht jedoch in der Minderheit, denn mit der – über das Ende des 18. Jahrhunderts hinaus – fortschreitenden Erforschung der Indianersprachen konnten die Amerikaner nachweisen, daß es insgesamt nur wenige Indianersprachen gab, die zudem ursprünglich in gewissem Zusammenhang miteinander standen, und daß sie möglicherweise asiatischer Herkunft waren [8]. Es stellte sich aber jetzt das neue Problem, eine Verbindung zwischen Sprache und Wesensart der Wilden herzustellen.

Es war nicht neu, den amerikanischen Indianer als Nachkömmling

---

[5] Benjamin Franklin, *Writings,* ed. Smyth, VIII, S. 246 f., 304; IX, S. 571.

[6] George Washington, *Writings,* ed. Fitzpatrick, XXVII, S. 88; XXVIII, S. 88 f.; 183 f., 191, 425, 525; XXIX, S. 369 f., 374 f.; XXX, S. 64.

[7] Thomas Jefferson, *Writings,* Memorial Edition, II, S. 141; V, S. 390; VI, S. 231 f.; VII, S. 267; XI, S. 79 ff., 401–409; XII, S. 312 ff.; XIII, S. 157; XVI, S. 107 ff.

[8] Siehe z. B. William Dunbar, „On the Language of Signs among Certain North American Indians", *American Philosophical Society Transactions,* VI (1809), S. 1–18; und Benjamin Smith Barton, „Hints on the Etymology of Certain English Words [...]", *ebd.* VI (1809), S. 145–158.

asiatischer Vorfahren zu betrachten, und die Sprachforschung führte auch keineswegs zu einer neuen Theorie, sondern bestätigte vielmehr eine bereits bestehende. Von Bedeutung war allerdings, daß es die Amerikaner selbst waren, die neues Beweismaterial für diese Theorie fanden. Zwar mochte sie der Gedanke an die auf rätselhafte Weise verlorengegangene Welt derer umtreiben, die die vorzeitlichen Grabhügel und -wälle erbaut hatten; auch mochten sie weiterhin den Theorien über eine hebräische [9] oder walisische [10] Abstammung der Indianer nachgehen; in erster Linie aber blieben sie bei ihrer Auffassung, daß die Indianer – als Nachkommen Noahs – aus den nördlichen Teilen Asiens nach Amerika gekommen waren. Die Eskimos waren möglicherweise eine Ausnahme, weil sie aus Skandinavien stammten. Die Behauptung der Amerikaner, daß grundlegende Parallelen zwischen dem Wesen der amerikanischen Wilden und dem der nordasiatischen Völker bestünden, erlaubte es ihnen, den Indianer als einen asiatischen Wilden zu klassifizieren und so zu beurteilen.

Als anerkannte Beweise für diese Theorie galten – in Anlehnung an eine 1861 gehaltene Vorlesung – die „Ähnlichkeit der Physiognomie und der übrigen Erscheinung", die „Verwandtschaft der [...] Sprachen", die übereinstimmenden Bräuche und – nebenbei bemerkt – auch die „ähnliche Natur" von indianischen und sibirischen Hunden [11]. All dies bedeutete, daß die Indianer Teil der gesamten

---

[9] Siehe oben S. 96.

[10] Siehe David Williams, „John Evans' Strange Journey", *American Historical Review,* LIV (1949), S. 277–295, 508–529.

[11] Die zitierte Vorlesung wurde von Samuel Latham Mitchel – Professor für Naturgeschichte an der Universität New York – gehalten und ist nachgedruckt in *American Antiquarian Society Transactions and Collections,* I (1820), S. 325–333, 338–344. Mitchel vertritt in einer Hinsicht eine extreme Position, indem er annimmt, daß u. U. Nordasien von amerikanischen Indianern bevölkert worden war; auf diese Weise kann auch er ansonsten der anerkannten Lehrmeinung treu bleiben. Weitere Beispiele für diese Lehrmeinung finden sich in Jefferson, *Writings,* Memorial Edition, II, S. 127–142, XIII, S. 246 ff.; Samuel Stanhope Smith, *An Essay on the Causes of the Variety of Complexion and Figure in the Human Species,* S. 181 ff., 231 ff.

Menschheit waren – und dieser doch irgendwie fernstanden. Selbst wenn die Indianer z. B. hebräischen Ursprungs und somit Nachkommen der ‚Verlorenen Zehn Stämme' wären, standen sie gegenüber der übrigen Menschheit dennoch in der Position eines abgespaltenen und isolierten Volkes da. Es war auch allem voran ihre Abgespaltenheit und Isolation, für die die Abstammungstheorien Gründe liefern sollten. Man mußte sie jedenfalls genauso wie die Amerikaner als Kolonisten betrachten. Der einzige Unterschied bestand darin, daß sie sich in Einsamkeit und Verlassenheit weiterentwickelt hatten. Ursprünglich waren sie Nomaden, sie hatten das Leben von Nomaden geführt; ihre Sitten und Bräuche, ja ihr Schicksal war das von Nomaden: Sie hatten sich verirrt. Die Amerikaner, die sie gefunden hatten, aber sich vergebens um ihre Rettung bemühten, hatten nun vor allem die Pflicht, sie zu verstehen, bevor sie endgültig entschwunden waren.

2

Wenn auch das amerikanische Nationalgefühl das Verständnis vom Indianer förderte, stammte dieses Verständnis von einer Vorstellung vom Naturzustand, deren Hauptgedanke aus europäischen Quellen gespeist wurde. Die amerikanische Theoriebildung über den Indianer bezog sich zu großen Teilen auf eine Gruppe von schottischen Gelehrten, die sich im 18. Jahrhundert mit den Beziehungen zwischen Mensch und Gesellschaft befaßten, auf ihre historische Methode und auf den Forscher in dieser Gruppe, der ein Werk über den nordamerikanischen Indianer veröffentlicht hatte. Bei dieser Gruppe handelte es sich um Historiker, die der schottischen Philosophie des *common sense* und des sittlichen Grundgefühls anhingen; ihre Methode war die einer historischen Analyse gesellschaftlicher Entwicklungen; und William Robertson schrieb in *History of America* (1777) über den nordamerikanischen Indianer.

Das große Ziel schottischer Historiker und Gesellschaftstheoretiker des 18. Jahrhunderts – zu ihnen gehörten Francis Hutcheson, Thomas Reid, Adam Ferguson, Lord Kames und Robertson – bestand darin, eine Theorie aufzustellen, die Stabilität und gleichzeitige Fortentwicklung einer Gesellschaft erklären konnte und den Christen erläutern, wie sie es trotz ihres einstigen Sündenfalls zu einem so hohen, ansehnlichen Entwicklungsstand in ihrem aufgeklärten Jahrhundert gebracht hatten. Die schottische Philosophie ging auf die protestantische Theologie zurück, die das tausendjährige Reich Christi rational gedeutet hatte: nicht mehr als Gewißheit der Wiederkunft Christi, sondern als Gewißheit der von Gott gewollten und vernunftgeleiteten Unabhängigkeit des modernen Menschen, mit gesundem Menschenverstand, analytischem Denkvermögen und dem ihm angeborenen moralischen Empfinden den rechten Weg zu finden. Die Philosophen der Schottischen Schule behaupteten, daß man aufgrund empirischer Anhaltspunkte Vermutungen darüber anstellen könne, auf welche Weise sich Gott dem modernen Menschen langsam aber sicher offenbarte und wie der moderne Mensch auf diese Weise langsam aber sicher in den Stand einer hochentwickelten Zivilisation gelangt war – wie er also sein einstiges primitives Stadium des Wilden für immer hinter sich gelassen hatte. Dies war die große christliche, zivilisierte Vorstellung vom Fortschritt [12].

Die schottischen Philosophen konstatierten, daß die „ursprüngliche Natur“ des Menschen sich nicht veränderte, obgleich sie wahrnehmbaren Gesetzen einer ihr innewohnenden Entwicklung gehorchte und daher – wie es in einer Studie über diesen Gedanken heißt – „dem Ruhme des Schöpfers, der Befriedigung des Individuums und dem Wohl der natürlichen und zivilisierten Gesellschaft“ dient. Alles vom Menschen Erschaffene sowie seine Sitten entwickelten sich gradlinig und lieferten weitere Beweise für die Gesetze der ursprünglichen Natur des Menschen. Diese Entwicklung „wurde als fortschrittlich aufgefaßt; als eine ständige Bewegung ohne jede Unterbrechung, weil das Wachstum keine Unterbrechung kennt; als eine durch die Natur gesteuerte Bewegung“ [13]. Fortschritt bedeutete ein nach oben, zum Besseren gerichtetes Wachstum; denn in dem Maße,

---

[12] Die beste Untersuchung über die Schottische Schule bietet die von mir zugrunde gelegte Gladys Bryson, *Man and Society: The Scottish Inquiry of the Eighteenth Century* (Princeton, 1945). Zur weiteren Bedeutung der schottischen Forschungen zum Fortschrittsbegriff siehe Ernest Tuveson, *Millenium and Utopia* (Berkeley, 1950).

[13] Bryson, *Man and Society*, S. 242 f.

wie sich der Mensch, seine Sitten und das von ihm Erschaffene fortentwickelten, wurden all diese Komponenten logischerweise immer mehr zu „sozialen" Komponenten. Ein Leben als durch und durch soziales Wesen führen – darin bestand das höchste Ziel des Menschen und seine Bestimmung, auf die hin er sich selbst, sein Schaffen und seine Sitten vervollkommnete [14]. Sozialer, technischer und moralischer Fortschritt waren eins; Maßstab für den Fortschritt des Individuums mußte der Fortschritt der Gesellschaft sein, der das Individuum seine soziale Existenz verdankte. Der Weg zum Verständnis und zur Bewertung eines Individuums führte über die Analyse seiner Gesellschaft, der Weg zum Verständnis und zur Bewertung einer Gesellschaft über die Analyse ihrer historischen Beziehungen zu anderen Gesellschaften. Das rechtschaffene Leben war makellos rechtschaffen – das Leben einer vielfältigen und komplexen Gesellschaft, durch die allein die „ursprüngliche Natur" des Menschen reifen konnte. Jede Gesellschaft – besser gesagt: jede „Kultur" – war rechtschaffen, insofern sie ein solch rechtschaffenes Leben ermöglichte. Am Ende erreichte man eine moralische Vollkommenheit und so etwas wie einen kulturellen Relativismus.

Ein Teil der empirischen Details, die dieser Begriff vom Fortschritt umfaßte, bezog sich auf primitive Völker, ihre Vergangenheit und Gegenwart. Deshalb entwarfen die schottischen Gesellschaftstheoretiker eine Theorie, die sie – in ihrer Übersetzung von *histoire raisonnée* – ‚mutmaßliche Geschichtsverläufe' nannten, und sie ließen dem primitiven Wilden Gerechtigkeit widerfahren, indem sie ihn in ihre Vergangenheit und Gegenwart hineinstellten, sei es zum Guten oder Schlechten. Als typisches Beispiel [15] für diese Methode sei hier Adam Fergusons *Essay on the History of Civil Society* genannt. Ferguson polemisiert zunächst gegen die Auffassung, der Zustand der ursprünglichen Natur sei schlicht ein animalischer gewe-

[14] Siehe z. B. Adam Ferguson, *Essay on the History of Civil Society* [1767] (Philadelphia, 1819), S. 8.

[15] Gleichartige Untersuchungen stammen von John Gregory, *A Comparative View of the State and Faculties of Man With Those of the Animal World* (London, 1765); und James Dunbar, *Essays on the History of Mankind in Rude and Cultivated Ages* (London, 1780).

sen. Der Mensch, so betont er, ist von Natur aus ein soziales Wesen. Deshalb erscheint dem Menschen die Zivilisation als ein natürlicher Zustand; auf jeder seiner Evolutionsstufen lebt der Mensch nur für eine Gruppe; sein Leben ist im wahrsten Sinne des Wortes gleichbedeutend mit dem Leben der Familie. Deshalb kommt Ferguson zu dem Schluß, daß jeder Zustand ein natürlicher – und sozialer – Zustand ist und daß dem Menschen nur Grenzen gesetzt werden durch die Gesellschaft, in der er lebt.

Diese Folgerungen bildeten – als moralisch absoluter Maßstab und in ihrer durch einen kulturellen Relativismus geprägten Form – die Grundlage für Fergusons Untersuchung „Über Naturvölker vor der Einführung von Landbesitz". Hier stützt er sich mit seinen Überlegungen auf die Schriften von Reisenden und Chronisten, von denen einige unter den Wilden gelebt haben. Ferguson betrachtete den nordamerikanischen Indianer, dem sein Hauptinteresse gilt, als einen Jäger und Fischer, der keine rechte Vorstellung von Landbesitz oder von Regierungsform hat. Indianer besitzen nur das, was sie für das tägliche Überleben brauchen. Das Ansehen der Männer richtet sich nach Klugheit im Kampf, nach Mut etc.; die Frauen stehen insgesamt in niedriger Knechtschaft. Schließlich verspüren die Indianer – wegen ihres gering ausgeprägten Besitzdenkens – kaum Verlangen nach einer sozialen Rangstufung. Zudem sind sie Verfechter des Gleichheitsprinzips.

Ferguson bewertet diese Gesellschaftsform der Wilden in positiver wie negativer Hinsicht; unter Bewertung versteht er die Durchführung einer historischen und vergleichenden Untersuchung, die einer fortschrittsgläubigen Norm folgt. Er erkennt sowohl die Tugenden als auch die Mängel dieser Gesellschaft und versucht beides bei seinem Resümee gleichermaßen zu berücksichtigen:

Sämtliche Schwächen, Laster, aber auch positiven Eigenschaften – wie die Liebe zur Gesellschaft, zur Freundschaft und zum ganzen Volk, Scharfsinn, Redegewandtheit und Mut – kann man auch beim primitivsten Menschen finden. Sie gehören offenbar zu dessen natürlichen Gaben, sind also keineswegs nachgeordnete Folgeerscheinungen von Ratschlägen oder Erfindungen. Wenn die Menschheit über die inneren Qualitäten verfügt, ihre Sitten weiterzuentwickeln, dann ist sie mit dem Material, das weiterentwickelt werden soll, von der Natur ausgestattet worden. Dieser Entwicklungsvorgang dient nicht dazu, Gefühle wie Zuneigung oder Großmut zu wecken, noch dazu, die für einen ehrenhaften Charakter notwendigen Elemente zusammenzusetzen; er dient vielmehr dem Zweck, den plötzlichen Aufwallungen der Leidenschaft zu widerstehen und ein Gemüt, das in sich die besten, machtvollsten Talente spürt, davor zu bewahren, zum Spielball niederer Gesinnung oder unbeherrschter Gewalt zu werden [16].

Ferguson erkennt das potentiell Gute in der primitiven Gesellschaft; gleichzeitig erkennt er auch, daß dieses potentiell Gute nur auf einer hochentwickelten Zivilisationsstufe verwirklicht werden kann. So sagt Ferguson weiter unten im Kapitel „Über die Teilung der Künste und Gewerbe“:

Es ist erwiesen, daß ein Volk – auch wenn es durch die Vorstellung von der Notwendigkeit und von dem Wunsch nach angemessenen Lebensumständen angetrieben wird oder durch irgendeine vorteilhafte Situation oder Politik begünstigt werden sollte – keine großen Fortschritte in der Kultivierung der Lebenskunst erzielen wird, solange es nicht die zahlreichen Aufgaben, die besonderer Erfahrung und Aufmerksamkeit bedürfen, aufgeteilt und verschiedenen Personen überantwortet hat. Der Wilde oder Barbar, der nur für sich selbst bauen, pflanzen und fertigen muß, zieht es – in der Zwischenzeit von großer Unruhe und Erschöpfung – vor, sich den Freuden der Trägheit hinzugeben, anstatt sich der Vervollkommnung seines Besitzes zu widmen. Es ist vielleicht die Vielzahl seiner Bedürfnisse, die ihm den Mut zur produktiven Arbeit nimmt. Möglicherweise liegt es auch an der Vielzahl seiner Neigungen, die seine Aufmerksamkeit teilt und ihm so den Weg verstellt, sich Kenntnisse im Umgang mit jedweden spezifischen Fertigkeiten zu verschaffen [17].

Bei den Tugenden der Wilden handelt es sich unbestreitbar um wahre Tugenden, weil sie dem grundlegenden „Geselligkeitstrieb“ des Menschen zugehören. Und doch bedürfen sie der Reife, die sie durch eine vielseitige, vielschichtige, zivilisierte Humanität erlangen. Die wichtigsten Mittel für diesen Reifeprozeß sind privater Landbesitz und Arbeitsteilung, weil sie das Ende des menschlichen Entwick-

[16] Ferguson, *Essay*, „Of Rude Nations Prior to The Establishment of Property“, S. 171 f.

[17] *Ebd.*, „Of The Separation of the Arts and Professions“, S. 324 f.

lungsprozesses mit dem Ziel hochentwickelter Zivilisation markieren.

In Fergusons *Essay* findet man, wie in vielen anderen Werken auch, mit Hilfe von mutmaßlichen Geschichtsverläufen die einfache und einsichtige Bestätigung für eine Behauptung, an die sich die Amerikaner – mit ihren Empfindungen von Mitleid und Mißbilligung angesichts des Schicksals der Indianer – verzweifelt klammerten: daß Menschen, die zur Blüte der Zivilisation aufsteigen, mehr gewinnen, als die anderen verloren; und daß die Zivilisation, genauer das Zivilisieren trotz gleichzeitiger Zerstörung von primitiven Tugenden etwas Größeres und Besseres an deren Stelle setzt. Die Amerikaner konnten diese Behauptung immer wieder bestätigt finden. Es war nicht zu bestreiten, daß primitive Lebensformen als Produkt sozialer Gegebenheiten nicht nur Tugenden, sondern auch Defekte mit sich brachten. Darum brauchte man die Zerstörung der primitiven Tugenden nicht nur zu beklagen. Man mußte vielmehr diese Tugenden und Defekte als durch den Lauf der Welt bedingte Erscheinungsformen einer bestimmten Stufe der sozialen Evolution untersuchen. Dabei stellte sich heraus, daß der Mut des Wilden, seine Standhaftigkeit als Krieger und seine Freiheit nur in einer primitiven Gesellschaft entwickelt werden konnten; aber die Qualitäten waren gleichzeitig von weniger erfreulichen Erscheinungen in dieser Gesellschaft begleitet: von der Härte des Alltags, Grausamkeit und Krieg, Mangel an „sozialer Nächstenliebe" und entwicklungsbedürftigen Formen von Religion, Philosophie und allgemeinen Kenntnissen. Die guten wie die schlechten Eigenschaften waren Teil eines sozialen Ganzen, das man nicht über Nacht umwerfen konnte, aber Schritt für Schritt weiterentwickeln sollte. Angestoßen wurde dieser Evolutionsprozeß durch die ‚Zivilisatoren', die ihrer Bedeutung gewahr werden sollten, auch wenn das Schicksal der Wilden, über die dieser Prozeß hinwegrollte, ihre tiefe Anteilnahme erregte. Die Theorie der Schottischen Schule schien die amerikanische Praxis zu rechtfertigen.

Dennoch blieb eine spezielle Frage offen: Warum hatten die amerikanischen Indianer – anders als die Europäer – nicht den hohen Stand der Zivilisation erreicht? Wo blieb hier die historische Gradlinigkeit der Evolution? Die Antwort fiel einfach aus: Isolation und der übermächtige Einfluß der Umweltbedingungen. William Robertson wandte sich besonders dieser Frage zu. Seine gelehrten Abhandlungen über den nordamerikanischen Indianer trugen nicht zuletzt zur Verbreitung der schottischen Gesellschaftstheorie in Amerika bei. Er wandelte historische Methoden der Schottischen Schule dahingehend ab, daß er seine besondere Aufmerksamkeit den Umwelteinflüssen widmete; deshalb konnten seine Überlegungen unmittelbar zur Erforschung von zeitgenössischen Primitivvölkern genutzt werden.

In *History of America* (1777) beschäftigt sich Robertson zunächst mit dem Indianer als Individuum und als Mitglied einer Gesellschaft und schließt mit allgemeinen Feststellungen über die Tugenden und Laster der Indianer – also der Wilden. Seine Perspektive ist in vieler Hinsicht mit der Fergusons zu vergleichen: Der Indianer ist im wesentlichen von schlichtem Gemüt und unentwickelt, weil er im Kampf ums Überleben gegen eine Umwelt antritt, die ihm alle Kräfte abverlangt. (Robertson verwendet zur Charakterisierung der Umwelteinflüsse den Terminus „Atmosphäre" und bezeichnet damit sowohl das Terrain als auch die Behausungen, Flora und Fauna usw.) Der Indianer ist „von Natur aus" unabhängig. Seine Neigungen und Leidenschaften sind nicht so verfeinert wie in einer zivilisierten Gesellschaft, sondern äußern sich in einem eher hitzigen und animalischen Verhalten. Er hat wenig Zeit und Anlaß, innere Betrachtungen anzustellen; zudem verfügt er nur über geringe und beschränkte geistige Fähigkeiten und Kenntnisse.

Natürlich ist der Indianer als gefühlskaltes, unzufriedenes Individuum nur das Produkt eines rudimentär entwickelten, unreifen gesellschaftlichen Zustands, der wiederum der rauhen, isolierten Lebensweise verdankt wird. Der Indianer muß nomadisch in kleinen Gruppen leben, weil er von der Jagd abhängig ist. Darum hat er auch gar keinen oder zumindest gering ausgeprägten Sinn für Landbesitz und Wohlstand und kaum eine Vorstellung von zivilisierten Regierungs- und Verwaltungsformen; statt dessen hat er einen „ausprägten Sinn für Gleichheit und Unabhängigkeit". Als Krieger, dessen sozialer Stand zwangsläufig zu ständigen Kriegshandlungen führt, kämpft er in erster Linie um des Kämpfens willen und für den Ruhm, den Härte, Grausamkeit und Marter bringen. Bemerkenswert ist seine Fähigkeit, Schmerz und Leid standhaft zu ertragen, – was zugleich auf seine unsensible Veranlagung und auf seine enorme individuelle Ehrsucht zurückzuführen ist.

Robertson fährt fort mit einer Beschreibung der sozialen Gegebenheiten und des Glaubens der Indianer; danach versucht er, den Charakter des Wilden einer Analyse zu unterziehen. Ausgehend von der Grundüberzeugung, daß alle Menschen von Geburt gleich sind und daß ihre Entwicklung in erster Linie sowohl durch die gesellschaftlichen Gegebenheiten, in die sie hineingeboren worden sind, geprägt werden, als auch durch die Umwelteinflüsse, der diese Gesellschaft ausgesetzt ist, kann folglich die moralische, politische und religiöse Verfassung der Indianer ausschließlich auf ihre harten Lebensbedingungen zurückgeführt werden. Er bedarf keiner politischen Weisheit, denn er ist ein ruheloser Nomade; sein Sinn für Häuslichkeit ist unterentwickelt. Er übt sich nur in der Kunst des Jagens und des Kämpfens; dadurch werden diese Fähigkeiten überentwickelt, und er wirkt deshalb in den Augen der Europäer verschlagen und doppelzüngig.

Dennoch gesellen sich zu diesen Lastern der Wilden auch Tugenden: Liebe zu Freiheit und Unabhängigkeit; Überschwenglichkeit im Reden und im Verhalten, Ergebnis ihrer Redegewandtheit; Standhaftigkeit, Würde und Unbeugsamkeit; Heldentum und Tapferkeit im Krieg und Aufopferung für den eigenen Stamm, auch wenn letzteres nur dazu dienen mag, wiederum Krieg zu führen und Vergeltung zu üben. Daraus folgt am Ende, daß der Ruhm des Indianers der Ruhm des natürlichen Lebens eines Wilden ist und zugleich das Elend dieses Lebens in sich birgt:

In ihrem Stolz über das eigene Streben und in ihrer Zufriedenheit über das eigene Los können die primitiven [Ur-]Amerikaner den Sinn der zahlreichen Annehmlichkeiten gar nicht erfassen, die eine verfeinerte Gesellschaft für eine angemessene Lebensführung als grundlegend erachtet. Weit davon entfernt, ihre eigene Situation zu beklagen oder einen Menschen ob seines höher entwickelten Zustandes mit Bewunderung oder Neid zu betrachten, vertreten sie die Auffassung, daß sie selbst den Maßstab der Vervollkommnung setzen und daß sie am ehesten berechtigt und fähig sind, das wahre Glück zu genießen. Sie sind es nicht gewohnt, ihrem Streben und Handeln Grenzen zu setzen, und sie nehmen mit Verwunderung die Rangunterschiede zur Kenntnis, die das zivilisierte Leben mit sich bringt; sie betrachten die freiwillige Unterordnung unter einen anderen als eine jämmerliche, unannehmbare Verleugnung der Würde des Menschen. Ohne Vorausschau und sorglos um das eigene Wohl bestaunen sie nicht nur die besorgten Vorkehrungen, die unaufhörliche Geschäftigkeit und die komplizierten Maßnahmen der Europäer, um drohendes Unheil in der Zukunft abzuwehren oder spätere Bedürfnisse zu befriedigen, – sie ereifern sich auch über solche absurden Torheiten, die doch in ihren Augen nur zur Vermehrung von Mühsal und Last des Lebens führen [18].

Dieses Urteil klingt empört und neidvoll zugleich. Robertson beschreibt den Wilden als edel und unedel, als einen, der sich am Ende mit seiner überkommenen Lebensform begnügt und, daher – im Guten wie im Schlechten – einfach beschränkt ist! Er ist und bleibt ein Barbar, in einer barbarischen Gesellschaft und einer barbarischen Umwelt ausgeliefert.

Bei allen Bemühungen der Amerikaner, den Indianer und die indianische Gesellschaft zu verstehen, verhalfen Argumentation und Theorie der schottischen Gelehrten zu einem zusammenfassenden Urteil. Auch wenn man berücksichtigt, daß das Verhältnis zwischen dem philosophischen und historischen Denken der Amerikaner und der Schotten vielschichtig und dieses komplexe Verhältnis nur in Umrissen erfaßbar ist, können wir mit einiger Sicherheit annehmen, daß der von mir bisher geschilderte Einfluß nur Teil eines größeren, umfassenderen Wirkungsprozesses ist [19]. Als die Amerikaner im 18. und 19. Jahrhundert versuchten, nach einer Revolution eine neue prosperierende Gesellschaft zu gründen, stellten sie fest, daß sich sowohl der vom „gesunden Menschenverstand" geleitete schottische Empirismus und Intuitionismus als auch die schottische Doktrin vom sittlichen Grundempfinden und der schottische Fortschrittsbegriff sehr wohl mit ihrem neuentdeckten Bedürfnis nach Ordnung und Stabilisierung des Wachstums in Einklang bringen

[18] *Works* (London, 1824), IX, S. 94 f.

[19] Siehe hierzu Merle Curti, *The Growth of American Thought* (New York, 1943), S. 236; Leon Howard, *The Connecticut Wits* (Chicago, 1943), *passim;* William Charvat, *The Origins of American Thought* (Philadelphia, 1936), S. 27–58.

ließen. Kurz gesagt: So wie die Amerikaner die schottischen Denker verstanden, waren sie die Garanten für Vernunft, Freiheit und Individualismus; sie erlaubten, eine Revolution als eine Phase der sozialen Evolution zu interpretieren. Sie bewahrten den Fortschritt und verliehen ihm ein Grundprinzip. So wurde ihre Philosophie zur amerikanischen Philosophie. Die Lehre der Schottischen Schule wurde an den Colleges wie das Evangelium gepredigt und erschien in immer wieder neu aufgelegten Lehrbüchern [20]. Ihnen war es gelungen, John Lockes Theorie, die Revolution, den christlichen Glauben und den Fortschritt als Produkte des gesunden Menschenverstandes verstehbar zu machen. Uns interessiert allerdings mehr, daß es ihnen gelungen war, auch der Existenz der Wilden einen für jedermann nachvollziehbaren Sinn abzugewinnen.

Es entwickelte sich eine große Diskussion über den Wert und die Zuverlässigkeit von Robertsons Thesen. Die Amerikaner waren voreingenommen durch ihre nationale Gesinnung und durch ihren Wunsch, dem Indianer Gerechtigkeit widerfahren zu lassen, und nun zeigten sie sich verärgert über Robertsons Tendenz, nahezu alles als Folge von Umwelteinflüssen erklären zu wollen, und darüber, daß er den indianischen Krieger schwächer hinstellte, als er in Wirklichkeit war: als bartlos und unmännlich. Deswegen konnte man ihm (und nicht nur ihm) vorwerfen, „selbsterfundene Konstruktionen hinzuschreiben“. Wenn etwa Jefferson nur geteilter Ansicht über Robertsons Indianerauffassung war, gab er, wie sich zeigen wird, allgemeine amerikanische Gefühle wieder. Und doch genoß Robertson hohes Ansehen [21] und war als Wissenschaftler von so großem Gewicht, daß im Jahr 1827 ein Mann, der nach langer Gefangenschaft bei den Shawnee eine authentische Indianerdarstellung hätte abgeben können, von diesem Vorhaben absah, weil:

---

[20] Bryson, *Man and Society*, S. 3.

[21] Siehe hierzu u. a. John Davis, *Captain Smith and Princess Pocahontas* (Philadelphia, 1805), S. 133 f.; James McCulloh, *Researches on America*, 2. Aufl. (Baltimore, 1817), S. 20; Vorwort des Herausgebers, *American Antiquarian Society Transactions and Collections*, I (1820), S. 4; „Address of the Rev. William Jenks, October 22, 1823“, *American Antiquarian Society Proceedings*, I (1812–49), S. 34 f.

Dr. Robertson im vierten Buch seiner bedeutenden Geschichte Amerikas nahezu alles zusammengetragen hat, was zum Zeitpunkt, als dieses Buch geschrieben wurde, [über die Indianer] in Erfahrung zu bringen war. Viele, die nach dem Erscheinen des Buches in die Indianergebiete reisten und unter den Indianern lebten, haben die darin veröffentlichten Fakten und Beobachtungen bestätigt. Man darf bezweifeln, ob es späteren Autoren gelungen ist, diesen umfassenden Betrachtungen noch etwas Nennenswertes hinzuzufügen [22].

Dieser Autor widerspricht Robertson jedenfalls nur in Detailfragen. Gerade seine extreme Auffassung aber bestätigt die Einschränkungen, mit denen die Amerikaner Robertsons Werk ins rechte Licht rücken mußten. Ein amerikanischer Naturgeschichtler, der im Jahr 1811 aufs neue Robertsons bartlosen und unmännlichen Krieger in Frage stellte, nahm sich des Sachverhalts so objektiv wie möglich an und stellte fest, daß Robertson nicht „Lügner" genannt werden könne, weil er bei seinem Untersuchungsmaterial auf die Berichte von „unkundigen oder unehrlichen Reisenden" angewiesen war [23]. Robertson und die schottischen Gesellschaftstheoretiker, deren Methoden sein Werk aufzeigt, mußten vielleicht im Bereich der Fakten korrigiert werden, nicht aber in der Theorie.

Trotz der Bedeutung seines Werkes für die Amerikaner des 18. und 19. Jahrhunderts war Robertson höchstens ein Mittler, mindestens aber ein Symbol für den geistigen Einfluß seiner Mitstreiter. Die schottischen Denker hatten im 18. Jahrhundert von den Amerikanern Informationen über das Vorhandensein von zeitgenössischen Wilden erhalten und hatten sie in ein großes theoretisches Gebäude zum Fortschritt eingepaßt. Die Amerikaner stellten fest, daß der Indianer ein reales und kein theoretisches Faktum war, eigneten sich ihrerseits das theoretische Konzept der Schotten an und verwendeten es als Grundlage für ihre Bemühungen, ihr Verhältnis

---

[22] Charles Johnston, *A Narrative of Incidents Attending the Capture, Detention and Ransom of Charles Johnston [...], To Which Are Added Sketches of Indian Character and Manners, With Illustrative Anecdotes* (New York, 1827), S. 100.

[23] Hugh Williamson, *Observations on the Climate in Different Parts of America* (New York, 1811), S. 83.

zu den Indianern zu klären. Die Theorie der Schotten war ein Ausgangspunkt, wie die Haltung eines jungen Mannes zeigt, der in den dreißiger Jahren des 19. Jahrhunderts zu einem – wie er es nannte – „romantischen" Abenteuer in die Rocky Mountains aufbrach. Jeden Versuch, einen Indianer, dem er begegnete, zu beschreiben, muß er mit einem Zitat beginnen aus „dieser alten Ausgabe einer schottischen Schrift, die ich bei mir habe [. . .]" [24]. Erst danach kann er das in Worte fassen, was er mit eigenen Augen gesehen hat.

Diese Episode erfaßt genau, was die Schotten für den Amerikaner leisteten, der sich bemühte, den Indianer zu verstehen: Sie befähigten ihn, das wahrzunehmen und zu beschreiben, was er mit eigenen Augen gesehen hatte; sie statteten ihn mit einem Begriffsrahmen aus, mit dessen Hilfe er seine empirischen Einzelbeobachtungen zusammenfügen und so ein Verständnis für den Wilden entwickeln konnte. Allerdings modifizierten die Fakten doch allmählich den theoretischen Rahmen, so wie sie es immer tun, – bis sie ihn schließlich sprengten und nach einem neuen Rahmen, nach einer neuen Theorie verlangten. Aber als es so weit war, befand man sich – wie ich schon sagte – bereits in den fünfziger Jahren des 19. Jahrhunderts. Der Indianer war sozusagen ausgestorben: eine Kreatur, mit der nur noch Ethnologen und Anthropologen etwas anzufangen wußten; ein Wesen, das nur noch Philanthropen wieder erwekken konnten. Unser Augenmerk gilt aber den Indianern im Zeitraum vor 1850 und ihrem Naturzustand, so wie man die Indianer damals verstand; und es gilt den Amerikanern, die im Begriff waren, sich dieses Verständnis anzueignen. Über die schottischen Denker und ihren Einfluß ist zusammenfassend zu sagen: Wenn sie zunächst auch nicht selbst die amerikanische Vorstellung vom Naturzustand des Wilden hervorbrachten, so haben sie doch die Entstehung dieser Vorstellung ermöglicht.

---

[24] [James Hildreth], *Dragoon Campaigns to the Rocky Mountains* (New York, 1836), S. 209. Bei der von mir nicht identifizierbaren „Schrift" handelt es sich um eine konventionelle Untersuchung über den Indianer als Wilden.

3

Mitleid und Tadel des Amerikaners, sein fortschrittsorientierter Glaube an eine offenkundige Bestimmung, der amerikanische Agrar-idealismus und der quasi-metaphysische Glaube an den privaten Landbesitz – all dies wurde durch diese Vorstellung gerechtfertigt, ebenso wie diese Vorstellung durch all dies gerechtfertigt wurde. Die schottische Geschichts- und Gesellschaftstheorie war für die Amerikaner ein leitendes Prinzip, weil sie ihnen erlaubte, ihren Erfahrungen mit den Indianern einen Sinn abzugewinnen und von diesem Sinn überzeugt zu sein. Sie mußten einen Sinn finden in den harten Tatsachen, denen sie im täglichen Leben gegenüberstanden. Sie mußten alle Umstände miteinbeziehen – die mannigfaltigen Beweise für die einstige Größe der Indianer und für ihre jetzige Unterlegenheit – und allem eine brauchbare Bedeutung verleihen. An diesem Punkt müssen wir mit unserem heutigen Kenntnisstand der Versuchung widerstehen, nachträglich als Besserwisser aufzutreten. Wenn wir uns mit der Erforschung unserer Vergangenheit beschäftigen, müssen wir sie so sehen, wie sie war, und nur die empirischen Fakten berücksichtigen, die damals wirklich gegeben waren – denn auch im günstigsten Fall erkennt der Mensch nur wenig von dem, was jenseits seines zeitgebundenen Wahrnehmungshorizonts liegt. Das war zumindest bei den Amerikanern zu Beginn ihrer nationalen Geschichte der Fall. Sie konnten den Indianer zugestandenermaßen nur mit Hilfe des theoretischen Rüstzeugs verstehen, das ihnen im Hinblick auf den Wilden zu ihrer Zeit zur Verfügung stand.

Es war Thomas Jefferson, der in seiner umfassenden Darstellung des Indianers in *Notes on the State of Virginia* (1784) als erster einer amerikanischen Vorstellung vom Naturzustand der Wilden Gestalt verlieh. Im elften Abschnitt, „Eine Beschreibung der in diesem Staate angesiedelten Indianer", liefert der Verfasser einen Tatsachenbericht, der sein ungeheures Interesse an den nordamerikanischen Indianern verrät und den lebhaften Wunsch, sie genau zu erforschen. Er liefert eine allgemeine Geschichte der Indianer Virginias mit geographischen, chronologischen Angaben und Zahlen ihrer Völker. Er beschreibt die alten indianischen Grabhügel des Ohio-Landes, erörtert die Frage der Abstammung (er neigt dazu, sich der Theorie über die nordasiatischen Vorfahren anzuschließen, hält es aber für wahrscheinlich, daß die Eskimos skandinavischer Herkunft sind) und Probleme der Sprachen und der Sprachforschung. Er schließt mit einer Aufstellung über „Völker und Anzahl der Ureinwohner, die noch ein ehrenvolles und unabhängiges Dasein führen".

Der elfte Abschnitt seines Werks ist also in erster Linie eine deskriptive und statistische Darstellung. Im sechsten Abschnitt hingegen – seiner „Anmerkung über die Minen und Bodenschätze; über Bäume, Pflanzen, Früchte etc." – widmet sich Jefferson im Hinblick auf den Wilden eher allgemeineren Fragen. Dort berücksichtigt er Buffons Theorie, daß eine unterentwickelte Umwelt in Amerika unterentwickelte Tiere und Menschen hervorgebracht habe; der Beweis seien die indianischen Wilden. Wie viele andere empfindet auch Jefferson nur Verachtung für Buffons Darstellung des Indianers als eine impotente, praktisch unbehaarte, dumme, feige und eher träge Kreatur, die keine einzige Qualität besitze, die man zu einem rechtschaffenen Leben braucht. In der Polemik gegen Buffon entwirft Jefferson eine amerikanische Theorie über den Wilden:

Die Beschreibung [Buffons] ist einfach beleidigend. Nach meiner Überzeugung und zur Ehrenrettung des Menschen gibt es dafür glücklicherweise kein reales Vorbild. Über die südamerikanischen Indianer weiß ich nichts, denn was ich über sie an erfundenen Märchen gehört habe, könnte ich nicht im Ernst als „Wissen" bezeichnen. Ich bin davon überzeugt, daß solche Fabeln nicht wahrer sind als die Fabeln des Äsop. Ich verlasse mich auf das, was ich selbst an Menschen beobachtet habe, ob sie nun von weißer, roter oder schwarzer Hautfarbe waren, und auf die Schriften über sie von aufgeklärten, unvoreingenommenen Verfassern für ein aufgeklärtes, unvoreingenommenes Volk. Über den uns näherstehenden nordamerikanischen Indianer kann ich zum Teil aus eigener Erfahrung sprechen, hauptsächlich aber aufgrund von Schilderungen anderer, die mit ihnen vertrauter sind und auf deren Objektivität und Urteil ich mich daher verlassen kann. Nach diesen Quellen kann ich mit Fug und Recht behaupten, daß es dem Indianer – entgegen Buffons Einlassungen – an Leidenschaftlichkeit und an sexueller Potenz nicht mehr mangelt als einem Weißen, der hungergeplagt das gleiche entbehrungsreiche Leben führen müßte; daß der Indianer durchaus Tapferkeit beweist, wenn die Situation ihm Tapferkeit abverlangt; daß er einfach durch Erziehung eine Ehre darin sieht, seine Feinde durch Kriegslist zu vernichten und sich selbst vor Schaden und Verletzungen zu hüten – aber vielleicht äußert sich hier nur ein ganz natürliches Verhalten, während wir dazu erzogen sind, die Gewalt mehr zu schätzen als die Klugheit; daß er sich auch einer Übermacht von Feinden stellt und lieber den Tod als das Überleben unter weißen Menschen wählt, auch wenn sie ihn – wie er weiß – gut behandeln würden; daß der Indianer generell dem Tod mit mehr Ergebenheit begegnet und allen Qualen mit einer festen Entschlossenheit standhält, die wir höchstens von Märtyrern kennen; daß er seinen Kindern sehr zugeneigt ist und sie liebevoll behandelt, sich um sie kümmert und sie sehr nachsichtig behandelt; daß seine Neigungen auch seine übrigen sozialen Beziehungen bestimmen und – wie auch bei uns – mit zunehmender Distanz schwächer werden; daß seine Freundschaft fest und außerordentlich beständig ist; daß er sehr empfindsam ist und daß sogar die Krieger bittere Tränen über den Verlust ihrer Kinder vergießen, auch wenn sie ansonsten danach trachten, allen Schicksalsschlägen des Lebens gegenüber als überlegen zu erscheinen; daß seine geistige Beweglichkeit – unter den gleichen äußeren Bedingungen – der unsrigen vergleichbar ist: darum auch seine Vorliebe für die Jagd und für das Glücksspiel. Die indianischen Frauen sind zu einer ungerechten Schufterei verurteilt, wie es nach meiner Überzeugung bei jedem barbarischen Volk der Fall ist. Für die Männer bedeutet Stärke zugleich Recht, und das stärkere Geschlecht beherrscht das schwächere. Nur die Zivilisation erlaubt es den Frauen, sich ihrer natürlichen Gleichheit zu erfreuen. Gerade die Zivilisation lehrt uns als oberstes Gebot, unsere egoistischen Neigungen zu unterdrücken und alle Rechte unseres Nächsten zu respektieren, die wir für uns selbst als wertvoll erachten. Wenn wir unter den gleichen barbarischen Verhältnissen lebten, dann wären auch unsere Frauen gleichermaßen zu Arbeitssklaven degradiert. Die indianischen Männer sind nicht so kräftig wie wir, aber ihre Frauen sind kräftiger als die unsrigen – beides aus demselben Grund: weil unsere Männer und ihre Frauen an harte Arbeit gewöhnt und durch sie geprägt sind. Bei beiden Rassen ist das schönere Geschlecht zugleich auch das weniger kräftige. Ein indianischer Mann hat aus den gleichen Gründen schmale Hände und schmale Handgelenke, wie ein Seemann kräftige Arme und Schultern besitzt oder ein Laufbursche kräftige Beine und Oberschenkel. Die Indianer ziehen weniger Kinder auf als wir. Die Gründe hierfür sind nicht in einer unterschiedlichen Natur zwischen Indianern und Weißen zu suchen, sondern in den unterschiedlichen äußeren Lebensbedingungen. Da die Frauen oft die Männer in den Krieg und auf die Jagd begleiten, wird die Schwangerschaft für sie zu einer furchtbar mühsamen Angelegenheit [...] [25].

Im folgenden beschreibt Jefferson in ähnlicher Weise die Natur des nordamerikanischen Indianers. Eine Schlüsselfunktion kommt dabei immer den „äußeren Lebensbedingungen" zu. Im Verlauf der weiteren Erörterung heißt es ausdrücklich: „[...] um ihrem besonderen Wesen, den ihnen eigenen Begabungen und geistigen Fähigkeiten Gerechtigkeit widerfahren zu lassen, bedürfen wir weiterer Erkenntnisse über sie und ihre äußeren Lebensbedingungen, die vor allem spezielle Fähigkeiten von ihnen verlangen und zur Entfaltung bringen" [26]. Ganz offenbar unterstützte Jefferson – offiziell und inoffiziell – empirische Forschungen und interpretierte selbst das ihm zugängliche Faktenmaterial immer im Rahmen der jeweiligen äußeren Lebensbedingungen: Im Kern waren die Menschen überall gleich und daher auch der Indianer „in Geist und Gestalt nach dem Vorbild des ‚Homo Sapiens Europaeus' geschaffen". Andere Lebensbedingungen, soziale Strukturen und Kulturen veränderten allerdings ihr Wesen, ihre äußere Erscheinung und ihre Kenntnisse und Fähigkeiten. Zum Beweis dieses Sachverhalts schließt Jefferson seine Argumentation gegen Buffon mit einem großen Lob für einen Wesenszug, der ganz eindeutig den äußeren Lebensbedingungen zu verdanken war: die indianische Redegewandtheit – und wer konnte die Eloquenz der Wilden besser veranschaulichen als Chief Logan?

Jeffersons Analyse zeigt wesentliche Grundzüge einer amerikanischen Theorie des Naturzustandes der Wilden auf. Er bewegt sich in Richtung auf einen kulturellen Relativismus, bekennt sich zu einer absoluten Moral und läßt dem Wilden Gerechtigkeit widerfahren, weil ihn seine äußeren Lebensbedingungen – im Guten wie im Schlechten – in einer gesellschaftlichen Frühform verharren ließen. Dennoch erarbeitet Jefferson weder in dieser noch in anderen Schriften eine präzise Bestimmung des Verhältnisses zwischen der

---

[25] Thomas Jefferson, *Writings*, Memorial Edtion, II, „*A Notice of the mines and other subterraneous riches; its trees, plants, fruits, etc.*", S. 81–85.

[26] *Ebd.*, II, S. 87.

ungeformt-ursprünglichen Wesensart des Wilden und den ungeformt-ursprünglichen Lebensbedingungen, sondern stellt überall nur allgemeinere Betrachtungen an. Wie sich weiter unten noch herausstellen wird, erkannte er in der vergleichenden Darstellung der Lebensformen von wilden und zivilisierten Völkern in Europa und Amerika ein Mittel der Sozialkritik [27].

Schließlich ist hervorzuheben, daß Jeffersons Betrachtungen über den Indianer immer zugleich Betrachtungen über den Menschen im allgemeinen sind und daß diese Betrachtungen in der Tradition der Schottischen Schule stehen. Bewußt oder unbewußt ist er Robertson verpflichtet, dessen *History of America* er Jurastudenten zur Lektüre empfahl [28], auch wenn er Robertson – nachdem dieser Buffons Überlegungen aufgegriffen hatte – vehement widersprach. Dennoch war Robertsons Einfluß allein weniger bedeutend; Jefferson kannte auch die übrigen Werke der Schottischen Schule zumindest in großen Zügen – und Robertsons *History* war nur ein Teil eines großen wissenschaftlichen Gemeinschaftwerks. Jefferson machte sich besonders die Begriffe der schottischen Moralphilosophie zu eigen, als er (in einer Passage, die den nach 1787 erschienenen Auflagen der *Notes* hinzugefügt worden war) über die indianischen Herrschaftsformen sagte: „Sie werden nur durch ihre Sitten geleitet und durch ihr moralisches Empfinden für Recht und Unrecht, das – wie das jedem Menschen eigene Geschmacksempfinden – einen Teil ihrer Natur ausmacht.“ [29] In den achtziger Jahren des 18. Jahrhunderts hatte er in seiner eigenen Ausgabe von Lord Kames' *Principles of Morality and Natural Religion* (1751) dessen Behauptung unterstrichen und zustimmend kommentiert, daß die Art und Weise des moralischen Grundempfindens sich mit dem Charakter der Menschen ändere und daß die Veredelung dieses Grundempfindens von der Veredelung des menschlichen Charak-

[27] Siehe hierzu weiter unten, S. 210.

[28] Vgl. seine Briefe an Chastellux vom 17. Juni 1785, *Writings*, Gedenkausgabe, V, S. 3–7; und an John Garland Jefferson vom 11. Juni 1790, *Writings*, ed. Ford, V, S. 179–182.

[29] *Writings*, Memorial Edition, II, S. 128.

ters abhänge. Auch Kames' Anmerkungen über das moralische Empfinden der Wilden stimmte Jefferson zu [30], und schließlich weitete er im Jahr 1814 seine früheren Feststellungen über den Indianer auf die gesamte Menschheit aus:

Da die Menschen in verschiedenen Ländern, unter verschiedenen Lebensbedingungen, in verschiedenen Traditionen und Herrschaftsformen leben, mögen es durchaus auch verschiedene Faktoren sein, die zu ihrem Nutzen und zu ihrem Wohl beitragen. Ein bestimmtes Verhalten mag deshalb in einem Land sinnvoll und tugendhaft sein, während es unter anderen Bedingungen als unrecht und lasterhaft erscheint. Darum bin ich fest von der Existenz eines – allen Menschen innewohnenden – moralischen Grundempfindens überzeugt [31].

Die schottischen Moralphilosophen zeigten Jefferson eine Methode auf, alle Fakten und Details über die Indianer zueinander in Beziehung und somit ins rechte Licht zu setzen. Der Begriff des moralischen Grundempfindens – der besonders in den achtziger Jahren des 19. Jahrhunderts seine Aufmerksamkeit erregte, als er *Notes on the State of Virginia* zusammenstellte – konnte das Wesen einer einfachen Humanität des Wilden erklären. Die Theorie über die progressiven Entwicklungsstufen der Geschichte und über das Abhängigkeitsverhältnis zwischen Charakter und Lebensbedingungen konnten das Wesensmerkmal einer grundsätzlichen Unreife des Wilden erklären: einer Unreife, die sogar die Tugenden der Wilden betraf. Zweifellos hätte Jefferson diese den Indianern eigene Humanität und Unreife auch ohne Bekanntschaft mit der schottischen Philosophie gesehen – und gewiß sind Inhalt und Qualität seiner Erkenntnisse über den Naturzustand der Wilden weit bedeutender als die Entstehungsgeschichte dieser Erkenntnisse. Und doch muß man um der Geschichtstreue willen folgendes zusammenfassend festhalten: In dem Maße, wie die amerikanische Theorie über den Wilden ihre

[30] Adrienne Koch, *The Philosophy of Thomas Jefferson* (New York, 1943), S. 15–39. Koch führt aus, wie weit Jefferson den Theorien der Schotten – vor allem nach 1780 – folgt.

[31] Brief an Thomas Law vom 13. Juni 1814, *Writings*, Memorial Edition, XIV, S. 143.

klarsten und eindeutigsten Ursprünge den Überlegungen Jeffersons zu verdanken hat, verdankt sie ihre Form und ihre Einheit den Überlegungen der – Jefferson wohlbekannten – Schottischen Schule.

Jefferson war sehr darauf bedacht, so viel wie möglich über die Indianer zu erfahren, und er wagte sich nur behutsam an umfangreiche Veröffentlichungen über den Indianer heran, während sich andere Autoren – in der Überzeugung, den Indianer hinreichend zu kennen – auf bestimmte Auffassungen festlegten und damit triumphierend an Jefferson vorbeistürmten, der mit ihnen nicht Schritt halten konnte. Ihre Anschauungen waren klar umrissen und von einer Geschlossenheit, die für die Gründung und Konsolidierung einer bestimmten Überzeugungsrichtung typisch ist.

In der amerikanischen Ausgabe der *Encyclopaedia Britannica* findet man im ersten Band (1790) einen längeren Essay über den Indianer: einen Auszug aus dem oft nachgedruckten Artikel „America" des Geistlichen und Historikers Jedediah Morse [32]. Mit dem offenen Bekenntnis, daß er Robertson und anderen ausländischen Autoritäten verpflichtet sei, ihnen andererseits aber auch kritisch gegenüberstehe, und mit der erklärten Absicht, den Wilden vor den Augen der ganzen Welt zu rechtfertigen, verfaßte Morse eine Abhandlung, die methodisch den historischen und umweltbedingten Lebensfaktoren folgt, also in der Tradition der Schottischen Schule steht, die – zu Lebzeiten Morses – das neuenglische Denken bestimmte. Zu Beginn eines Abschnitts über „Sitten und Neigungen des Nordamerikaners" gibt er sein Thema bekannt: „Das Wesen des Indianers ist Produkt seiner Lebensbedingungen und seiner Lebensweise." Solange der Indianer sein Überleben nur durch den Kampf und durch die Jagd sichern kann, wird er nicht genügend Zeit und Gelegenheit haben, sich Frohsinn und Heiterkeit hinzugeben. Von

[32] *Encyclopaedia,* I (Philadelphia, 1790), S. 541–547. Der ganze Artikel wurde separat als *The History of America* (Philadelphia, 1790) und auch später noch nachgedruckt. Der Abschnitt über die Indianer wurde Wort für Wort nachgedruckt in John Lendrum, *A Concise and Impartial History of the American Revolution* (Boston, 1795), I, S. 15–98. Morse nahm den Artikel aus der *Encyclopaedia* gekürzt vorweg in *American Geography* (Elizabethtown, 1789).

Natur aus ist er ein Individualist, der sich schon durch seine „Überlegenheit im Bereich körperlicher und geistiger Qualitäten“ über seine Mitmenschen erhebt. Man kann ihn nur durch Überredung, nicht aber durch Zwang lenken – sofern man hier von „Lenken“ sprechen kann. Im Krieg verhält er sich noch am ehesten wie ein Sozialwesen, denn der Krieg bestimmt – „abgesehen von der Jagd und dem Fischen“ – sein ganzes Leben. Darum sind seine sozialen Tugenden die Tugenden des Kriegers.

Danach folgt eine ausführliche Abhandlung über die indianische Kriegsführung: Zeremonien, Tänze, Kriegsbemalung, die durch soziale Umstände und durch Individualismus (der selbst ein Produkt sozialer Umstände ist) bedingte Wahl der Strategie, die Praxis des Aufnehmens oder des Folterns von Gefangenen, mit besonderer Hervorhebung der stoischen Gelassenheit von Gemarterten und ihrer heroischen Sterbegesänge. „Aber“, fügte Morse hinzu, „weder der Mut auf der einen Seite noch die Unerbittlichkeit auf der anderen rufen bei ihnen Erstaunen hervor, denn gewaltsame Vergeltung und Standhaftigkeit sind bei ihnen geheiligte Pflichten des Folternden und Gefolterten. Sie sind den Indianern seit ihrer frühesten Erziehung vertraut und gehen auf Prinzipien zurück, die sie schon mit der Muttermilch eingesogen haben.“

Ebenso ausführlich und mit zahlreichen Beispielen belegt beschreibt Morse die indianische Gastfreundschaft, die Beisetzungsriten, den Aberglauben der Indianer, die rohe Behandlung von Frauen, Hochzeitsriten, die indianische Redegewandtheit und sogar „Typische Sitten der verschiedenen indianischen Völker“. Zusammenfassend stellt er fest, daß die Indianer überall gleich sind, weil sie als Wilde in einer Gesellschaft von Wilden leben. Er schließt seinen Essay mit einer wortreichen Verteidigung des Indianers gegen die Vorwürfe von Buffon und De Pauw. Die Indianer seien nicht feige, niederträchtig, dumm, eitel, weibisch oder in irgend einer anderen Form degeneriert:

> [...] solche Teilansichten [...] schaffen – sogar wenn sie frei von zahlreichen falschen Behauptungen wären – keine geeignete Grundlage, auf der man eine objektive Einschätzung ihres Wesens aufbauen könnte. Ihre guten und schlechten Qualitäten (denn zweifellos verfügen sie über bei-

des), ihre Lebensweise, die Art ihrer sozialen Beziehungen sowie ihre Existenzbedingungen müssen im Zusammenhang und unter Berücksichtigung ihrer gemeinsamen äußeren Einflüsse gesehen werden.

Dieser wissenschaftliche Ansatz erwies sich immer deutlicher als richtungweisend. Spätestens im Jahr 1810 wurde er zusammen mit dem langen Essay des Geistlichen Samuel Stanhope Smith, der dem College of New Jersey vorstand, kodifiziert. „Über die natürliche Tapferkeit und Standhaftigkeit der amerikanischen Indianer" von Smith wurde der zweiten Auflage von Morses *Essay on the Causes of the Variety of Complexion and Figure in the Human Species* (1810) nachgefügt. Der Essay stammte aus der Feder eines Mannes, der jener amerikanischen Institution vorstand, wo die schottische Philosophie wie ein Evangelium betrieben wurde: Er versucht hier, die extreme Theorie eines schottischen Denkers, Lord Kames, zu korrigieren, nach der es sogar mehr als nur eine Schöpfung des Menschengeschlechts gegeben habe. Demgegenüber verfolgt Smith die Absicht, „die Einheit der menschlichen Spezies zu beweisen". Er bleibt dabei, alle Unterschiede von Rasse und Kultur mit den Gegebenheiten der Umwelt zu begründen und dementsprechend alle Unterschiede zwischen den Individuen mit Unterschieden in ihren Kulturen. Gegen Ende seines Essays faßt er seine Argumentation folgendermaßen zusammen:

> [. . .] wenn man annimmt, daß die ganze menschliche Rasse nur eine Spezies hervorgebracht hat, dann werden Verwirrung und Unsicherheit [wie im Hinblick auf nationale oder lokale Besonderheiten] beseitigt, und die wissenschaftliche Beschäftigung mit der menschlichen Natur läßt sich mit ihrem ganzen Beziehungsgeflecht systematisch erschließen. Die Prinzipien der Moral ruhen dann auf einem festen, unverrückbaren Fundament. – Ich habe mich bemüht, die Einheit der menschlichen Rasse dadurch zu beweisen, daß ich die Ursachen für ihre Mannigfaltigkeit erläuterte. Als erstes nannte ich das *Klima*; damit sollte weniger die geographische Lage eines Landes im Verhältnis zum Äquator bezeichnet werden als vielmehr Grad und Verhältnis von Hitze oder Kälte, die wiederum von einer Vielzahl von anderen Faktoren abhängen. Als nächstes ist die *Verfassung der Gesellschaft* zu nennen, die den Einfluß des Klimas vergrößern oder verringern kann; sie ist auch wieder eine eigenständige und unabhängige Ursache für viele wahrnehmbare Unterschiede zwischen den Menschen. All

diese Ursachen können wieder graduell unendlich differenziert werden; dementsprechend können sich auch ihre Auswirkungen durch verschiedene Kombinationen in unendlich vielen Modifikationen äußern. Schließlich können diese Auswirkungen durch die kontinuierliche Wanderung der Menschheit noch weiter modifiziert werden, und zwar durch vorausgegangene Veränderungen, die in einem früheren Klima und in einer früheren Verfassung der Gesellschaft stattgefunden haben [33].

Bei diesem Standpunkt sind es vor allem die Implikationen, die Smith zuvor dazu brachten, das Wesen des Indianers durch die indianische Gesellschaft und die indianische Gesellschaft durch deren Isolation im Umfeld der Wildnis zu erläutern [34]. Es sind ebenfalls die Implikationen einer solchen Position, die ihn nun veranlassen, eine allgemeine Stellungnahme über das Verständnis- und Bewertungsproblem im Hinblick auf das Wesen des Wilden abzugeben:

Die übertriebenen Darstellungen, die wir manchmal von der überlegenen Klugheit des Wilden erhalten, sind meist das Ergebnis mangelnden Nachdenkens. Die Wilden werden aus den gleichen Gründen gelobt, aus denen wir auch einen Affen bestaunen: weil eine gewisse Ähnlichkeit besteht zwischen ihrem Verhalten und dem eines Menschen in einer zivilisierten Gesellschaft – eine Ähnlichkeit, die wir aufgrund ihrer unterentwickelten Lebensverhältnisse nicht erwartet haben. Wie bei zivilisierten Völkern gibt es zweifellos auch unter den Wilden verschiedene Stufen von Intelligenz: aber die Wilden sollten nur mit ihresgleichen verglichen werden, nicht aber der Intellekt des Wilden mit dem eines veredelten Volkes [35].

Dies mag vielleicht unbarmherziger klingen, als Smith beabsichtigte, denn in seinem Nachtrag über die „Natürliche Tapferkeit und Standhaftigkeit des amerikanischen Indianers“ bemüht er sich darum, den Naturzustand der Wilden gleizeitig zu loben wie zu verurteilen.

Besonders engagiert ergeht sich Smith über Kames' (für einen

[33] Samuel Stanhope Smith, *Essay on the Causes of the Variety of Complexion and Figure in the Human Species*, 2. Aufl., „Of the Natural Bravery and Fortitude of the American Indians“, S. 244.

[34] Siehe z. B. *ebd.*, S. 197–204.

[35] *Ebd.*, Fußnote 1, S. 193 f.

Schotten unübliche)[36] Anmerkungen im Hinblick auf die Kriegsführung der Wilden, in der Kames Anzeichen einer natürlichen Feigheit, Verzagtheit und Grausamkeit des Indianers erkennt. Smith hingegen versucht zu beweisen, daß die Kriegsstrategie der Indianer wie auch ihr grausamer Brauch, Gefangene zu foltern, tatsächlich „auf ihren gesellschaftlichen Zustand, die spezifische Gruppensituation ihrer kleinen Horden sowie auf bestimmte Sitten und Auffassungen zurückzuführen sind, die unter ihnen bestehen und die sich – im großen und ganzen – aus denselben Ursachen entwickelt haben“[37]. Für den Wilden kommen solche Bräuche natürlichen Tugenden gleich.

Der Indianer war aus den nordasiatischen Tatarenstämmen hervorgegangen und später in die nordamerikanische Wildnis ausgewandert, und dabei hatte er kontinuierlich alle Spuren der Zivilisation hinter sich gelassen. Er ist ein „[...] Wilder, den die Natur des Waldes, den er bewohnt, den Hitze und Kälte des Himmels, unter dem er lebt, wie auch seine Feinde, die ihn umgeben, dazu nötigen, Mut aufzubringen und bestimmte Lebensformen zu entwickeln, um seine Existenz zu sichern. Darum ist er der Edelste aller Wilden; in ihm zeigen sich die ursprünglichen Kräfte der menschlichen Natur mit größerer Würde als bei den ganz primitiven Völkern, die es entweder näher zum Äquator oder näher zu den Polen zieht.“ Der Krieg bestimmt fast sein ganzes Leben. „Wenn auch die Passionen dieser unkultivierten Gemüter oft gräßlich sind, verraten sie immerhin zuweilen heldenhaften, überlegenen Mut sowie eine unerschütterliche Seelenstärke, die uns zu Recht Erstaunen und Bewunderung abringen.“[38]

Smiths Darstellung über Ursachen und Art der indianischen Kriegsführung enthält denkbar viele blutige Details: Es kommt zu den zahlreichen Kriegen, weil die Indianer über alle Maßen individualistisch veranlagt sind, weil sie nicht in der Lage sind, die Besitzverhältnisse der einzelnen Stammesterritorien festzulegen, und weil

---

[36] Siehe hierzu meinen Aufsatz „The Eighteenth-Century Scottish Primitivists Some Reconsiderations“, *ELH*, XII (1945), S. 203–220.

[37] *Essay*, S. 354 f.

[38] *Ebd.*, S. 357 f.

sie kein geeignetes Instrument haben, Streitigkeiten beizulegen. Aus dem indianischen Individualismus folgt die Technik ihrer Kriegsführung: Vorliebe für Überraschungsangriffe und Hinterhalte, gnadenloses Abschlachten mit dem Tomahawk oder anschließendes Foltern oder heroische Verachtung der Folterqualen.

Abschließend erörtert Smith zum einen, warum sich die Indianer so unmilitärisch verhalten mit ihren Überraschungsangriffen und Hinterhalten oder wenn sie Gefangene bei sich aufnehmen oder foltern, zum anderen, warum die Indianer Qualen und Folterungen so gut aushalten können. All dies wird aus dem Leben des Wilden und aus seinem Milieu erklärt. Erstens: Der Indianer muß so kämpfen, wie er es tut, um sich an die Lebensbedingungen des Landes anzupassen, in dem er lebt (siehe seinen – auf dem Ausnutzen topographischer Gegebenheiten basierenden – Erfolg gegen General Edward Braddock in der Schlacht bei Pittsburgh im Jahre 1755). Zweitens: Eine indianische Frau kann sich einen anderen Mann nehmen, oder eine Familie kann einen anderen Sohn adoptieren, weil die indianische Gesellschaft nicht die „kultivierten" familiären Gefühle des zivilisierten Menschen kennt; zudem wird ein Gefangener seiner Aufnahme bereitwillig zustimmen, weil er – ohnehin entehrt durch seine Gefangenschaft – von seinem eigenen Volk verstoßen wird. Drittens: „Kultivierte und gebildete Völker dämpfen maßlose Leidenschaften mit den Lehren der Vernunft. Die Erziehung eines Wilden zielt aber nicht auf eine solche Korrektur, sondern darauf, den Leidenschaften freien Lauf zu lassen." [39] Vergeltung und Rachsucht stehen jeder möglichen Entfaltung von menschlicher Güte entgegen. Viertens: Wie der Spartaner ist auch der Indianer durch äußere Zwänge nur darauf ausgerichtet, Krieger zu sein und alle Härten des Krieges durchzustehen; Krieg ist das für ihn einzig akzeptable Leben. „Ein unbeugsamer *Wille* – entstanden aus heroischen Empfindungen, großer Leidenschaftlichkeit oder einfach aus der Gewöhnung an Leiden und Gefahren – verleiht seiner Seele eine Stärke, die sein Schmerzempfinden weitgehend aufhebt und ihr alle zusätzlichen Heimsuchungen fernhält, die sich ein furchtsames Vorstellungs-

[39] *Ebd.*, S. 399.

vermögen ausmalt." [40] Insgesamt entfalten sich diese vier Qualitäten auf natürliche Weise und durch gewisse universelle Gesetzmäßigkeiten, und das müssen moralische Normen und Naturgesetze in der Gesellschaft des Wilden selbst sein. Wenn die menschliche Natur im wesentlichen immer gleich ist, dann sind es die äußeren Lebensbedingungen, die den Zusammenhang verändern und den Wilden mit den ihm eigenen Tugenden und Lastern auf einer angemessenen Stufe unterhalb des zivilisierten Menschen einreihen. Die Indianer – so führt Smith zu Beginn seines *Essay* aus – stehen dem „primitiven und absoluten Barbarismus" nicht fern, dem der zivilisierte Mensch entkommen ist. Es sind die äußeren Lebensbedingungen, die die Vergangenheit des Menschen zu einem Teil seiner Gegenwart machen.

4

Jefferson, Morse und Smith vertreten mit ihren Überlegungen drei grundsätzliche Erkenntnisfortschritte zu einer amerikanischen Vorstellung vom Wilden. Obwohl es nur drei Arbeiten unter vielen anderen sind und sie nur die theoretische Orientierung vertreten, die nach 1810 einer zumindest formal deskriptiven Form wich, können wir ihren Einfluß bis weit in das neue Jahrhundert hinein verfolgen. Der Unzahl später erschienener theoretischer Schriften kommt nur insofern Bedeutung zu, als sie die lange Nachwirkung ihrer Vorbilder erkennen läßt.

Vergleichbare Abhandlungen tauchen in so unterschiedlichen Kontexten auf, daß schon allein dadurch die rasch wachsende, umfassende Bedeutung der von den drei Autoren vertretenen Vorstellung erkennbar wird. Man begegnet ihnen in Sammlungen indianischer „Anekdoten", die eine bis zur Mitte des 18. Jahrhunderts zurückreichende journalistische Tradition fortsetzen [41]; in Flugblättern

[40] *Ebd.*, S. 407 f.

[41] George Turner, *Traits of Indian Character,* 2 Bde. (Philadelphia, 1836); [John Farmer?], *A Collection of Indian Anecdotes* (Concord, N.H., 1837); [John L. Blake], *Anecdotes of the American Indians* (Philadelphia, 1843).

und Essays zur „Indianerfrage“ [42]; in Werken über die Abstammung der Indianer, auch wenn deren Verfasser die allgemeine Ansicht über die nordasiatischen Vorfahren nicht teilen [43]; in volkstümlichen Beschreibungen indianischer „Wesensmerkmale“ [44]; in Untersuchungen zur indianischen Religion [45] und vor allem in Werken über die Geschichte des Indianers und seiner Kriege mit zivilisierten Menschen [46]. Ziel aller Schriften ist es, zu einem Verständnis zu ge-

[42] Ezra Stiles, *The United States to Glory and Honor* (New Haven, 1783); [Silas Wood], *Thoughts on the State of the American Indians* (New York, 1794); „On the causes of the depopulation of the American Indians“, *Analectic Magazine*, VII (1816), S. 323–327.

[43] James McCulloh, *Researches on America* (Baltimore, 1816 – erweitert und unter verschiedenen Titeln 1817 und 1829 nachgedruckt); Elias Boudinot, *A Star in the West* (Trenton, 1816). McCulloh stellt eine Theorie über eine separate Erschaffung des Indianers vor, die in einer gewissen Beziehung zur Existenz von Atlantis stehe. Boudinot ist ein überzeugter Anhänger der Theorie von hebräischen Vorfahren.

[44] Benjamin Rush, „An Account of the Vices Peculiar on the Indian of North America“, *Essays, Literary, Moral and Philosophical* [1798] (Philadelphia, 1806), S. 256–260; Hugh Williamson, *Observations of the Climate in Different Parts of America* (New York, 1811); Washington Irving, „Philip of Pokanoket“ und „Traits of Indian Character“, *The Sketch Book* [1819], *Works* (New York, 1880), II, S. 389–405, 406–430; John Treat Irving, *Indian Sketches*, 2 Bde. (Philadelphia, 1835); Job. R. Tyson, *Discourse on the Surviving Remnant of the Indian Race in the United States* (Philadelphia, 1836). Ein Kuriosum ist die folgende, frei erfundene Gefangenschaftsschilderung, die in einem Anhang eine lange Aufstellung indianischer Wesensmerkmale nennt: *Memoirs of Charles Dennis Rusoe D'Eres* (Exeter, 1800), S. 97–157.

[45] Samuel Jarvis, „A Discourse on the Religion of the Indian Tribes of North America“ [vorgestellt am 20. Dezember 1819], *New York Historical Society Collection*, III (1821), S. 181–268; William Apes, *A Son of the Forest* (New York, 1829); Job Durfee, „The Idea of the Supernatural Among the Indians“ [Vortrag im Januar 1838], *The Complete Works of Job Durfee* (Providence, 1849), S. 249–271.

[46] [Henry Trumbull], *History of the Discovery of America* (Brooklyn, 1802 u. ö.), S. 66–86; De Witt Clinton, „A Discourse Delivered Before the New-York Historical Society“ [6. Dezember 1811], *New York Histo-*

langen, und zwar mit Hilfe des Wilden sowie der Natur und Grenzen seiner Tugenden – oder wie es der Verfasser einer dieser Abhandlungen ausdrückt:

Die Lebensweise des Wilden hat zweifellos ihre Vorzüge. Sie fördert die körperliche Bewegung. Nur wenige sind bei ihnen kränklich, schwächlich oder mißgestaltet. Ihr Charakter verrät erstaunlichen Mut und Durchhaltekraft. Ihre politischen Begabungen sind keineswegs unterentwickelt; einige ihrer Ansprachen könnten einem europäischen Parlament zur Ehre gereichen. Die Liebe zu ihrem Land brennt in ihnen mit reiner, glühender, unauslöschlicher Flamme. Sie zögern nicht, gegen Gewehrläufe anzustürmen und sich den todbringenden Waffen entgegenzuwerfen, wenn sie mit dieser letzten Tat Schutz und Freiheit ihres Stammes wahren können. Alles, was sie tun, geschieht für das Allgemeinwohl; für Privatinteressen ist da noch wenig Raum.

Die Vorteile einer solchen Lebensweise der Wilden werden allerdings durch die Nachteile völlig aufgehoben. So kann etwa von einer geistigen Vervollkommnung keine Rede sein. Der Verstand hat für sie zu geringen Wert, um Beachtung zu finden. Schlichte Lebensbedürfnisse – nicht aber Fragen zur Kultur der Vernunft – werden das Thema ihrer Versammlungen sein. Zweifellos werden sie auch Tugenden haben – aber nur wenige;

rical Society Collection, II (1814), S. [39]–116; Daniel Clark Sanders, *A History of the Indian Wars with the First Settlers of the United States* [1812] (Rochester, 1893, Repr. d. Ausg. v. 1828), Kap. XVIII–XXVIII; Epapharas Hoyt, *Antiquarian Researches* (Greenfield, Mass., 1824); Joseph Doddridge, *Notes an the Settlement and Indian Wars of the Western Parts of Virginia and Pennsylvania* (Wellsburg, Va., 1824); Alexander Withers, *Chronicles of Border Warfare* (Clarksburg, Va., 1835); Timothy Flint, *Indian Wars of the West* (Cincinnati, 1833); Harvey Newcomb, *The North American Indians,* 2 Bde. (Pittsburgh, 1835); *Chronicles of the North American Savages* (eine Zeitschrift, die nur im Jahre 1835 existierte); John Winter, „A Brief Sketch of Indian Origins, Character, Religion, Government &c.", Kap. VIII von *A Narrative of the Sufferings of Massy Harbison,* 4. Aufl. (Beaver, Pennsylvania 1836); [John Frost], *Indian Wars of the United States* (Philadelphia, 1840 u. ö.); *Events in Indian History* (Lancaster, Pennsylvania, 1841); [Samuel Goodrich], *History of the Indians of North and South America* (Boston, 1844); [Goodrich], *The Manners, Customs, and Antiquities of the Indians of North and South America* (Boston, 1844).

die ethischen Fundamente werden auch zu dürftig sein, um ihnen ein pflichtgemäßes Handeln zu begründen[47].

5

Ausgehend vom Gedanken einer absoluten Moral, die auch eine Theorie von der gesellschaftlichen Bestimmung umfaßte, entwickelte sich unter den Amerikanern die Vorstellung eines kulturellen Relativismus, – an dessen Spitze sie selbst standen. Bevor man über den Indianer ein Urteil fällen kann, so argumentierten sie, muß man ihn zuerst verstehen; und wenn man zum Verständnis vordringt, wird man erkennen, daß das Urteil über den Wilden, ob er nun von edlem oder unedlem Wesen sei, schon vorweggenommen ist. Ganze Jahrhunderte von Kulturgeschichte, gänzlich verschiedene Umweltbedingungen – oder beides – trennen das Leben der Wilden und von dem der zivilisierten Weißen. Deshalb ist das, was für einen Wilden gut ist, noch lange nicht für einen zivilisierten Menschen gut. Die gesellschaftlichen Ideale des Wilden liegen in der Jagd und im Krieg begründet, und daher können sich die Angehörigen dieser Gesellschaft nicht weiter oder höher entwickeln, als ihre Lebensweise es ihnen erlaubt. Um ein beliebtes Beispiel aufzugreifen: In einer indianischen Gesellschaft müssen die Frauen alle notwendigen Alltagsarbeiten verrichten, weil das Fortbestehen der Gesellschaft nur dadurch gesichert werden kann, daß die Männer sich ausschließlich um die existentiellen Probleme der Nahrungsbeschaffung und Verteidigung kümmern. Der Indianer ist – wegen der Art und Weise, wie er seine Frau behandelt – noch kein Tier, und wenn wir ihn dennoch so beurteilen, dann heißt das, daß wir die Gesellschaft der Wilden mit den Kriterien der zivilisierten Gesellschaft beurteilen. Ebenso sind die uns unterentwickelt erscheinenden Charaktereigenschaften des Indianers – wie auch seine besten Charakterzüge – nur Produkte der unreifen und beschränkten Gesellschaft, in der er lebt. Amerika-

---

[47] [Daniel Clarke Sanders], *A History of the Indian Wars with the First Settlers of the United States* [1812] (Rochester, 1893, Repr. d. Ausg. v. 1828), S. 143 f.

nische Verfasser haben in ihren Schriften immer wieder darauf hingewiesen, daß die Fähigkeit des Indianers, enorme körperliche Qualen stoisch zu ertragen, ihn nicht zu einem besseren oder schlechteren Menschen als den Weißen macht; vielmehr handelt es sich bei dieser Fähigkeit nur um das charakteristische Ergebnis der Ideale und Ziele einer von Kriegern dominierten Gesellschaft, in der die Männer von Geburt an darauf eingestellt sind, später gerade diese Fähigkeit unter Beweis stellen zu müssen. Daraus folgt, daß die Tugenden des Wilden wie auch seine Laster nur ihm – dem Wilden – eigen sind.

Die einfachste Art, den Indianer zu beschreiben, wäre, ihn als unzivilisiert zu bezeichnen. Die einfachste Art, ein Werturteil über ihn zu fällen, wäre festzustellen, daß seine Tugenden und Laster wie auch seine Tapferkeit und Grausamkeit Produkte seines unzivilisierten Wesens sind. Auf diese Weise würde man allerdings weniger die charakteristischen Eigenschaften eines Individuums als vielmehr die einer Gesellschaft bewerten; und man würde diese Gesellschaft auf eine solche Weise zu sich selbst ins Verhältnis setzen, daß die Geschichte – und die Idee des Fortschritts, die der Geschichte ihre Bedeutung verleiht – das Bewertungsproblem löst. Die Geschichte als Fortschritt aufzufassen erlaubte es, das kulturell Zurückliegende als das moralisch Unterlegene zu verstehen – sogar noch dann, als eine Analyse der gesellschaftlichen Rahmenbedingungen es erlaubte, der aktuellen Gleichzeitigkeit dessen Rechnung zu tragen, was eigentlich ein Teil der abgeschlossenen Vergangenheit sein sollte. Der Naturzustand der Wilden konnte nur mit den Begriffen der Zivilisation erfaßt werden, der er – auf der Grundlage des Naturrechts – weichen mußte.

Die Vorstellung vom Wilden hatte den Indianer verstehen gelehrt. Im zweiten Jahrzehnt des 19. Jahrhunderts und darüber hinaus sahen sich die Amerikaner umgekehrt gezwungen zu untersuchen, ob der Indianer – dazu die ganze Fülle der Details aus den Berichten von Reisenden und Forschern über sein Leben – dazu beitragen könnte, den Wilden zu verstehen.

IV

Der Ursprung der menschlichen Gesellschaft: *Die Vorstellung vom Wilden*

„Der Wilde" war bestenfalls eine Hypothese, die es noch zu beweisen galt, und ein Beweis forderte Beobachtungen aus erster Hand, die sorgfältig untersucht, eingeordnet und im Zusammenhang interpretiert werden mußten. Tatsächlich wurden Fakten aus erster Hand gesammelt, aufgezeichnet, untersucht, und es wurden Schlußfolgerungen gezogen. Am Ende wurde die Hypothese tatsächlich bewiesen – der Wilde bewies den Naturzustand, ein Symbol verkörperte weiterhin eine Vorstellung.

Trotz allem können wir – ein ganzes Jahrhundert später aus unserer heutigen Perspektive – erkennen, wie die Fakten damals die Schlußfolgerungen *ad absurdum* führten, weil wir inzwischen mit Hypothesen arbeiten können, die uns nicht zwingen, primitive Kulturen im Vergleich zur unsrigen als historisch ‚erledigt' und zugleich moralisch unterlegen anzusehen. Wir fühlen uns vielmehr verpflichtet, einem historisierenden und moralisierenden Standpunkt abzuschwören und statt dessen eine scharfe Trennung zwischen Anthropologie und Philosophie, Schilderung und Bewertung vorzunehmen. Andererseits erscheint uns der Indianer nicht mehr als ein großes persönliches Problem. Mit anderen Worten: Um die Situation der Amerikaner und ihre Denkart zu erfassen, müssen wir uns vor Augen halten, daß unsere Hypothesen uns unvermeidlich zu Folgerungen und Überzeugungen drängen, die unsere Art der Lebensführung ebenso ausschließlich und mit der gleichen Bestimmtheit rechtfertigen wie die Auffassung vom Naturzustand die Lebensführung der damaligen Amerikaner. Wir müssen uns z. B. nur vergegenwärtigen, wie schwer es uns fällt, solche Gesellschaftsformen anzuerkennen, die ihre Ziele mit Mitteln verfolgen, die scheinbar alle moralischen, sozialen und politischen Prinzipien unserer Gesellschaft verleugnen.

Mit diesem warnenden Beispiel vor Augen können wir vielleicht besser begreifen, was harte Tatsachen unwiderlegbar machen: wie der Wilde – im Milieu des 19. Jahrhunderts – tatsächlich als Bestätigung diente für die Vorstellung vom Naturzustand sowie für den Fortschritt und die anerkannte Bestimmung der amerikanischen Zivilisation.

1

Allerorts wurden Fakten über die indianische Lebensweise gesammelt und formell wie informell, offiziell wie inoffiziell verbreitet. Der ewig skeptische John Adams gab zu erkennen, für wie notwendig er das Sammeln von Fakten hielt: In den neunziger Jahren des 18. Jahrhunderts schrieb er eine empörte Anmerkung an den Rand seiner englischen Ausgabe von Rousseaus *Discours sur l'origine et les fondements de l'inégalité parmi les hommes,* der selbst eine Hymne auf die agrarische Lebensweise gegenüber der auf die Jagd gründenden Existenz des Wilden ist:

Schlußfolgerungen über einen Naturzustand sind irreführend, weil sie auf reinen Hypothesen aufbauen. Wir haben keine Fakten. Wir müssen Experimente anstellen. Bei den Schlußfolgerungen über das Leben des Wilden sieht es nicht beser aus. Jeder Autor behauptet, was er will. Wir haben einfach keine Fakten, auf die wir uns stützen können [1].

Adams' berühmter Freund Thomas Jefferson regte dann die Amerikaner zu einer systematischen Faktensammlung an. Im Jahre 1803 klassifizierte er – nach dem Rat befreundeter Gelehrter – die Arten der Informationen, die Lewis und Clark von ihrer geplanten Expedition in die westlichen Territorien über die Indianer mitbringen sollten:

Größe und Grenzen ihrer Besitzungen;
Ihre Beziehungen zu anderen Stämmen oder Völkern;
Ihre Sprache, Traditionen und Monumente;

---

[1] „John Adams on Rousseau", *More Books*, I (1926), S. 61; das Datum der Notiz ist meine Vermutung. Zu Rousseau und der Weiterentwicklung siehe A. O. Lovejoy, „The Supposed Primitivism of Rousseau's *Discourse on Inequality*", *Essays in the History of Ideas* (Baltimore, 1948), S. 14–37.

Ihre normale Beschäftigung mit Landwirtschaft, Fischen, Jagen, Kriegsführung etc. sowie die hierzu jeweils verwendeten Werkzeuge;
Ihre Ernährung, Bekleidung und häuslichen Einrichtungen;
Die bei ihnen häufig auftretenden Erkrankungen und die dagegen angewendeten Arzneien;
Seelische und körperliche Gegebenheiten, die sie von den uns bekannten Stämmen unterscheiden;
Besonderheiten ihrer Gesetze, Sitten und Bräuche sowie ihrer Veranlagungen;
Angaben über Art und Menge von Handelsgütern, die sie zu ihrer Versorgung benötigen.
Da es im Interesse einer jeden Nation liegt, die Herrschaft der Vernunft und der Gerechtigkeit auch unter benachbarten Völkern zu verbreiten und zu stärken, wird es darüber hinaus nützlich sein, alle verfügbaren Informationen über den Stand ihrer Moral, ihres Glaubens und ihrer Kenntnisse zu sammeln. Dies mag um so hilfreicher sein, als alle, die sich um deren Zivilisierung und Ausbildung bemühen, ihre Maßnahmen an die bestehenden Auffassungen und Praktiken derer anpassen können, um die sie sich bemühen [2].

Diese Form der Kategorisierung kennzeichnet die meisten der formellen offiziellen Versuche, an Informationen über den Indianer heranzukommen. Man wies die mit Indianerangelegenheiten betrauten Beamten an, alles verfügbare Material in methodisch gegliederten Rubriken zusammenzustellen [3]. Die Regierung entsandte verschiedene Expeditionen zur Erforschung des Westens. Sie erhielten

---

[2] Nicholas Biddle, *History of the Expedition Under the Command of Lewis and Clark* [1814], ed. E. Coues (New York, 1893), I, S. xxvii f. Am 28. Februar 1803 bat Jefferson bei der Vorbereitung eines solchen Fragebogens Benjamin Rush um Rat; Rush verfertigte eine Liste von Fragen für „Merryweather Lewis, bevor er den Missouri hinauffuhr"; siehe hierzu *The Autobiography of Benjamin Rush*, ed. G. W. Corner (Princeton, 1948), S. 265 f.

[3] Siehe z. B. den Fragebogen von Lewis Cass, Gouverneur des Michigan-Territoriums, *Inquiries, Respecting the History, Traditions, Languages, Manners, Customs, Religion, &c. of the Indians, Living within the United States* (Detroit, 1823); den am 15. Januar 1827 für William Clark, Hauptbevollmächtigten für Indianerangelegenheiten in St. Louis, erstellten Bericht des ihm unterstellten Thomas Forsyth, „An Account of the Manners and Customs of the Sauk and Fox Nations of Indians", als

ebensolche Instruktionen wie die von Jefferson an Lewis und Clark; fast jedesmal nahmen auch Wissenschaftler daran teil.

Die Berichte solcher Forschungsgruppen vermittelten zahlreiche Einzelheiten über das Tal des Mississippi, die Prärie und das Leben der Indianer im weit entfernten Westen; diese Einzelheiten wurden zwar nicht gerade in einen vorgefaßten Bezugsrahmen gepreßt, aber sie waren immerhin durch die Vorurteile von Menschen eingefärbt, die nichts anderes erwarteten, als „Wilden" zu begegnen. Die ausführlichen Berichte von Biddle über die Lewis und Clark-Expedition (1814), von James über die Long-Expedition (1823) und von Keating über seine eigene Expedition (1824) bestätigen alle die Auffassungen von Menschen, die – trotz aller Sorgfalt, die Vielschichtigkeit der indianischen Lebensformen wiederzugeben – diese Vielschichtigkeit ganz simpel nach dem Erfahrungsmuster des Lebens der Wilden begreifen konnten. So schreibt Keating z. B., nachdem er aufgezeigt hat, daß Jagd und Krieg zwangsläufig aus den indianischen Lebensformen folgen – über einen Häuptling der Sauk:

[Seine Erkenntnisse] atmen eine Weisheit, die den antiken Philosophen zur Ehre gereicht hätte, und ein moralisches Empfinden, das einem Christen keineswegs die Schamröte ins Gesicht treiben müßte. Voller Überzeugung sprechen sie davon, daß Weisheit und Moral die natürlichen Schätze des menschlichen Herzens sind und der Saat entsprießen, die der große Schöpfer selbst gelegt; daß nicht die Zivilisation sie hervorbringt; daß der wahre Ertrag von Weisheit und Moral nicht zuletzt in der Zügelung der Leidenschaften besteht, die ansonsten das Gedeihen dieser Schätze hemmen. Der Indianer hat ganz offenbar Vorstellungen über Tugend und Moral, die absolut gleichwertig sind denen, die manche Philo-

---

Manuskript-Nachdruck in Emma Blair, ed., *The Indian Tribes of the Upper Mississippi Valley and Region of the Great Lakes* (Cleveland, 1811), II, S. 183–245; und die offiziellen Instruktionen, die Captain Bonneville anläßlich seiner Reise in die Rocky Mountains erhielt, so wie sie Washington Irving wiedergibt im Anhang seines Buches *Adventures of Captain Bonneville* (1837 [dt. Übers. im gleichen Jahr in Frankfurt a. M. und Leipzig]). Zu einem allgemeinen Überblick vgl. auch die Bemühungen um eine analytische Kategorienbildung von Schoolcraft (der dem „Indian Service" – der für Indianerfragen zuständigen Regierungsbehörde – angehörte), die weiter unten (S. 172) aufgegriffen werden.

sophen nur der Zivilisation zugestehen wollen. Nun, sie mögen vielleicht gleichwertig sein, aber sie werden noch zu häufig in ihrem Wachstum von einem unkontrollierten Schwanken aufgehalten, das alle schlechten Neigungen wieder Herrschaft über ihn gewinnen läßt [...] [4].

Während Keatings Bericht aus eigenen genauen Beobachtungen bei den Potawatomi, Sauk, Fox, Winnebago und Sioux stammt, folgen Biddles und James' Darstellungen den Tagebuchaufzeichnungen über Erfahrungen mit Sioux, Pawnee, Arapho, Cheyenne und anderen. Die hier vermittelten Details wurden so bedachtsam und meist ganz ohne Vorurteile erfaßt, daß sie auch dem Ethnologen im 20. Jahrhundert noch von Nutzen sein können. Aber auch ohne Vorwertung wurden diese Details doch mit Blick auf den krassen Unterschied zwischen den Gesellschaftsformen von zivilisierten Farmern und wilden Jägern geordnet und beurteilt; sie mußten daher fast zwangsläufig zu solchen Schlußfolgerungen führen, wie sie Keating zog.

Private, nicht-regierungsamtliche Reisende gestalteten zwar ihre Aufzeichnungen persönlicher und weniger formal und bemühten sich darum, so viele unmittelbare Erfahrungen niederzulegen wie irgend möglich, aber sie interpretierten auch überwiegend ihre Beobachtungen auf dieselbe Weise [5]. So erkennen sie zum Beispiel,

---

[4] William H. Keating, *Narrative of an Expedition to the Source of St. Peter's River* [1824] (London, 1825), I, S. 238.

[5] Gemeint sind Reiseschilderungen wie die von Henry M. Brackenridge, *Journal of a Voyage Up the River Missouri*, 2. erweiterte Aufl. (Baltimore, 1815); Thomas Nuttall, *A Journal of Travels into the Arkansas Territory* (Philadelphia, 1821); Daniel Harmon, *A Journal of Voyages and Travels* (Andover, 1820); Caleb Atwater, *Remarks Made on a Tour to Prairie du Chien* (Columbus, 1831); James Pattie, *The Personal Narrative,* ed. Timothy Flint (Cincinnati, 1833); John B. Wyeth, *Oregon* (Philadelphia, 1832); [Robert Baird], *View of the Valley of the Mississippi* (Philadelphia, 1832); [James Hildreth], *Dragoon Campaigns to the Prairies* (veröffentlicht im ersten Bd. der *Crayon Miscellanies* [Philadelphia, 1835]), *Astoria* (Philadelphia, 1836); John K. Townsend, *Narrative of a Journey across the Rocky Mountains* (Philadelphia, 1839); Josiah Gregg, *Commerce of the Prairies* (New York, 1844); Rufus Sage, *Western Scenes and Adventures* (Philadelphia, 1846).

daß die Prärie-Indianer nicht mit den Indianern des östlichen Waldgebiets zu vergleichen sind, und doch dient ihnen ironischerweise die Jägerkultur der Prärie-Indianer als Bestätigung für ihre Ansicht, daß auch die östlichen Indianer – die im allgemeinen zu gleichen Teilen dem Ackerbau und der Jagd nachgehen – praktisch ausnahmslos Jäger sind. Sie sind sogar in der Lage, klar zwischen Stämmen und Sippen zu unterscheiden. Zwischen 1840 und 1860 hatten sie Bekanntschaft gemacht mit den Osage, Chickasaw, Choctaw, Cree, Chippewa, Blackfoot, Shoshone, Comanche, Sioux, Pawnee und vielen anderen – und doch kommen sie immer wieder zu dem Schluß, daß der Indianer überall mehr oder weniger der gleiche ist: der Wilde, der ihrer Vorstellung vom Wilden entspringt. Der Reisende kann einfach nicht umhin, seine Beschreibungen mit einem solchen Fazit abschließen, wie dies etwa im Jahre 1831 über den Indianer als den – aus chronologischer Sicht – ‚wahren Primitiven' geschah:

In ihren Sitten ähneln die Ureinwohner des Nordwestens den Völkern aus den frühesten Tagen der Welt [6].

Oder wie hier aus dem Jahre 1833 – mit einem Vergilzitat über den Indianer als unglücklichen Jäger:

Überglücklich die Bauern, wenn sie ihrer eigensten Güter
Inne würden! Denn ihnen läßt fern vom Lärme der Waffen
Leben in Fülle gedeihn die allgerechte, die Erde [7].

Oder wie im folgenden aus dem Jahre 1846 von jemandem, der – im Unterschied zu den meisten anderen – sich lobend über die Indianer als bedauernswerte Wilde äußert:

[Der Indianer] hat ein Herz, das von Natur aus mehr Gefühl hat als das seines weißen Nachbarn; eine Seele von größerer Würde; einen Geist von unbeugsamerem Unabhängigkeitsstreben. Stelle den weißen Mann an seinen Platz – von allen einschränkenden Gesetzen befreit und ohne mit dem Wissen und den Künsten der Zivilisation vertraut zu sein; nur umgeben von all dem, was der Naturzustand mit sich bringt –, und der Indianer

[6] Caleb Atwater, *Remarks Made on a Tour to Prairie du Chien*, S. 101.
[7] John B. Wyeth, *Oregon*, S. 106.

wird im Vergleich zum Weißen im strahlenden Licht der ihm angeborenen Überlegenheit erscheinen, die er tatsächlich besitzt.

Nein: Man darf den Indianer nicht verachten. Er fordert viel Mitleid, Erbarmen und Rücksichtnahme von uns – denn er verdient viel mehr als nur unsere Verachtung [8].

Auch wenn der Reisende so weit gehen sollte, den Indianer zu beneiden, konnte er ihn am Ende dennoch nur bedauern, weil er kein zivilisierter Mensch war.

Wer nicht in der Lage war, sich durch Reisen selbst einen Eindruck vom Indianer zu verschaffen, konnte ihn in zahlreichen Sammlungen von Skizzen und Portraits von Indianern abgebildet finden [9]. Die Maler des 18. Jahrhunderts bevorzugten die klassisch-monumentale Form der Darstellung, wie Charles Wilson Peale, Benjamin West (der – als er den Apoll von Belvedere zum erstenmal sah – ausrief: „Mein Gott, ein Mohawk!") und Gilbert Stuart; sie konzentrierten sich auf den primitiv-heroischen Typus des Indianers. Spätere Maler waren meist eher Illustratoren in der Tradition des Pittoresken; sie bemühten sich besonders um die Wiedergabe von einzelnen Besonderheiten und Details. James O. Lewis, der in den Jahren 1835 und 1836 neun umfangreiche Skizzensammlungen mit Portraits und Landschaftsdarstellungen veröffentlichte, hatte die offiziellen Indianerbeauftragten Lewis Cass und Thomas McKenney begleitet, um die nordwestlichen Stämme kennenzulernen. Vor der Zwangsumsiedlung malte Charles Bird King einige Indianer – anläßlich ihres Besuchs in Washington – für eine offizielle Ausstellung von Indianer-Portraits; sie wurde unter der Leitung von McKenney zusammengestellt. Wie King und Lewis trug auch John Mix Stanley, der zwischen 1830 und 1860 als Maler den Nord- und Süd-

[8] Rufus Sage, *Western Scenes and Adventures*, 3. Aufl. (Philadelphia, 1855); S. 86.

[9] Siehe hierzu H. Chadwick Hunter, „The American Indian in Painting", *Art and Archaeology*, VIII (1919), S. 81–97; Benjamin Draper, „John Mix Stanley", *Antiques*, XLI (1942), S. 180 ff.; und Bernard De Voto, „The First Illustrators of the West", *Across the Wide Missouri* (Boston, 1947), S. 391–415.

westen bereist hatte, zu dieser Ausstellung bei. (Obwohl die Ausstellung – als sie schließlich dem Washingtoner ‚Institut zur Förderung der Wissenschaften' übergeben wurde – im Jahr 1865 einem Brand zum Opfer fiel, konnte vieles durch McKenneys *History of the Indian Tribes of North America* [in drei Folianten erstmals in den Jahren 1836, 1838 und 1844 und später noch dreimal in kleinerem Format veröffentlicht] erhalten und einer breiten Öffentlichkeit zugänglich gemacht werden.) Alfred Jacob Miller, der früheste und beste Maler des Westens der Rocky Mountains und seiner Indianervölker, nahm im Jahr 1837 an der Expedition von Captain William Drummond Stewart teil. Seth Eastman, der Henry Rowe Schoolcraft mit Portraits versorgte, stand als Soldat in den dreißiger und vierziger Jahren an der Westgrenze. George Winter begann im Jahr 1837 mit der Darstellung der Indianervölker in Indiana – also im Jahr ihrer Zwangsumsiedlung – und empfand sich selbst als eine Art Historiker, wie seine Tagebücher verraten [10]. Im Grunde genommen waren aber sämtliche Maler mit ihren Darstellungen unwillkürlich auch Historiker des Zeitgeschehens.

Wir besitzen von einem zeitgenössischen Künstler eine – ebenso langatmige wie ermüdende – Erläuterung zur Bedeutung seines Werkes für die Geschichte der Wilden und der Zivilisierten in Amerika: George Catlin wollte sich selbst damit ein Denkmal setzen; der weitgereiste Pennsylvanier lehrte als erster die Amerikaner, dem Westen mehr Aufmerksamkeit zu schenken [11]. (Eigentlich war ihm Miller im Westen zuvorgekommen; allerdings sind dessen Bilder erst kürzlich wiederentdeckt und zugänglich gemacht worden.) In seinen Aufzeichnungen über „Die Indianer Nord-Amerikas" (Erstausgabe des Originals: 1841) betont Catlin, daß es sein Ziel sei, mit seinen Portraits und Beschreibungen den wahren Indianer für die Nachwelt zu erhalten. Er sei so weit wie möglich in den Westen vorgedrungen, um den Indianer in seinem wahren Charakter kennenzulernen – noch bevor die Weißen kamen. Catlin betrachtet die Stämme der Prärie-India-

[10] Siehe hierzu die Einführung in einem Katalog von Winters Bildern, *George Winter, Pioneer Artist of Indiana* (Indianapolis, 1939).

[11] Siehe hierzu De Voto, wie oben zitiert.

ner als Naturvölker, als Völker von Wilden, deren Leben an Wertmaßstäben ausgerichtet ist, die für einen Wilden vollkommen angemessen sind. Mögen die Sioux – gemessen an zivilisierten Verhältnissen – auch arm erscheinen, nach dem Wertmaßstab der Wilden sind sie es nicht; das Skalpieren ist nach zivilisiertem Wertmaßstab ein barbarischer Brauch, der allerdings „nothwendig in dem Leben dieses Volkes begründet ist". Gegen Ende seiner Aufzeichnungen ruft Catlin sich in einer umfassenden Rückbesinnung ins Gedächtnis, was seine Reisen für ihn selbst bedeuten. Er hat den Westen gesehen, seine Weite, seine Erhabenheit, seine erschreckend urwüchsige Freiheit, seine Grenzenlosigkeit und allem voran seine Menschen: „unerschrockene, muthige Männer [...], deren ritterliche Thaten Niemand aufgezeichnet hat". Catlin „[...] sah den Menschen in dem ungekünstelten und unschuldigen Natur-Zustande, in dem vollen Besitz der Genüsse, die Gott ihm bescheert". Er sah, wie die Zivilisation Einzug hielt *„mit allen ihren Lastern* gleich dem Diebe in der Nacht [...]" [12], wie Jagdgebiete gepflügt und die Gräber der Wilden entweiht wurden, wie „dieser ruhmreiche Moloch unerbittlich immer weiter vordrang [...]". Er hat „unter diesen arglosen Menschen gestanden und mit den tiefsten Gefühlen des Bedauerns vor meinem geistigen Auge das sichere Näherrücken dieses überwältigenden Systems gesehen, das sich unaufhaltsam auf dem Vormarsch zum Erfolg befindet, bis widerwillige Tränen jedes Stück dieses unbefleckten Landes benetzen werden [...]". Und so weiter, schließlich: „All dies ist *gewiß*. Die Bevölkerungszunahme und der Vormarsch des menschlichen Fortschritts in diese Neue Welt sind so gewiß und unabänderlich wie die Gesetze der Natur [...]." Am Ende sieht er vor seinem geistigen Auge die Rasse der Amerikaner

[12] George Catlin, *Die Indianer Nord-Amerikas und die während eines achtjährigen Aufenthalts unter den wildesten ihrer Stämme erlebten Abenteuer und Schicksale*, Übers.: „nach der fünften englischen Ausgabe deutsch herausgegeben" von Heinrich Berghaus (Brüssel, Leipzig, Gent, 1851; hier zitiert nach der Faksimile-Ausgabe: Kassel, 1973), S. 165, 277. Originalausgabe: *Letters and Notes on the Manners, Customs, and Condition of the North American Indians* [1841] (Edinburgh, 1926; New York, 1973).

den Westen besiedeln, auf halbem Weg zwischen „*echter Demokratie* und *Aristokratie*“ [13].

Es gab also durchaus genügend Material für die Beschäftigung mit dem Indianer. So brauchte man jetzt nur noch dringend eine Institution, in der man sämtliche Mosaiksteine zu einem Ganzen zusammenfügen konnte; nicht zufällig wurden nach 1790 Vereine und Gesellschaften gegründet, die sich der Erforschung und Deutung der nationalen Vergangenheit widmeten. Das erklärte Ziel der 1791 ins Leben gerufenen ‚Historischen Gesellschaft von Massachusetts‘ bestand in der Zusammenstellung von Materialien, die dazu dienen sollten, „den Genius der amerikanischen Gesellschaft zu kennzeichnen sowie ihre Sitten zu skizzieren und ihren Fortschritt nachzuzeichnen [. . .]“ [14]. Die Gesellschaft veröffentlichte im ersten Band von *Collections* (1792) unter anderem *Historical Collections of the Indians in New-England* aus dem 17. Jahrhundert von Gookin und ersuchte in einer Vorbemerkung zum zweiten Band die Wissenschaftler, Material über die Ureinwohner zu sammeln. In den ersten Bänden der von der – im Jahr 1809 gegründeten – ‚Historischen Gesellschaft von New York‘ herausgegebenen *Collections* wurden Essays über die Geschichte der Irokesen und über den Glauben der Wilden abgedruckt; in den ersten Bänden von *Transactions and Collections* der im Jahr 1812 gegründeten ‚Amerikanischen Gesellschaft für Altertumsforschung‘ folgten Beschreibungen von indianischen Altertümern, Erörterungen über die Abstammung der Indianer, Gallatins bedeutende *Synopsis* der indianischen Sprachen und (nach dem Manuskript aus dem 17. Jahrhundert) Gookins *Historical Account of the Doings and Sufferings of the Christian Indians of New England*; im ersten Band der *Collections* der im Jahr 1823 gegründeten ‚Historischen Gesellschaft von New Hampshire‘ erschien eine Studienausgabe von Samuel Penhallows *History of the Wars of New England with the Eastern Indians* aus dem 18. Jahrhundert sowie ein kurzer Bericht über die in New Hampshire lebenden India-

[13] Catlin, *North American Indians* (Edinburgh, 1926), S. 176–181; (New York, 1973), S. 156–159. (Anm. d. Übers.: Die zuletzt zitierten Passagen werden in der Berghaus-Übersetzung nicht wiedergegeben.)

[14] *Massachusetts Historical Society Collections*, Ser. 1, I (1792), S. 1.

ner; in den ersten Bänden der *Collections* der im Jahr 1822 gegründeten ‚Historischen Gesellschaft von Maine' wurden Fragmente über die indianische Geschichte und über indianische Altertümer veröffentlicht.

Solchen Publikationen lag ein starkes historisches Interesse zugrunde – und damit auch ein „philosophisches" und moralisches. So werden die Leser des ersten Bandes der *Collections* (1831) der ‚Historischen Gesellschaften von Maine' in einer Vorbemerkung dazu gedrängt, die Geschichte des Indianers festzuhalten, der – in seinem beispiellosen Widerstand gegen die Zivilisation und ihre verderblichen Einflüsse – doch bald endgültig entschwunden sein wird:

> Die Ursachen, die die Eingeborenen dieses Landes zu einer Ausnahmeerscheinung gegenüber allen bekannten Erfahrungswerten machten, sind es sehr wohl wert, von wißbegierigen und philosophischen Geistern ergründet zu werden. Den Indianern ist schon deswegen ein großes Interesse sicher, weil sie für künftige Generationen immer weniger zugänglich werden. Offenbar stellen die Eingeborenen eine Andersartigkeit, wenn nicht sogar eine Unterlegenheit der Natur dar. Darum muß alles, was dazu geeignet ist, ihr Wesen zu beschreiben – sei es im Hinblick auf ihren primitiven Naturzustand oder auf ihren Abstieg und ihre entarteten Lebensverhältnisse durch den verderblichen Einfluß ihrer Eroberer –, stets mit größter Aufmerksamkeit zur Kenntnis genommen werden [15].

Inzwischen wurde die Situation als so dramatisch empfunden, daß die ‚Amerikanische Akademie für Künste und Wissenschaften' im Juni 1824 einen Preis für die beste Abhandlung über die Geschichte der nordamerikanischen Indianer aussetzte [16]. Untersuchungsmaterial war in Hülle und Fülle vorhanden, aber die Zeit der Wilden und ihres Naturzustandes lief ab.

Geschichte, Leben, Sitten und Bräuche des Wilden konnten ebenso wie sein Schicksal und dessen Bedeutung die Vorstellung

[15] *Maine Historical Society Collections*, I (1831), unpaginierte Vorbemerkungen. Zu ähnlichen Beobachtungen in einem ähnlichen Kontext siehe „Address of Isaac Goodwin, August 24, 1820", *American Antiquarian Society Proceedings* (1812–1849), S. 160 f.

[16] *United States Literary Gazette*, I (15. Juni 1824), S. 76. Es ist mir nicht gelungen festzustellen, ob der Preis jemals verliehen wurde.

vom Naturzustand bestätigen. So bestand die Aufgabe für die Amerikaner nach 1815 vor allem darin, diese Bestätigung mit Details auszufüllen. Die grundlegenden historischen Details waren leicht zugänglich; man hatte Altertümer ausfindig machen [17] und Sprachen klassifizieren [18] können; Forscher und Reisende hatten aufgrund ihrer Beobachtungen die zeitgenössische Lebenswirklichkeit der Indianer aufgezeichnet; Archäologen und Historiker hatten alte Zeugnisse über die Zusammenstöße zwischen Indianern und Weißen ausgegraben. Was dagegen fehlte, waren – mit den Worten Lewis Cass', der die Indianer aus eigener Erfahrung kannte – genauere Kenntnisse über „das sittliche Wesen und die Gefühle des Indianers, über seine geistige Schulung, über seine besondern Anschauungen zu Glaube und Mythos und über andere Dinge, die von allergrößtem Wert sind für alle, die sich mit der Geschichte des Menschen befassen" [19]. Uns bleiben nur noch die letzten Stationen des Triumphs der Vorstellung vom Naturzustand zu schildern, als sie zur Vorstellung vom Wilden wurde.

2

Wir müssen uns vor Augen halten, daß dieser Triumph im Grunde genommen der Triumph einer Methode war; einer zeitgenössischen Form des Verständnisses von Geschichte und Moral. Es handelte sich um eine Methode, die nicht nur auf den Wilden, sondern auf die gesamte amerikanische Lebensweise angewendet wurde. Darum erklärte Edward Everett in seiner feierlichen Ansprache vor der

[17] Hauptsächlich im ersten Band der *American Antiquarian Society Transactions and Collections* (1820).

[18] Hauptsächlich Albert Gallatin in *Synopsis of the Indian Tribes, ebd.*, II (1836), S. 1–422; die *Synopsis* entstand ganz offenbar aus einer Zusammenstellung von offiziellen wie inoffiziellen Wortlisten der Zeit.

[19] *North American Review*, XXII (1826), S. 55. Cass spürte natürlich, daß die Amerikaner von diesen Dingen wenig wußten; aber die Art, wie er ihre Unkenntnis beschreibt, verrät seine Überzeugung, daß dieses Manko leicht zu beheben sei.

‚Studentischen Vereinigung wissenschaftlich hervorragender Akademiker‘ der Harvard-Universität über „Die Umstände, die den Fortschritt der amerikanischen Literatur begünstigten“:

Ebenso wie unbestreitbar bedeutsame Einflüsse den Charakter eines einzelnen Menschen prägen, gibt es zweifellos auch beim Charakter einer Nation Ursachen für Fortschritt und Überlegenheit auf der einen und für Entartung und Niedergang auf der anderen Seite. Es ist Aufgabe der Geschichtsphilosophie, diese Ursachen zu erforschen; und, falls das gelingt, die Umstände hervorzuheben, die für alle geistigen Anstrengungen in den verschiedenen Nationen nicht nur die Motive lieferten, sondern auch richtungweisend waren und damit also heute wie in der Vergangenheit den Charakter einer Nation vorwiegend geprägt haben. Geht man dabei klug und bedachtsam vor, dann ist es ausgesprochen reizvoll, äußere, auch politische Abläufe bis hin zu ihren moralischen und geistigen Konsequenzen oder auch bedeutenden historischen Resultaten zu verfolgen und damit aufzuzeigen, wie Klima und Geographie, örtliche Verhältnisse, Institutionen, einzelne Ereignisse und der Einfluß einzelner Menschen den Charakter und damit das Schicksal einer ganzen Nation bestimmt haben[20].

Dies ist die Methode der Schotten in einer Form, die an die Denkweise der Amerikaner angepaßt und vollkommen von dieser Denkweise aufgesogen war. Diese Methode lieferte zwei Erklärungshilfen: Sie konnte den amerikanischen Naturzustand und die amerikanische Zivilisation gleichermaßen als Abfolge im langen Prozeß des Fortschritts von Mensch und Gesellschaft verstehbar machen. Wer unter den Indianern gelebt hatte und sie gut kannte, konnte sie daher auch verstehen. Sogar der Missionar von den Herrnhutern John Heckewelder – durch ein inniges Band christlicher Barmherzigkeit mit ‚seinen‘ Delawaren verbunden, mit denen er eng zusammenlebte und über die er aus reiner Zuneigung, keineswegs aus Forschungsinteresse schrieb – veröffentlichte im Jahr 1818 eine Abhandlung, die den Indianer im Ergebnis als die einzige und wahre Verkörperung und Vorstellung vom Wilden beschreibt. Heckewelders „Nachricht von der Geschichte, den Sitten und Gebräuchen der Indianischen Völkerschaften, welche ehemals

[20] Joseph Blau, ed. *American Philosophic Addresses, 1700–1900* (New York, 1946), S. 65.

Pennsylvanien und die benachbarten Staaten bewohnten" bemüht sich um eine objektive Darstellung der Lebensweise des Wilden, um die Delawaren gegen die Verleumdungen aller Indianer-Hasser zu verteidigen. Heckewelders Objektivität ist die eines Missionars, der fest daran glaubt, daß seine Indianer des Ruhms der christlichen Zivilisation teilhaftig werden können, wenn nur die weltliche Zivilisation sie nicht zuvor vernichtet. Nach seiner Ansicht ist die Jägerkultur Kern und Zentrum indianischen Lebens, und diese besondere Form des Lebens ist von ergreifender Schlichtheit. Heckewelder stellt ausdrücklich fest, daß er kein – wie wir ihn nennen würden – Primitivist ist; aber aus dem Wunsch, dem Indianer Gerechtigkeit widerfahren zu lassen, verteidigt er den Indianer ausschließlich aus der Sicht christlicher Nächstenliebe. Seine Grundannahme ist, daß ein Wilder, der den besten Tugenden seines Standes folgt, einem zivilisierten Menschen, den die Laster der Zivilisation korrumpierten, überlegen sei [21].

Heckewelders Deutung des indianischen Charakters folgt dieser Grundannahme: Sein Interesse gilt dem noch-nicht-korrumpierten Indianer, und er gesteht freimütig ein, die „Geschichte einer früheren Zeit" niederzuschreiben [22]. Seine Indianer – wie seiner Zusammenfassung über ihren „Allgemeine[n] Charakter" zu entnehmen ist [23] – kennen kein Privateigentum; sie teilen alle Gaben des ‚Großen Geistes'; sie sind gastfreundlich, gesittet und freundlich, von Natur aus rechtschaffen, und sie lassen sich von ihrem Gerechtigkeitssinn zu ungestümen, heroischen Taten anspornen. Jedoch:

Wir müssen nun aber auch die andre Seite des Gemähldes sehen! Man kann nicht anders als zugeben, daß die Indianer, überhaupt genommen,

[21] John Heckewelder, *Nachricht*, Übers.: Friedrich Hesse (Göttingen, 1821; hier zitiert nach der Faksimile-Ausgabe: Kassel, 1975), S. 446 f.; vgl. das Kapitel, in dem Indianer und Weiße einander gegenüber gestellt werden, S. 558–579. Originalausgabe: *Account of the History, Manners, and Customs, of the Indian Nations, Who Once Inhabited Pennsylvania and the Neighboring States* (Philadelphia, 1818) = der erste Band der *American Philosophical Society Transactions.*

[22] *Ebd.*, S. 8.

[23] „Allgemeiner Charakter der Indianer", *ebd.*, S. 110–127.

rachsüchtig und grausam gegen ihre Feinde sind; daß sie selbst, wenn die Schlacht geendigt ist, eine kaltblütige Rache an ihren wehrlosen Gefangnen üben; daß es ihnen in ihren Kriegen gleich gilt welcher Mittel sie sich bedienen um ihren Widersachern zu schaden und sie zu vernichten, daß Kriegslist und Überraschung eben so oft von ihnen angewandt werden, als offenbare Gewalt. Dieß ist alles wahr.

Heckewelder hat eine ganz einfache Erklärung für diese furchtbare Wahrheit:

Des Lichts der einzig wahren christlichen Religion beraubt, nicht zurückgehalten durch die Gebote und nicht geleitet durch das Beyspiel des Gottes des Friedens, geben sie zu Zeiten der Heftigkeit ihrer Leidenschaften zu sehr nach, und begehen Thaten welche dem Auge des Menschenfreundes Thränen auspressen. [. . .] [24].

Bei genauerer Betrachtung handelt es sich hier um eine ungeschliffene Frühform der Argumentation, die aus dem Fortschrittsverständnis herkommt, wie oben geschildert. Aus diesem Grund wurde Heckewelders „Nachricht" auch von den Zeitgenossen gebilligt – trotz der (mehr unbewußten) Neigung ihres Verfassers, sich mit den Delawaren zu identifizieren und über ihre Lebensweise ins Schwärmen zu geraten [25]; schließlich bestätigte Heckewelder nur – seiner Glaubensrichtung der Herrnhuter Brüder folgend –, was alle feststellen konnten, und was – in diesen Jahren – zu bestätigen eines jeden Pflicht war.

Auch andere, die unter Indianern gelebt hatten, schilderten in ihren Berichten deren Leben mit denselben Begriffen. Wie schon erwähnt, fühlte sich Charles Johnston genötigt, ausdrücklich zu betonen, wie stark er der schottischen Gesellschaftstheorie verpflichtet sei: Im Jahr 1827 ergänzte er die Geschichte seiner Gefangenschaft mit „Skizzen über Charakter und Sitten der Indianer". Seine These ist denkbar schlicht: „Zu allen Zeiten und in allen Ländern offenbarte der Wilde die gleichen Merkmale seines Wesens und seiner Sitten. Diese Merkmale gehen in erster Linie auf die gesell-

---

[24] *Ebd.*, S. 121.

[25] Siehe hierzu die anonyme Besprechung von Heckewelders *Account* in *North American Review*, IX (1819), S. 155–178.

schaftlichen Bedingungen zurück, unter denen der Wilde lebt [...] [26]. Edwin James, der den Bericht von Longs Forschungsreise verfaßt hatte, stellte „Des Kentuckiers John Tanner Denkwürdigkeiten über seinen dreißigjährigen Aufenthalt unter den Indianern Nord-Amerikas" (Erstausgabe des Originals: 1830) nur zusammen, um aufzuzeigen, wie ein Weißer – der unter Wilden und unter deren Lebensbedingungen lebte – nichts anderes als ebenfalls ein Wilder werden konnte: im Guten wie im Schlechten [27]. Im Jahr 1850 brachte Lewis Garrard seine „romantischen" Abenteuer zu Papier, die ihm in den Jahren 1846 und 1847 im Westen unter den Cheyenne widerfahren waren. Garrard hatte das Leben eines Cheyenne geführt und sogar am ‚Skalp-Tanz' teilgenommen, und er gestand jetzt ein, daß er die Indianer um ihr „freies und glückliches Leben" beneide, fügte allerdings einschränkend hinzu, daß „ihnen, die keine anderen Freuden als die des Lebens der Wilden kennen, ein *solches* Leben als Gipfel der Glückseligkeit erscheinen mußte [...]". Er selbst mußte sich aber dazu beglückwünschen, „in einem Zeitalter des zivilisatorischen Fortschritts" leben zu dürfen; obwohl ihm die Cheyenne ans Herz gewachsen waren, mußte er sie doch „eine jämmerlich entartete Bande" nennen [28]. Ebenfalls im Jahr 1850 stellte die reichlich sentimentale Mary Eastman, die unter den Sioux gelebt hatte, drei Bände mit prunkvollen, verklärenden Skizzen über das indianische Leben zusammen; zwei Bände lieferten den Begleittext für die Indianer-Portraits ihres Mannes, Major Seth Eastman. In einem dieser Bände kam es zu dem

---

[26] „Sketches of Indian Character and Manners", in *A Narrative of the Incidents Attending the Capture, Detention, and Ransom of Charles Johnston* (New York, 1827), S. 102. Zu Johnston und den Schotten, siehe oben S. 130.

[27] John Tanner, *Des Kentuckiers John Tanner Denkwürdigkeiten*, Übers.: Karl Andree (Leipzig, 1840). Originalausgabe: *Narrative of the Captivity and Adventure of John Tanner [...] During Thirty Years Residence Among the Indians in the Interior of North America* (New York, 1830; siehe dort besonders S. 3 f. [Die dortige Passage ist in der Übersetzung nicht enthalten]; Neuausgabe: Minneapolis, 1957).

[28] Lewis H. Garrard, *Wah-To-Yah and the Taos Trail* [1850], ed. R. L. Bieber (Glendale, Cal., 1938), S. 83, 108, 121.

Schluß: „Der Indianer kennt – trotz seiner glänzenden Kriegserfolge und seiner ruhmreichen Taten – nicht den größten Sieg, den der Mensch erringen kann: nämlich sich selbst zu bezwingen. Seine Sorgen und Leiden machen nicht frei von allen Sünden; er geht aus ihnen nicht geläutert und ehrenvoll hervor.“ [29] Ganz offenbar war eben das die notwendige Voraussetzung für den Sieg der christlichen Zivilisation.

Diese Überzeugung leitete sogar die Gemüter aller, die den Indianer in der Form von lexikalischem Wissen erfassen wollten. Gelehrte Altertumsforscher und Sammler wie Samuel Gardner Drake und Benjamin Thatcher kompilierten und verfaßten Abhandlungen, die sie aufgrund der öffentlichen Nachfrage immer wieder erweiterten, überarbeiteten und neu herausgaben: So erreichte Drakes *Biography and History of the Indians of North America* 1857 ihre 11. Auflage und Thatchers *Indian Biography* – zu großen Teilen auf Drakes Buch aufbauend, wenn man sie nicht sogar nach Drakes eigenem Bekunden als Plagiat einstufen muß [30] – im Jahr 1860 sogar eine 14. Auflage [31]. Beide Bücher waren erstmals im Jahr 1832 erschienen, und beide machten die Darstellung geschichtlicher Ereignisse zu einer Demonstration der Vorstellung vom Naturzustand [32]. Aber bei aller Popularität waren die Werke beider

[29] *The American Aboriginal Portfolio* (Philadelphia, 1853), S. iii–iv. Vgl. Mrs. Eastmans Kommentierung, *passim*, in *Dahcotah, or, Life and Legends of the Sioux around Fort Snelling* (New York, 1849); und in *Chicora* (Philadelphia, 1854), auch publiziert als *The American Annual* (Philadelphia, 1855?).

[30] Siehe hierzu die Vorbemerkungen zu *Book of the Indians* (Boston, 1833), zu der Neuveröffentlichung der *Biography and History* und zu *Indian Captivities* (Boston, 1839).

[31] Drake war zugleich einer der ersten Herausgeber von Büchern zur Geschichte der Indianer. Er veröffentlichte 1825 Churchs *History of King Philip's War*; 1836 *The Old Indian Chronicle* (eine Sammlung von Traktaten über King Philips Krieg); 1862 und 1864 die beiden Geschichtsdarstellungen von Increase Mather über die neuenglischen Konflikte mit den Indianern und 1865 Hubbards *History*.

[32] Die Vorstellung liegt beiden Schriften nicht nur zugrunde, sondern gibt ihnen auch ihre Form. Darüber hinaus macht Drake seine Position

nicht so ambitioniert wie das am meisten gefeierte seiner Art: Thomas McKenneys und James Halls „monumentale" „Geschichte der Indianerstämme Nordamerikas" [33].

McKenney hatte im Jahr 1821 – als Generalbevollmächtigter für den Handel mit den Indianern – mit dem Handel und dem Sammeln von Indianer-Portraits begonnen. Im Jahr 1827 veröffentlichte er in *Sketches of a Tour to the Lakes* eine Beschreibung der Chippewa, und er konnte schließlich Ende der zwanziger Jahre als Leiter der Behörde für Indianerangelegenheiten seine Sammlung ergänzen. Als er 1830 aus seinem Amt ausschied, plante er, tief besorgt über die Frage der Zwangsumsiedlung, die Indianer-Portraits weiterzusammeln, um den Amerikanern endlich ein wahres Bild vom Indianer zu vermitteln. Hall war im Westen ein angesehener Anwalt, Verleger und Publizist. Er schloß sich McKenney an, um ihm bei der Abfassung des Werks zu helfen. Obwohl sie vergeblich versuchten, auch von George Catlin die Erlaubnis zur Veröffentlichung seiner Zeichnungen zu erhalten, reichte das Material aus, um drei Folianten in den Jahren 1836, 1838 und 1844 herauszubringen. Die ersten beiden Bände enthielten mehr als 125 Portraits von Indianern und einige „Szenen" aus dem indianischen Leben, die von biographischen, historischen und erläuternden Kommentaren – wahrscheinlich von McKenney – begleitet wurden. Der erste Teil des dritten Bandes war eine „Geschichte der Indianerstämme Nordamerikas" (wohl ebenfalls von McKenney); sie bot hauptsächlich einen Überblick über den Zustand und die geographische Verteilung der Indianer nach 1830; daran schloß sich ein von Hall verfaßter „Essay zur Geschichte der Indianer Nordamerikas" an. Die Bände hatten eine klare Konzeption: Sie sollten zunächst eine umfassende Überblicksdarstellung und danach eine Interpretation des Dargestellten liefern.

Aus der Sicht eines Anthropologen im 20. Jahrhundert zerfällt

---

an zumindest zwei Stellen deutlich; siehe hierzu seine Einleitungen zu Increase Mather, *The Early History of New England* [1677] (Boston, 1864), S. xi–xvi; und zu ders., *Indian Captivities* (Boston, 1839), S. vi f.

[33] Diese Bewertung stamt von Bernard De Voto, *Across the Wide Missouri*, S. 399.

allerdings die „Geschichte" in zwei Teile; auch der „Essay" wird weder durch die Portraits noch durch McKenneys Kommentierungen oder dessen historischen Überblick gestützt [34]. Für einen Amerikaner um die Mitte des 19. Jahrhunderts, auch für einen Historiker, der die Auffassung dieses Amerikaners teilt, erhält das Werk doch so etwas wie eine Geschlossenheit durch die verbindende Kraft des „Essay": Denn nur der „Essay" verleiht, wenn man dieser Perspektive folgt, den großartigen ‚Wilden'-Portraits und McKenneys immer wiederholten Beschreibungen von Indianern, die sich nicht lange der weißen Zivilisation widersetzen können, einen Sinn. Hall erläutert, daß es sich bei McKenneys Indianern um Wilde und Barbaren, Jäger und Nomaden handelt, die nicht den Sinn für Beständigkeit und ein ansässiges Dasein haben, den Privatbesitz und eine geordnete Regierungsform mit sich bringen und der eine volle Entfaltung der Zivilisation erst ermöglicht. In diesem Zusammenhang sind seine Schlüsselbegriffe: „umherschweifen von Ort zu Ort", „Bedürfnis nach einem Heim", „Fehlen von Privatbesitz", und „die Gewohnheit, das Land anderer ohne Skrupel zu besetzen" [35]. Dies sind die üblicherweise verwendeten Begriffe, und sie machen Halls – wenn auch nicht McKenneys – Indianer zu normalen Indianern.

3

Als das Ideal vom Naturzustand in die Vorstellung vom Wilden mündete, standen die Werke von Henry Rowe Schoolcraft im Mittelpunkt. Schoolcraft war ein Indianer-Beauftragter, der seine Schützlinge liebte, eine Indianerin geheiratet hatte und einen Groß-

---

[34] Vgl. den Kommentar von H. J. Braunholtz, der den 5. Band einer modernen Ausgabe der *History* herausgab: „[...; Halls] allgemeine Schlußfolgerungen – die den Eindruck erwecken, als ob sie teilweise aus dem Wunsch nach rhetorischer Wirkung hervorgegangen seien – decken sich nur zum Teil mit den differenzierteren Umständen, die sie selbst beschreiben." (*The Indian Tribes of North America* [Edinburgh, 1933], III, S. xiii.)

[35] *Ebd.*, III, S. 235.

teil seines Lebens der Aufgabe widmete, bei seinen Mitmenschen ein Verständnis für die Indianer zu wecken. Sein Hauptinteresse galt dem Verhältnis von den Gesetzmäßigkeiten, die zum einen das indianische Denken sowie den Geist der Wilden (von ihm meist als „Mentalität der Wilden" bezeichnet) und zum anderen das indianische Leben prägten. Während die meisten früheren Studien über den Indianer mit der Betrachtung des Geistes der Wilden abschlossen, wählte Schoolcraft diesen Aspekt als Ausgangspunkt und drang von hier aus ‚nach außen' vor. Einer seiner Zeitgenossen, Samuel Morton, hatte zur Erforschung des Indianers eine kombinierte Untersuchungsmethode vorgeschlagen, die auf physiologische Anthropologie und Phrenologie hinauslief [36]; Schoolcraft ging jedoch erheblich weiter: er studierte indianische Mythen und setzte sie zu den Lebensbedingungen der Indianer in Beziehung.

Zu diesem umfassenden Thema veröffentlichte er einen Band nach dem anderen: *Algic Researches* (1839) erschienen viermal unter drei verschiedenen Titeln, *Onéota* (1844–45) neunmal unter fünf Titeln; *Notes on the Iroquois* (1846) zweimal und *Historical and Statistical Information* (1851–1857) zweimal unter verschiedenen Titeln [37]. Zwar wird das Thema in den später erschienenen

[36] Samuel Morton, *Crania Americana* (Philadelphia, 1839), vor allem S. 1, 62–83, 269–291. In *Travels* (1843) von Thomas Farnham findet man die Schädeluntersuchung eines aus den Rocky Mountains stammenden und an einem College erzogenen edlen Wilden; als „herausragende Merkmale" des Indianers nennt Farnham „[dessen Fähigkeit zum Erkennen von] Kausalbeziehungen, Ähnlichkeiten, Alternativmöglichkeiten; Orientierungsvermögen (exzellent!), Güte, Bereitschaft zum Staunen, Ausrichtung auf Ideale hin, Verschwiegenheit, Zerstörungstrieb, Geselligkeitssinn, Kampflust, Eigendünkel, Hoffnungsbereitschaft; andere Merkmale (im Hinblick auf zivilisierte Charakterqualitäten) sind nur „auf niederer Stufe" entwickelt – Thwaites, ed., *Early Western Travels* (Cleveland, 1904), XXVIII, S. 161. Schließlich liefert auch Lydia Maria Child – in ihren *Letters from New York* (New York, 1843), S. 247–257 – eine schädelkundliche Beschreibung von 15 Indianern, die sie im „American Museum" gesehen hatte; ihrer Auffassung nach weisen diese alle denkbaren Formen tierähnlicher Merkmale auf.

[37] Ich folge den bibliographischen Angaben in Chase und Stellanova

Bänden weiter ausgebaut und unter verschiedenen Aspekten behandelt, im wesentlichen bleibt es aber immer dasselbe: Was die Indianer an den Naturzustand kettet, ist die Wildheit ihres Lebens; was diese Wildheit nach ihrem Verständnis mit Sinn erfüllt, sind ihre Mythen und ihr Glaube; was diese Mythen und diese Wildheit hervorbringen, sind ihre „mentalen Wesensmerkmale"; was diese Wesensmerkmale ursächlich hervorbringt, ist ihr Naturzustand. Schoolcraft hegte als offizieller Regierungsvertreter und Philanthrop die beständige Hoffnung, die Wilden zu zivilisieren. Als Wissenschaftler (der er in gewisser Weise war) bestand er aber stets auf einer objektiven Beurteilung des Wilden. Wenn hier auch vor allem seine Objektivität interessiert, darf man nicht vergessen, daß sie ihre Qualität aus seinen Zivilisierungshoffnungen bezieht.

In *Algic Researches* (1830) bemüht sich Schoolcraft um die Erschließung des indianischen Geistes der Stämme, die zur Sprachfamilie der ehemals in den subarktischen Waldgebieten des heutigen Kanada lebenden Algonkin gehören; er untersucht anhand einer Sammlung mythischer Erzählungen die Vorstellungen dieser Völker. (Aus einer späteren Fassung der „Untersuchungen" entnahm Longfellow den Stoff für seine 1855 erschienene, populäre Versromanze *Hiawatha*[38].) Er beginnt mit einer Beschreibung der Algonkin-Stämme und ihrer Kultur zur Zeit der Ankunft der Weißen: „Sie waren so in ihrem Jägerdasein verhaftet, daß sie keinerlei Neigungen zu anderen Tätigkeiten verspürten und nur mit tiefer Verachtung auf Landwirtschaft und Handwerk herabsahen". Diese Umstände formten ihren „mentalen Charakter":

Sie gaben sich auf ihren Versammlungen und in ihrem öffentlichen Auftreten feierlich und würdevoll, zeigten sich auch in der Behandlung und Besprechung von weniger bedeutsamen Angelegenheiten kritisch und sachverständig, versagten jedoch, was einsichtiges Verständnis, vorausschauen-

---

Osborn, *Schoolcraft–Longfellow–Hiawatha* (Lancaster, Pennsylvania, 1942), S. 562–572. Zwar weichen die einzelnen Bände leicht voneinander ab; im Hinblick auf meinen Untersuchungsgegenstand sind diese Abweichungen aber unerheblich.

[38] Erste dt. Übers.: Adolf Böttger (Leipzig, 1856); seitdem mehrere Neuübersetzungen.

den Weitblick und die Fähigkeit zur Verallgemeinerung betrifft. Daher mußte man sie eher schlau als weise nennen. Sie waren in erster Linie impulsiv handelnde Menschen, die ohne Vorbereitung zu bemerkenswerten Leistungen fähig waren, nicht aber zum Ertragen der geistigen und körperlichen Belastung fortgesetzter Mühen. Ihr Handeln entsprang offensichtlich eher einer nervösen als einer verstandesmäßigen Anspannung. Vor allem aber haftete ihnen eine gewohnheitsmäßige Trägheit an, die sie den Wert der Zeit ganz und gar verachten ließ. Gerade dieser Umstand hat sich im Auf und Ab ihrer wechselvollen Geschichte als typischer Wesenszug erwiesen, so daß er möglicherweise als Auswirkung einer verschwenderischen Weichlichkeit angesehen werden könnte, die sich der ganzen Völkerfamilie durch ein der persönlichen Strebsamkeit feindliches Klima bemächtigte.

Gleich anschließend fügt er hinzu:

Man sollte daran denken, daß der zunächst nur im Hinblick auf die Algonkin-Stämme geschilderte Charakter in seinen Grundzügen bisher allen nordamerikanischen Stämmen zugeschrieben wurde, obwohl er nicht in allen Details auf einige binnenländische Völker übertragbar ist [39].

Hier offenbart sich der gesamte Problembereich der Wilden und ihres Naturzustandes: das Bild von Menschen, die fernab von der Zivilisation unter den Lebensbedingungen der Wildnis spezifische unzivilisierte Tugenden entwickelt haben. Nach Schoolcrafts Auffassung verfügen die Algonkin-Stämme über keine der für die Zivilisation typischen Fähigkeiten. Er führt dazu aus:

Und das war vollkommen natürlich. Was sollten diese Fertigkeiten einer relativ spärlichen Bevölkerung nützen, die ausgedehnte Gebiete in Beschlag nahm und ein ausgesprochen angenehmes Dasein führte? Sie jagten wilde Tiere, und das Fleisch bot ihnen Nahrung und die Felle Bekleidung. Für solche Menschen war dieses Dasein gleichbedeutend mit Lebensglück, ebenso wie das Töten einiger Gegner im Krieg für sie gleichbedeutend mit Ruhm war. Es ist nicht unwahrscheinlich, daß allein die Grenzenlosigkeit eines unbewohnten Landes, das sich vor einem zivilisierten oder auch nur halb-zivilisierten Volk mit den Verlockungen seines Wildbestandes und der persönlichen Freiheit erstreckt, ausreichen könnte, dieses

---

[39] Henry Rowe Schoolcraft, *Algic Researches* (New York, 1839), I, S. 18 ff.

Volk im Verlauf von nur wenigen Jahrhunderten vollständig in den Stand der Barbarei zurückzuwerfen [40].

Schoolcraft überträgt auf seine Algonkin-Stämme ein Verständnis vom Naturzustand, das diese Stämme nur bestätigen sollen.

Darum betont er in den „Einleitenden Bemerkungen zu den Erzählungen", daß diese Völker mit ihrer Wildheit, ihrer Angst und ihrem Aberglauben, ihrem „Erzählstil", ihrem Götterglauben und Gebrauch von Metamorphosen und Personifizierungen, ganz eindeutig die Art des indianischen Geistes verraten: er konzentriert sich auf das Augenblickliche und Einzelne; er kann nicht abstrahieren; er hat eine praktische, starrköpfige Moral. Hier offenbart sich der Kern des indianischen Glaubens, wie z. B. in der Legende des Manibozho, von der Menschwerdung eines Gottes. (Longfellow nahm sie als Vorbild für seinen Hiawatha im Lichte christlich-abendländischer Idealvorstellungen.) Manibozho erscheint allerdings eher wie ein „Monstrum und nicht wie eine Gottheit"; er vereinigt alles Gute in sich und bringt doch jedem nur Unheil – athletisch, martialisch, ein Sexualprotz, ein Gauner, ein Held – in jeder Hinsicht ein wahrhaft ‚wilder' Gott [41]. Schoolcraft veröffentlichte zwei Bände mit Erzählungen (die von den Chippewa stammende Manibozho-Erzählung ist die bedeutsamste), und sie geben ihm in vollem Umfang recht, denn es handelt sich dabei keineswegs um ‚zivilisierte' Erzählungen.

„Onéota" (erstmals in Fortsetzungen zwischen 1844 und 1845 veröffentlicht) ist mit seinen verschiedenen Fassungen (der spätere Titel war „Der Indianer in seinem Wigwam") eine umfassende Bestandsaufnahme aller Fakten im Zusammenhang mit dem Leben der Indianer [42]. Einleitende Essays über den „Charakter des roten Mannes in Amerika" und „Stammesinterne Verhältnisse und die Beschaffenheit der indianischen Familie" heben hervor, daß der Indianer im Grunde genommen wie jeder andere Mensch veranlagt

40 *Ebd.*, I, S. 25 f.

41 *Ebd.*, I, S. 31 ff.

42 Die von mir benutzte Ausgabe erschien als *The Indian in His Wigwam* (Buffalo, 1848).

ist und nur aufgrund seiner äußeren Lebensbedingungen einige besondere Eigenschaften hat. Nach Schoolcrafts Auffassung ist der Angelpunkt dieses Lebens der indianische Glaube. Darauf folgt eine enzyklopädische Sammlung von Legenden, Mythen, biographischen Skizzen, Gesängen und Gedichten, Gefangenschaftsschilderungen, Inschriften auf Altertümern und Abhandlungen über die Indianerfrage.

Bei Schoolcrafts *Notes on the Iroquois* (1846) handelt es sich um einen offiziell für die Regierung erstellten Bericht über die Aussichten, die Irokesen zu zivilisieren. Die Fakten darin müßten jeden anderen entmutigen, aber Schoolcraft spricht mit größter Zuversicht davon, daß die Indianer ein für allemal ihr Jägerdasein zugunsten eines Farmerlebens aufgeben werden. (Kurioserweise stellt er zwar fest, daß Getreideanbau eine ureigene Fähigkeit der Irokesen-Kultur sei, betrachtet die Irokesen aber dennoch grundsätzlich als Jäger, die sich erst kürzlich von ihrem „absolut barbarischen Zustand" befreit hätten.) Den Irokesen bescheinigt er Bevölkerungswachstum, Stabilisierung ihres gesellschaftlichen Gefüges und eine Fortentwicklung zu Einzelpersönlichkeiten. Zu den Cayuga schreibt er:

Die Energie, die ihre Vorfahren einst vollständig für den Krieg und die Jagd aufwendeten, scheinen sie nun ganz aufrichtig auf Landwirtschaft und handwerkliche Arbeiten zu lenken. Wir haben allen Anlaß zu hoffen und guten Grund zu glauben, daß man sie durch kontinuierliche Förderung endgültig zu nützlichen, vernünftigen und sittsamen Bürgern erziehen kann. Betrachtet man die Lebensbedingungen eines solch abgehärteten, kräftigen, arbeitsamen und zielstrebigen Volkes vor dem Hintergrund des großen Experiments der Zivilisation, dann tröstet sich das menschliche Gemüt mit der Aussicht, daß sich ihre ganze Energie und Entschlossenheit, so wie sie früher weit entfernt auf Kriegspfad waren, nun ganz von selbst – wie sich schon angekündigt hat – auf Feldarbeit und Werkstatt wirft [...] [43].

Aber auch Schoolcrafts Hoffnung auf erfolgreiche Zivilisierung sank, obwohl er unvermindert daran festhielt, daß sie absolut notwendig sei. Davon spricht sein Hauptwerk *Historical and*

---

[43] *Notes on the Iroquois* (New York, 1846), S. 65 f.

Statistical Information Respecting the History, Condition, and Prospects of the Indian Tribes of the United States (1851–1857). Hier handelt es sich im wahrsten Sinne des Wortes um ein Gemeinschaftswerk; mit der Zusammenstellung begann Schoolcraft im Jahr 1847 auf Anweisung des Kriegsministers. Sein Auftrag umfaßte das „Sammeln und Ordnen von statistischen Angaben und sonstigen Materialien, die dazu dienen, Geschichte, gegenwärtige Lage und die Zukunftsaussichten der Indianerstämme in den Vereinigten Staaten aufzuzeigen". Er entwarf einen umfangreichen Fragebogen mit 348 Themenkreisen, darin die unterschiedlichsten Fragen – von der Abstammung bis hin zur Sprache. Die Regierung verteilte den Fragebogen unter den Indianer-Beauftragten, Missionaren und Reisenden – also unter allen, die möglicherweise nützliche Informationen weitergeben konnten. Schoolcraft stattete seine 600 Seiten umfassenden Folianten mit Hunderten von Kupferstichen aus und veröffentlichte sie Jahr um Jahr, offensichtlich sobald neue Informationen eintrafen. Die Masse der Materialien war kaum zu bewältigen, und ihre Anordnung änderte sich von Band zu Band, weil – wie man heute erkennt – allein die Menge der Daten Schoolcrafts Arbeitskapazität überforderte.

Dennoch war Schoolcraft davon überzeugt, daß er seine Aufgabe bewältigt hatte. Auch wenn er sich dessen nicht bewußt war, hatte auch ihm die überkommene Vorstellung von einer naturwüchsigen Gesellschaft der Wilden – wie vielen anderen vor ihm – die Kategorien geliefert, denen alle eingetroffenen Daten nur noch zugeordnet werden mußten. Alle Fragen, die er seine Informanten stellen ließ, nahmen im Grunde genommen bereits die Antworten vorweg. Es galt nur noch zu ermitteln, *wie* die ihnen bekannten Indianer jagten und Krieg führten; *wie* tapfer und grausam sie waren, *wie* schlicht ihr Gemüt und *wie* wenig sie zu systematischem Denken befähigt waren; *wie sehr* sie an ihre unmittelbaren Lebensumstände gefesselt waren; *wie gering* ihr Fortschrittsdenken ausgeprägt war [44]. Darüber hinaus folgte Schoolcraft bei seinem Versuch,

---

[44] Die erste Druckfassung des Fragebogens erschien 1847 unter dem Titel *Inquiries Respecting the History, Present Condition, and Future Prospects of the Indian Tribes of the United States.* Mir lag die Ausgabe Phila-

die Fülle der Einzelinformationen zu ordnen und auszuwerten, einem bestimmten Deutungsmuster für seine Studien, damit er und seine Mitarbeiter das gesamte Material überhaupt bewältigen konnten. Diese Methode stammte im wesentlichen von den schottischen Gesellschaftstheoretikern des 18. Jahrhunderts; sie berücksichtigte alle historisch-milieubedingten Faktoren einer Gesellschaft, und sie war auch die methodische Grundlage für eine Abhandlung im 4. Band der Werke von Samuel Forrey: „Spezifische Merkmale bei Stämmen von amerikanischen Ureinwohnern". Der Verfasser folgt hier dem Werk eines englischen Gelehrten, der ganz in der Tradition der Schottischen Schule stand: James Prichard. In seiner „Naturgeschichte des Menschen" (1843) erhob er zum Prinzip, daß „Instinkte, Gewohnheiten sowie Wahrnehmungsfähigkeiten und Intellekt" von den jeweiligen Gegebenheiten und äußeren Bedingungen abhängen und daher auch nur in diesem Zusammenhang erfaßt werden können [45].

Im Grunde hat Schoolcraft eben doch gespürt, daß sein Verhältnis zu den ‚Unzivilisierten' von der Zivilisation geprägt war, was seinem Hauptwerk die Kohärenz verleiht. Seine einführende Bemerkung ist nichts anderes als ein Echo der Einleitung zu seinen zwölf Jahre zuvor erschienenen „Untersuchungen":

Trotz aller Charaktermängel haben die Indianerstämme einen Anspruch auf die besondere Beachtung durch uns, denen es erfolgreich gelang, die Territorien in Besitz zu nehmen, die einst ihnen gehörten. Sie sind ein Zweig der menschlichen Rasse, dessen Geschichte sich in den frühen, wildwüchsigen Mutationen der menschlichen Entwicklung verlor. Wir entdecken bei ihnen viele edle, selbstlose Züge. Die schlichte Klarheit ihrer

---

delphia, 1851, vor, die als Beigabe zur Endfassung des sechsbändigen Berichts erschien.

[45] *Historical and Statistical Information* (Philadelphia, 1851–1857), IV, S. 365. Forrey zitiert hier Prichard, ed. (London, 1848), S. 74 f. In seinen früheren *Researches into the Physical History of Man* (London, 1813; S. 41, Anmerkung) hatte Prichard eingestanden, daß er Samuel Stanhope Smiths Ansicht über den selektiven Einfluß von kulturellen Normen auf die menschliche Evolution folge. Zudem gab es sicherlich so etwas wie einen internationalen Austausch unter den anglo-amerikanischen Gelehrten der Schottischen Schule.

Redekunst weckt Bewunderung. Kein Volk hat jemals größere Prinzipientreue bewiesen zu allem, was sie für Kardinaltugenden halten [...].

Der Indianer ist fehlgeleitet durch seinen Glauben, daß alle Naturerscheinungen Götter seien, und er versteht nicht das Prinzip, daß man durch Arbeit zu Glück und Wohlstand kommt; er irrt mit seinem Verständnis von sozialen Pflichten im Leben und irrt doppelt mit seiner Vorstellung vom Jenseits – und dennoch beweist er die edelsten Regungen des menschlichen Herzens, wenn er so eindrucksvoll die getreuliche Fürsorge aufzeigt, die ein Vater seinem Kind entgegenbringt und die ganze Gemeinschaften von Waldbewohnern mit dem unauflöslichen Band der Brüderlichkeit verbindet [46].

Schoolcraft kehrt in dem Wirrwarr seines Hauptwerks immer wieder zu seiner Grundauffassung vom Geist und Charakter der Wilden zurück. Der erste Band bietet im wesentlichen einen Überblick über die indianische Frühgeschichte und eine allgemeine Beschreibung der zeitgenössischen Indianer. Bei seiner Behandlung der „geistigen Fähigkeiten" des Indianers spricht Schoolcraft von Animismus und einer daraus entstandenen Vielgötterei; beides bringe eine Ordnung – oder besser: ‚Un-Ordnung' – in das Leben des Indianers, die einer fortschrittlichen Entwicklung entgegenstehe [47]. Im zweiten Band und den folgenden beschäftigt er sich zunehmend mit einzelnen Stämmen. Dennoch ergeht er sich im zweiten Band ausführlich über den verderblichen Einfluß der Jagd auf das Lebensglück des Menschen. Für ihn bedeutet der Entwicklungsstand der Indianer unzweifelhaft einen Abstieg aus einer gottgewollten Agrarkultur; er sieht die Indianer als Nomaden, die nach Amerika einwanderten, wo „[...] der Kontinent so beschaffen war, daß er den menschlichen Geist von verstandgeleiteter Tätigkeit, vom Handwerk und regelmäßiger Arbeit, zur Unstetigkeit verleitete, zu rein körperlicher, grober Betätigung" [48]. Er füllt den Band mit Zahlen und Fakten und schließt mit einer Abhandlung über die „Vorteile des Ackerbaus für die menschliche Rasse"; darin folgert er, daß „Arbeit, Gesetz und Handwerk den Sieg davontragen müssen

[46] *Ebd.*, I, S. ix f.
[47] Siehe hierzu vor allem *ebd.*, I, S. 15, 29–42.
[48] *Ebd.*, II, S. 46 f.

und in Amerika wie in Europa auch tatsächlich davongetragen haben" [49]. Der dritte, vierte und fünfte Band sind nach dem Muster des zweiten angelegt. Man findet eine Überfülle von Zahlen und Daten zu den einzelnen Stämmen, die der Verfasser mit resümierenden Kommentaren versehen hat, um sie seinem Gesamtkonzept einzupassen. Der sechste Band schließlich, ein historischer Überblick über die nordamerikanischen Indianer, enthält ein Kapitel mit der Überschrift „Der Indianer: betrachtet als ein außerhalb der Gesellschaft stehender Mensch"; dort kommt Schoolcraft auf das Hauptthema der gesamten Studie zu sprechen: Elf lange Jahre nach seinen „Mitteilungen über die Irokesen" ist sein damaliger Optimismus geschwunden; hier gesteht er jetzt ein, daß es dem Indianer nicht gelungen ist, ein zivilisierter Mensch zu werden. Schoolcraft beteuert, daß man vom Indianer nicht zu viel verlangt habe, – nur den Abschied von seinem Jägerdasein. So verdient der Indianer Mitleid und zugleich Tadel, denn:

Der Mensch wurde nicht erschaffen als ein Wilder, Jäger oder Krieger, sondern als ein Gärtner, Getreidebauer und Viehzüchter – als ein Schmied, als ein Musiker – als ein Knecht nicht der Sonne, des Mondes und der Sterne, sondern als ein Knecht Gottes. In diesem Punkt irrten die Griechen und Römer: Der Naturzustand des Wilden ist ein Abstieg von diesem Idealtypus. Das zivilisierte, soziale Stadium war das dem Menschen ursprünglich zugedachte Gesellschaftsmuster, und deshalb war es gerechtfertigt, die Rückkehr dorthin zu fordern [50].

Abschließend bezeichnet Schoolcraft den Naturzustand der Wilden als so verabscheuungswürdig, daß er aus der Menschheitsgeschichte getilgt werden muß. Dies ist vielleicht die logische Konsequenz des Gedankengangs, dem wir bis hier gefolgt sind: Zunächst mußte der Wilde in die Geschichte zurückgeholt werden – und dann wieder aus ihr verdrängt. Für die Schottische Schule im 18. Jahrhundert und für die Amerikaner in ihrer Nachfolge war der Naturzustand (oder die Barbarei) das früheste und niedrigste Stadium der gesellschaftlichen Entwicklung und – rein vom Ablauf her gese-

[49] *Ebd.*, II, S. 520.
[50] *Ebd.*, VI, S. 27.

hen – nichts weiter als ein präzivilisatorischer Zustand. Bei Schoolcraft aber ist der Naturzustand einfach identisch mit ‚Unzivilisiertheit'. Wenn Mitleid keine Resultate bringt, bleibt kaum etwas anderes übrig als Tadel und Bestrafung – und der Indianer muß sterben, weil man sein unzivilisiertes Dasein nicht „Leben" nennen kann.

Nach unserem Verständnis allerdings strafen die in Schoolcrafts Hauptwerk dargebotenen Materialien das aufgezwungene Etikett vom schlechthin unzivilisierten Dasein Lügen. Die vielschichtigen Zusammenhänge der indianischen Bräuche und Wesensmerkmale, der Reichtum des indianischen Legendenschatzes und des Glaubens wie auch die zähe Genügsamkeit der indianischen Kulturen werden – bei genauer Betrachtung – in diesen sechs Bänden nicht anders dargestellt als in den meisten schon früher erschienenen Untersuchungen über den Indianer. Die Bände der „Historischen und statistischen Angaben" offenbaren nur, wie sich Faktenmaterial bestimmten Schlußfolgerungen entzieht, wie zum Beispiel Schoolcrafts Indianer aus ihrem Glauben Sinn und Verheißung, Begründungen für das Leben und Sterben gewinnen, mit denen er sich nicht zufrieden geben kann, weil er sie nicht begreift. Das Chaotische des Werks mag daher auch auf das Mißverhältnis zurückzuführen sein zwischen den aus der Lebenswirklichkeit gewonnenen Fakten, die sich gegen den Zugriff der üblichen Betrachtungsweise widerspenstig sperren, und einer Geisteshaltung, die behauptet, eben den richtigen Zugriff zustande gebracht zu haben. Eine angemessene Betrachtung war für Schoolcraft eine Frage des Glaubens an sich selbst, an sein Werk und an die Menschen, um deren Rettung er sich bemühte. In seinen Augen mußte das Werk in der Hauptsache eine überwältigende Erkenntnis bringen: den glorreichen, endgültigen Nachweis für den Sieg der Zivilisation über den Naturzustand.

Einige Zweifel plagten ihn nur im Hinblick auf seine nüchterne Akribie, besonders im Bereich des indianischen Glaubens. Das Dunkle und Unergründliche der zusammengetragenen Legenden beunruhigte ihn. Doch trotz seiner Bedenken konnte Schoolcraft gerade diese Rätselhaftigkeit als Argument dafür verwenden, daß sie es immer unwahrscheinlicher machte, den Indianer zivilisieren zu können, und daß der Indianer daher im Grunde genommen kaum noch dieser Mühe wert war [51]. Keinerlei Zweifel hegte Schoolcraft allerdings im Hinblick auf die Sinnerschließung der Fakten; hier war er sich seiner Sache absolut sicher. Das war wohl der Endpunkt einer Entwicklung, eine abschließende Episode in der Geschichte einer Überzeugungsrichtung. Es ist bezeichnend, daß – ungeachtet der eigentlichen Absicht in Schoolcrafts Hauptwerk, den Weg zur Rettung des Indianers zu bereiten – der Einband der ersten Ausgabe mit einem goldgeprägten Bild verziert war, das einen im Staube liegenden Siedler zeigt – und über ihm ein grimmig blickender Indianer, fluchtbereit mit einem Messer in der Rechten und dem Skalp des Siedlers in der Linken. – Sogar zu Schoolcrafts Lebzeiten war es offensichtlich eher noch die Zivilisation, die es zu retten galt.

4

Nach Schoolcraft gab es über den Indianer und die ihm wesenseigene Wildheit in dieser Form nicht mehr viel zu sagen. Allerdings bestand dafür auch keine Notwendigkeit mehr, nachdem man den Indianer faktisch und theoretisch ‚erledigt‘ hatte. Man war der Ansicht, daß es nur noch den neueren Grenztyp geben werde: die Ackerbaugrenze, an der indianische Überfälle mehr und mehr Gegenstand phantastischer, verworrener Erzählungen aus dem fernen Westen wurden. Der Fortschritt würde sich fortan als Aufgabe gestalten, das Land in Farmen und Städte zu verwandeln und die Menschen auf diesen Farmen und in diesen Städten mit allen Privilegien eines freien amerikanischen Bürgers zu versehen. Der Indianer hatte in Theorie und Realität bewiesen, daß er daran nicht teilhaben konnte. Zugleich aber gab es immer noch vergleichbar umfangreiche Materialsammlungen wie die von Schoolcraft, und es wurden weiterhin immer neue Materialien, neue Daten, Fakten und neue Beweise angehäuft. Was konnten die Amerikaner damit anfangen?

[51] *Ebd.*, I, S. vii f.

Sie konnten natürlich in Schoolcrafts Fußstapfen treten, und einige wenige Verfasser taten dies auch ausdrücklich [52]. Meist sahen sich allerdings die Nachfolger, die sich mit der Indianerfrage genauso ernsthaft wie Schoolcraft beschäftigten, allein schon durch die Fülle der Gegenbeweise und durch die Widersprüchlichkeiten in Schoolcrafts Werk dazu gezwungen, über ihn hinauszugehen. Sie spürten, daß sie wiederum nur von neuem beginnen konnten. Einer von ihnen gab die allgemeine Ansicht wieder, als er im Jahr 1868 im Rückblick auf Schoolcrafts Hauptwerk schrieb: „Bei der von der Regierung in Auftrag gegebenen Studie über die Indianer [...] traf man eine unglückliche Wahl mit diesem Herausgeber. Die Studie ist ein Monument amerikanischer Überspanntheit und Oberflächlichkeit. Schoolcraft war ein Mann von mäßiger Bildung und mit billigen Vorurteilen, pompös im Stil und ungenau in der Bewertung. Die in dem Werk enthaltenen Informationen der ursprünglichen Beobachter sind oft wirklich wertvoll, aber die allgemeinen Betrachtungen zu Geschichte und Glaube der Ureinwohner sind ohne tieferen Gehalt.“ [53] Nun mußte man sich einer größeren Objektivität befleißigen und tiefer in die Materie eindringen. Nach 1850 war man dann in der Lage, dem Indianer mit einer Objektivität zu begegnen, die zehn, zwanzig oder dreißig Jahre zuvor nicht möglich gewesen war; inzwischen konnte man objektiv über ein Geschöpf urteilen, das man bis dahin auf den Status einer auf Studienreisen aufgelesenen seltenen Spezies erniedrigt hatte. Man konnte sich nun auf eine wissenschaftliche Untersuchung zubewegen und Mitleid und Tadel hinter sich lassen.

Am Anfang dieser Entwicklung können wir – wenn auch zunächst nur vage – den Anfang vom Ende der Vorstellung vom Naturzustand und damit der Betrachtung des Indianers als eines Wilden erkennen.

---

[52] So z. B. John DeForest, *History of the Indians of Connecticut* [1851] (Hartford, 1852), Kap. I; Minnie Myrtle, *The Iroquois; or, The Bright Side of Indian Character* (New York, 1855); Col. R. B. Marcy, *Thirty Years of Army Life on the Border* (New York, 1866).

[53] Daniel G. Brinton, *The Myths of the New World* [1868] (New York, 1876), S. 41.

Als der Indianer zum Betätigungsfeld gelehrter Zirkel wurde, die eigens für diese Thematik gegründet worden waren, betrachtete man ihn bald – gerade so wie eine tote Sprache – als ein eigenes Forschungsgebiet. Als sich die „Amerikanische Ethnologische Gesellschaft“ im Jahre 1842 konstituierte, lieferten ihre Mitglieder zur wissenschaftlichen Behandlung des Indianers eine Serie von ‚Sitzungsberichten‘. Bei der Gründung der „Smithsonian Institution“ im Jahr 1846 ersuchte man die beteiligten Wissenschaftler besonders um die Ermittlung von Informationen über den Indianer – und zwar auch unter dem Aspekt ihrer „spezifischen Geschichte, der vergleichenden Literaturwissenschaft etc.“ – und um eine Darstellung in Form von „Protokollen“ [54]. Schließlich wurde die Tätigkeit des 1879 unter der Leitung des bedeutenden Ethnologen John Wesley Powell ins Leben gerufenen „Bureau of Ethnology“ mit der der „Smithsonian Institution“ koordiniert, und eine Gruppe von Spezialisten wurde mit der Bearbeitung von Einzelthemen beauftragt. Die Weichen für die uns heute bekannte Form der amerikanischen Anthropologie und Ethnologie waren gestellt. Der Schwerpunkt bei der Forschungstätigkeit lag – dem Selbstverständnis dieser Organisationen entsprechend – bei der deskriptiven Methode. Unter der Leitung von Powell begann das „Bureau of Ethnology“ mit der Veröffentlichung von ‚Jahresberichten‘. Sie sollten mit ihren Sammlungen und Zusammenstellungen die Fakten objektiv als Fakten vermitteln (was auch meist gelang).

Doch sogar in dieser Zeit, als sich zahlreiche Wissenschaftler der modernen Erforschung des Indianers näherten und ihn als den Normalfall eines komplexen und diffizilen Geschöpfes mit einer eigenständigen und beachtenswerten Zivilisation zu erkennen begannen, betrachteten sie ihn weiterhin als ein buchstäblich primitives Wesen, dessen Lebensart im Vergleich zur ihrigen scheinbar längst vergangenen Zeiten angehörte. Wie zuvor bemühten sie sich um ein historisches Verständnis dieser Lebensart in ihrem Verhältnis zur lang andauernden Evolution des Menschen hin zur Blüte der Zivilisation. Es würde den Rahmen dieser Studie sprengen, Kontinuität und Transformation der Vorstellung vom Wilden in

---

[54] *Smithsonian Institution Contributions,* I (1848), S. vi.

eine Vorstellung vom Primitiven angemessen darzulegen. Dennoch müssen wir wenigstens einen Blick darauf werfen, wie und warum die Betonung der Evolution in der neuen wissenschaftlichen Theorie über das Primitive so reibungslos aus ihrem Vorläufer – der historisch-moralischen Sichtweise in der Theorie über den Wilden – hervorgehen konnte.

In den frühen Arbeiten von Lewis Henry Morgan ist sowohl diese Kontinuität als auch schon die Transformation zu erkennen. *The League of the Iroquois* (1851) wurde schon von den Zeitgenossen als „die überhaupt erste wissenschaftliche Darstellung des Indianers" gepriesen[55]. – Darin beschreibt Morgan ein Volk, dem „der oberste Rang unter den indianischen Rassen zukommt, die auf diesem Kontinent ein Jägerdasein führen." Ausgehend von der These, daß der Fortschritt eines Volkes in einem „direkten Verhältnis" zur Weisheit der Institutionen [steht], die seinen Charakter prägten", glaubt Morgan, die Irokesen vollständig zu durchschauen. Obwohl er aber ihre Landwirtschaft genau kennt, betont er, daß die „Jägerkultur sie an den Naturzustand des Wilden „gekettet" habe und daß der Bedarf nach gemeinsam nutzbarem Jagdrevier sie davon abhielt, sich privaten Landbesitz zu verschaffen und eine fortschrittliche Gesellschaftsform zu entwickeln, die durch Privatbesitz möglich geworden wäre. Die von den Irokesen gegründete Liga habe diese Entwicklung nur teilweise und zudem nicht rechtzeitig genug kompensieren können, so daß sie keine wirkliche Chance hatten, eine Zivilisation hervorzubringen, die imstande gewesen wäre, die Ankunft der Weißen lange zu überdauern[56].

Morgans Hauptanliegen im „Irokesenbund" betrifft – wie der Titel bereits signalisiert – die Herrschafts- und Organisationsform der Irokesen. Diese stellt er als eine Institution dar, die die Kultur

---

[55] So äußerte sich Powell. Vgl. Panchanan Mitra, *A History of American Anthropology* (Calcutta, 1933), S. 111.

[56] Lewis Henry Morgan, *League of the Ho-Dé-No-San-Nee, or Iroquois* (Rochester, 1852), S. 54–59. Zu Morgans Beharren auf seine Feststellung, daß die Irokesen – ungeachtet ihres offenkundigen Farmerlebens – als Jägerkultur anzusehen seien, vgl. Bernhard Stern, *Lewis Henry Morgan, Social Evolutionist* (Chicago, 1931), S. 64.

der Irokesen zugleich behindert wie auch deren Errungenschaften gefördert hat. Nach der These, daß Herrschaftsformen sich von der Monarchie über die Oligarchie zur Demokratie entwickeln, kann er feststellen, daß die Irokesen als höchstentwickeltes aller Jagdvölker in Amerika zum Zeitpunkt der Ankunft der Weißen das zweite Stadium erreicht hatten. Anschließend gibt er seine Bewertung ihrer Gesellschaftsform ab:

Die Institutionen, die man in einem politischen System wie dem der Irokesen erwarten könnte, wären zwangsläufig schlichter Natur. Aufgrund ihrer Lebensweise und ihrer eingeschränkten Bedürfnisse, des Fehlens von Privatbesitz in einem mit unseren Verhältnissen vergleichbaren Sinne sowie der Seltenheit von Verbrechen konnten sie ohne den mit dem Schutz einer zivilisierten Gesellschaft verbundenen gesetzgeberischen und bürokratischen Aufwand auskommen. Wenn es daher unsinnig wäre, von einer solch unterentwickelten Existenzform hohe Geistesgaben zu erwarten, die erst durch Jahrhunderte der Kultivierung hervorgebracht werden, dann wäre es ebenso unsinnig, dem Charakter des Indianers einen grundsätzlichen Mangel an allen vornehmeren Begabungen zu unterstellen, die die menschliche Rasse adeln. Auch wenn er niemals durch einen Beitrag oder eine Entdeckung die Wissenschaft förderte, auch wenn er im Laufe der Jahrhunderte genauso viel verloren wie gewonnen hat, verfügt er doch über gewisse geistige Vorzüge, die auch weiterhin im Glanze einer natürlichen Vollkommenheit erstrahlen. Seine schlichte Würde, seine Großherzigkeit, seine uneingeschränkte Gastfreundschaft, seine Wahrheitsliebe und – allem voran – seine unerschütterliche Treue, die ihm angeboren ist und an seinem Charakter so auffällig hervorsticht, daß man sie nicht zu Unrecht als dessen grundlegenden Wesenszug anerkannt hat: all diese Eigenschaften sind Zierden der Menschlichkeit, die weder durch Kunstgriffe der Erziehung eingegeben noch durch zivilisatorische Läuterungen verliehen werden können. Wenn sie überhaupt existieren, dann nur deshalb, weil sie als göttliche Gaben niemals verfälscht wurden.

Allerdings war die indianische Gesellschaft durch einen fatalen Mangel gekennzeichnet: Fehlen einer fortschrittlichen Gesinnung. Generation auf Generation folgte demselben Kreislauf von Kurzweil, Arbeit, Kampf, Jagd und häuslichem Umgang. Es gab weder Fortschritt noch Erfindungen noch ein Reifen politischer Einsicht. Die alten Formen wurden gewahrt, die alten Bräuche weiterhin gepflegt. Was sie in einem Punkt erreichten, verloren sie wieder in einem anderen, so daß die nächstfolgende Generation nicht weniger unwissend war als die vorhergehende. In mancher Hinsicht waren die Irokesen ihren roten Nachbarstämmen überlegen. Sie hatten sich beim Aufbau ihrer Institutionen bemüht, dafür eine breitere Grundlage zu schaffen, und bald schon taten sich befähigte Leute hervor, als ihr politisches System Fortschritte machte. Wenn ihr indianisches Reich seine eigenen Ziele verwirklicht hätte, wäre es dennoch fraglich gewesen, ob die neugewonnene große Macht und ihre geistigen Fähigkeiten, die sie durch vielfältige neue Aufgaben entwickelt hätten, zusammengenommen ausreichten, um ein Volk von der Kulturstufe des Jägers auf das Niveau einer Agrarkultur anzuheben. Das Stadium des Jägers ist der Ursprung der menschlichen Gesellschaft, und solange der rote Mann in diesem Zauberbann gefesselt blieb, gab es keine Hoffnung auf Weiterentwicklung[57].

Zweifellos ist „Der Irokesenbund" nicht in erster Linie mit dieser Art von Interpretation und Bewertung befaßt, sondern eher einer auf Vollständigkeit bedachten deskriptiven Erfassung der Irokesen-Gesellschaft und ihrer Funktionsfähigkeit verpflichtet – und besonders das letztgenannte Thema weist den Verfasser als bedeutenden Ethnologen aus. Darüber hinaus konnte er vieles von dem, was er hier zu den Irokesen bemerkte, später – in seiner „Vorzeitlichen Gesellschaft" (1877) – auf alle „frühen" Kulturen ausweiten. Dennoch müssen wir uns – aus unserer besonderen Perspektive – klarmachen, daß auch bei ihm altbekannte methodische Ansätze eine Rolle spielen. In der zitierten Textpassage ist es die Vorstellung vom Naturzustand, die er kenntnisreich vergleichend und auf komplexe Weise darlegt – aber im Grunde doch auch nur in der Form, die schon seine Vorgänger gewählt hatten. Morgan kann deswegen den Irokesen gerecht werden und gleichzeitig an das Prinzip von Mitleid und Tadel anknüpfen, weil er ihnen als Wilden gerecht werden und ihren Naturzustand in ein angemessenes Verhältnis zu seiner eigenen Zivilisation setzen kann.

In späteren Stadien der Erforschung der Indianer und anderer primitiver Gesellschaften bemühte sich Morgan zunehmend, primitive Völker nach ihrem eigenen Verständnis – und nicht nach dem seinigen – zu deuten; er strebte eine größtmögliche Objektivität an; er wollte ein sinnvoll in Beziehung gesetztes Ganzes beschreiben

[57] *League*, S. 141 ff. Vgl. auch S. 347 f., wo Morgan die Religion der Irokesen in ähnlicher Weise erörtert.

und nicht nach vorgefaßten Urteilen aus dem Zusammenhang gerissene Details [58]. Darüber hinaus befreite ihn die Methode der darwinistischen Evolutionslehre (in der von Herbert Spencer interpretierten Form) von einigen normativen Tendenzen früherer Untersuchungen, an dic er sich offensichtlich anlehnt. So sah er zum Beispiel keine Veranlassung, den Satz der christlichen Lehre gutzuheißen, nach dem die Kulturstufe der Wilden das Ergebnis einer „dem Sündenfall nachfolgenden Entartung" [59] gewesen sein soll – um mit Schoolcraft zu sprechen: ein „Abstieg von einem Idealtypus". Morgan wandte sich ausdrücklich gegen eine solche Annahme und entzog damit der bisherigen Übung, eine historische Darstellung mit einem moraltheologischen Werturteil gleichzusetzen, ein wesentliches Standbein. Trotz allem übernahm Morgan die Ergebnisse eben dieser früheren Methode von Darstellung und Werturteil und stützte sie durch seine objektive Deskription und durch seine vergleichende Evolutionstheorie. Bei aller angestrebten Objektivität gelang es ihm – mit den Worten eines Kritikers im 20. Jahrhundert – dennoch nie, „sich einfühlsam in eine fremde Mentalität hineinzuversetzen, was doch von der Anthropologie zu fördern erwartet wird" [60]. Das mochte davon herrühren, daß er immer noch einer Tradition verhaftet war, die ständig ihre eigene Unabhängigkeit im Gegensatz zur Mentalität des Wilden feierte.

Was an Morgans Werk für den Ethnographen und Anthropologen heute noch von großem Wert ist, sind seine brillanten Beschreibungen der Irokesen-Kultur. Dies gilt im Bereich der Gesellschaftstheorie auch für seine vergleichenden, grundlegenden Darstellungen der kulturellen Evolution. Für uns von Bedeutung ist allerdings die Tatsache, daß er seinen Darstellungen und Beschreibungen die Vorstellung vom Naturzustand – und alle Konsequenzen dieser

---

[58] Stern, *Lewis Henry Morgan,* S. 65.

[59] Vgl. Morgans *Ancient Society* (New York, 1877). Siehe hierzu Leslie A. White, „Lewis Henry Morgan: Pioneer in the Theory of Social Evolution", *An Introduction to the History of Sociology,* ed. Harry Elmer Barnes (Chicago, 1948), S. 140.

[60] Robert Lowie, „Evolution in Cultural Anthropology", *American Anthropologist,* XLVIII (1946), S. 225.

Vorstellung – zugrunde legte. Der Unterschied zwischen seinem Werk und dem seiner Vorgänger besteht hauptsächlich in einem Punkt: Während bei ihm der Indianer im Grunde nur dazu dient, einige Beweise für eine allgemeine Evolutionstheorie des Fortschritts zu liefern, betrachteten seine Vorgänger den Indianer *selbst* als diesen Beweis. Es ist der Unterschied zwischen einem Menschen, der eine Überzeugung hat, und einem, der von einer Überzeugung besessen ist. Wie wir gesehen haben, kann Morgans Werk sehr wohl ohne den Einfluß der Vorstellung vom Naturzustand auskommen – nicht aber das Werk seiner Vorgänger.

5

Das Jahr 1851 mag als Datum schließlich so gut wie jedes andere dazu dienen, das Ende der Vorstellung vom Naturzustand und vom amerikanischen Wilden zu markieren; denn in diesem Jahr erschienen zum einen die ersten Bände von Schoolcrafts „Historischen und statistischen Angaben", worin den Wilden und ihrem Naturzustand kaum eine Existenzberechtigung eingeräumt wird angesichts der Fakten, die ihre Daseinsberechtigung leugnen, zum anderen Morgans „Irokesenbund", mit dem die Wilden und ihr Naturzustand von einer allgemeinen Theorie des Fortschritts so vollständig absorbiert werden, daß sie ihre Eigenidentität und ihre Eigenbedeutung verlieren.

V

Eine unüberbrückbare Kluft:

Das soziale und historische Bild des Indianers

Auch wenn sich die Einstellung der Amerikaner gegenüber dem Indianer zumindest auf den impliziten Vergleich zwischen dem Leben der Wilden und der Zivilisierten gründete, entstand doch ein Großteil ihres Selbstverständnisses aus dem expliziten Vergleich beider; denn der Amerikaner vor 1850 – der sich selbst als einen neuen Menschen betrachtete, der eine neue Welt erschuf – war besessen davon, zu erforschen, wer und was er war und wohin ihn sein Weg führte; er wollte das Besondere der Gesellschaft, in der er lebte, benennen können und ihre Vergangenheit und Zukunft in Erfahrung bringen. Eine Möglichkeit zur Beantwortung aller Fragen bestand darin, sich mit dem Indianer zu vergleichen, der als ein Wilder die Vergangenheit beherrscht, aber keine Zukunft mehr vor sich hatte. Am Ende wurde der Indianer zur Verkörperung eines Menschen, der außerhalb der Geschichte und außerhalb der Gesellschaft stand.

Der Amerikaner stammte aus Westeuropa, und von dort hatte er die alte, aber immer noch gültige Auffassung mitgebracht, daß das einfachere Leben des Wilden ein gutes, frommes und daher erstrebenswertes Leben sei. Als zivilisierter Mensch, der nun Auge in Auge dem Wilden gegenüberstand, überprüfte er diese Auffassung in der Theorie und in der Praxis, um sie schließlich als teilweise verlockend, teilweise amüsant, meist jedoch als rätselhaft anzusehen. Er maß die Bedeutung des Wilden an seiner eigenen vorbildlichen Gesellschaft, und er konnte am Ende immer wieder nur den Wert dieser Gesellschaft und seiner selbst – der in ihr zu blühender Entfaltung gelangen konnte – hervorheben. Der Befund, daß sich seine Argumente wiederholt im Kreise drehen, ist für uns von Bedeutung, weil er die wachsende Gewißheit des Amerikaners in dieser Frage verdeutlicht, die sein Selbstverständnis ebenso förderte wie sein Selbstbewußtsein und daher schließlich auch den westwärts gerichteten Expansionskurs des amerikanischen Imperiums.

1

Das Verlangen des Amerikaners, sich mit den ihm bekannten Indianern zu vergleichen, wurzelte ebenso tief in ihm wie sein Selbstverständnis. Eine bedeutsame westeuropäische Tradition des Denkens und Fühlens war der Primitivismus – die Vorstellung, daß andere, einfachere Gesellschaften ein auf irgendeine Weise zufriedeneres Dasein führten als die eigene. Von dieser Vorstellung geleitet, wünschte man, eine solche Gesellschaft und die in ihr lebenden Menschen zu suchen und zu finden: Man wünschte den edlen Wilden aufzuspüren. Die Entdeckung Amerikas kam diesem Wunsch entgegen: Man traf sehr viele Wilde an; die Frage war nur: Wie ‚edel' waren sie? Einerseits wurde die Entwicklung einer streng antiprimitivistischen Denkrichtung in Gang gesetzt. Diese Strömung nährte auf direktem Wege das amerikanische Verständnis vom Indianer, das die Vorstellung vom Naturzustand der Wilden hervorbrachte. Andererseits entstand eine primitivistische Denkrichtung, die den amerikanischen Indianer in das Werk europäischer Gesellschaftskritiker entführte. Seit dem Zeitpunkt, als der Indianer zu dem edlen Wilden wurde, der theoretisch all das Gute verkörperte, das allen Menschen zum Vorbild gereichen sollte, wurde er als reales Wesen von den Primitivisten des 17. und 18. Jahrhunderts immer weniger ernsthaft wahrgenommen: Jetzt ging es nur noch um die Frage, welchem Ideal die Europäer folgen sollten. Man wollte den Teil des primitiven Seins wiederentdecken, den die Zivilisation korrumpiert hatte, und dabei die Mängel der Zivilisation bloßlegen.

Auf diese Weise kam eine primitivistische Denkrichtung der Gesellschaftskritik nach Amerika, die bereits vollständig ausgereift war – und ohne jegliche ernsthafte Beschäftigung mit realen Wilden auskam. Der Kunstgriff der Amerikaner bestand darin, diese

Denkrichtung beizubehalten, obwohl sie den wahren Primitiven buchstäblich vor Augen hatten. Dieser Kunstgriff wirkte manchmal komisch, oder er mißlang ganz einfach. Wer sich seiner ernsthaft bedienen wollte, stürzte sich nur selbst in Verwirrung. Nach diesem Intermezzo waren die echten Primitiven als Wilde vertraut genug geworden, um schon durch ihre bloße Existenz eine neue kritische Denkrichtung ins Leben zu rufen. Bald schon entwickelte sich eine antiprimitivistische Kritik, die kaum etwas anderes tun konnte, als den Ruhm der amerikanischen Zivilisation und des nach Westen vorstürmenden amerikanischen Fortschritts noch zu erhöhen, denn die Kräfte, die die Vorstellung vom Naturzustand formten, machten zugleich die Vorstellung vom edlen Wilden zunichte und trieben alle, die dennoch an ihr festhielten, als Radikaldenker ins Abseits.

In den literarischen Zeitschriften des 18. Jahrhunderts, die selbst nur zweitklassige Nachahmungen ihrer englischen Vorbilder waren, erschien der edle Wilde zum erstenmal als Kritiker der amerikanischen Gesellschaft. Eines von vielen ähnlichen Beispielen soll genügen [1]: der „Brief eines Indianer-Häuptlings an seinen Freund

[1] Beispiele sind: „Instances of Indian Fidelity", *Massachusetts Magazine,* III (1791), repr. in *American Museum,* X (1791), S. 27 f.; „A Dialogue Betwixt Mercury, an English Duellist, and a North-American Savage", *New York Magazine,* III (1792), S. 175 ff.; „The Savage and the Civilized State Compared", *South-Carolina Weekly Museum,* I (1797), S. 456–459. Das eine oder andere hiervon mag ein Nachdruck aus englischen Zeitschriften sein. Es ist mir allerdings nicht gelungen, irgendwelche Vorbilder ausfindig zu machen, wobei ich gestehen muß, daß ich es nicht für ausgesprochen dringlich hielt, besonders intensiv nach ihnen zu suchen. Wie auch immer: Es ist schwer, sie von ihren englischen Gegenstükken zu unterscheiden. (Zu dem letzteren siehe Benjamin H. Bissell, *The American Indian in English Literature of the Eighteenth Century,* Yale Studies in English, LXVIII [New Haven, 1925], besonders S. 33–77; und Hoxie Neale Fairchild, *The Noble Savage* [New York, 1928], besonders S. 23–171.) Ein Beispiel für ein englisches Gegenstück, das jedem amerikanischen Leser und Nachahmer ohne weiteres zugänglich war, ist Dr. Johnsons „An Indian Speech" (*Idler* No. 81), repr. in *Lady's Magazine and Repository of Useful Knowledge,* III (1793), S. 268 f.

im Staate New York", erschienen 1789 in der Zeitschrift *American Museum*[2]. Darin erörtert der Häuptling die relative Zufriedenheit der zivilisierten Menschen und der Indianer. Da er unter den Weißen aufgewachsen ist, glaubt er sie gut genug zu kennen. Bei ihnen „steht die Zufriedenheit des Volkes ganz unter dem Zeichen der imperialen Pracht; daraus gehen die Gesetzesbücher eures Zivil- und Strafrechts ebenso wie eure Kerker und Gefängnisse hervor". Der Indianer braucht keine solchen Gesetzestexte; er verehrt einfach das, was der ‚Große Geist' in das Herz eines jeden vernunftbegabten Geschöpfes geschrieben hat. Darum gibt es in seiner Gesellschaft keine Gerichtshöfe, keine „ruhmreichen Schurken", keine selbstgefälligen Reichen, auch nicht die von der Zivilisation erzeugten künstlichen Bedürfnisse und Ängste. So fordert der Häuptling schließlich:

> Wenn ihr schon immer weiter diesem Treiben folgt, hört auf, euch selbst als Christen zu bezeichnen, auf daß ihr nicht eure eigene Heuchelei in aller Welt verkündet. Hört auf, andere Völker als Wilde zu beschimpfen, denn ihr seid zehnmal mehr Kinder der Grausamkeit als sie.

Diese primitivistische Kritik zielte – wie andere Kritiken, die ebenfalls der fortbestehenden Denkrichtung zugehörten – darauf ab, den Menschen dazu anzuhalten, seiner wahren zivilisierten Natur gemäß zu leben. „Wahrhaft zivilisiert" hieß nun so viel wie „einfacher", „weniger gekünstelt", „der eigenen Vernunft gehorchend", „aufgeklärt". Man hatte aus der Theorie, aus dem Wunschdenken und aus der Lektüre des Theoretisierens und Wunschdenkens von Reisenden schließlich vom Indianer das Bild eines widersprüchlichen Menschen gewonnen, der deswegen zivilisiert war, weil er sich nicht von der Zivilisation hatte korrumpieren lassen: Das war das herkömmliche Bild vom edlen Wilden.

In Amerika mußte dieses herkömmliche Bild jetzt gegen ein anderes abgegrenzt werden, das man für die wirkliche Lebensweise des Wilden und ihre Zersetzung durch die Zivilisation hielt. Zwei-

[2] „Letter from an Indian Chief to his Friend in the state of New York", *American Museum,* VI (1789), S. 226 f., nachgedr. in *Weekly Magazine,* III (1789–1790), S. 50 f.

fellos war auch dieses andere Bild von der Realität nur das Produkt einer anderen Art von Theoretisieren und Wunschdenken, aber es stand damit in Einklang. Wenn ein Amerikaner Primitivist sein wollte, dann mußte er diese Realität auf irgendeine Weise umgehen.

Ein möglicher Ausweg bestand darin, den Primitivismus als Denkspiel aufzufassen, das man nach sportlichen Gesichtspunkten betrieb. Nur so konnte sich Benjamin Franklin auf die Seite des edlen Wilden und gegen die Zivilisation stellen. Wenn es bei der Expansion in Richtung Westen zu realen Auseinandersetzungen kam, konnte er zweifellos genauso viel Mitleid, Aufrichtigkeit und Nüchternheit zeigen wie jeder andere auch. Im Rückblick auf langjährgie Erfahrungen mit den Indianern schrieb er im Jahr 1787 an den Gouverneur von Georgia:

> Im Laufe meines langen Lebens und meiner vielfältigen Beschäftigung mit öffentlichen Fragen hatte ich den Eindruck, daß fast alle Kriege zwischen Indianern und Weißen durch irgendwelche Ungerechtigkeiten der letzteren gegen die ersteren ausgelöst wurden. Es ist ohne Zweifel schamlos von uns, mit ihnen um ihr Land zu streiten, weil sie doch im allgemeinen zu Verkäufen bereit sind und sogar günstige Angebote unterbreiten: Zudem ist ein Krieg mit ihnen ausgesprochen nachteilig für uns, weil dadurch regelmäßig große Abschnitte unserer Grenze ins Wanken geraten und die Bewohner dort in Not und Leid gestürzt werden; und darüber hinaus ist ein Krieg so teuer, daß es sehr viel billiger und auch gerechter wäre, ihr Land zu kaufen, als es ihnen mit Gewalt zu entreißen [3].

Hier offenbart Franklin eine Einsicht, die ihn befähigt, nicht nur das Unrecht der Weißen gegen die Indianer einzugestehen, sondern auch den Untergang der Indianer vorauszusehen. Darüber hinaus prangerte er in seinem „Bericht über die jüngst begangenen Massaker in *Lancaster County*“ (1764) das unmenschliche, barbari-

[3] Benjamin Franklin, *Writings*, ed. Smyth, IX, 625 f. Nach meiner Ansicht faßt dieser Brief anschaulich Franklins generelle Haltung gegenüber den Indianern zusammen. Siehe hierzu aber die umfassende und aus anderer Sicht urteilende Studie von Julian Boyd, „Dr. Franklin: Friend of the Indian“, *Journal of the Franklin Institute*, CCXXXIV (Juli–August 1942), S. 311–330.

sche Vorgehen pennsylvanischer Grenzsiedler an, die naive, friedliebende christliche Indianer niedermetzelten. Schließlich stellt er in seiner in Swift'scher Manier gestalteten „Beilage zum Boston Independent Chronicle" (1782) – in der es um eine grausame ‚Warenlieferung' von Skalps geht, die der englische Feind augenscheinlich von seinen indianischen Verbündeten als Gegenleistung für andere Lieferungen fordert – die Europäer genauso unmenschlich und barbarisch hin wie die Indianer. Auf diese Weise konnte er die unmittelbare Lebenswirklichkeit des Wilden zur Kenntnis nehmen und ihre Mängel bedauern, ohne diese Lebenswirklichkeit leugnen zu müssen.

Und trotzdem gelang es Franklin, die Tatsachen zu umgehen und – in der reinsten Form primitivistischer Denkweise – den Indianer als Instrument der Kritik an den wirklichen und möglichen Auswüchsen seiner eigenen zivilisierten Gesellschaft zu benutzen. In seinen *Remarks Concerning the Savages of North America* (1782) verspottete er die mondäne Welt von Paris und Passy. „Als Wilde bezeichnen wir sie deshalb, weil sich ihre Sitten von den unsrigen, die wir als die Vollendung der Zivilisation betrachten, unterscheiden; dasselbe glauben sie von ihren Sitten." Dies ist der Auftakt für alle seine späteren obligaten Lobgesänge auf die indianische Höflichkeit, die indianische „Konversation", den indianischen Glauben sowie auf die indianische Gastfreundschaft und Ehre [4]. Nichts davon ist ernst zu nehmen, sondern ganz offenbar nur ein Spiel, ein kauziger Einfall des guten alten Ben Franklin, mit Pelzmütze und allem Drum und Dran, der nur das zum Besten gab, was – wie er wußte – die französischen Damen von ihm erwarteten. Im Grunde wollte er nur daran erinnern, daß in der ‚feinen Gesellschaft' vielleicht doch nicht alles so fein war, wie es auf den ersten Blick scheinen mochte. Was wir hier besonders zur Kenntnis nehmen sollten, nachdem wir bereits Franklins Mitgefühl, seine Aufrichtigkeit und Nüchternheit kennengelernt haben, ist seine primitivistische Verspieltheit. Kein Indianer, mit dem man günstige oder ehrliche Ge-

[4] *Writings*, ed. Smyth, X, S. 97–104. Zu den vielschichtigen Beweggründen für dieses Stück siehe A. O. Aldridge, „Franklin's Deistical Indians", *American Philosophical Society Proceedings*, XIV (1950), S. 398–410.

schäfte abschließen konnte und der zugleich Opfer einer unmenschlichen Zivilisation war, tauchte in dieser primitivistischen Humoreske auf, weil er darin gar nicht auftauchen sollte.

Aber Hector St. Jean Crèvecœur, der sich solchen Träumen hingab, die Franklin zurückwies, brachte es nicht fertig, den Primitivismus nur als Spiel aufzufassen. Die Suche nach Utopia war ihm ein ernsthaftes Anliegen, und da er es unter zivilisierten Menschen nicht finden konnte, behauptete er mit Nachdruck, Utopia bei den unzivilisierten Menschen gefunden zu haben. Folglich mußte er in seinen *Letters from an American Farmer* (1782) einen Indianer neu erschaffen, der nicht mit dem identisch war, den er wirklich kannte [5]. Das heißt nichts anderes, als daß er den edlen Wilden erfinden mußte. Das rechtschaffene Leben – wie er zu Beginn seiner „Briefe" schildert – ist das des einfachen, robusten, aus Überzeugung unabhängigen Farmers und Fischers in Nantucket. Ein solches Leben (vor der amerikanischen Revolution) ist „zeitgemäß, friedvoll und allen Menschen zuträglich", die in Amerika „unerfahren gegenüber diesen feudalen Einrichtungen [sind], die so viele Menschen zu Sklaven gemacht [haben]" [6]. Der Indianer ist nur insofern ein Teil dieses gesunden, köstlich duftenden Landes und dieses von allein sich ordnenden Lebens, als er weit über diesen rohen Grenzern steht, die für den Farmer die eigentliche Bedrohung darstellen, und ein Mensch ist, der für alle Demütigungen Mitleid verdient. Schließlich ist er unter diesem Gesichtspunkt nichts weiter als ein guter Nachbar. Wenn sich allerdings ein Krieg ankündigt und der Farmer – selbst nur ein unbedeutender Mensch – sich in Streitigkeiten verwickelt sieht, die nicht er heraufbeschworen hat, dann entscheidet er sich für einen Kompromiß mit der indianischen Lebensweise:

---

[5] Siehe hierzu Howard Rice, *Le Cultivateur Américain* (Paris, 1933), S. 125 f.; und Ralph H. Gabriel, „Crèvecœur and His Times", in Crèvecœur, *Sketches of Eighteenth-Century America* (New Haven, 1925), S. 1 f.

[6] Hector St. Jean de Crèvecœur, *Letters from an American Farmer* [1782], Everyman's Library Edition, S. 11. Anm. d. Übers.: Deutsche Übersetzung von Johann Ephraim Götze, *Briefe eines amerikanischen Landmannes*, 2 Bde. (Leipzig, 1788). Sie enthält allerdings diese und die folgenden Textstellen nicht.

Ich werde [so beschließt er] zurückkehren zu einem Leben, das dem natürlichen nähersteht und nicht belastet ist von unüberschaubaren Gesetzen oder widersprüchlichen Prinzipien, die jeden beschützen sollen, aber oft nur unterjochen. Zugleich will ich Abstand halten von der Grausamkeit, die der planlosen Natur des Wilden eigen ist[7].

Er wird seine Familie mit sich nehmen und auf irgendeine Weise den besten Idealen sowohl des zivilisierten Lebens wie des Lebens der Wilden die Treue halten. In dem einen Punkt ist er sich sicher, daß seine Kinder nicht „vollkommen indianisiert" werden sollen, in einem anderen Punkt zögert er allerdings:

Es muß etwas geben, wodurch [das Leben des Indianers] unseren angeborenen Veranlagungen auf natürliche Weise nähersteht als die künstlich erfundene Gesellschaft, in der wir leben; wie sonst sollte es zu erklären sein, daß Kinder und sogar erwachsene Menschen in so kurzer Zeit unaufhaltsam von ihm vereinnahmt werden[8].

Der indianische Waldbewohner wird – auf eine kurze Formel gebracht – zum „unbefleckten Sproß" der Natur. So kommt es dazu, daß der Farmer sich selbst eigentlich unterordnet – und den Wilden idealisiert. Wir können bei Crèvecœur beobachten, wie auch er sich selbst in diese Idealvorstellung hineinzwängt.

Das Dilemma des Farmers – so erkennen wir jetzt – ist genau dasselbe, in dem sich Crèvecœur befindet. Er verfaßte die „Briefe" in erster Linie für ein europäisches Lesepublikum und veröffentlichte sie zu einer Zeit, als Amerika, seine Gesellschaft und seine Zukunft überall in Europa für ideologischen Zündstoff sorgte; seine Absicht war es, den Amerikaner für europäische Wunschvorstellungen vertrauter und leichter verstehbar zu machen. Zweifellos wurden die Wilden in den französischen Fassungen der „Briefe" (1784–1787) noch stärker ‚veredelt', damit es für den Farmer immer dringlicher wurde, sich ihnen zuzuwenden[9]. Überdies ließ Crèvecœur bei der Zusammenstellung der „Briefe" für die Veröffentlichung in England bestimmte Passagen aus, die – obwohl sie

[7] *Ebd.*, S. 211.

[8] *Ebd.*, S. 215.

[9] Rice, *Le Cultivateur Américain*, S. 2–5, 130–136.

den Indianer nicht in ein gänzlich unvorteilhaftes Licht rücken – dennoch verdeutlichen, warum es für die Kinder des Farmers durchaus unvorteilhaft wäre, „vollkommen indianisiert" zu werden [10]. Einige von den weggelassenen Episoden, die erst kürzlich zugänglich gemacht wurden, stempeln den Indianer zu einem unwissenden Barbaren. In einer von ihnen äußert sich ein Missionar von den Herrnhutern, daß es absolut unmöglich sei, den Indianer zu zivilisieren; in anderen werden Geschichten mit vielen und zum Teil grausamen Details über das Töten an der Grenze und über eine Gefangenschaft erzählt. Auf der anderen Seite gibt es aber auch Skizzen, in denen Crèvecœur Weiße dafür verantwortlich macht, indianische Grausamkeiten an der Grenze provoziert zu haben, und anschaulich schildert, wie kindlich naiv und aufrichtig der Indianer tatsächlich ist [11]. Dieser Indianer ist nicht derselbe, den Crèvecœur bei seiner forcierten Darlegung einer primitivistischen These seinen englischen und amerikanischen Lesern zeigen wollte. Er wußte sehr wohl, daß das Leben des Wilden tatsächlich nicht der Mühe einer näheren Untersuchung wert war, und in seiner „Reise durch Nord-Pennsylvania" von 1801 brachte er das auch offen zum Ausdruck [12]. Zuvor jedoch hatte ihn seine Absicht, das zivilisierte

[10] Henri L. Bourdin und Stanley T. Williams, eds., „Crèvecœur on the Susquehanna, 1774–1776", *Yale Review,* XIV (1925), S. 552–584; und Henri L. Bourdin, Ralph H. Gabriel und Stanley T. Williams, eds., *Sketches of Eighteenth-Century America* (New Haven, 1925). Die meisten Episoden wurden – in leicht abgemilderter Form – in den französischen Fassungen der *Letters* (1784, 1787) nachgedruckt.

[11] „Crèvecœur on the Susquehanna", *Yale Review,* XIV (1925), 582; *Sketches of Eighteenth-Century America,* S. 132 ff., 192–206, 207–220, 221–227.

[12] So sagt er z. B. (*Voyage dans la haute Pennsylvanie* [Paris, 1801], I, S. 14 f.): „C'est donc seulement à l'époque où l'homme est devenu granivore, qu'il a pu connoitre la commiseration et la pitié: que ses mœurs sauvages et farouches ont été remplacé par des affections plus douces, et que ses voisins sont devenus ses amis." [„Erst in der Epoche, als sich der Mensch zum Getreide-Esser entwickelte, konnte er Mitgefühl und Mitleid empfinden: erst dann wurden seine wilden, harten Sitten durch sanftere Empfindungen ersetzt und wurden seine Nachbarn zu seinen Freunden."]

Leben zu verdammen, in einen wirren und verwirrenden Primitivismus getrieben. Der ernsthafte Primitivist – und die Ernsthaftigkeit zwang Crèvecœur zum Primitivismus – stand vor dem Problem, ein eindringliches Symbol für das primitive Gute als Grundlage für seine Argumentation zu finden, und dieses Symbol sollte jede kritische Erörterung verhindern: So mußte der amerikanische Indianer dazu herhalten, die Vorlage für einen radikalen Primitivisten wie Crèvecœur abzugeben (Thomas Jefferson äußerte bei der Lektüre von Crèvecœur, daß die amerikanischen Indianer nun wirklich nicht „genauso [seien], wie Mr. de Crèvecœur [...] sie darstellte“ [13]). Es war ein überzogener und keineswegs erfolgreicher Kunstgriff.

Ein Außenseiter wie der Quäker William Bartram betrachtete das aber keineswegs als Kunstgriff. Er war radikal in seinen Anschauungen, von einem dem Quäker eigenen romantischen Naturverständnis getragen: einer frommen Überzeugung, daß alles, was Gottes Erde am nächsten, zugleich das Beste ist. Außerdem waren die südöstlichen Indianer, unter denen er zwischen 1773 und 1777 herumreiste, so eindeutig als ein von der Landwirtschaft lebendes Volk zu erkennen, daß er in ihrer Kultur ohne weiteres alle Tugenden entdecken konnte, die seiner eigenen fehlten: Vor seinen Augen entfernte diese sich immer weiter vom Leben des einfachen Farmers. Bei seinen Indianern fand er, so erinnert er sich in seinen „Reisen“ (1792), den offenkundigen Beweis: Wenn sie einer moralischen Führung bedurften, dann von „einem überaus frommen und mächtigen Lehrer, der sie bei solchen Anlässen sofort anspornte und ihnen – wie durch den Strahl einer himmlischen Erleuchtung – augenblicklich Würde, Reichtum und Schönheit der Tugend offenbarte“ [14]. Was er vorfand, war – mit anderen Wor-

[13] Brief an Volney vom 17. November 1796, in Gilbert Chinard, ed., *Volney et L'Amérique* (Baltimore, 1923), S. 51.

[14] *The Travels of William Bartram,* ed. Mark van Doren (New York, 1928), S. 46. Vgl. S. 111, wo dieselbe Idee auf sprachlich nahezu gleiche Weise ausgedrückt wird. (Es sei angemerkt, daß die hier zitierte Ausgabe ein Nachdruck der Londoner Ausgabe von 1792 ist; die Erstausgabe erschien 1791 in Philadelphia. Die Abweichungen zwischen den beiden Aus-

ten – ein Volk, dessen innere Erleuchtung mit einer Frische und Intensität strahlte, die nicht zu trüben war.

Bartram stattet seine Indianer bei jeder sich bietenden Gelegenheit mit einer idyllischen Unverdorbenheit aus, um auf diese Weise den Kontrast zur Dekadenz der Weißen deutlich zu machen. Die Gastfreundschaft der Cherokee riß ihn zu einer feierlichen Anrede hin: „O heilige Schlichtheit und Wahrhaftigkeit, du Freundschaft ohne Trug und List, du selbstlose, natürliche Gastlichkeit, von keiner Künstelei verdorben." [15] Er erzählt, wie er einige „Cherokee-Jungfrauen" beim Sammeln von Früchten aufschreckte und in eine „Szene von primitiver Unschuld" einbrach; spielerisch eilte er der „heiteren Schar der Dryaden" nach; gemeinsam genossen sie ein Mahl in „elysischen Gefilden" [16]. In Teil IV seiner „Reisen" liefert er mit einer Fülle von Details eine „Beschreibung des Wesens, der Bräuche und der individuellen Erscheinungsform der amerikanischen Urbevölkerung". Die ganze Darstellung läuft auf die Schlußfolgerung hinaus: „Menschen von hoher Moral wie die Indianer brauchen sicher keine europäische Zivilisation." [17] In seiner „Beschreibung" kommt es ihm geradezu wie ein Wunder vor, daß die südöstlichen Indianer angesichts der Verworfenheit ihrer zivilisierten Nachbarn und aller Verführungen ihre Würde bewahrt hatten; so muß er geradezu zwangsläufig zu der Feststellung gelangen, daß die Indianer Gott und Gottes Natur näher stehen als die zivilisierten Menschen. Deshalb spricht er eine Empfehlung aus: „Verlangen wir nach Weisheit und Tugendhaftigkeit? Dann laßt unsere Jugend Zuflucht bei der ehrwürdigen Versammlung der Muskogee [d. h. der Creek] suchen." [18] Bartram selbst verlangte sehnsüchtig nach einer sanften, fruchtbaren, primitiven Einsicht, von der er glaubte, daß alle zivilisierten Menschen ihrer bedurften.

---

gaben sind gering und beschränken sich auf Aspekte des Sprachgebrauchs. Siehe hierzu N. B. Fargin, „Bartram's Travels", *Modern Language Notes,* XLVI [1931], S. 289 ff.).

[15] *Travels,* S. 284.

[16] *Ebd.,* S. 289 f.

[17] „Description of the Characters, Customs and Persons of the American Aborigines", *ebd.,* S. 385.

[18] *Ebd.,* S. 387.

Um diese und sich selbst zu überzeugen, mußte er diese Einsicht irgendwo finden. So wandte er sich an den edlen Wilden, der geradezu auf ihn wartete.

Etwas kühler und konsequenter als Bartram dachte Philip Freneau, aber er war ebenfalls sehr einseitig und befand sich deshalb fast im gleichen Dilemma. In „Tomo-Cheeki, der Creek in Philadelphia" (1790–1795, erstmals 1795 zusammengestellt) versuchte er, den primitivistischen Darstellungsmodus allgemein einzuführen. Ein gescheiter Durchschnittsmensch sollte als ausländischer Besucher mit diesen Begriffen zugleich die Funktion eines Kritikers wahrnehmen, der alle Nachteile einer verdorbenen Gesellschaft und das Vorbild für eine gute Gesellschaft erkennen und zugleich als Vorbild für eine gute Gesellschaft auftreten konnte. Tomo-Cheeki war – wie Goldsmiths Lien-Chi-Altangi [19] – konzipiert als ein vernunftgeleiteter Weiser, der alle Widersprüchlichkeiten der Zivilisation kritisierte. Aber die Umstände sollten ihm diese Rolle verwehren. Es stellte sich heraus, daß er nicht liebenswürdig, sondern gewalttätig war. Auch konnten seine eigenen Lebensbedingungen keinesfalls Vorbild für ein erstrebenswertes Ziel sein. Schließlich erkannte Freneau, daß er nicht so weit gehen konnte, den Weißen eine indianische Gesellschaft als Lehrbeispiel hinzustellen. Sein Unbehagen in einem bundesstaatlichen Amerika machte ihn aber dennoch zum Primitivisten; so schuf er eine über den Primitivismus hinausgehende Form des Primitivismus, eine Vision vom schlicht Guten.

Im zweiten Traktat der Reihe [20] malt Tomo-Cheeki das ideale

---

[19] Anm. d. Übers.: Gemeint ist hier der fiktive chinesische Englandreisende aus Oliver Goldsmiths ursprünglich unter dem Titel „Chinese Letters" in der Tagespresse veröffentlichten Essays, die später in bearbeiteter Form als *The Citizen of the World* (1762 [dt. Übers.: J. K. Wetzel, 1781]) herausgegeben wurden. Lien-Chi-Altangi verkörpert das zum Vorbild erhobene Ideal eines Weltmannes, aus dessen Sicht Goldsmith die zeitgenössischen englischen Verhältnisse auf satirische Weise einer kritischen Würdigung unterzieht.

[20] Ich folge der Zählung der Betrachtungen, die deren Veröffentlichung in *Time-Piece,* 15. März–16. Juni 1797 zugrunde liegt, wo sie zum zweitenmal zusammengestellt worden waren. Erstmals in zusammenhängen-

Leben des Wilden aus, das im Kontrast steht zum Bild des zivilisierten Menschen, der trübsinnig in Philadelphia eingesperrt ist:

Am frühen Morgen erheben wir uns von den Fellen unseres Lagers, um die erste Morgendämmerung zu begrüßen. Wir greifen nach Bogen und Pfeilen – wir stürmen durch den Tau des Waldes – wir stellen das Wild, den Hirsch oder den Büffel und kehren zurück mit Nahrung in Hülle und Fülle für die ganze Familie. Wohin wir auch laufen, überall erwartet uns üppig wuchernde Natur, köstlicher Blütenduft und über uns die Bäume, die sich unter ihren prallen, üppigen Früchten biegen.

„[...] vom großartigen Lauf aller Dinge fortgetragen werden" – damit ist der Indianer zufrieden [21]. Der zivilisierte Mensch aber ist niemals zufrieden. In mehreren Essays beschreibt ihn Tomo-Cheeki als habgierig, kriegerisch, unnützen Beschäftigungen hingegeben, eitel, als Sklaven seiner Wünsche nach Bequemlichkeit und Luxus, und – am bedeutsamsten – als einen, der den Indianer auf abscheuliche Weise mißhandelt hat; er hat ihn nach Westen getrieben, mit Alkohol verdorben und durch eingeschleppte Krankheiten getötet.

Auf diese Weise gerät Freneau mit dem Problem in Konflikt, den erniedrigten Wilden als Vehikel und als Symbol der primitivistischen Gesellschaftskritik zu benutzen – und er muß auch Tomo-Cheeki selbst an den ihm angemessenen Platz rücken. In der bereits zitierten Betrachtung erklärt Tomo-Cheeki, daß er die häßliche Stadt gern verlassen und nach Hause zurückkehren würde, aber so lange bleiben müsse, bis er die Decken, die Spiegel und den Brandy erhalten habe. Um diese Waren hatten ihn seine Stammesangehörigen in die Stadt geschickt. Und so preist er auch in der siebten Betrachtung – „Ein kurzes Gespräch über Trunkenheit" – den Mann, der im Alkohol Vergessen findet, der auch edelmütig und tapfer werden kann, weil er betrunken ist, und verachtet jeden, „der nicht wenigstens einmal im Leben die Grenzen strikter Mäßigung beim Trinken überschritten hat". Das ist der Tomo-Cheeki,

---

der Form erschienen sie im *Jersey Chronicle*, 23. Mai–31. Oktober 1795. Zu den bibliographischen Daten siehe Lewis Leary, *That Rascal Freneau* (New Brunswick, N. J., 1941), S. 448 f., 457, 459 ff., 462 ff., 473.

[21] II, *Time-Piece*, 20. März 1797.

wie ihn Freneau im Jahr 1788 in einer Betrachtung entworfen hatte: ein Säufer, der vom Selbstmord nur durch die Aussicht abgehalten wird, noch mehr vom „himmlischen Trunk“ zu sich nehmen [22]. Dieser Tomo-Cheeki ist korrumpierbar und kein anständiges Vorbild für einen anständigen Primitivisten.

Dennoch war Freneau dazu bestimmt, das rechte Leben durch jemanden zu entdecken, der es zumindest in vergangenen Zeiten gekannt hatte. Im achten Traktat läßt er Tomo-Cheeki beim Nachsinnen über die traurige Geschichte des Menschen in Schlaf sinken. Der unglückliche, indianische Weise träumt, der Erdgeist habe beschlossen, alle Menschen – Indianer und Weiße, Wilde und Zivilisierte – zu beseitigen, und als es ihm nicht gelungen war zu entscheiden, welches der „minder entwickelten“ Geschöpfe daraufhin die Herrschaft übernehmen sollte, ein neues Wesen erschaffen, das äußerlich dem Menschen glich und dennoch eines war, dessen „Hauptquelle die Güte sein soll“. Diese neuen Geschöpfe – so stellt Tomo-Cheeki bei der Erzählung seines Traumes fest – lebten das rechte Leben:

> Sie bauten keine Städte; sie schienen keine Vorstellung von Krieg oder Streit zu haben; der Geist der Gerechtigkeit, Nächstenliebe und jeder hervorragenden Tugend leitete sie. Sie gingen am Saum des Meeres entlang; sie verweilten an den grünen Ufern der Flüsse, aber sie entdeckten keine Neigung, Schiffe zu bauen oder sich auf die Suche nach anderen Kontinenten zu begeben. Sie machten sich nicht zu Sklaven ihrer selbst und hielten sich auch keine Sklaven aus den Reihen unterlegener Gattungen. – Es regierte ein immerwährender Sommer; auch konnte ich nicht wahrnehmen, daß die Harmonie der Natur, die auf dem Meer, in den Wäldern oder in den oberen Elementen herrschte, durch irgend etwas gestört worden wäre [23].

Hier äußert sich ein verzweifelt rückwärts gewandtes Denken; allerdings muß man auch die äußeren Umstände und Freneaus Dilemma dabei berücksichtigen. Als ihn der primitivistische Ansatz enttäuschte, nahm er seine Zuflucht bei einem Begriff des Primitiven, der nur in der Welt des Traums auffindbar ist, tiefer reichend und

[22] *Miscellaneous Works* (Philadelphia, 1788), S. 122–128.
[23] VIII, *Time-Piece*, 28. April 1797.

noch regressiver. Sogar der einst edle Wilde ist bei Freneau durch die Zivilisation derart verdorben worden, daß auch er von einer primitiven Erhabenheit nur noch träumen kann.

Endgültig ins Ausweglose geraten ist die primitivistische Denkrichtung in einem zusammenhanglosen Phantasiestück wie *The Savage*, das im Jahr 1810 von einem John Robinson anonym herausgegeben und noch zweimal nach dessen Tod – in den Jahren 1833 und 1838 – neu aufgelegt wurde. Das Buch besteht aus einer Reihe von konventionellen Betrachtungen. Der Indianer Piomingo („Ein Häuptling und Krieger des Muskogee-Volkes") vertritt dann die folgende radikale These:

> Die Zivilisation ist ein künstlich erzwungener Zustand, denn es ist für einen Mann unnatürlich, sich einem anderen zu beugen und ihm kriecherisch zu schmeicheln. Ein erhabener Geist, ein Geist, der von der stolzen Würde der Tugend erfüllt ist, wird eher jedem Übel – sei es Krankheit, Leid, Gefangenschaft oder Tod – standhalten, als seine Zuflucht in den niederen Künsten des Speichelleckers zu suchen [...] [24].

Piomingo erörtert Aspekte wie „Die Wahrhaftigkeit", „Die Folgen der Zivilisation", „Die alten Zeiten", „Sprache", „Rechtsansprüche", „Sklaverei", „Der Teufel", „Der Lehrmeister" usw. – bis hin zur „Lage der Nation", die als korrupt, profitgierig und dekadent bezeichnet wird. Alles Zivilisierte ist übel; alles Übel entstammt einer Furcht vor dem Natürlichen; das Zeitalter des Naturmenschen, das wahrhaft ‚Goldene Zeitalter', liegt in der Vergangenheit des Wilden. Robinson verliert sich im Mischmasch seiner Kritik und vergißt dabei, wer der vorgebliche Kritiker ist, aber das stellt für ihn kein Problem dar. Von Bedeutung ist nur, daß irgend jemand alles ausspricht, was gesagt werden muß, und daß die Zivilisation so dargestellt wird, wie sie wirklich ist. So gibt Piomingo nur schwerlich einen Indianer ab, wenn er ausdrücklich auf seine Bekanntschaft mit (und seinen Abscheu gegenüber) Joe Miller, Fanny Hill [25] und vergleichbaren Figuren verweist und sich

[24] John Robinson, *The Savage* [1810] (Knoxville, Tenn., 1833), S. 97.

[25] Anm. d. Übers.: Joseph oder Josias Miller (1684–1738) war ein englischer Komödiendarsteller, der vor allem durch eine nach ihm benannte

bei seinen gelehrten Ausführungen der Sprache und der Gewohnheiten bedient, die er gerade attackiert. Er ist so unlogisch, so wirr und so widersprüchlich wie das Dogma, das Robinson ihn predigen läßt. Der Primitivismus entwickelte sich – zumindest in seiner erkennbaren literarischen Form – nicht zu einem verzweifelten Kunstgriff, sondern zu einer Neurose.

2

Wir müssen uns hier daran erinnern, daß die primitivistische Denkrichtung in Amerika ihrer Grundlage nach immer radikal war: Sie protestierte gegen soziale Ungerechtigkeit und Unausgewogenheit, und sie fürchtete die Auswüchse, denen jede Gesellschaft als Gesellschaft ausgeliefert war. Darum vertrat sie – wie jede radikale Denkrichtung – ein gerechtes Anliegen. Und doch verfiel sie, wenn sie sich primitivistischer Vorstellungen bediente, einer fatalen Schwäche; sie heftete sich an vereinfachende Phantastereien, die ihre radikale Klarheit in Verwirrung stürzten und verdarben. Der amerikanische Primitivist konnte sich so viel Mühe geben, wie er wollte, den Indianer als edlen Wilden hinzustellen; er konnte trotzdem nicht den Verwirrungen und Verfälschungen entgehen, die die Wahl seines Gegenstandes und Mediums mit sich brachte. Und er konnte nicht über den Indianer in einer Form denken, die nicht verwirrend und verfälschend war.

Sogar Gelehrte, die so unabhängig waren wie die Transzendentalisten, stießen an dieselben Grenzen. Sie erfanden Denkkonstruktionen, wonach sie sich von der Vorstellung von einer ehemaligen Vollkommenheit des Wilden hin zu der einer zukünftigen Voll-

---

Sammlung von Witzen – *Joe Miller's Jests, or, the Wits Vade Mecum* (1739) – einem breiten Publikum in Erinnerung geblieben war. Bei Fanny Hill handelt es sich um die Titelheldin des gleichnamigen, vorwiegend pornographischen Romans (1749) von John Cleland, in dem sich Fanny – nachdem sie als 15jähriges Landkind in ein Londoner Bordell geriet – als Freudenmädchen durchschlagen muß, bevor sie endlich mit ihrem geliebten Charles wieder vereint wird.

kommenheit der Zivilisation bewegten. Die letztere entsprach der ersteren, ohne mit ihr identisch zu sein. Sie scheiterten allerdings mit diesem modernisierten Primitivismus, weil man den Wilden daraufhin ebensowenig zu einem geeigneten Ausgangspunkt für derartige Untersuchungen machen konnte wie früher zu deren Vehikel.

Ralph Waldo Emerson zum Beispiel konnte den langsamen Untergang des Indianers als unabänderlich hinnehmen, wollte aber dennoch an allem festhalten, was dem natürlichen Leben des Wilden entstammte. Anhand von Namen und Reliquien spürte er der Lebenswelt des Indianers nach und empfand nur zu gut, wie das längst Vergangene bis in die Gegenwart hineinwirkte; er verstand dieses vergangene Leben als Teil des allumfassenden Seins der Natur. Er erkannte es in dem Indianer, mit dem Henry Thoreau auf die Jagd ging: „Ein Indianer besitzt seine Kenntnisse, um sie anzuwenden, und sie äußern sich auch nur bei der Anwendung. Die meisten der uns bekannten Weißen besitzen ihre Kenntnisse für Gesprächszwecke.“ [26] Diese Passage seines Tagebuches für das Jahr 1857, die er zu einem Teil seines Vortrags „Landleben“ erweiterte, den er zum erstenmal im Dezember 1857 hielt, ist eine primitivistische Variante der Doktrin der „Erfahrung“. Emerson hatte alle Kenntnisse hinter sich gelassen, die man für die Zivilisation brauchte. Es brachte ihn nicht weiter, nach dem edlen Wilden als einem Beispiel zu suchen, denn es gab keine edlen Wilden. Emerson kam nicht umhin, später in seinem Leben in einem Essay, den er wohlüberlegt „Zivilisation“ betitelte, über den Indianer zu sagen: „Das Angestarrtwerden von den Weißen überwältigt ihn, und seine Augen senken sich.“ [27]

Zu den transzendentalistisch-radikalen Denkern zählte auch Margret Fuller, die im Jahr 1843 die Gebiete der nordwestlichen Indianervölker bereiste. Ihre Eindrücke ließen späterhin ihr tiefes, natürliches Mitgefühl für die traurige, entwürdigende Lage der Indianer sich mit ihrer noch tieferen Unzufriedenheit gegenüber der

---

[26] Ralph Waldo Emerson, *Journals,* IX, S. 111. Vgl. einen Eintrag für das Jahr 1843, *ebd.,* VII, S. 23.

[27] Ralph Waldo Emerson, *Works,* Centenary Edition, VII, 20. Vgl. eine ähnliche Stellungnahme aus dem Jahre 1835, *ebd.,* XI, S. 50–62.

Gesellschaft vermischen, in der sie aufwuchs und die sie prägte. Nach ihrer Ansicht enthielt die Situation der Indianer eine Lehre:

Der Mensch hat zwei Naturen: Die eine ist wie die der Pflanzen und Tiere, den Gewohnheiten und Freuden auf dieser Erde angepaßt, und die andere verheißt uns eine höhere Sphäre, und danach strebt sie. Je mehr seine geistige Existenz die Oberhand über seine instinktgeleitete gewinnt, desto weiter öffnet sich Schritt für Schritt sein Horizont. Jetzt aber geht ihm an Harmonie des Daseins verloren, was er an Höhe und Weitblick gewinnt; der zivilisierte Mensch hat einen umfassenderen Geist, aber eine unvollkommenere Natur als der Wilde [28].

Ihr Interesse galt nicht dem Aspekt des Primitiven selbst oder auch dem Indianer als einem vollendeten Primitiven, sondern eher der Gefahr, der sich ein zivilisiertes Volk aussetzte, wenn es ihm nicht gelang, in seiner Zivilisation ein wenig von der geschlossenen Vollkommenheit des Primitiven zu erlangen. Aber nur durch eine romantisierende Darstellung des Indianers konnte sie ihn zum Bild der Harmonie des Daseins machen. Diese Phantasterei verdarb am Ende einen Großteil ihrer grundsätzlichen Zivilisationskritik.

Schließlich beschäftigte sich auch Henry Thoreau mit dem ungebrochenen, harmonischen Dasein des Wilden und bereitete sogar ein umfangreiches Buch über dieses Thema vor.

Der Zauber, den der Indianer auf mich ausübt [so notiert er im April 1841 in sein Tagebuch] besteht darin, daß er frei und ohne Zwang in der Natur lebt, daß er ihr Bewohner und nicht nur ihr Gast ist und daß er mühelos und anmutig mit ihr umzugehen weiß. Der zivilisierte Mensch aber hält sich an die Regeln des Hauses, und sein Haus ist ein Gefängnis, in dem er nichts als Unterdrückung und Zwang vorfindet und weder Schutz noch Sicherheit [. . .] [29].

Thoreau wollte die Zivilisation nicht abschaffen, sondern zivilisierten Menschen eine Würde zukommen lassen, die er bei den Wilden vorfand. Wie sehr er auch den Wilden um sein einfaches Leben beneiden mochte, so wenig erschien es ihm – so wie es war –

[28] Margret Fuller, *Writings,* ed. Mason Wade (New York, 1941). Das Zitat stammt aus dem posthum erschienen *At Home and Abroad* (1856). Vgl. *Writings,* S. 57 f., 60 ff., 74–92.

[29] Henry Thoreau, *Writings,* Manuscript Edition, VII, 253.

nachahmenswert. Er konnte sich eine Zivilisierung der Wilden nicht vorstellen, da er – anders als im Jahr 1858 – zu dem Schluß gekommen war: „Individuen akzeptieren ihr Schicksal und richten ihr Leben nach ihm aus, so wie es der Indianer tut." Dies ist allerdings nur der erste Teil einer Einführung, die in die Feststellung mündet: „Es ist eine Tatsache, daß die Geschichte der Weißen eine Geschichte der Weiterentwicklung ist und die Geschichte des Indianers eine der erstarrten Bräuche und des Verharrens." [30] Thoreau hatte Schwierigkeiten, den Indianer als das zu betrachten, was er war, und von ihm all das zu übernehmen und zu lernen, wozu er in der Lage war. Folglich erforschte er den Indianer so, wie er auch andere Naturerscheinungen erforschte. Seine Tagebücher enthalten eine Fülle von detaillierten Darstellungen und Beschreibungen. Er verbrachte seine dahinschwindenden Tage damit, aus seinen bereits veröffentlichten Essays und aus seinen Tagebüchern *The Maine Woods* zusammenzustellen, ein Buch, das in weiten Teilen der Geschichte seines Helden, des indianischen Kundschafters Joe Polis, gewidmet ist. Darüber hinaus hatte er schon zuvor damit begonnen, seine Notizen, die er während der letzten zehn Jahre seines Lebens über den amerikanischen Indianer fortgeführt hatte und die etwa 2800 Seiten umfaßten, zu sammeln. Sie stammten zum großen Teil aus Quellen, die von den „Berichten der Jesuiten" bis zu Schoolcraft reichten [31]. Man hat den Eindruck, daß er auf der Suche nach dem geeigneten Mittel war, um die Harmonie und die Ganzheitlichkeit des Lebens der Wilden seinen amerikanischen Lesern zu demonstrieren und ihnen ein Beispiel vorzuführen.

Auf seine Weise gelangte Thoreau im Hinblick auf die Bestimmung des Indianers zu einer klaren Auffassung. Im Jahr 1849 schreibt er in *A Week on the Concord and Merrimack Rivers:*

---

[30] *Ebd.*, XVI, S. 251 f.

[31] Zu Thoreaus Notizbuch siehe Albert Keiser, „Thoreau's Manuscript on the Indians", *Journal of English and German Philology,* XXVII (1928), S. 183–199; und Keisers Ausführungen über Thoreau in ders., *The Indian in American Literature* (New York, 1933), S. 209–232.

Der weiße Mann kommt daher, bleich wie der Morgen unter der Last seiner Gedanken, mit einem schlummernden Verstand wie ein verscharrtes Feuer, seiner Kenntnisse sicher, nicht ratend – sondern planend, in der Gruppe stark, der Autorität Demut zollend, von erprobtem Geschlecht, versehen mit einem ach so wunderbaren klaren Menschenverstand, fade aber fleißig, schwerfällig aber beharrlich, streng aber gerecht, humorlos aber aufrichtig; ein arbeitender Mann, der Spiel und Sport verachtet; der ein Haus baut, das von Bestand ist: ein Haus aus Steinen und Holz. Erst kauft er die Mokassins und Körbe der Indianer, dann ihre Jagdgründe, und schließlich vergißt er, wo die Indianer begraben liegen, und sein Pflug entblößt ihre Gebeine [...] [32].

Er wollte die Indianer nach ihrem Gutdünken leben lassen; da dies aber scheiterte, bemühte er sich, sie so genau wie möglich zu erforschen, um das Grundprinzip ihres Daseins zu entdecken. So setzte er während seiner letzten Lebensjahre alles daran, dieses Prinzip zu finden. In seiner letzten Tagebucheintragung über die Indianer näherte er sich der Erfassung dieses Prinzips, so gut er konnte, und formulierte es mit den folgenden Worten:

Es ist der Geist der Menschlichkeit, der gleichermaßen die sogenannten Wilden und die zivilisierten Völker beseelt; das was den Menschen durchwirkt, dieser aber nicht selbst zum Ausdruck bringt, was uns am meisten interessiert. Die Gesinnung eines ganzen Stammes von sogenannten Wilden ist weit rechtschaffener als eines einzelnen zivilisierten Menschen [33].

Die Wilden – mit ihrer Menschlichkeit und ihrer Gesinnung, in ihrer Harmonie und Ganzheitlichkeit – mögen die Menschen zu einem der Zivilisation angemessenen Glück anleiten – so etwa scheint die Richtung zu sein, die Thoreau im Sinn hatte. Allerdings werden wir darüber niemals letzte Klarheit gewinnen. Jeder einzelne Gedanke blieb unvollendet. Es wird berichtet, daß sein letztes Wort, bevor er starb, „Indianer" war.

Emerson, Fuller und Thoreau wollten zeigen, daß die zivilisierten Menschen in Amerika über die Fähigkeit zur Vervollkommnung verfügten. Sie stellten sich vor, der Indianer könnte mit seinem Dasein den Weg zur Vervollkommnung auf anschauliche Weise auf-

[32] *Writings*, Manuscript Edition, I, S. 52 f.

[33] 3. Februar 1859, *ebd.*, XVII, S. 438.

zeigen. Seine Vollkommenheit war die eines Wilden, die sich zwar in ihrer Form, nicht aber in ihrer Funktion von der Vollkommenheit des zivilisierten Menschen unterschied. So unterzogen sie den Indianer einer gründlichen Untersuchung, nicht um edle Wilde in ihnen zu entdecken, sondern um die Entwicklungsfähigkeit zum edlen zivilisierten Menschen zu beweisen. Wenn sie den primitivistischen Phantastereien eines Crèvecœur, Freneau und ihresgleichen auch aus dem Wege gingen, gelang es ihnen doch nicht, so viel über Harmonie und Vollkommenheit des indianischen Lebens zu entdecken, daß solche Ziele den meisten Amerikanern unbedingt erstrebenswert erschienen wären. Nach Ansicht der meisten Amerikaner konnte die Zivilisation nichts lernen vom Naturzustand der Wilden. Sie hatte, den Geboten der Natur und ihres Herrschers folgend, den Naturzustand besiegt.

3

Seit dem Ende des 18. Jahrhunderts versuchten die Amerikaner, den Indianer in ihr Leben einzuordnen – so wie er wirklich war: ein Krieger und Jäger mit seinen besonderen Lebensformen und Errungenschaften und mit seinen Tugenden, denen deutliche Grenzen gesetzt waren durch seine Leidenschaft für den Krieg und die Jagd. Als durch und durch überzeugte Fortschrittsanhänger konnten sie John Adams' Fehlinterpretation von Rousseau zustimmen: „Ich teile nicht [...] Rousseaus Auffassung. Seine Vorstellungen von der untadeligen Moral bei den wilden Völkern und den frühesten Jahrhunderten der zivilisierten Nationen sind reine Schimären." [34] Da sie sich aber – anders als Adams – den Indianern persönlich verbunden fühlten, waren sie verpflichtet, ihnen Gerechtigkeit widerfahren zu lassen und aus dieser Verbundenheit eine Lektion über soziale Werte zu beziehen. Benjamin Smith Barton schrieb im Jahr 1799:

---

[34] Brief an Benjamin Waterhouse vom 26. Februar 1817, in *Statesman and Friend, Correspondence of John Adams with Benjamin Waterhouse, 1784–1823*, ed. W. C. Ford (Boston, 1927), S. 123. Vgl. „Brief XXXII", *Letters to John Taylor* [1814?], Adams, *Works*, ed. C. F. Adams, VI, S. 518 f.

Es ist einfach demütigend, daß wir in dem Maße, wie wir unsere Kenntnisse über die Wesenszüge und Sitten der Naturvölker erweitern, Materialien für eine Geschichte des Aberglaubens und der geistigen Armut sammeln. Wenn wir im Verlauf unserer Forschungen entdecken, daß Instinkt, Vernunft und natürliche Verstandeskräfte diese Völker gelehrt haben, daß es ein großes obwaltendes Wesen als Quelle des Lebens und alles Guten gibt; wenn wir entdecken, daß alle ohne Ausnahme an ein künftiges Dasein glauben, in dem der Krieger und der Jäger und die Tugendhaften beiderlei Geschlechts Ruhe finden sollen von all ihren Sorgen und im Überfluß alle ungetrübten leiblichen Genüsse schmecken (denn nach mehr verlangt der Wilde nicht), dann finden wir doch alles unter der Last eines abergläubischen Gebäudes, erbaut auf den unzähligen Narrheiten und Schwächen des Menschen [35].

Die zwiespältige Haltung des Amerikaners gegenüber dem Indianer, Mitleid und Tadel äußerten sich bald in optimistischen Betrachtungen über das rechtschaffen-gute Leben in Amerika.

Im Jahr 1774 hielt Benjamin Rush vor der ‚Amerikanischen Philosophischen Gesellschaft' eine öffentliche Rede, in der er hervorhob, was das Leben des Indianers den zivilisierten Menschen alles lehren kann. In seiner *Inquiry into the Natural History of Medicine among the Indians of North America* [36] vergleicht Rush den Gesundheitszustand der wilden und der zivilisierten Völker und kommt zu dem Ergebnis, daß es unter den Indianern nur wenige und leicht zu behandelnde Krankheiten gebe, weil das harte Leben des Wilden einer guten Konstitution förderlich sei. Wenn der medizinische Fortschritt bei ihnen nicht das Niveau wie bei den zivilisierten Menschen erreicht habe, dann nur, weil sie seiner nicht wirklich bedürften. Es sei vielmehr so, „daß die Indianer auf allen Wissensgebieten, die sich auf Kriegsführung und Jagd beziehen, einen Grad an Perfektion erlangt haben, der von zivilisierten Völkern nicht erreicht

[35] „Observations and Conjectures", *American Philosophical Society Transactions,* IV (1799), S. 212. Vgl. das Vorwort zu Bartons *New Views on the Origin of the Tribes and Nations of America,* 2. Aufl. (Philadelphia, 1798), S. vi.

[36] Benjamin Rush, „Inquiry into the Natural History of Medicine among the Indians of North America", in ders., *Medical Inquiries and Observations,* 2. Aufl. (Philadelphia, 1794), S. 9–77.

wurde". Es bestehe kein Zweifel daran, daß die Zivilisation ein Vielfaches an Krankheiten mit sich bringe:

Ich gehöre nicht zu diesen modernen Moralaposteln, die alle Übel der Menschheit vom Einfluß der Zivilisation herleiten; aber ich stehe zu der Behauptung, daß Zahl und Bösartigkeit von Krankheiten mit der Kultivierung des eleganten gesellschaftlichen Lebens zunehmen.

Je höher der Zivilisationsgrad des Menschen ist, desto eher wird er zum Opfer von Krankheiten, und er ist einer größeren Anzahl von Todesursachen ausgesetzt. Die medizinische Forschung dagegen ist nicht in der Lage, mit der Entstehung von Krankheiten unter ihnen Schritt zu halten.

Damit leitet Rush von der Medizin auf das Feld der Gesellschaftstheorie über. Er fragt: „Entschädigen uns die Segnungen der Zivilisation für die Opfer, die wir mit unserer natürlichen Gesundheit und der natürlichen Freiheit bringen?" Die Antwort fällt selbstverständlich positiv aus; der zivilisierte Mensch muß mit dem zufrieden sein, was er hat – auch wenn er oftmals einen zu hohen Preis dafür bezahlt. Allerdings muß er nun auch künstliche Mittel einsetzen, um sein körperliches und geistiges Wohlbefinden zurückzugewinnen, das ihm die Natur einst verlieh. Außerdem muß der zivilisierte Mensch nicht zu einem Wilden werden, um sich einer natürlichen Lebensführung zu befleißigen, denn diese wird auch in einigen zivilisierten Ländern gepflegt. In der Schweiz, in Dänemark, Norwegen und Schweden, in einigen Teilen der Grenzstaaten Neuengland und Pennsylvania findet man den lebenden Beweis dafür, daß die Segnungen der Zivilisation *„ursprünglich* [nicht] auf Kosten der Gesundheit erworben" wurden. Moral, Unerschrockenheit und Schönheit der Zivilisation müssen nicht zwangsläufig von Zivilisationskrankheiten begleitet werden. Es gibt eine ideale Gesellschaft: in der Kinder „in einer der Natur angemessenen Weise" erzogen werden: wo Handel mit Alkohol beschränkt wird und nur gesunde Erzeugnisse erlaubt sind: Und das ist eine – wie man sofort erkennt – vorwiegend landwirtschaftlich ausgerichtete Gesellschaft. Es gibt also einen Mittelweg zwischen dem Naturzustand und der dekadenten Zivilisation. Es ist der Weg eines Agraridealismus, der Weg der amerikanischen Gesellschaft in der Zeit vor Jackson.

Rush brauchte zur Untermauerung seiner These zweifellos nur die einfachste Version der Vorstellung vom Naturzustand: die Version vom ursächlichen Unterschied zwischen der Gesellschaft von Jägern und von Farmern; alles Übrige ergab sich von selbst. Auch andere Zeitgenossen argumentierten so einfach. Jefferson tadelte in einer Reisenotiz vom Jahr 1788 die europäische Gesellschaft von Farmern/Bauern, weil ihre Form der Degenerierung nicht einmal in Richtung auf die Freiheiten einer Gesellschaft von Jägern/Wilden ging; aus demselben Grunde stand das zivilisierte Volk Amerikas jenseits des Bauerntums und des Naturzustandes der Wilden[37]. Tom Paine, dessen frühere primitivistische Einstellung sich im Jahr 1795 merklich gemildert hatte, konnte seine Argumente für einen Landbesitz der öffentlichen Hand am besten damit beginnen, daß er die Beschränkungen und die Vorteile der natürlichen Gesellschaft des Indianers hervorhob:

Um ein Verständnis dafür zu entwickeln, wie der Zustand der Gesellschaft beschaffen sein sollte, ist es notwendig, eine bestimmte Vorstellung vom natürlichen, primitiven Zustand des Menschen zu haben – d. h. vom Zustand der heutigen Indianer Nordamerikas. Diesem Leben sind unwürdige Szenen menschlichen Leids fremd, die sich aus Armut und Bedürftigkeit in allen Städten und auf allen Straßen Europas vor unseren Augen abspielen.

So ist also die Armut ein Produkt dessen, was man „zivilisiertes Leben" nennt, denn im natürlichen Zustand findet man sie nicht. Auf der anderen Seite fehlen dem natürlichen Zustand auch alle Vorzüge, die der Landwirtschaft verdankt werden wie auch den Künsten, der Wissenschaft und den Manufakturen.

Das Leben des Indianers ist – verglichen mit dem Dasein der Armen in Europa – ein immerwährender Feiertag; doch auf der anderen Seite erscheint es gegenüber dem Leben des Reichen auch verachtenswert. Folglich beschritt die Zivilisation – oder das, was man als Zivilisation bezeichnet – zwei Wege: Sie machte den einen Teil der Gesellschaft wohlhabender und den anderen ärmer, als jeder der beiden in einem natürlichen Zustand gewesen wäre.

[37] Thomas Jefferson, „Memorandum of a Tour", [1788] *Writings*, Memorial Edition, XVII, 280; Brief an Edward Carrington vom 16. Januar 1787, *ebd.*, VI, S. 55–59.

Es ist immer möglich, von dem natürlichen Zustand in den zivilisierten überzuwechseln, aber niemals, von dem zivilisierten in den natürlichen [...] [38].

Alle Entfaltungsmöglichkeiten für ein wundervolles zivilisiertes Leben – so heißt es weiter – waren in Amerika zu finden. Das hatte ein anonymer Verfasser in seinem Beitrag *The Savage and the Civilized Man, an European and an American Picture* für die Zeitschrift *American Museum* nur zu deutlich gemacht [39]. Zunächst stellt er in zwei Rubriken nebeneinander einen Vergleich zwischen dem Wilden und dem Europäer an: Der Wilde, „das Geschöpf, dessen Schicksal wir so beklagen, ist fröhlich, wachsam, von Natur aus mutig, führt ein zufriedenes Dasein und stirbt ohne Trauer, denn der Indianer lebt in der Vorstellung, bald wiederaufzuerstehen"; der Europäer, „das Geschöpf, auf dessen Bestimmung wir stolz sein können, trägt in seinen ausgemergelten, zerfurchten Zügen alle Spuren des Elends, weiß nicht, ob er den nächsten Tag noch erlebt, und stirbt inmitten von Sorgen, Ängsten und Ungewißheit". Dann vergleicht er den Wilden mit dem Amerikaner: Das Leben des Wilden ist unmenschlich hart und ungewiß, sein Alter traurig und trübe. Der Amerikaner „bewahrt – dank seiner Mäßigung – bis ins fortgeschrittene Alter die Vitalität der Jugend; sein Lebensabend wird gekrönt von Respekt und Ehrfurcht der anderen, und er stirbt in den Armen der liebenden Kinder". Hier muß man feststellen, daß die sozialen Fähigkeiten des Wilden negativ beurteilt werden. Er verkörpert alles, was die Amerikaner nicht sind, im Gegenbild aber dementsprechend auch, *was* sie sind und was alle Menschen sein könnten. Um die Jahrhundertwende hatten die primitivistischen Phantastereien keine Bedeutung mehr für Menschen, die so dachten wie diese.

So beschränkte sich die Bedeutung des Indianers für das Leben der Amerikaner zunehmend darauf, ein ausgesprochen abschreckendes

[38] Tom Paine, *Complete Writings,* ed. Foner, I, S. 610. Siehe auch V. E. Gibbens, „Tom Paine and the Idea of Progress", *Pennsylvania Magazine of History and Biography,* LXVI (1942), S. 191–204.

[39] „The Savage and the Civilized Man, an European and an American Picture", *American Museum,* XI (1792), S. 212 ff.

Beispiel zu liefern. Ein Triumph der Vorstellung vom Naturzustand bestand darin, daß sie den Indianer isolieren konnte, um so zu beweisen, daß er sich selbst isoliert hatte. Dieser Kreatur – hervorgebracht von dieser Idee, die ihn gleichzeitig erst verstehbar machte – konnte von allen, die sich mit der amerikanischen Gesellschaft beschäftigten, nur als tragisches (oder bemitleidenswertes) Exempel und als eine Warnung angesehen werden. Sie nahmen den Indianer für einen Augenblick zur Kenntnis, um ihn gleich wieder aus ihren Gedanken zu verbannen – so eindeutig machte ihn diese Idee verstehbar, und ebenso eindeutig lieferte er den lebenden Beweis für die Vorstellung.

Wenn die Amerikaner den Indianer in seinem Verhältnis zur Gesamtheit ihrer Gesellschaft betrachteten, hatten sie das Manifest des zivilisatorischen Fortschritts vor Augen. Jefferson schrieb in hohem Alter an einen Freund:

Laß einen nachdenklichen Betrachter eine Reise bei den Wilden in den Rocky Mountains beginnen und nach Osten bis an unsere Küste fortsetzen. Er könnte die Wilden im frühesten Stadium des gesellschaftlichen Zusammenlebens beobachten – wie sie nur dem Naturrecht folgen, sich vom Fleisch wilder Tiere ernähren und mit den Fellen bedecken. Danach würde er denen begegnen, die in ländlichem Idyll an unseren Grenzen leben und Haustiere züchten, um die Mängel der Jagd auszugleichen. Unmittelbar darauf träfe er auf unsere halb-barbarischen Bürger – die Pioniere des zivilisatorischen Fortschritts. Und so könnte er im weiteren Verlauf seiner Reise Schritt für Schritt die Stufen zur Vervollkommnung des Menschen verfolgen, bis er schließlich in unseren Hafenstädten auf den – bis jetzt – höchsten Entwicklungsstand stieße. Dies wäre in der Tat mit einem chronologischen Überblick über den Fortschritt des Menschen von den Kindertagen seiner Erschaffung bis zu unserer Gegenwart zu vergleichen [40].

Es gab auch andere nachdenkliche Betrachter, die alles sahen, was Jefferson gesehen hatte, und es mit fast gleichen Begriffen umreißen konnten [41]. Sie konnten zum Gesetz des Fortschritts von zahlreichen

---

[40] An William Ludlow am 6. September 1824; *Writings,* Memorial Edition, XVI, S. 74 f.

[41] Siehe z. B. Caleb Atwater, „Description of the Antiquities Discovered

gelehrten Autoritäten etwas erfahren, besonders von den Vertretern der Schottischen Schule, deren Theorie großen Einfluß ausübte, ebenso von den französischen Gesellschaftstheoretikern, die das Werk ihrer schottischen Vorgänger fortsetzten und auf seinen Wahrheitsgehalt prüften [42]. Die amerikanischen Erfahrungen mit dem Indianer konnten nur bestätigen, daß es eine natürliche, zwangsläufige und kontinuierliche Entwicklung der Menschen und ihrer Gesellschaften gibt.

Der Fortschritt erschien den meisten Amerikanern des 19. Jahrhunderts als eine zugleich schwierige, unausweichliche und selbstverständliche Angelegenheit. Wenn wir die Wesensart und das Schicksal des Wilden im 19. Jahrhundert erfassen wollen, dann müssen wir uns aufmerksam diesem Gefühl von Härte, Unvermeidbarkeit und praktischer Vernunft zuwenden; es offenbart sich zum Beispiel in einem gefeierten Vortrag von John Quincy Adams aus dem Jahr 1840 über den „Gesellschaftlichen Fortschritt von der Jägerkultur zur Zivilisation". Erhalten ist ein Zeitungsbericht über

---

in the State ob Ohio and Other Western states", *American Antiquarian Society Transaction and Collections,* I (1820), S. 221 f.; Frederick Grimké, *Considerations Upon the Nature and Tendency of Free Institutions* (Cincinnati, 1848), *passim.* Daß eine solche Analyse bei nahezu jedem auf Akzeptanz stieß, daraufhin deutet der Ton von Joel Poinsetts gegensätzlicher Darstellung in ders., *Inquiry into the Received Opinions of Philosophers and Historians on the Natural Progress of the Human Race from Barbarism to Civilization* (Charleston, S. C., 1834). Poinsett bleibt dabei, daß die Indianer Wilde sind, aber auch, daß ihr Naturzustand unveränderlich ist – so, wie er immer war und immer bleiben wird. Sein Eindruck, daß sie dem Untergang geweiht sind, wird zudem dadurch verstärkt, daß er selbst für den Fortschrittsglauben viel übrig hat. Am Rande soll schließlich auch erwähnt werden, daß die feine Unterscheidung zwischen Wilden und Barbaren – trotz ihres vermehrten Auftretens um die Mitte des 19. Jahrhunderts – zu keiner Zeit von größerer Bedeutung für die Unterscheidung verschiedener Arten von Indianern war und daher auch nicht Gegenstand meiner Interpretation ist.

[42] Zur Schottischen Schule siehe oben, Kap. III. Zu den Franzosen siehe Mary Beard, *The Rise of the American Civilization,* IV: *The American Spirit* (New York, 1942), S. 73–83; und Henry Nash Smith, *Virgin Land, The American West as Symbol and Myth* (Cambridge, 1950), S. 218.

diesen Vortrag, dem wir so weit folgen können, wie dies ein Journalist damals in zustimmendem Tenor tat [43].

Von allen Geschöpfen – so führt Adams aus – ist nur der Mensch ein soziales Wesen, das nicht einfach in Scharen lebt; und gerade seine soziale Natur macht ihn zu einem „entwicklungsfähigen Wesen". Zunächst ist er ein Jäger mit „einer Persönlichkeit, die davon geprägt ist", und „ohne einen festen Wohnort". In diesem Stadium gibt er sich „bald der stürmischen Erregung der Jagd, bald der trägen Schwelgerei" hin. Sein Weib ist nur seine Sklavin. „Sein Wohnort [ist] der Wald mit seinen verschlungenen Pfaden und dunklen Höhlen; seine geistige Verfassung [ist] nichts als ein Spiegel seiner äußeren Welt." Allerdings entdeckt er Schritt für Schritt, daß er einige Tiere an sich binden und seine Lage damit verbessern kann. So wird er zum Hirten; seine Wanderungen bekommen festere Ziele, sein Leben wird geordneter, seine Vorstellung von der Welt und von sich selbst wird langsam erweitert. Daraus entwickelt sich für ihn ein Polytheismus, gegründet vor allem auf die Verehrung von Naturerscheinungen. Das Weib des Hirten ist keine Sklavin mehr, aber noch immer nur ein „Gegenstand sinnlicher Freude". Die Polygamie entsteht, und der Mensch tritt einen Schritt näher heran an die rein monogame, eheliche Liebe. So entwickelt sich der Mensch weiter und wird zu einem „Landmann". Er erhält „einen festen Wohnort". Seine Vorstellung von der Welt und von sich selbst erweitert sich, und er beginnt, den falschen Polytheismus und die Polygamie hinter sich zu lassen. „In diesem Stadium des Ackerbauern hat er drei entscheidende Voraussetzungen für sein Lebensglück, nämlich *einen* festen Wohnsitz, *eine* Ehefrau und *einen* Gott." So erfolgt „nun eine Annäherung an einen Zustand, den man als zivilisiert bezeichnen kann". Arbeitsteilung, Tauschhandel, Handel und Geldwirtschaft, technische Errungenschaften und Maschinen, dazu die Entwicklung einer zunehmend komplizierten Regierungs-

[43] Baltimore *Sun* vom 3. Dezember 1840. Der Vortrag – „The Progress of Society from the Hunter State to that of Civilization" – wurde am 1. Dezember gehalten und danach im selben Jahr auch in Boston, New York und Brooklyn. Siehe hierzu Mary Beard, *The Rise of the American Civilization,* S. 153 f.

form sind die nächsten Schritte auf dem Weg zum modernen Menschen.

Wenn man Adams' Vortrag nur aus zweiter Hand referieren kann, spürt man großes Verlangen, den ganzen Text zu lesen; andererseits zeigt allein schon ein solcher Abriß Adams' Position im Hinblick auf das Problem von Naturzustand und Zivilisation. Auch wissen wir mit Sicherheit, daß Adams keinen bestimmten Indianerstamm oder Autoren zu diesem Thema erwähnt. Im Jahr 1802 hatte er noch in iener feierlichen Ansprache erklärt, daß die göttlichen Naturgesetze und Moralgesetze das von den nordamerikanischen Wilden in Beschlag genommene Land dem zivilisierten Menschen und einer zivilisatorischen Verwendung zugedacht hätten – und noch im Jahr 1825 betrachtete er diese Darlegung als weiterhin „unwiderlegbar“[44]. Andere hatten ihm zugestimmt und in Theorie und Praxis bestätigt, daß seine Argumentation unwiderlegbar sei. In der Frage des Naturzustandes unterscheidet sich Adams' These – in der Nachfolge von Hall über Schoolcraft zu Morgan – nur in einem Aspekt: Seine Vorgänger drückten ihren Glauben an die Zivilisation nur anders aus.

Ganz offenbar erlebte in Amerika der Triumph der Zivilisation über den Naturzustand der Wilden im 19. Jahrhundert seinen Höhepunkt. Der Altertumsforscher Alexander Bradford hob ihn mit einem Vergleich noch eindrucksvoller hervor: Wären die Indianer Angehörige einer östlichen Kultur, dann käme ihr Untergang der Vernichtung ihrer Lebensweise durch die anglo-europäisch-christliche Zivilisation gleich. Im Jahr 1841 faßte er den Sachverhalt so zusammen:

> Die alte Kultur, ihre moralischen und gesellschaftlichen Komponenten und ihre Fähigkeit zu selbständiger Weiterentwicklung, ist objektiv untersucht und geprüft worden; gerade zur rechten Zeit waren eine neue Rasse und die christliche Religion dazu berufen, diesen fruchtbaren Boden in Besitz zu nehmen[45].

---

[44] John Quincy Adams, *An Oration Delivered at Plymouth, December 22, 1802* (Boston, 1802), besonders S. 22 ff.; eine autobiographische Anmerkung, die W. C. Ford auf das Jahr 1825 datiert, *Writings*, ed. Ford, III, 10 f.

[45] Alexander W. Bradford, *American Antiquities and Researches into the Origin and History of the Red Race* (New York, 1841), S. 434 f.

Eine noch strengere Lehrmeinung als Bradford vertrat der schweizerisch-amerikanische Gelehrte Arnold Guyot, der in seinen ausgesprochen populären Vorlesungen in Lowell im Jahre 1849 darlegte, daß der zivilisierte Mensch in Asien geboren wurde, seine Jugend in Europa verbrachte und seine Reife in Amerika erlangte. Er machte den Indianer in Amerika zum „Eingeborenen", einem in den Wäldern lebenden Geschöpf mit einer „vegetativen Natur"; düster, kalt, gefühllos und gleichgültig, „auf der untersten Stufe der Zivilisation". Die Europäer sollten ihn besiegen, weil sie sich – anders als er – nicht von der Natur besiegen ließen:

Der Mensch selbst, dem vor allem andern Freiheit eigen ist, unterliegt dem Einfluß [der Natur] in dem Maße, wie er die Nutzung seiner besten Fähigkeiten zurückweist, die ihm zur Eroberung und Unterwerfung der Natur gegeben sind. Sie war dazu bestimmt, nicht ihn zu regieren, sondern ihm zu dienen [46].

Die Europäer also waren zu dem Punkt herangereift, die amerikanische Natur zu erobern und sich selbst weiterzuentwickeln. Der Wilde war aufgrund seines Wesens ein Wilder und zu keiner Entwicklung befähigt. Und so war es Gottes Wille, daß der Mensch aus der ‚alten Welt' die Führung übernahm.

In einem amerikanischen Milieu vervollkommnete dieser Mensch die Institutionen der Zivilisation bis zu einem bis dahin noch nie dagewesenen Ausmaß. Dabei wurde er ständig daran erinnert, daß seine Institutionen nicht nur allen Institutionen seiner europäischen Vorfahren überlegen waren, sondern auch denen seiner indianischen Zeitgenossen. War es dem Indianer nicht gelungen, die amerikanische Natur auszubeuten, – der Weiße war darin um so erfolgreicher, und er war auch dazu bestimmt, Erfolg zu haben. Eine neue Dimension der zivilisierten Freiheit hatte sich aufgetan. William Ellery Channing hob im Jahr 1830 in seinen Betrachtungen über das Wesen einer Nationalliteratur hervor, wieviel die Freiheit für diese Literatur bedeute; wieviel die amerikanischen Institutionen für diese

---

[46] Arnold Guyot, *The Earth and Man,* übers. v. C. Felton [1849] (Boston, 1873), S. 216 ff. Zur Popularität von Guyots Vorlesungen siehe Smith, *Virgin Land,* S. 41 ff.

Freiheit und schließlich wieviel das Scheitern des Naturzustandes zum Erfolg dieser Institutionen beigetragen habe:

Die einzig erstrebenswerte Freiheit ist die Freiheit, die dem Ehrgeiz, der Intelligenz und den Tugenden eines Volkes alle Entfaltungsmöglichkeiten bietet. Der Wilde rühmt sich seiner Freiheit. Aber was ist sie wert? Frei, wie er ist, verharrt er seit Jahrhunderten in der gleichen Unwissenheit, fristet er dasselbe trostlose Dasein, sieht er sich umgeben von derselben ungebändigten Wildnis. Natürlich ist er frei von dem, was er selbst das Joch zivilisierter Institutionen nennt; aber andere, schlimmere Fesseln binden ihn. Die vollständige Abwesenheit einer staatlichen Aufsicht ist im Endeffekt doch eine Fessel, denn wenn man das Eigentum nicht schützt, fällt man dem Fleißigen in den Arm und unterbindet jede Anstrengung zur Verbesserung seiner Lebensumstände. Fortschritt und Machtzuwachs sind das Ziel und der Segen der persönlichen Freiheit. Ohne dies mag ein Volk zwar das Wort, aber nicht das Wesen und den Geist der Freiheit kennen.

Hier ist der Indianer zum Bild für die Verweigerung des Fortschritts und der Zivilisation geworden [47].

In dieser Eigenschaft spielte der Indianer in der Folgezeit eine kleine, aber nützliche Rolle in den Werken, die dem gelehrten Studium der amerikanischen Institutionen gewidmet waren.

Im Jahr 1833 vertrat Nathaniel Chipman in seinem College-Lehrbuch *Principles of Government* (aufgrund von „Beobachtung des wirklichen Lebens und Brauchtums [...]“) die Lehrmeinung vom Naturzustand mit der These, daß der indianischen Gesellschaft all das fehle, was die amerikanische bot: Gemeinschaftssinn, Eintreten für Gesetz und Ordnung, für persönliche Freiheiten und für Privateigentum [48]. In einem weiteren, 1836 herausgegebenen Unterrichtswerk *Elements of Political Economy* verbreitete sich Samuel Newman darüber, daß die Veranlagung des zivilisierten Menschen, „natürliche Ressourcen für die Erzeugung und Herstellung von Gütern“ zur entwickeln, sich bei den Wilden lediglich als

[47] William Ellery Channing, „Remarks on National Literature“ [1823], *Works* (Boston, 1882), S. 125.

[48] Nathaniel Chipman, *Principles of Government: A Treatise on Free Institutions* (Burlington, Vt., 1833), besonders S. 1–5.

Verschwendung dieser Ressourcen äußere [49]. Im Jahr 1838 untersuchte James Fenimore Cooper, der den Indianer bereits in seinen Romanen gefeiert hatte und nun den „Amerikanischen Demokraten" kritisch musterte, die Entwicklung des Besitzdenkens im Zusammenhang mit der gesellschaftlichen Entwicklung vom Naturzustand des Wilden zur Zivilisation [50]. Zwischen 1831 und 1838 veröffentlichte William Maclure sein dreibändiges Werk *Opinions on Various Subjects.* Darin plädierte er für eine Art Sozialismus, um alle vor den Versuchungen des Naturzustandes zu bewahren, denen die Zivilisation Unrecht zugefügt hatte [51]. In den Jahren 1838 und 1839 erörterte Francis Lieber in *Manual of Political Ethics* und 1841 in seinen *Essays on Property and Labour*, welche Bedeutung der Sinn für Privateigentum habe; Negativbeispiel sind die Wilden, die ihn vermissen lassen [52]. Schließlich griff auch Henry Carey in *The Past, The Present, and The Future* (1848) und in *Principles of Social Science* (1858) die „pessimistischen" Theorien von Ricardo und Malthus an; er betonte, daß nur die Wilden das Land brachliegen ließen, nicht aber rechtschaffene zivilisierte Menschen – also nicht die Amerikaner [53]. Solche Behauptungen stehen übrigens keineswegs im Mittelpunkt der Texte, in denen sie auftauchen. Sie verraten nur den Zeitgeist, der eher beiläufig und unbeabsichtigt in alle Untersuchungen einfließt; darüber hinaus geben sie eine anti-primitivistische Grundüberzeugung wieder, die so berechtigt und gesichert scheint, daß sie keiner weiteren Erörterung

[49] Samuel Newman, *Elements of Political Economy* (Andover, Mass., 1835), S. 65–68.

[50] James Fenimore Cooper, *The American Democrat* [1838], ed. H. L. Mencken (New York, 1931), S. 127–133.

[51] William Maclure, *Opinions on Various Subjects [. . .]*, 3 Bde. (New Harmony, Indiana, 1831–1838), I, S. 165–168, 470 ff.; II, S. 442 f.

[52] Francis Lieber, *Manual of Political Ethics,* 2 Bde. (Boston, 1838–1839), I, S. 135, 142–148. *Essays on Property and Labour* (New York, 1841), S. 47–77.

[53] Henry C. Carey, *The Past, The Present, and The Future* [1848] (Philadelphia, 1858), S. 247 f., 262, 274, 346 f.; *Principles of Social Science,* 3 Bde. (Philadelphia, 1858–1859), I, S. 94–101, 198–207.

bedarf. Letzten Endes aber gehen alle Thesen auf eine Vorstellung vom Wilden zurück, die den Amerikanern suggerierte, man brauche den Wilden für das Leben nicht.

4

Der Indianer gehörte in die amerikanische Vergangenheit und hatte nur als Teil dieser Vergangenheit gesellschaftliche und moralische Bedeutung. Die Amerikaner glaubten zu verstehen, daß ihre Vergangenheit die entscheidende Phase war, das Gesetz des Fortschritts zum rechten Zeitpunkt hervorgebracht zu haben, und damit konnten sie dem Indianer den ihm gebührenden Rang zuweisen. Er gehörte in die amerikanische ‚Vor-Geschichte' oder in die nicht-amerikanische Geschichte Nordamerikas. Dies stand fest, war durch Forschungen bewiesen. So empfand man es schon früh als passend, alle Werke zur amerikanischen Geschichte mit einem einleitenden Überblick zum Charakter und Schicksal der Ureinwohner zu versehen. Morse verfährt in seinem Beitrag zur *Encyclopaedia Britannica* auf diese Weise, ebenso unter anderen Jeremy Belknap in seiner *History of New Hampshire* (1784–1792), Samuel Williams in seiner *Natural and Civil History of Vermont* (1794), Robert Proud in seiner *History of Pennsylvania* (1797–1798) oder Ezekiel Sanford in seiner *History of the United States before the Revolution* (1819) [54]. Alle Überblicksdarstellungen über den Indianer laufen auf eine Formulierung und Neuformulierung der Vorstellung vom Naturzustand hinaus; und man sollte sie vielleicht als selbständige Varianten dieser Vorstellung anerkennen. Indessen ist ihre Zielrichtung in erster Linie eine historische und nur unterschwellig eine moralische, während solche

[54] Jeremy Belknap, *History of New Hampshire, 1784–1792* (Boston, 1813), I, S. 100–103; Samuel Williams, *Natural and Civil History of Vermont* [1794] (Burlington, 1809), I, S. 160–250, 493–503; Robert Proud, *History of Pennsylvania* (Philadelphia, 1797–1798), I, S. 292–326; Ezekiel Sanford, *History of the United States Before the Revolution* (Philadelphia, 1819), S. ix–cxcii.

Darstellungen, die ich in den Kapiteln III und IV skizziert habe, ausdrücklich moralischen Zielsetzungen folgen (und die Gesellschaftswissenschaften als moralische Wissenschaften betrachten) und nur am Rande historischen Gesichtspunkten. Wieder müssen wir uns die Wechselbeziehungen zwischen Geschichte und Moral klar vor Augen halten. Als typisches Beispiel dafür ist Samuel Williams heranzuziehen. Im Anschluß an die übliche Aufzählung der indianischen Tugenden und Laster kommt er zu folgendem Ergebnis:

So sahen die Mängel aus, die dem Naturzustand der Wilden anhafteten. Sie scheinen untrennbar mit ihm verbunden gewesen zu sein – so fest, daß sie die Vervollkommnung, den Fortschritt oder das Wachstum der Gesellschaft verhinderten. Wir scheuen die Feststellung nicht, daß diese Mängel bei weitem jeden möglichen Vorzug dieses Naturzustandes übertrafen und auf fatale Weise dazu führten, daß der Mensch in einem Stadium der Unreife, Schwäche und absoluten Unvollkommenheit verharrte. Die Freiheit darin war sein größter Segen; aber so wie die Indianer ihre Freiheit lieben, war sie niemals für den Menschen ausersehen: und es sind nur die Leistungen der zivilisierten Gesellschaft, die es der menschlichen Rasse erlauben, zu größtmöglichem Bevölkerungswachstum zu gelangen und ihre Kenntnisse, ihre Sicherheit und ihr Glück in einem Höchstmaß zu fördern [55].

Und nun folgt die Geschichte von Vermont – und natürlich die Geschichte ganz Amerikas. Im zweiten Viertel des 19. Jahrhunderts konnten bedeutende fortschrittliche Historiker bereits erheblich mehr über die Indianer sagen, aber ihre Schlußfolgerungen gingen trotz allem nicht über die ihrer konservativen Vorgänger hinaus. George Bancroft widmet im dritten Band seiner *History of the United States* (1839) den „Eingeborenen östlich des Mississippi" nahezu 70 Seiten. Sein Quellenstudium ist umfassend, seine Definition des Naturzustandes relativ differenziert und kenntnisreich. Sie schließt sogar die Beschäftigung mit der Sprache und der in ihr aufscheinenden Primitivität ein (Bancroft konstatiert „das Fehlen irgendeines Anzeichens für ein reflektierendes Bewußtsein und für eine logische Zergliederung von Vorstellungen"), ebenso die Reli-

[55] Williams, *Natural and Civil History of Vermont* I, S. 224.

gion (als Charakteristika der indianischen Religionen nennt er die Allgegenwart „Manitus“ und das Fehlen der „Vorstellung einer absoluten Substanz, eines sich selbst erschaffenden Wesens“). So kann er nur zu dem folgenden Urteil kommen:

[...] auch wenn er dem Weißen an Scharfsinn und in den aus ihm folgenden Urteilen vergleichbar ist, so ist ihm [der Indianer] doch im Hinblick auf Vernunft und Moral unterlegen. Diese Unterlegenheit ist nicht nur dem einzelnen Individuum eigen, sondern hängt mit der Veranlagung der Rasse zusammen und ihrer Eigenart [56].

Von hier aus kann Bancroft ein Thema wieder aufgreifen, das er im ersten Band (1834) in einem Kapitel über „Neuengland und seine Indianer“ dargelegt hatte: daß der Indianer die Zivilisation bekämpfte und durch sie vernichtet wurde, weil er „nicht in der Lage war, seine Gewohnheiten zu ändern“ [57].

Bancrofts Version vom Naturzustand und der Stellenwert, den er diesem in seiner Geschichtsdarstellung beimißt, müssen im Hinblick auf sein erklärtes Fortschrittsdenken gesehen werden [58]. Das gilt auch für Richard Hildreth im ersten Band seiner *History of the United States of America* (1849) – eine Beschreibung der „menschlichen Gesellschaft in ihren schlichtesten und ungekünsteltsten [d. h. „natürlichsten“] Erscheinungsform [...]“ [59] – oder für Marcius Willson, der in seiner „Geschichte Amerikas“ (1847) eine populärwissenschaftliche Darstellung bietet [60]. Vor allem aber gilt dies für Francis Parkman, den bedeutendsten Historiker, der sich mit dem Sieg der Zivilisation über den Naturzustand befaßte.

---

[56] George Bancroft, *History of the United States*, 19. Aufl. (Boston, 1866), III, S. 302. Der ganze Beitrag – „The Aborigines East of the Mississippi“ – findet sich S. 235–318.

[57] „New England and Its Red Men“, *ebd.*, I, S. 382.

[58] Siehe hierzu *ebd.*, II, 269 f. als eine typische explizite Stellungnahme. Bancrofts Geschichtsphilosophie – eine transzendentalistische und nationalistische Version des aus dem 18. Jahrhundert stammenden Fortschrittsbegriffs wird sorgfältig untersucht von Russel Nye, *George Bancroft, Brahmin Rebel* (New York, 1944), S. 99 ff.

[59] (New York, 1882), I, S. 51–70.

[60] (New York, 1856), S. 55–62.

Mit seinem ersten Geschichtswerk, *The Conspiracy of Pontiac* (1851), lieferte Parkman die nach Auffassung seiner Zeitgenossen großartigste Dokumentation dieses Sieges. Die Großartigkeit der Dokumentation spiegelte nur die Großartigkeit des Sieges, denn es war ein Sieg, der das Leben in Amerika möglich machte – und Parkman mußte sich darüber, wie seine Tagebücher wortreich bestätigen, so sehr im klaren sein, wie es nur ein mit der Geschichte der Zivilisation befaßter Historiker sein konnte. Im Vorwort seines Werkes heißt es, im Grunde sei erst durch die Eroberung Kanadas im 18. Jahrhundert eine „geordnete Demokratie" in Amerika möglich geworden. Ebenso wie diese Eroberung allen amerikanischen Kolonisten die Hoffnung auf eine große Zukunft bescherte, wurde sie den Indianern zum Verhängnis: Sie hatten sich mit den Franzosen verbündet, um die Briten aufzuhalten, und sie sahen sich im Stich gelassen: ohne einen Freund und kurz davor, das Land, das sie ernährte, zu verlieren.

Von da an [so heißt es bei Parkman] war es ihr Schicksal, unter den Wogen der angloamerikanischen Macht, die ungehindert in Richtung Westen heranrollten, dahinzuschwinden. Sie erkannten die Gefahr und bemühten sich unter der Führung eines großen, kühnen Vorkämpfers erbittert, sie abzuwenden. Die Geschichte dieser Epoche mit ihren Tragödien, mit ihrem tiefen Leid und furchtbaren Schicksalsschlägen, mit Heldentum und Standhaftigkeit lag bis jetzt unveröffentlicht und vergraben in den Regierungsarchiven oder zwischen den zweifelhaften Aufzeichnungen einzelner Abenteurer. Sie vor dem Vergessen zu bewahren ist das Ziel dieses Werks. Es soll die amerikanischen Wälder beschreiben und den amerikanischen Indianer zu der Zeit, als der endgültige Untergang beider schon beschlossene Sache war [61].

Der ‚endgültige Untergang' war Parkmans Thema. Der historische Fortschritt der Zivilisation überrannte den Naturzustand und verlieh ihm seine Bedeutung und Ordnung und ließ sein Elend zur Tragödie werden.

Parkman hatte sich auf sein Thema gut vorbereitet. Im Jahr 1846 war er in den Westen gereist und hatte sich einen Eindruck vom tatsächlichen Stand des amerikanischen Fortschritts verschafft.

---

[61] Francis Parkman, *Works,* Centenary Edition, X, S. ix f.

Seine Reiseerfahrungen veröffentlichte er mit Hilfe seiner Tagebuchaufzeichnungen unter dem Titel „Der Pfad durch Oregon" (1847). Etwa in der Mitte des Buches erklärt er: „Ich war in erster Linie deswegen in das Land gekommen, um den Charakter der Indianer zu studieren." Diese Studien gestalteten sich reichlich mühselig: Pech bei der Auswahl der Reisegefährten, schlechte Zeitplanung, Krankheit und sogar eine gewisse aristokratische Zurückhaltung, eine Scheu, sich von ganzem Herzen in ein Abenteuer zu stürzen – das waren die Risiken auf dem „Pfad". Endlich traf er auf seine Indianer, erlebte sie allerdings zu seiner Enttäuschung nie bei kriegerischen Auseinandersetzungen. Er lebte bei einer großen Gruppe der Sioux, er folgte ihnen und lernte sie dabei als von der Zivilisation gänzlich unberührte Wilde kennen. (Ein Indianer entlockte ihm sogar die Wiederholung von Benjamin Wests Bemerkung beim Anblick des Apoll von Belvedere: „Mein Gott, ein Mohawk!") Er sah ein Volk, dessen „geistige Charakteristika" denen ihrer Brudervölker im Westen glichen, so verschieden auch beider Lebensweise sein mochte. Er konnte feststellen, daß sie ein eintöniges Leben führten und deshalb etwas Gewaltsames wie den Krieg brauchten, um ihrem Dasein einen Sinn zu geben; daß sie nur über eine begrenzte Intelligenz und wenig emotionale Ausdrucksmöglichkeiten verfügten; daß sie – kurz gesagt – gleichzeitig heroisch und wie Kinder waren. Was am deutlichsten ins Auge fiel – findet Parkman –, war die „unüberbrückbare Kluft" zwischen Weißen und Indianern.

Ein Großteil der Erfahrungen bei der Reise in Oregon ging in seine Untersuchungen über den Zusammenstoß von Indianern mit den Weißen um die Mitte des 18. Jahrhunderts ein. Vor allem in „Pontiac's Verschwörung" kommt sein Verständnis für Gewalt zum Ausdruck, das bereits sein Tagebuch von der Reise durch Oregon verrät, das aber von ihm selbst oder seinem Herausgeber Charles Eliot Norton in dem früheren getilgt wurde. Der Bericht in der „Verschwörung" wirkt dagegen einfühlsam, aber auch sorgfältig durchdacht; als Historiker mit literarischem Anspruch kann Parkman dem Buch einen symbolischen Gehalt geben, den er auch in einer einleitenden Bemerkung ankündigt. Den Fortgang der Erzählung lenkt und gestaltet die Vorstellung vom Naturzustand.

Parkman beginnt seinen historischen Bericht mit der üblichen Abhandlung über die „Indianischen Stämme östlich des Mississippi"; zunächst beschreibt er die allgemeinen Charakteristika und wendet sich danach den einzelnen Völkern zu. Seine Indianer sind traditionsgemäß Jäger, Nomaden und Krieger, durch eine nur lose organisierte Gesellschaft zusammengehalten, nicht durch Gesetz, sondern durch Brauchtum, Verehrung des Heldentums und die Schlichtheit ihres Lebens und Denkens. Zu Beginn ruft Parkman seinen Lesern ins Gedächtnis, daß die Lebensumstände in der Wildnis den Indianer zum Wilden gemacht haben:

Die Primitivität seiner Lebensverhältnisse und das gänzliche Fehlen aller Begierden, die durch Wohlstand, Luxus und andere Begleiterscheinungen der Zivilisation geweckt werden, begünstigten eine innere Harmonie; derselben Ursache muß man so viele seiner Tugenden zuschreiben, die schnell dahin wären, wollte man den Indianer aus seinem Naturzustand herausholen.

Im Anschluß hieran folgen Beschreibungen von Details aus den primitiven Lebensverhältnissen der Irokesen- und Algonkin-Stämme und eine abschließende Einschätzung des indianischen Wesens: hartgesotten, ehrgeizig, rachsüchtig, heimtückisch und unbändig freiheitsliebend. Der Indianer sei mehr durch die Abfolge von Wahrnehmen und Handeln charakterisiert als durch Nachdenken; und zum Schluß: „Er wird die Techniken der Zivilisation nicht erlernen, und so müssen er und sein Wald zugrunde gehen." [62]

Was Parkman hier und in nachfolgenden Kapiteln über die westlichen Indianervölker äußert, ist weniger ein Produkt seiner eigenen Gedanken als vielmehr seiner Gesellschaft. Von ihm selbst stammen allerdings die Erzählung und die – wilden und zivilisierten – Menschen, die er zum Leben erweckt. Obenan steht Pontiac: der Indianer, der mit der ganzen Kühnheit eines Wilden dennoch scheiterte.

Pontiac ist offenbar der Idealtypus eines Wilden. Auch Parkman muß angesichts der Tapferkeit und Würde, aber auch der Heimtücke und Bösartigkeit diesen Indianer als ein Ganzes betrachten,

---

[62] *Ebd.*, X, S. 6; X, S. 48.

und das bedarf wiederholter Erläuterungen. Zum allgemeinen Charakterbild Pontiacs heißt es:

Er war von souveräner Tatkraft und Willensstärke und konnte es an List und Scharfsinn mit den Besten seiner verschlagenen Rasse aufnehmen. Und trotzdem war er – bei aller Bereitschaft zu edelmütigen Taten – durch und durch ein Wilder, der zwar intelligenter war als seine Gefolgschaft, aber dennoch alle ihre Begierden und Vorurteile ebenso teilte wie ihr hitziges Temperament und ihre Heimtücke. Seine Fehler waren eben die Fehler seiner Rasse; allerdings können sie seine edleren Gaben nicht in den Schatten stellen.

Parkman erläutert Pontiacs seltsamen Wunsch, sein Volk nur das Leben eines Wilden führen zu lassen:

Dem starren, unbeugsamen Charakter des Indianers ist kein Fortschrittswille eigen. Er wird sich nicht der Vorstellung von Vervollkommnung öffnen, und fast jede Veränderung, die ihm aufgezwungen wurde, war eine Veränderung zum Schlechteren.

Zu Pontiacs verräterischem Versuch, Fort Detroit einzunehmen, führt Parkman aus:

Hier wie an anderer Stelle wird Pontiacs Verhalten mit dem Makel schwärzesten Verrats belegt, und man kommt nicht umhin zu bedauern, daß eine so respektgebietende, edelmütige Natur von den abscheulichen Lastern der Feigheit und des Verrats besudelt werden sollte. Er war imstande, beinahe wie ein Despot über eine Rasse zu herrschen, die so unregierbar war wie der Wind. In seiner Großmut im Denken und Handeln nahm er es mit den Helden des Altertums auf; List und Tücke schienen einem Geist wie diesem fremd. Und doch war Pontiac durch und durch ein Wilder; in ihm lebten – strahlend beleuchtet oder und in schwarzen Schatten getaucht – alle angeborenen Tugenden und Mängel seiner Rasse fort. Alle Kinder, sagt Sir Walter Scott, sind von Natur aus Lügner, und Aufrichtigkeit und Ehrenhaftigkeit sind Früchte der späteren Erziehung. Die Barbarei steht so zu der Zivilisation wie die Kindheit zur Erwachsenenreife: So neigen alle Wilden – wo ihr Land auch liegen mag und von welcher Farbe und Abstammung sie auch sind – ihrer Veranlagung nach zu Tücke und Betrug. Die barbarischen Vorfahren unserer eigenen, offenherzigen und reifen Rasse sind beim Angriff nicht weniger abscheulich als diese sprungbereiten Tiger, denn in diesem Kindheitsstadium der Gesellschaft sind tapfere und feige Menschen gleichermaßen tückisch.

So versteht man Pontiacs Scheitern, und man kann es auch begründen. Nach der Niederlage zeigt ihn Parkman auf dem Erie-See, wie er sich auf dem Weg zu einem Besuch seines siegreichen Gegners befindet:

Wir können uns die Verbitterung eines geschlagenen Kriegerhäuptlings gut vorstellen, wie er sein Kanu am Ufer des Erie-Sees entlang steuerte und über das nur vom Horizont begrenzte Wasser und die hochragenden Gestade im Grün ihrer urzeitlichen Vegetation starrte. Ebensowenig wie der weiseste Mensch hätte er sich träumen lassen, daß im Laufe eines einzigen Menschenlebens dieser einsame See übersät sein könnte von den Segeln der Handelsschiffe; daß sich Städte und Dörfer aus den Resten der Wälder erheben könnten und daß die wenigen, von den Pflugscharen der Weißen ans Licht beförderten Überbleibsel, die an seine untergegangene Rasse erinnerten – Perlenschnüre, ‚Wampum' genannt, ein rostiger Tomahawk und Pfeilspitzen aus Stein – eines Tages von Schuljungen bestaunt und als beliebte Andenken in Antiquitätenläden verkauft würden. Und doch brauchte man kein Prophet zu sein, um vorauszusehen, daß der Untergang – früher oder später – kommen mußte [. . .].

Pontiac wird von dem englischen Regenten freundlich empfangen, aber am Ende reift in ihm die Erkenntnis, daß

[. . .] die Zukunftsaussichten [seines Volkes] ebenso klar wie verhängnisvoll waren. Vernichtung oder Zivilisation – zwischen diesen beiden mußte es wählen; und nur wenige, die dieses Volk kannten, konnten Zweifel hegen, für welche Alternative es sich entscheiden würde.

Nach dem Bericht über die Ermordung Pontiacs durch einen betrunkenen, rachsüchtigen Kaskaskai schließt das Werk mit den Worten:

Weder ein Grabhügel noch eine Gedenktafel zeigt die Ruhestätte Pontiacs an. Anstelle eines Mausoleums entstand eine Stadt über dem Helden der Wälder; und die Rasse, die er so abgrundtief haßte, tritt sein vergessenes Grab mit Füßen [63].

In Pontiacs Aufstieg und Fall und seiner Rebellion fand Parkman ein Thema, das ihn zum Kernpunkt der amerikanischen Geschichte leiten sollte. Er kannte – wie seine ganze Generation

[63] *Ebd.*, X, S. 191; X, S. 216; X, 237 f.; XI, S. 317; XI, 323 f.; XI, S. 331.

– das Thema genau genug, daß es von selbst auf die Leser wirken konnte; sie starben mit Pontiac, – wenn sie nur auch mit Amerika lebten. Sein Pontiac ist genau der Wilde, den man in einer Epoche erdacht hatte, als man die Realität des Indianers allenthalben für ein Symbol und Bild der Vorstellung vom Naturzustand hielt. Wohl wissend, was Pontiac verkörperte, konnte Parkman aufzeigen, was er war. Da er wußte, was Geschichte verkörperte, konnte er aufzeigen, was sie war. Seine Erzählung von Pontiac, überladen mit den bewegendsten Einzelheiten aus der amerikanischen Geschichte im 19. Jahrhundert, preist wie ein Heldenepos den Triumph der Zivilisation über den Naturzustand der Wilden.

Als Parkman im Jahr 1867 mit *Jesuits in North America* eine umfassendere, detailliertere Darstellung der östlichen Indianervölker – besonders der Huronen und Irokesen – lieferte, war er immer noch nicht in der Lage, über die unüberbrückbare Kluft hinwegzuschauen. Er kannte die *Jesuit Relations* genau, bewunderte Morgan und verwendete alle von Schoolcraft gesammelten Daten (den er übrigens wegen seiner Interpretationen verspottete), und er mußte immer noch – in diesem Falle zu den Irokesen als den „fortschrittlichsten" der amerikanischen Wilden – feststellen:

> Wären die Irokesen – vorausgesetzt, sie hätten unbeeinflußt über ihr Schicksal bestimmen können – jemals aus dem Zustand des Wilden herausgetreten? Ungeachtet ihres Entwicklungsstandes, der die meisten der anderen amerikanischen Stämme übertrifft, findet man bei ihnen kein Anzeichen für irgendein Bemühen, die Schranken eines wilden Jäger- oder Kriegerlebens zu überwinden. Mit diesem Leben waren sie – störrische Bewahrer der Barbarei – untrennbar verknüpft, und an Wildheit und Grausamkeit waren sie den Schlimmsten ihrer Rasse ebenbürtig [64].

Die rechtschaffene, zivilisierte Gesellschaft konnte sich nur dadurch aufrechterhalten und bestätigen, daß sie den kläglichen Rest zerstörte, der von der Vergangenheit des Wilden übrig war.

---

[64] *Ebd.* II, S. 59.

VI

Die Tugenden der Natur:

Das Bild des Indianers in Drama und Poesie

Es war derselbe Indianer: besiegt von den Amerikanern und zugleich Hauptfigur zahlloser Schauspiele, Gedichte und Erzählungen der Amerikaner. Gerade erst hatten sie entdeckt, daß sie möglicherweise eine eigene, nationale Kultur zur Entfaltung bringen könnten, und glaubten, für den Indianer einen gebührenden Platz in der Literatur zu finden, mit der diese neue Kultur zur Blüte gebracht werden sollte [1]. Sie wußten sehr wohl, daß er ein Teil ihrer Vergangenheit war; in seinem Charakter und seinem Schicksal lag der Schlüssel für die Bedeutung ihrer eigenen Zukunft. Aber auch wenn sie sich mit ihm in poetisch-imaginativer Form befaßten, mußten sie sich bald mit einem Problem konfrontiert sehen, auf dessen Lösung sie ihre kurze nationale Erfahrung und ihr nationales Selbstverständnis nicht hinreichend vorbereiten konnten.

Aufgrund der übermächtigen Tradition der englischen Literatur, der sie – ungeachtet ihres eigenen reichlich blutrünstigen kulturellen Nationalismus – ehrerbietig folgten, hatte man sich den Indianer im allgemeinen als einen edlen Wilden vorgestellt, der bessere und ganz andere Tugenden als der zivilisierte Mensch hatte und dazu

---

[1] Die Bedeutung von Indianerdarstellungen für die aufkommende Nationalliteratur erörtern William Ellery Sedgwick, „The Materials for an American Literature: A Critical Problem of the Early Nineteenth Century“, *Harvard Studies and Notes in Philology and Literature,* XVII (1935), S. 141–162; John C. McCloskey, „The Campaign of Periodicals after the War of 1812 for a National American Literature“, *PMLA,* L (1935), S. 262–273; und William Charvat, *The Origins of American Critical Thought, 1810–1835* (Philadelphia, 1936), S. 143 f.

bestimmt war, in einer Art absoluter, unerreichbarer Tugendhaftigkeit zu sterben – aber Erfahrung und Verständnis der Amerikaner wurden in die Richtung gelenkt, eben dieses Konzept zu zerstören und durch ein anderes zu ersetzen: ein Konzept vom Wilden, bei dem Erhabenheit und Unmenschlichkeit eins waren. Natürlich konnte man den Indianer als einen dem Untergang geweihten edlen Wilden bemitleiden; amerikanische Schriftsteller kannten die Gefühle ihrer Leser sehr genau und kultivierten dieses Mitleid reichlich. Aber zugleich mußte man den Indianer auch angemessen tadeln, seine Erhabenheit ableugnen oder sie so interpretieren, daß sie am Ende doch keine echte Erhabenheit war; und die amerikanischen Schriftsteller kannten auch ihre Pflicht als Amerikaner: Sie tadelten und setzten die berühmten Tugenden der Indianer auch ins Zwielicht.

Die literarische Vorstellung vom bemitleidenswerten edlen Wilden mußte der bedeutenderen Vorstellung vom Naturzustand untergeordnet werden, die nicht nur Mitleid, sondern auch Tadel ermöglichte. Das Land war auf der Suche nach seiner kulturellen Identität; deshalb war die literarische Vorstellung vom Indianer machtvoll und langlebig und wurde von den Amerikanern anerkannt. Allerdings wurde die Daseinsberechtigung dieses neuen Amerika als gleich stark empfunden, und das verlangte eine Unterordnung dieser Vorstellung, und dem beugten sich die Amerikaner. So entstand die literarische Figur des amerikanischen Indianers zunächst als Kompromiß zwischen beiden Vorstellungen und aus dem Kompromiß schließlich ein Kunstgebilde, aber dieser neue Indianer entsprach dem Geschmack der Amerikaner vollkommen: Nach diesem Wilden hatten die Amerikaner schon immer gesucht.

1

Im Jahr 1766 veröffentlichte der im Grenzgebiet stationierte englische Soldat und Kundschafter Robert Rogers in London die Indianertragödie „Ponteach; oder Die Wilden von Amerika". Sie wurde aber nicht aufgeführt, obwohl Rogers zuvor eine maßgebende Abhandlung über den Indianer, „Kurzgefaßte Beschreibung

Amerikas", erfolgreich herausgegeben hatte. Sie gleicht dem Sammelsurium von Schriften, die wir bereits aus der Zeit nach dem Kolonialkrieg und den unmittelbar darauf folgenden Grenzkonflikten kennen. Im Mittelpunkt stehen die persönlichen Erlebnisse des Autors. Rogers fügt die zahlreichen Details zu einem erregenden und zugleich nostalgischen Bild zusammen, das von einfachen, heldenhaften, gefährlichen Menschen erzählt, den Spartanern nicht unähnlich, und diese Menschen werden durch die Zivilisation vernichtet. Kurz, hier findet sich der Sinn für die Lebenswirklichkeit des Wilden, der zunehmend die Einstellung der Kolonisten gegenüber dem Indianer prägte. In der Tragödie allerdings überdeckt die literarische Konvention eindeutig den Sinn für die Realität. Wie in seiner früheren Abhandlung prangert Rogers den schlechten Einfluß der betrügerischen Händler an, und er will sogar beweisen, daß die Engländer selbst zu Pontiacs Verschwörung schuldhaft beigetragen haben. Damit kann er aber nur das Verhalten der Weißen als extrem würdelos und die Indianer als extrem würdevoll hinstellen. Um das Konzept seines Stückes aufgehen zu lassen – den Indianer als einen einfachen Wilden zu zeigen, der von überlegenen, hinterlistigen Weißen schikaniert wird, hätte Rogers die herrschende Psychologie auch in seiner Abhandlung übernehmen müssen. Aber seine zweite Aufgabe als Dichter erlaubte ihm nur eine Charakterzeichnung nach dem Muster eines Heldendramas wie „Die Indianerkönigin" [2].

Die tragische Komponente des Schauspiels ist in die Nebenhandlung verlegt: eine Liebesgeschichte, die mit Chekitan und Philip, den Söhnen Pontiacs, verknüpft ist. Chekitan liebt Monelia, die Tochter eines anderen Häuptlings. Von seinem Bruder Philip ermutigt, beschließt Chekitan, in der Schlacht zu Ruhm zu gelangen, um ihrer würdig zu sein. Aber Philip, der – wie er dem Publikum zu verstehen gibt – ebenfalls Monelia liebt, schwört, sie zu töten, um sie Chekitan vorzuenthalten und den Engländern den Mord

[2] Anm. d. Übers.: Gemeint ist hier John Drydens *The Indian Queen* (1664): ein in Zusammenarbeit mit Sir Robert Howard geschaffenes Stück, das die Gattung des sentimentalen Heldendramas begründete.

anzulasten. Natürlich scheitert sein Plan. Er tötet Monelia und – wie er annimmt – ihren Bruder Torax und macht gegenüber seinem Vater und seinem Bruder die Engländer für beider Tod verantwortlich. Aber Torax überlebt, setzt Chekitan in Kenntnis, und Chekitan tötet zuerst Philip und dann sich selbst. Was all dies mit Pontiacs Verschwörung zu tun haben soll, erfahren wir nicht. Unterdessen ist die Verschwörung fehlgeschlagen – allerdings erst, nachdem der Verfasser die Indianer bei einer Zeremonie gezeigt hat, bei der die Häuptlinge einen Kriegsgesang „Nach der Melodie von ‚Über den Bergen und weit entfernt'" anstimmen.

Rogers Schauspiel mag gerechterweise eher als englischer denn als amerikanischer Irrtum angesehen werden. Allerdings weist es schon mit seiner melodramatischen Überhöhung der Wilden und in der Art, wie es die Realität (wohlgemerkt, die Realität des 18. und 19. Jahrhunderts) dem Klischee opfert und einen formal nicht zu rechtfertigenden Wirrwarr an Handlungselementen stiftet, frühzeitig in die Richtung aller späteren Indianerschauspiele. Es verbindet die schlimmsten Auswüchse des heroischen Dramas im 17. Jahrhundert mit denen des bürgerlichen Trauerspiels und wendet sich in seiner herkömmlichen literarischen Verzeichnung sogar von der in Rogers eigener Abhandlung dargestellten Realität ab – auch wenn es eine der Thesen dieser Schrift scheinbar bestätigt. Dieses Stück verrät nur zu deutlich das Dilemma, in dem sich der Autor eines Indianerschauspiels sah: einerseits die Erkenntnis, daß Mitleid sehr viel leichter hervorzurufen und zudem vergnüglicher sei als Tadel, andererseits das Bewußtsein, daß das eine ebenso zur Realität gehörte wie das andere.

Ein möglicher Ausweg aus diesem Dilemma bestand darin, sich nicht weiter den Kopf zu zerbrechen, sondern Fakten und Realität völlig außer acht zu lassen und statt dessen dem Klischee vom edlen Wilden zu folgen. Diesen Weg beschritt das erste echte amerikanische Indianerschauspiel: Ann Julia Kemble Hatton verfaßte „Tammany, eine tragische Oper" (1794). Heute existieren davon nur noch einige wenige, vom Stück unabhängig veröffentlichte Lieder, in denen grotesk überhöhte Wilde allerdings noch deutlich zu erkennen sind. In einem der Lieder wird Tammany von seiner Konkubine so besungen:

Am Abend die Raubfische zu ködern,
die durch ihre Korallenhaine streichen,
oder träge Schleifen ziehen
und in den Sonnenstrahlen glänzen;
Unter dem blassen Licht des Morgens zu streifen,
durch den Wald voll Aloe oder den palmenreichen Hain:
Dies, all dies ist lieblich, doch nicht für mich
So lieblich wie mein Tammany.

und Tammany über sie, d. h. Manana:

Raserei schwellt meine sehnsüchtige Seele,
kocht in meinen Adern und macht mich toll;
Hitzig wetteifernde Leidenschaften brausen,
Wo Mananas Bild regiert [3].

Wie uns am Ende des Stückes beider Sterbegesang verrät, sterben Tammany und Manana zusammen wie wahrhaft edle Wilde.

In „Gründung einer Neuen Welt" von Joseph Croswell (1802) finden sich Anzeichen eines Bewußtseins für die Minderwertigkeit des Wilden, ohne daß sie direkt zum Ausdruck gebracht wird. Hier treten Indianer würdevoll als Freunde der sich abmühenden Pilgerväter auf. Einer von ihnen, Hampden, verliebt sich in die indianische Prinzessin Pocahanta. Gepeinigt von den mit der Mischehe verknüpften Problemen, gelangt er zu dem Entschluß, daß er seiner Liebe folgen kann, weil Pocahanta von königlichem Blut und zudem schön und geistreich ist. Aber es reicht noch nicht ganz aus, nur eine edle Wilde zu sein. So sagt er:

Ich weiß, ihr Teint ist dunkler als der europäischer Adelsfrauen,
doch bei weitem weißer als der anderer Eingeborener.

Pocahanta muß überhöht, im Grunde genommen zivilisiert und in etwas verwandelt werden, das sich eher dem Bild einer Kaukasierin annähert. Wenn sie laut literarischer Konvention für Hampden auch so, wie sie ist, gut genug sein mag, erfordert doch die amerikanische Einstellung gegenüber dem Wilden, daß sie mehr sein muß, als sie ist.

[3] *The Songs of Tammany, or the Indian Chief, a Serious Opera* [1794], *Magazine of History,* Sonderheft Nr. 170 (1931), S. 8, 12.

Das Indianerschauspiel konzentrierte sich in der Folgezeit thematisch auf die hochherzige Liebe, und Pocahontas, die am Ende in ihre Heimat Virginia zurückkehrte, wurde zur beherrschenden Figur dieses Schauspieltyps. Im Jahr 1808 wurde das erste Pocahontas-Drama „Die Indianerprinzessin oder La Belle Sauvage“ von James Nelson Barker aufgeführt. Es erzählt die wahre Geschichte von der Heirat John Rolfes mit Pocahontas nach, wenn auch nur in lockeren Episoden und mit untereinander verwobenen Nebenhandlungen ausgeschmückt. In diesem Durcheinander ist es aber unmöglich, einen edlen Wilden noch von einem edlen Weißen zu unterscheiden. Und doch wünscht Barker offenbar, daß man eine genaue Unterscheidung treffen soll. So läßt er Pocahontas zu Rolfe sagen:

> Ach, du allein gabst mir mein Leben;
> Du führtest mich vom Irrweg des Wilden,
> blutbefleckt und roh,
> hinweg vom Ort, wo mein Volk umherstreift;
> Und lehrtest mich himmlische Wahrheiten und
> fülltest mein Herz
> mit erhabenen, lieblichen und fürsorglichen
> Empfindungen.

Und schließlich legt er Captain John Smith die folgenden Worte in den Mund:

> Mich deucht
> daß die wilde Natur rasch ihren mißbilligenden Ausdruck mildert
> und ihre Züge zu einem freundlichen Lächeln formt.
> Nun erhebt sich meine von Hoffnung
> beflügelte Phantasie über die Kluft,
> die zwischen uns und der Nachwelt liegt,
> Wenn einst dieser schöne Teil der Erde reich bevölkert ist
> von der zivilisierten Gesellschaft; wenn Kunst,
> und Arbeit und Eleganz einst regieren werden,
> während der schrille Kriegsruf des Wilden
> dem fröhlichen Rundgesang des Schafhirten weicht.
> Oh, du beneidenswertes Land [. . .] [4].

[4] James Nelson Barker, *The Indian Princess* (Philadelphia, 1808), S. 52, 73.

Trotz dieser Tendenz ist an den Wilden bei Barker nur ausgesprochen wenig vom ‚Blutrünstigen' und ‚Rohen' zu erkennen, weil es bei den Wilden in der radikal primitivistischen Tradition, der Barker verpflichtet war, ausgesprochen wenig Neigung dazu bestand.

Wenn wir rückblickend die Geschichte der Vorstellung vom Naturzustand betrachten, können wir erkennen, daß eine paradoxe Situation entstand: Irgendwie mußte der Indianer blutrünstig und roh dargestellt werden; aber die Gesetze des Dramas mit einer Auffassung vom Wilden, die üblicherweise der melodramatischen Inszenierung folgte, verboten Blutbäder und Roheit. Der Unterschied zwischen ihm und den Weißen, angeblich der Grund für seinen Untergang, konnte nur ihm allein zur Last gelegt werden. In George Washington Custis' Fassung des Pocahontas-Stoffes – „Pocahontas; oder Die Siedler in Virginia" (erstmals 1827 aufgeführt) – können die heldenhaften Engländer die heldenhaften Indianer nur knapp besiegen – und das auch nur, weil Pocahontas ihnen hilft. Nur sie, wird betont, ist ‚anders' und darüber hinaus zur Christin geworden. Matacoran, der Führer des indianischen Widerstandes, redet und handelt nach Prinzipien, die identisch sind mit denen von Smith, Rolfe und anderen; er bekämpft die Engländer aus der ihm angeborenen unbändigen Liebe zur Freiheit und weil er erkennt, daß er seine geliebte Pocahontas an einen Engländer verlieren wird, wenn sein Volk unterliegt. Nachdem es besiegt worden ist, will ihm Captain Smith Gnade gewähren; aber Matacoran bietet ihm die Stirn und kündigt an, nach Westen zu gehen, um dort zu sterben:

Dort [so deklamiert er], an der äußersten Grenze des Landes, das Manitu den Vätern Matacorans gab, wird Matacoran – wenn die Zeit ihn zum alten Mann gemacht und seine Kraft von ihm gewichen – seinen Grabhügel errichten, hineinkriechen und dann sterben. Wenn aber eines fernen Tages die Nachwelt das Ruhelager dieses Tapferen sucht, der einen Bund mit den Räubern seines Landes verschmähte und so kühn war, ihnen wild und frei zu trotzen, dann wird der Finger des Ruhmes auf das Grab Matacorans weisen.

Als er hinausstürzt, äußert Captain Smith: „Tapferer, wilder, ungezähmter Geist; geh, wohin du willst, die Achtung der Engländer wird dir folgen.“ [5] Wahrscheinlich trägt diese Achtung zugleich Mitleid und Tadel gegenüber dem Naturzustand des Wilden mit sich; denn wir müssen den Mut haben, den „großen Ausblick auf die amerikanische Zukunft“ ins Auge zu fassen, wie Pocahontas am Schluß des Schauspiels sagt. Zu diesem Ergebnis kommt auch ein späteres Pocahontas-Stück: Charlotte Barnes schrieb „Prinzessin der Wälder“ (1848 uraufgeführt). Darin stirbt Pocahontas in England, nachdem sie sich in einer Adelsgesellschaft mutig behauptet hat. Auf dem Sterbelager hat sie eine Vision, die Vision einer Wilden, von ihrer Heimat Virginia und von deren Zukunft; darin erscheinen Washington – der Genius von Virginia –, die Zeit, der Friede, der Löwe und der Adler, die alle in der letzten Szene auftauchen, die eben diese Vision zeigt. So macht sich nach dem Wunsch der Autorin sogar die ‚Prinzessin der Wälder‘ aus dem indianischen Melodrama ein Bild vom Fortschritt der Zivilisation, der ihre eigene Existenz, ihre primitive Vollkommenheit praktisch bedeutungslos werden läßt.

Auf diese Weise wird die Minderwertigkeit des Wilden fast unbewußt immer wieder auf den Indianer übertragen; der Indianer wird sentimental oder melodramatisch überhöht und dann aus der Welt geschafft. In Nathaniel Deerings „Carabasset“ (erstmals 1831 aufgeführt) ist der Titelheld – der letzte seines Stammes, der die Ankunft der Weißen überleben sollte – ein außergewöhnlich edler Wilder. Ihm wird nachgesagt, daß er, außer in der Hitze des Gefechts, noch niemanden getötet und daß er sogar „den zitternden, hilflosen Gefangenen [...] / zurück in die Arme seiner Mutter“ geführt habe [6]. Dann aber treibt ihn ein schurkischer Weißer in ein fürchterliches Blutvergießen und am Ende, nachdem er Vergeltung geübt hat, in den heroischen Selbstmord. In „Tecumseh“ (erstmals 1834 aufgeführt) von Richard Emmons steht der Titelheld erhaben über den Metzeleien der Wilden; doch auch er muß schließlich in einem heroischen Zweikampf mit einem Amerikaner

[5] George Washington Custis, *Pocahontas,* in A. H. Quinn, ed., *Representative American Plays* (New York, 1930), S. 192.

[6] Leola B. Chaplin, *The Life and Works of Nathaniel Deering (1791–1881)* (Orono, Maine, 1934), Anhang B, S. 178.

den Tod finden. Über diesen Tecumseh wird gesagt, daß er „[...] roh, und doch großartig [gewesen sei]; der überragendste Häuptling, der jemals das Kriegsbeil gegen den weißen Mann erhob“ [7]. Dennoch gibt es kein Anzeichen für seine Roheit – sieht man von seinem stellenweise gebrochenen Englisch ab. In Alexander Macombs *Pontiac* (1838 uraufgeführt) geht der Titelheld bereits vor dem westlichen Vordringen der amerikanischen Herrschaft zugrunde: eine Entwicklung, die sein Vorstellungsvermögen übersteigt. Er ist ein romantischer Held und zugleich ein verzweifelter Primitiver. Beides kommt in seinem Kriegsgesang zum Ausdruck:

An jenem Tag, als unsere Helden niederstürzten, niederstürzten,
An jenem Tag, als unsere Helden niederstürzten,
kämpfte ich an ihrer Seite und dachte, bevor ich starb,
nur an Vergeltung gegen den Feind, den Feind,
nur an Vergeltung gegen den Feind.

Und so lautet seine Rede, nachdem er von den Briten besiegt wurde: „Ich habe keinen Vater als die Sonne – keine Mutter als die Erde. Sie nährt mich, sie kleidet mich. An ihrem Busen werde ich ruhen.“ [8] Diese letzten Worte markieren den psychologischen Zugang zu Pontiac und seinem Leben und Sterben. Aber das Schauspiel enthält in erster Linie Dinge wie seinen Kriegsgesang, mit gleichartigen Handlungen und Gefühlsinhalten. Wie Deering und Emmons versucht auch Macomb ein Bild vom Naturzustand entstehen zu lassen, und wie seine Vorgänger wählt er hierzu Begriffe, die seine Existenz leugnen.

Das populärste aller Indianerschauspiele stammt aus der Feder von John Augustus Stone und trägt den Titel „Metamora oder Der letzte der Wampanoags“ (erstmals 1829 aufgeführt). Dieses Stück liefert uns die meisten Belege für das Ungleichgewicht zwischen der literarischen Kunstfigur des edlen Wilden und der Vorstellung vom Naturzustand. Stone verfaßte „Metamora“ für den

---

[7] Richard Emmons, *Tecumseh; or, The Battle of the Thames* (Philadelphia, 1836), S. 35.

[8] Alexander Macomb, *Pontiac; or, The Siege of Detroit* (Boston, 1835), S. 31, 54.

Schauspieler Edwin Forrest, der sich im Verlauf seiner Karriere auf edle Wilde aller Schattierungen spezialisierte. Die Figur des Metamora wurde eine von Forrests Lieblingsrollen. Es ist zu vermuten, daß vor allem der Popularität des Stückes die große Zahl der späteren, ganz ähnlichen Schauspiele zu verdanken ist: etwa 35 Stücke innerhalb von 20 Jahren, die fast nie gedruckt, aber meist – wie berichtet wurde – vom Publikum gut aufgenommen wurden.

Das Stück schreitet mit sämtlichen melodramatischen Versatzstücken seiner Gattung voran. Es wird von passender Musik begleitet, bietet reichlich lautstarkes Geschehen wie Kampfansagen, Duelle und Gefangennahmen, und es gibt eine Nebenhandlung nicht nur um einen aufgedeckten Königsmord und um schändliche Leidenschaften in Adelskreisen; es wird auch ein lange verloren geglaubter Sohn wiedergefunden und zwei unglücklich Liebende glücklich wieder vereint. Inmitten all dieser Ereignisse und Verwicklungen bemüht sich Metamora (King Philip) verzweifelt darum, die Existenz, die Lebensweise und das Land seines Volkes zu erhalten. Er wird als ein vertrauenswürdiger Freund der Weißen dargestellt, als Beschützer der weiblichen Tugend und als zärtlicher Ehemann einer empfindsamen Frau – so lange, bis er betrogen und durch die Habgier des weißen Mannes in den Krieg getrieben wird. Das Schauspiel wird bald durch hitzige Angriffe und Streifzüge, bald durch große Auftritte Metamoras vorangetrieben; aber man erkennt nicht das mindeste Bemühen, ihn wie einen Indianer sprechen zu lassen, der in der Redetradition des Wilden steht. Allzu offensichtlich steht hier Forrest auf der Bühne. Nachdem Metamoras Volk vernichtet und sein Sohn getötet wurde, tötet er auch seine Frau, um sie vor der Versklavung durch die Weißen zu bewahren, und liefert sich schließlich selbst den Siegern mit den Worten aus:

Mein Fluch treffe euch, ihr Weißen! Möge der ‚Große Geist' euch verfluchen, wenn sein Kriegsruf von den Wolken herabtönt! Mörder! Der Fluch der letzten der Wampanoag treffe euch! Mögen eure Gräber und die Gräber eurer Kinder den Pfad säumen, dem der rote Mann folgt! Und mögen der Wolf und der Panther über euren blanken Knochen heulen, dem passenden Festschmaus zu Ehren der Zerstörer! Ihre Geister des Grabes, ich komme! Aber der Fluch Metamoras begleitet den weißen Mann! Ich sterbe! Mein Weib! Meine Königin! Meine Nahmeokee!

Daraufhin heißt es in der Bühnenanweisung: „sinkt nieder und stirbt; ein Tableau wird gebildet. Trommeln und Trompeten rufen zum Rückzug, bis der Vorhang fällt. Langsamer Vorhang.“ [9]

Die Gestalt des Metamora, den Stone seinem Publikum präsentiert, entstammt nicht der bisher üblichen Auffassung des Wilden. Seine Geistesgaben sind keineswegs beschränkt, seine Begierden nicht begrenzt, sein Leben nicht nur auf das Handeln und weniger auf das Denken ausgerichtet, seine Moralvorstellungen insgesamt nicht weniger ausgeprägt als bei den Weißen. Er entspricht genau der primitivistisch beeinflußten Literaturtradition, die von der Vorstellung vom Naturzustand widerlegt werden sollte. Gleichzeitig aber verrät die Charakterzeichnung des Metamora einen gewissen Einfluß von der letztgenannten antiprimitivistischen Vorstellung, und man merkt, wie gerade Stone zwischen diesen beiden Traditionen und Symbolen schwankte und – bewußt oder unbewußt – einen Kompromiß schließen mußte. Nach Metamoras erstem würdevollen Auftritt sagt die weiße Heldin der Nebenhandlung zu ihrem Geliebten: „Unterweise ihn, Walter; mache ihn uns gleich.“ Darauf erwidert Walter:

Es würde ihn der Hälfte seiner angeborenen Tugenden berauben. Ist die Gerechtigkeit lobenswert? Metamora ist gerecht. Ist die Tapferkeit tugendhaft? Metamora ist tapfer. Wenn sich ein Mann um die Liebe zum Land, zu Frau und Kind und Heim verdient gemacht hat – dann war er es.

Sie entgegnet: „Und doch ist er ein Heide.“ Aber Walter läßt die ganze Frage ungelöst stehen. Er antwortet nur in seiner schlichten, männlichen Ausdrucksweise: „Gewiß, [...] aber sein Glaube – auch wenn er unwissend und roh sein mag – kommt von Herzen, und der Himmel allein darf über ihn urteilen.“ [10] Wir können hier feststellen, daß der Unterschied zwischen Metamora und dem

[9] *Metamora and Other Plays, ed. Eugene R. Page* (Princeton, 1941), S. 40.

[10] *Ebd.*, S. 12.

Walter im Stück nicht definiert wird; es ist nur ein Unterschied der Namen. Man kann vermuten, daß die formalen Zwänge des Schauspiels – sowie Stones natürliches Talent und seine Begeisterung für diese Form – eine solche Definition gar nicht zuließen. Wie alle anderen, die ebenfalls Indianerschauspiele verfaßten, bemerkte Stone in seinem Enthusiasmus die Unausgewogenheit in seinem Werk überhaupt nicht. Das gilt auch für sein zufriedenes Publikum. In ihrem gemeinsamen Nichterkennen ließen beide ein Bild des edlen Wilden vor ihren Augen entstehen, der deswegen vernichtet wurde, weil er kein edler Wilder war.

2

Das Dilemma, in dem sich ein Lyriker befand, der über den Indianer schreiben wollte, war noch schlimmer als das des Dramatikers. Er stand vor der Alternative, sich entweder für den edlen oder den unmenschlichen Wilden zu entscheiden, und er konnte nur verschiedene Kombinationen von empfindsamen oder melodramatischen Elementen aufs Papier bringen. Die Vermischung der Bilder des Wilden in seinen Gedichten mündete schließlich in das Bild Hiawathas: Melodram und Empfindsamkeit waren in der Hand des geschickten Folkloristen eine zufriedenstellende Synthese eingegangen, und ein dankbares Lesepublikum erlebte, wie der Wilde und der Primitive zu einer Art von antiken Helden geläutert waren. Bis es soweit war, schrieb man das Jahr 1855, und der Wilde war schon seit langer Zeit tot. Wie auch immer, die amerikanischen Lyriker konnten das Problem des Wilden nie überzeugend bewältigen.

Gegen Ende des 18. Jahrhunderts bezogen die angehenden amerikanischen Poeten Stellung – wenn auch nicht ganz eindeutig – entweder für die primitivistische oder die antiprimitivistische Seite. Sie zeichneten die Indianer als ruhmreiche, stattliche Krieger aus längst vergangener Zeit [11]; als heißblütig Lie-

[11] Siehe den anonym veröffentlichten Text „Description of a Mohawk Chief“, *Massachusetts Magazine,* IV (1792), S. 329; William Prichard,

bende [12] und als starke Menschen, die ihre Stärke in trotzigen Sterbegesängen beweisen [13]. Oder sie zeigten die Indianer in ihrem gnadenlosen Sadismus gegenüber ihren Gefangenen, in ihrem blutgetränkten Triumph über Amerikaner, die zu ihrer Bestrafung entsandt waren [14], und in ihrem dumpfen Widerstand, zivilisierte Menschen zu werden [15]. Diese Gedichte, die uns interessieren, weil sie den Anspruch erheben, Poesie zu sein (nicht weil sie es tatsächlich wären), behandeln zwei gegensätzliche Themen: den Indianer als einen von der Natur hervorgebrachten Aristokraten, der vielleicht sogar über seinen zivilisierten Eroberern steht; zum anderen den Indianer als eine geradezu unmenschliche Kreatur, die sehnsüchtig auf ihre Ausrottung wartet.

„Character of St. Tammany", *American Museum*, IV (1789), S. 104; Josias Lyndon Arnold, „Fragment of an Indian Sonnet", *Poems* (Providence, 1797), S. 53 f.

[12] Siehe Joseph Smith, „Indian Eclogue", *Universal Asylum and Columbian Magazine*, I (1787), S. 146 f.

[13] Siehe Josias Lyndon Arnold, „Warrior's Death Song", *Poems*, S. 50 ff.; und die Sterbelieder in Sarah Wentworth Mortons Ouâbi (Boston, 1790) und in William Dunlaps *Cololoo* (New York, 1793?). Zur Gattung des Sterbegesangs siehe Frank Edgar Farley, „The Dying Indian", *Kittredge Anniversary Papers* (Cambridge, 1913), S. 250–260; und Henry Broadus Jones, *The Death Song of the ‚Noble Savage'* (University of Chicago dissertation, 1924).

[14] Siehe die folgenden anonym herausgegebenen Texte: „Defeat of Stuart's Indians in The South", *Massachusetts Magazine*, IV (1792), S. 51 f.; „Lavinia", „Indian Victory: Fragment", *ebd.*, III (1791), S. 763 f.; die verunglimpfende ‚Breitseite' in *The Columbian Tragedy* (Boston, 1791); Eli Lewis, *St. Clair's Defeat* (Harrisburg, Pennsylvania, 1792); die drei „Elegien" von James Lewis, *Poetical and Miscellaneous Works* (Greenfield, Mass., 1798), S. 63–67, 69–73, 74–77.

[15] Siehe den anonym herausgegebenen Text „On the Emigration to America, and Peopling the Western Country", *American Museum*, I (1787) S. 185 f.; Timothy Dwight, „The Destruction of the Pequods", Teil IV, *Greenfield Hill* (New York, 1794); David Humphreys, „Poem on the Industry of the United States of America" [1794], *Miscellaneous Works* (New York, 1804), S. 89–114; Joel Barlow, *The Columbiad* (Washington, 1825), Buch II und V.

Dem Poeten war es an die Hand gegeben, mit großer, wie selbstverständlicher Gelassenheit beide Themen nebeneinander zu entwikkeln. Dies ist das Verdienst von Francis Hopkinson. Das Gedicht „Die Vertragsverhandlung" entstand nach Hopkinsons eigenem Bekunden aus Beobachtungen bei einer wirklichen Begebenheit „an den Ufern des Flusses Lehigh im Jahre 1761; es war eine feierliche Konferenz zwischen den Regierungsvertretern von Pennsylvania und den Häuptlingen verschiedener Indianervölker, an der der Verfasser als Sekretär teilnahm" [16]. Das Gedicht beschreibt zunächst die Schönheiten des Lehigh-Tales, preist den Gouverneur von Pennsylvania und beklagt das Blut, „vergossen von der Barbaren gnadenloser Hand": Einst regierte überall der Frieden, aber die Kriege der Indianer brachten Tod und Zerstörung über das Land. Letzteres wird nach Art bukolischer Lyrik in der Erzählung von Rosetta und Doris anschaulich gemacht: Rosetta, die von Doris geliebte Hirtin, wird von einer Horde Wilder gefangengenommen; nach einem mißglückten Befreiungsversuch fällt auch Doris in ihre Hände; beide werden in ein Indianerdorf gebracht, und Doris wird gnadenlos und grausam zu Tode gefoltert, worauf Rosetta an gebrochenem Herzen zu seinen Füßen stirbt. Solch tragischen Ereignissen soll der Vertrag ein Ende setzen, fährt Hopkinson fort, und er beschreibt die Verhandlungen, an denen allerdings Indianer teilnehmen, die sich von den Barbaren in der Erzählung über Rosetta und Doris in mancher Hinsicht unterscheiden:

> Feierlich und würdevoll auch ohne Hilfe der Kultur,
> verhandeln sie über Gerechtigkeit, Handel, Frieden und Freundschaft,
> ihre gewandten Reden kommen ungezwungen aus ihrem Herzen.
> Seht den bemalten Krieger sich aus der Menge erheben,
> als ein wilder Cicero steht er aufrecht da,
> schrecklich läßt er seine glühenden Augen schweifen,
> während seine angeborene Würde Respekt gebietet.
> Hoch über seinen Brauen trägt er eine üppige Federkrone,
> das tiefe Zinnoberrot glüht auf seinem Antlitz,

[16] *The Miscellaneous Essays and Occasional Writings of Francis Hopkinson, Esq.* (Philadelphia, 1792), III, S. 120. Das Gedicht wurde erstmals 1772 veröffentlicht.

ein Silbermond umstrahlt milde seine Brust,
und ein loses Gewand fließt von seinen Schultern.
Einen kräftigen Arm bietet er entblößt den Blicken,
den bunten Wampun glitzernd in seiner Hand;
Seine Rede erweckt das attische Feuer zum Leben,
und seine Natur diktiert Erhabenheit und Größe.
Unberührt von der Kultur, doch wie erstrahlt die Vernunft
mit angeborenem Glanz in des Wilden Brust!
Niemals lehrte ihn die Wissenschaft die beste Form der Darlegung,
niemals strebte eine Schule, seine Sprache zu verfeinern.
Welch edle Gedanken, welch edle Handlungen entsteigen
einem angeborenen Genius, der unbeschränkt und frei ist!

In dieser poetischen Diktion führt Hopkinson das Gedicht zu seinem Ende mit einem großen Szenario von Verhandlungen, Spielen, Festlichkeiten und Kriegstänzen,

Bis die verausgabte Natur nicht länger
standhalten kann
und ihre ermatteten Körper in tiefen Schlaf
sinken.

So, wie das Gedicht sie darstellt, sind Hopkinsons Indianer keineswegs finstere Mörder, sondern von der Natur begnadete Aristokraten.

Auch Philip Freneau ging von dieser ambivalenten Auffassung aus. Als Ausweg aus diesem Dilemma versuchte er sich in primitivistischen Ansätzen, die allerdings in reine Phantastereien mündeten, seiner Sozialkritik vergleichbar. „Das amerikanische Dorf" (1772)[17] beschreibt Indianer aus früheren Zeiten, die den zivilisierten Weißen moralisch überlegen sind und noch nicht deren verderblichen Einflüssen zum Opfer gefallen:

Und glaubt nicht, daß dies riesige Land vor
langer Zeit
plündernde Schurken oder blutrünstige
Männer beherbergte:

---

[17] Soweit nicht anders angemerkt, folge ich dem Text von F. L. Pattee: *The Poems of Philip Freneau,* 3 Bde. (Princeton, 1902); und der Datierung von Lewis Leary: *That Rascal Freneau* (New Brunswick, N. J., 1941), S. 418–480.

Berühmte SACHEMS [Bundeshäuptlinge]
gründeten hier einst ihr Reich
auf nützlichen Gesetzen; und Opferfeuer
loderten.
Die großmütige Seele inspirierte die
tapfere Brust,
und die Freiheit galt als doppelter Segen [18].

Zugleich aber lassen Freneau und sein Mitstreiter Hugh Henry Brackenridge in dem Gedicht „Der aufgehende Glanz Amerikas", das im gleichen Jahr wie das vorige erschien, in einem Dialog den einen Sprecher über die amerikanischen Indianer und ihre Vergangenheit sagen:

Wie düster zeigt sich hier die menschliche Natur!
Abgeschnitten vom Licht der Wissenschaft und Wahrheit
irrten sie blindlings den steilen Abhang der Zeit hinunter;
Ein finsterer Aberglaube mit seinem abscheulichen Gefolge
von Dämonen, Geistern und bösen Omen
drängte sie einst noch zu schrecklichen Riten und Bräuchen
des Menschenopfers, um so die Mächte
des Bösen und den finsteren König der Hölle zu besänftigen [19].

Diese Passage wurde allerdings aus den Ausgaben nach 1786 herausgenommen. Damit sollte wohl eher ein Bild der Indianer als aussterbender Rasse vermittelt werden, die der Rückbesinnung auf ihren ursprünglich edlen Zustand des Primitiven bedurfte. (Es ist bekannt, daß Brackenridge sich diese Passage sehr zu Herzen nahm und ein prominenter Indianer-Hasser wurde.) Dieselbe Auffassung lassen auch „Die Prophezeiung von King Tammany" (1782), „Der sterbende Indianer Tomo-Chequi" (1784), „The Indian Burying Ground" (1787) und „Auf die amerikanische Vorzeit" (1790) erkennen. Sie befassen sich mit der Vergangenheit des Indianers – oder mit einer Gegenwart, die schon bald der Vergangenheit angehörte. Besonders hervorgehoben wird die „Natürlichkeit" des Indianers, die er sogar im Angesicht von Tod und Sterben beweise. In solchen Passagen wird der Ton melancholisch und bricht

[18] *Poems,* III, S. 387–392.
[19] *Ebd.,* I, S. 58 f.

in die Klage aus über ein vergangenes, einfacheres Leben und den langsamen Tod von Geschöpfen, deren schlichte Lebensauffassung ihnen eine Würde gab, um die sie ein durch die Zivilisation in Atem gehaltener Poet beneidet.

Wie in seiner Sozialkritik steuert Freneau auch in seinen poetischen Arbeiten über den Indianer zwangsläufig in eine gewisse Unsicherheit, wenn es um die positiven Werte der Zivilisation geht [20]. „Der indianische Student" (1787) und „Der getaufte Indianer" (1797) erzählen die Erlebnisse zweier junger Männer, die sich nicht in die Zivilisation einfügen konnten: der eine sah sich gezwungen, Harvard zu verlassen und zur Natur zurückzukehren, denn dort war er viel glücklicher; der andere gelangte – nach seiner enttäuschenden Entdeckung, daß der Himmel wie eine Kirche und nicht wie eine Schankstube aussah – zu dem unabänderlichen Entschluß, nicht

> freiwillig an einem Ort zu bleiben,
> an dem es nichts zu essen und nur wenig zu stehlen gibt [21].

Einer der Wilden entfloh offensichtlich der Zivilisation, und einer wurde durch sie korrumpiert. Ein anderer, der vor ihr flüchtete, war ‚Indian Sam', dem sich Freneau im Jahr 1822 in der Enttäuschung seiner letzten Jahre als poetische Herausforderung zuwandte. Der Dichter geht bei dem Indianer in die Schule, vernimmt drei Tage lang Anklagen gegen die Zivilisation und kommt zu dem Schluß, daß der „aufrechte Sam"

> [. . .] als ein Krieger und Weiser erschien,
> und *dort* hätte ich ein Menschenalter verbringen können,
> da alles ruhig, heiter und frei war:
> Der Inbegriff der Schlichtheit [22].

Welche Lehre sollte man also aus diesem Bild des Indianers ziehen? Für Freneau war sie sehr zwiespältig, wenn sie von der „Na-

---

[20] Siehe oben, S. 198–201.

[21] *Poems,* III, S. 189 f.

[22] *The Last Poems of Philip Freneau,* ed. Lewis Leary (New Brunswick, N. J., 1945), S. 95.

tur" des Menschen handelte. Am Ende trachtete er vergeblich danach, seinen Glauben an das zivilisierte Amerika mit seinem Glauben an einen edlen Wilden in Einklang zu bringen, denn er war nicht imstande, den Antiprimitivismus gutzuheißen, der gewöhnlich ein Standbein des erstgenannten war. Er veröffentlichte im Jahr 1822 ein längeres Gedicht, worin er den zivilisierten Menschen ein für allemal die wahren Tugenden der Natur vor Augen führen wollte: „Über die Zivilisierung des westlichen Eingeborenenlandes". Es beginnt mit einer allgemeinen Betrachtung über Vergänglichkeit und steten Wechsel: Die alten Sterne verschwinden und neue erscheinen; die Natur hält ständig zwei Räderwerke in Gang – das eine zerstört, was das andere hervorbringt: nur die Substanz ist von ewigem Bestand, ihre Erscheinungsformen aber unterliegen einem stetigen Wandel. Dann leitet der Dichter über zu einer Betrachtung über die „Zivilisation" – genauer: das Zivilisieren – der westlichen Indianer. Der Kerngedanke hierbei ist, daß auch diese nur eine dem Wandel unterworfene Erscheinungsform der gleichbleibenden Substanz darstellen:

DU, der du einst das unbetretene westliche Ödland durchstreifst,
um Völkerstämme zu bekehren oder fremden *Rassen* offen zur begegnen,
Sei ehrlich mit dir selbst! – der wilde Eingeborene
ist – wenn er auch irrt – nur das ungeformtere Kind der Natur.
Die Künste, die du lehrst – auch wenn sie nicht ALLE falsch sein mögen –,
sind Künste, die die heimische Glückseligkeit zerstören.
Die *Welt des Indianers,* die sich auf die Freigebigkeit der Natur gründet,
gedenkt weder der Zukunft noch der Vergangenheit. –
Sie leben – und können zur Abendstunde sagen,
Wir verlangen nicht mehr, weil uns ein Tag gegeben war.
Der *indianische* Eingeborene, der die Arbeit des pflügenden Bauern
gelernt hat,
treibt seine Ochsen dennoch mit dem Herzen eines *Indianers,*
Er verharrt, wenn sie verharren, und ruht auf dem *Pflugbaum,*
während salzige Tränen aus seinen Augenlidern quellen,
bedenkt er, daß die uralten Bäume, die ihn umgeben,
die vor Jahrhunderten den *Wigwams* Schatten spendeten,
nun herabsinken müssen – jede verehrte Biegung ihrer Zweige –
um auf Äckern in Flammen zu stehen, wo bisher die Natur regierte.

Von anderem Geist als du, sieht er nicht mit deinen Augen,
sondern vielleicht sogar alles vollkommener, wie das Licht der Natur es sieht:
Denn durch die Gebote der Natur wird seine Sicht geprägt,
die nicht *unvollkommener* ist, als sein SCHÖPFER sie bestimmte.

Denn sämtliche Erscheinungsformen der „sittlichen Tugend" – auch voneinander abweichende Sittenkodizes unterschiedlicher Gesellschaften –, so fährt der Dichter fort, zielen auf ein glückliches Ende. Aber wenn die zivilisierten Menschen versuchen, die Lebensweise des Indianers zu reformieren, wird die Vermittlung auch nur einer Tugend von hundert Lastern begleitet sein. Sie erkennen nicht, daß der Mensch in jeder Lebensform und in jeder Rasse auf seine eigene Weise nach dem Guten streben muß und daß das Gute überall zu finden ist.

Aber – so wendet sich der Dichter an den zivilisierten Menschen – wenn du dennoch gehen willst, um den Indianer zu bekehren, dann gehe reinen Herzens und mit den besten Absichten:

Belaste dich nicht *selbst* mit *egoistischen* Motiven,
sondern geh' und überzeuge die im Westen lebenden Eingeborenen,
daß die *christlichen* Sitten die ersten und die besten sind
und doch immer *dieselben*, die in jedem Jahrhundert erstrahlten
und die *Antike* ebenso zieren wie die heutige Zeit;
und ohne die kein gesellschaftlicher Pakt bindend ist,
noch der Menschheit das Signum der Ehre zuteil wird.
Geh' und lehre, was die Vernunft zu lehren befiehlt,
und lerne von den *Indianern* eine große Wahrheit, die du lernen solltest:
Daß – in aller Welt, überall wo Menschen leben,
in Dunkelheit gehüllt oder im Nebel verborgen,
der *Neger*, verdorrend an Angolas Küsten,
oder der *Tatar*, zitternd in Sibiriens Frost –
daß überall, in jedem Volk, Stamm oder in jeder Sippe,
das Kind der Natur der *bessere* Mensch ist [23].

Dies ist das Bild des edlen Wilden, dessen edle Gesinnung auf ein Allgemeinverbindliches minimiert worden ist, auf den kleinsten gemeinsamen Nenner einer tugendhaften Natur des Menschen. Er ist – sofern er nicht sogar über den zivilisierten Menschen steht –

[23] *Ebd.*, S. 69 ff.

auf seine Weise genauso rechtschaffen wie sie, vielleicht mehr noch als sie, denn er lebt – anders als die meisten zivilisierten Menschen – nach den Regeln einer universellen Vernunft. Freneaus Schlußfolgerungen sind gewiß nicht frei von Widersprüchen und oft verwirrend, aber sie sind ein Plädoyer für die Anerkennung der Menschenrechte des Indianers. Um diese Rechte zu verankern, muß Freneau sie verallgemeinern, muß er die Natur zum Zeugen für sich aufrufen. Deshalb muß er an den Indianern eine stärkere Prägung durch die Natur entdecken als an den zivilisierten Weißen. Dementsprechend wird der Indianer überhöht – und Freneau befindet sich trotz seiner philosophischen Umwege wieder dort, wo er fünfzig Jahre zuvor mit dem edlen Wilden im Gedicht vom amerikanischen Dorf begonnen hatte. So lebt der Indianer fort als das Bild des großartigsten Menschen, der das großartigste Leben führt – und vielleicht gerade deswegen zum Aussterben verurteilt ist.

3

Dieses Bild tauchte nach 1790 und bis nach 1850 vor allem in einer längeren Reihe von Verserzählungen auf. Anzahl und Popularität dieser Werke – aber auch der Indianerschauspiele – sprechen von der niemals nachlassenden Faszination dieses Indianerbildes auf die amerikanischen Autoren und ihr Publikum. Wie schon gesagt, hielten alle daran fest, obwohl sein Wahrheitsgehalt durch die Realität in Frage gestellt wurde und die neuere Vorstellung vom Naturzustand ein anderes Bild sah und obwohl sich – wie wir sehen werden – eine Prosa entwickelte, die den Naturzustand zum Thema erhob und ihn so wiederherstellte. Warum also konnte sich das Bild so lange halten? Zweifellos spielte dabei die bloße Macht der literarischen Mode eine Rolle, darüber hinaus aber auch der Einfluß der primitivistischen Idealvorstellung, die Spur des Zweifels also, den jeder zivilisierte Mensch bewahren muß, um sich immer wieder die Richtigkeit seiner Form von Zivilisation zu bestätigen. Da weder die Schauspiele noch die Verserzählungen besondere Neigungen verrieten, die Zivilisation direkt anzugreifen, kann man vermuten, daß sie als eine Art Sicherheitsventil für derartige primitivistische Zweifel dienten. Wie dem auch sei: Sie überlebten und waren erfolgreich, und die Amerikaner produzierten und konsumierten diese Literatur, während der edle Wilde zur gleichen Zeit vernichtet wurde.

Die früheste dieser Verserzählungen ist „Ouâbi oder Die Tugenden der Natur" (1790) von Sarah Wentworth Morton. Die Autorin – die hier an eine andere zeitgenössische Prosaerzählung anknüpft [24] – bejubelt den frankokanadischen Beamten St. Castins (d. h. den Baron Castine) [25] als „Europas ganzen Stolz", als einen, der der Zivilisation entflieht, weil er in ihr – und dies ist seine eigene Aufzählung – nur Schrecken, Schuld, Schmerz, Vergeltung, Bösartigkeit, Falschheit, Verleumdung, Überheblichkeit, Stolz, Neid, Ablehnung, Furcht, Eifersucht, Betrug, Schändlichkeit, Affektiertheit und Zorn vorfand. Er flüchtet in die kanadischen Wälder und überrascht bei einem seiner Streifzüge eines Tages einen Huronen-Krieger bei dem Versuch, die liebliche Azakia vom Volke der Illinois zu entführen. St. Castins rettet sie, worauf sie ihn zu ihrem Stamm und zu ihrem Mann – dem „von der Hand der Natur göttlich geschaffenen" – Ouâbi führt. Als Dank ernennt Ouâbi St. Castins zu einem Mitglied des Stammes, gibt ihm den indianischen Namen Celario und erweist ihm darüber hinaus die Ehre, als Mitglied seines Hausstandes bei ihm wohnen zu dürfen. Das Leben bei den Illinois bietet St. Castins alles, wonach er sich je gesehnt hat – mit einer wichtigen Ausnahme. Er hat sich in Azakia verliebt und ihr seine Liebe gestanden, ist aber von ihr abgewiesen worden und findet sich nun zerrissen zwischen seiner Liebe für sie und seiner Verehrung für ihren Ehemann. Dennoch stellt er ihr weiter nach. Als sie ihn immer noch schroff zurückweist, zeigt er sich mehr und mehr beeindruckt von der Integrität des Charakters der Wilden und erkennt um so deutlicher seine eigene Schwäche, die Schwäche des zivilisierten Menschen.

So geht es weiter, bis St. Castins spürt, daß er die Illinois ver-

[24] „Azakia: A Canadian Story", *American Museum,* VI (1789), S. 193–198.

[25] Anm. d. Übers.: Baron Vincent de Castine (1650–ca. 1722) war 1665 als französischer Soldat nach Kanada gekommen. Nachdem er ein Handelshaus eröffnet hatte, heiratete er später eine Indianerin.

lassen muß, um deren Integrität und seine eigene zu wahren. Doch Ouâbi will ihn nicht ziehen lassen, weil die Illinois sich zum Krieg gegen die Huronen rüsten und er auf seinen adoptierten Stammesgenossen angewiesen ist, der zurückbleiben und Azakias Schutz gewährleisten soll. St. Castins willigt ein, obwohl er weiß, daß er Azakia weiterhin nachstellen und so seinen Freund betrügen wird. Als aber der einzige Überlebende, der aus dem Krieg gegen die Huronen zurückkehrt, davon berichtet, daß alles verloren und Ouâbi gefangengenommen worden ist, stellt St. Castins unverzüglich einen Trupp von Kriegern zusammen, die entweder halbe Greise oder halbe Kinder sind, und bricht auf, um ihn zu retten. Sie entdecken Ouâbi an den Marterpfahl gefesselt und seinen Sterbegesang anstimmend. Es gelingt, ihn zu befreien; der Gerettete und seine Retter kehren glücklich heim – und Ouâbi erkennt plötzlich bei der Ankunft, daß St. Castins Azakia liebt. Großmütig gibt er sie ihm und sagt, er werde sich eine andere Frau nehmen. Doch bei der nachfolgenden Zeremonie der Doppelhochzeit bricht Ouâbis großes Herz, und er stürzt sterbend nieder. Seine letzten Worte gelten St. Castins, den er – weil dieser bewiesen hat, daß er ein wahrhaft edler Wilder werden kann – bittet, an seiner Stelle als Häuptling den Stamm zu führen. Dann stirbt Ouâbi. Die Erzählung endet mit einer Art Apotheose und einer Hymne an die natürlichen Tugenden des edlen Häuptlings der Illinois.

Sarah Morton behauptete in ihrer Einleitung, sie habe das Material für ihre Darstellung der Indianer aus gelehrten Quellen gewonnen und alle Einzelheiten im wirklichen Indianerleben genau beschrieben. Sie wagte sogar, in einer Anmerkung an ihre Leser bekümmert einzugestehen, daß die Illinois in ihrer Kriegsführung erbarmungslos und grausam seien; trotz allem sei sie davon überzeugt, daß man ihre Indianer zum Großteil als edle Wilde ansehen könne. Ein zeitgenössischer Rezensent griff diese Äußerungen auf; er stellte ihr Bild vom edlen Wilden dem anderen gegenüber, das andere Leute entwarfen, die sich zu dieser Zeit intensiv mit dem Naturzustand des Wilden beschäftigten. Der Rezensent verwandte große Mühe darauf, Sarah Morton alle Irrtümer ihres Werks zu benennen und ihr zu erklären, warum ihre Darstellung mit keiner modernen Betrachtung des Indianers in Einklang zu bringen war:

Die Lebensgewohnheiten der Ureinwohner dieses Kontinents sind zu verschiedenen Zeiten Gegenstand des Lobes gewesen und als vorbildlich empfohlen worden. Auf den ersten Blick verfügen sie über etwas, das unwiderstehlich unsere Bewunderung erregt. Unerschrockene Tapferkeit, glühender Patriotismus, Gastfreundlichkeit gegenüber Fremden, Dankbarkeit gegen Freunde, Würdigung der Helden ihres Volkes und eheliche Treue fügen sich zu einem außerordentlich interessanten Bild zusammen. Darüber hinaus trägt das Fehlen von einem Übermaß gesellschaftlich bedingter Laster dazu bei, es noch anziehender zu gestalten. Lebhafte Phantasie wird diese Charakteristika noch bereitwillig ergänzen, bis wir schließlich überzeugt sind, daß die poetischen Beschreibungen des goldenen Zeitalters Wirklichkeit geworden sind. Dichter wie auch Philosophen haben die Vorzüge dieser gesellschaftlichen Bedingungen beschrieben und sie den Mängeln der zivilisierten Herrschaftsform gegenübergestellt – und wir betrachten erstaunt die seltsame Verblendung der Menschheit, daß sie nicht die Fesseln ihrer Gesellschaft abwirft und sich in dieses glückliche Dasein flüchtet. Aber auf den zweiten Blick kommen wir zu der niederschmetternden Erkenntnis, daß uns das Bild nur aus der Ferne verzauberte und wegen des verschwommenen Lichts, in dem wir es betrachteten. Wir entdecken dann, daß die meisten der vorbildlichen Wesenszüge, die unsere Bewunderung erregten, aus der Lebenssituation dieses Volkes zu erklären ist und daß alles, was uns als Tugendhaftigkeit erschien, oft nur das Ergebnis einer Abstumpfung ist. Wenn bei diesem Volk die Laster des zivilisierten Lebens nicht vorkommen, dann sind ihm auch dessen Tugenden unbekannt. Rache, Grausamkeit, Betrug, Trägheit, Trunksucht und ein langer Katalog weiterer schwärzester Sünden machen uns begreiflich, daß die Vollkommenheit dieses gesellschaftlichen Zustandes nur in unserer Phantasie existierte und daß ein staatliches Regiment – trotz all seiner Fehler und Unzulänglichkeiten – dennoch dem Naturzustand der Wilden bei weitem vorzuziehen ist [26].

Es mag sehr wohl sein, daß der Rezensent hier dem Artikel in der Encyclopaedia Britannica von Jedediah Morse folgte: Er hebt hervor, welche Beziehungen zwischen Wesensmerkmalen und Lebenssituation bestehen und daß man das Leben des Indianers als ein Ganzes, also im Guten wie im Schlechten, betrachten muß, und er erläutert die integrale Beziehung zwischen indiani-

---

[26] *Universal Asylum and Columbian Magazine,* VI (1791), S. 105 f.

schen Tugenden und indianischen Lastern. Wie dem auch sei, er stellte alle Aspekte, die inzwischen ein geistiger Gemeinplatz geworden waren, dem gegenüber, was lange Zeit ein literarischer Gemeinplatz gewesen war. Der letztere konnte nur überleben – was er auch tat –, wenn er sich an den ersteren anpaßte. Die Geschichte dieses Überlebens in der Indianerdichtung ist die Geschichte einer Anpassung des Bildes an die Vorstellung.

In einigen Fällen wurde das Bild durch die Vorstellung praktisch zerstört. Das geschah so bei poetischen Werken über Grenzkriege, die einen stärkeren Antiprimitivismus vertraten, als die Vorstellung vom Naturzustand ihnen abverlangte. Das Gedicht „Grenzermädchen" (1819) von Joseph McCoy handelt von einem Angriff der von den Briten zur Verzweiflung getriebenen Indianer auf die Farmer, die im Grenzgebiet ein ruhiges Leben führten. In einer Nachbemerkung gesteht McCoy, daß er im Interesse eines schärferen Kontrasts sowohl die Indianer als auch seine Farmer überzeichnet habe. Der springende Punkt dabei ist, daß ihn die Gestaltung des Gedichtes, die die Gestaltung des Grenzerlebens spiegelt, geradezu auffordert, gegen das Bild des edlen Wilden heftig zu polemisieren. Das anonym veröffentlichte Gedicht „Ensenore" (1840) zeigt seinen Titelhelden, wie er seine Geliebte vor einem Schicksal bewahrt, das schlimmer ist als der Tod: vor der Gefangenschaft; so wirken die Indianer einfach wie Tiere, die den Tod durch die Zivilisation verdienen. Andrew Coffinberry verfaßte „Waldläufer" (1842), eine lange „poetische Erzählung über die Wildnis des Westens im Jahre 1794". Im Lauf der Erzählung, die von Grenzkriegen und Grenzerliebe handelt, läßt Coffinberry zwei Soldaten von Waynes Armee über den Charakter ihrer Feinde diskutieren. Sie kommen zu dem Ergebnis, daß die Indianer wegen ihrer bestialischen Kampfweise in den Grenzkriegen und wegen ihrer Ablehnung zivilisierter Lebensformen nicht der menschlichen Rasse angehören können.

Aber sämtliche Verserzählungen, die im Grunde genommen nur die Gattung der reißerischen Gefangenschaftsschilderungen fortführen, geben offenbar doch nur die Ansichten einer Minderheit wieder. Man konnte den edlen Wilden nicht so im Schnellverfahren loswerden. Eine wirksamere Strategie, ihn fallenzulassen (wirksam, weil der Dichter ihm gleichzeitig die Treue halten konnte), bestand darin, gerade den Edelmut des Wilden als Ursache seines Untergangs darzustellen. Dies war die Strategie, die – auch wenn sie den edlen Wilden nicht vollkommen der Vorstellung vom Naturzustand unterwarf – zumindest seinen Untergang im Hinblick auf das Vordringen der amerikanischen Zivilisation einsichtig machte.

So gibt es eine ganze Menge verschiedenartiger Erzählungen und erzählender Gedichte, die – angefangen von grausigen bis hin zu verhalten-kompetenten Darstellungen – den Tod des edlen Wilden und den Vormarsch der Zivilisation feiern. Das Grundmuster dieser Texte ist so einheitlich, daß es die allgemein anerkannte Vorstellung vom Verhältnis der Amerikaner zu den Indianern deutlich erkennen läßt. Der Indianer wird immer wieder als das beschrieben, wofür er steht: ein edler Wilder. Die Ankunft der Weißen wird als das beschrieben, wofür sie stehen: der Einzug einer agrarischen Zivilisation. So wird der Indianer entweder sterbend oder nach Westen flüchtend dargestellt, oft begleitet von einer Vision des großartigen zivilisierten Lebens, das ihm nachfolgen wird, gelegentlich auch von der Hoffnung, daß er selbst zu einem zivilisierten Menschen werden kann. Der Ton ist manchmal bitter, auch melancholisch.

In Grundzügen ist das die gemeinsame Form aller Indianer-Passagen; bei Charles Mead: *Mississippian Scenery* (1819), bei James Eeastburn und Robert Sand: *Yamoyden* (1829), im anonym herausgegebenen *Land of Powhatan* (1821), Lydia Sigourney: *Traits of the Aborigines of America* (1822), William Cullen Bryant: *The Prairies* (1832), Job Durfee: *What Cheer; or, Roger Williams in Banishment* (1832), Mrs. M. M. Webster: *Pocahontas* (1840), Seba Smith: *Powhatan* (1841), George H. Colton: *Tecumseh* (1842) und bei Elbert Smith: *Ma-Ka-Tai-Me-She-Kia-Kiak; or, Black Hawk and Scenes in the West* (1848). Sogar Henry Rowe Schoolcraft sah sich, wenn er Indianer zum Gegenstand der Poesie erhob, genötigt, sie als zum Scheitern verurteilte edle Wilde darzustellen: *Alhalla* (1843) ist eine abenteuerliche Geschichte über den Krieg der Creek, und in seinem deskriptiv angelegten *Rise of the West* (1841) bedient er sich derselben – von Mead, Bryant und allen übrigen Dichtern eingeführten – Begriffe. Das Bild des edlen Wilden mußte um jeden Preis aufrechterhalten werden.

In diesen Texten wird die unvermeidliche Vernichtung des edlen Wilden nicht erklärt: sie wird lediglich hingenommen, und sie ist sehr geeignet, den Wilden tragisch zu überhöhen. So heißt es bei Eastborn und Sand in „Yamoyden" über den toten King Philip:

> [...] auch wenn
> das juwelene Diadem deine Stirn
> einzwängte:
> Es war dir besser bekommen
> als das Entstehen von Palästen [...] [27].

Außerdem kann eine edle Vollkommenheit – wenn sie erst einmal zunichte gemacht worden ist – sehr wohl auch als Unvollkommenheit gedeutet werden. So hebt Lydia Sigourney in *Traits of the Aborigines* (das Gedicht wird von 102 Seiten kommentierender Anmerkungen begleitet!) zunächst die zivilisierten Weißen vorteilhaft von den edlen Wilden ab, um dann – eingedenk der Grenzkriege und Massaker auf beiden Seiten – für die Bekehrung der edlen Wilden zu plädieren. So wandte sie sich an ihre Landsleute:

> Oh, macht diese Feinde
> zu euren Freunden und Brüdern, zeigt ihnen die sanfte Kunst
> des gesellschaftlichen und zivilisierten Zusammenlebens, sendet ihnen das Buch,
> das uns lehrt zu vergeben, pflanzt den Glauben ein,
> der den wütenden Geier zur Taube werden läßt.
> Und sichert mit diesen unsterblichen Banden den Frieden
> und das Wohlergehen eurer Kinder [28].

Wie die Indianer des heroischen Dramas werden Lydia Sigourneys edle Wilde – und die vieler ihrer Zeitgenossen – vernichtet, weil sie keine edlen Wilden sind.

---

[27] James Eastburn und Robert Sand, *Yamoyden* (New York, 1820), S. 254.

[28] Lydia Sigourney, *Traits of the Aborigines* (Cambridge, 1822), S. 177 f.

Eine andere Strategie, das Bild des edlen Wilden aufrechtzuerhalten, bestand darin, ihn in einer Lebensphase darzustellen, als er noch nicht mit der Zivilisation der Weißen in Berührung gekommen war. Man versetzte ihn also unversehrt in die Vergangenheit zurück und betrachtete ihn als die Verkörperung einer heroischen Vorzeit der Amerikaner. Auf diese Weise konnte man den zivilisatorischen Fortschritt noch durch ein weiteres literarisches Bild beschreiben; allerdings spielte der Indianer bei diesem Fortschritt dann eine so untergeordnete Rolle, daß für den Dichter keine Notwendigkeit mehr bestand, sich mit den wirklichen Zusammenhängen der schicksalhaften Unterlegenheit zu beschäftigen, die das Verhältnis des Indianers zum zivilisierten Menschen bestimmte.

Diese Strategie wurde in mehreren Verserzählungen verfolgt, deren Höhepunkt *Hiawatha* (Erstausgabe 1855) darstellte. „Alasco" von William Hayne Simmons – als „Onea" 1820 begonnen, 1857 wiederaufgenommen und unter dem zweiten Titel fortgesetzt, um aus der Popularität von „Hiawatha" Nutzen zu ziehen – ist ein Fragment, das von lange ausgestorbenen Indianern als „jagdliebenden" Spartanern handelt. Über diese schreibt der Dichter:

Es gab keine Wenigen, die von Wohlstand verwöhnt wurden, noch unterdrückte Armut die Masse;
aber in der Gemeinschaft teilten sie großzügig die Gaben der Natur.
Aufgewachsen in spartanischer Disziplin, kannten sie keinen Reichtum oder dessen Preisung.
Verdienste als Krieger, Weisheit und Redekunst im Rat, – dies allein verlieh Anerkennung und Rang.
Der gerechten Gesetze der Gleichheit erfreuten sich alle
nach dem Plan der Natur, durch die Gebote der Vernunft unzweideutig
geleitet, lebten sie in gesellschaftlicher Harmonie [29].

Das Fragment besteht aus zwei epischen Gesängen; sie enthalten kaum Handlungselemente; wir erfahren allerdings, daß ursprünglich eine große, den Yamasee von den Creek zugedachte Erzählung über Liebe, Krieg und Niederlage geplant war, sowie ein Bericht über den Rückzug der Yamasee an einen entlegenen Ort, an

[29] William Hayne Simmons, *Alasco* (Philadelphia, 1857), S. 15.

dem sie ein einsames Paradies zu errichten planten. – Samuel Beach führt den Leser mit „Escalala“ (1824) noch weiter in die Vergangenheit zurück, und zwar in die Zeit der Grabhügelerbauer, die zur Rettung ihrer edlen, primitiven Lebensformen gegen die norwegischen Invasoren kämpfen; bisher haben die Indianer nur ein Dasein von friedlichen Träumern geführt; nun müssen sie kriegerische Spartaner werden, und sie bewähren sich in beiden Rollen gleich gut. – Isaac McClellan holt in „Untergang des Indianers“ (1830) zu einer systematischen Darlegung aus, um eine noch ursprünglichere und fernere Vergangenheit des Wilden wiederzugewinnen, als jener

> [...] seinen Pfeil nur spitzte, um
> das Tier zu töten, das seine Hütte heulend umstrich,
> oder um einen barbarischen Stamm feindlicher Wilder
> in die Wüste zurückzutreiben [...].

Zugleich aber gesteht der Verfasser in der Einleitung, daß eine solch absolute Heldenhaftigkeit ein wenig „vom wirklichen Charakter [des Indianers] abweicht“ [30]. Schließlich feiert Henry Whiting in „Sannillac“ (1831) eine Einstellung des Wilden zu Liebe und Ehre, die – wie er in einer Reihe von kommentierenden Strophen ausdrücklich feststellt – zwar unwiderbringlich ist, aber der Vergangenheit Ruhm und Glanz verleiht.

Allerdings hat erst Longfellow die ganze Fülle der Möglichkeiten, die dieses Bild des edlen Wilden für die Amerikaner um die Mitte des 19. Jahrhunderts barg, vollständig ausgeschöpft. Ihm standen nicht nur die Vorbilder der oben skizzierten Indianer-Dichtungen zur Verfügung; er hatte auch ganz generell den Eindruck, daß der Indianer ausschließlich der dunklen Vorzeit amerikanischen Lebens angehörte. Er erkannte, daß die über überwiegende Mehrzahl der von Schoolcraft gesammelten Indianerlegenden von edlen Wilden aus längst vergangener Zeit erzählten und – soweit ich es sehe – eine Art primitives Beispiel für eben den Fortschritt boten, der sie umgebracht hatte. So konnte er in *Hiawatha*

[30] Isaac McClellan, *The Fall of the Indian, with Other Poems* (Boston, 1830), S. 6.

(1855) durch die Verknüpfung von Legende und einer gefühlsbetonten Betrachtung der Vergangenheit – die zeitlich zu weit entfernt lag, um gefährlich zu werden, und räumlich nah genug, um Affekte zu erzeugen – ein vollkommenes Bild des edlen Wilden zeichnen, denn als Longfellow *Hiawatha* verfaßte, war der Indianer als unmittelbarer Feind der Zivilisation längst ausgerottet, belastete gleichzeitig aber das Gewissen der Amerikaner schwer. Allerdings konnte man ihn ohne weiteres in einer tröstlichen Vision aus amerikanischer Vorzeit heraufbeschwören, so daß alles den Anschein bekam, nach einem geschichtlichen Plan verlaufen zu sein, man konnte den edlen Wilden als einen Teil des Plans darstellen. Die Amerikaner durften ihn lieben und wohlwollend seiner mannhaften Tapferkeit gedenken, weil er ein Teil des Plans war. Diese Mannhaftigkeit konnte wiederum nur von einer Art sein, die bei den Amerikanern wohlwollende Gefühle hervorrufen mußte. Der Ton der Legende und der Ballade (so geht aus Longfellows einleitenden Sätzen seiner Beschreibung der Versromanze hervor) tauchen den edlen Wilden in das Dämmerlicht einer fernen, nicht mehr beunruhigenden Vergangenheit, so daß sich beim Lesen nur noch Beruhigung und Zufriedenheit einstellen konnten. In „Hiawatha" wurde das Bild des edlen Wilden um seiner selbst willen bewahrt, am Ende aber auch der Vorstellung vom Naturzustand angepaßt.

Vom Anfang bis zum Ende des Gedichtes wird der Held sorgsam vom Leben der Zivilisation ferngehalten. Dies erscheint nur „gleich Stimmen aus weiter Ferne", die

> heimlich uns zu lauschen laden.
> Die so einfach kindlich klingen [...].

Dies ist ein Gedicht über Wilde, in deren Brust

> Sehnsucht lebt und Drang zum Guten,
> Ohne daß sie's just erkennen [...].

Von diesem Guten ferngehalten, können diese Menschen sehr wohl edle Wilde sein; aber zugleich äußert sich ihr Edelmut in Formen, die ihn für das zivilisierte Leben praktisch bedeutungslos werden lassen. Aus diesem Ansatz entwickelt sich die Geschichte Hiawathas wie selbstverständlich. Wie jedermann weiß, ist er in jeder Hinsicht ein eingeborener Prometheus, der sein Volk in ein Zeitalter des idyllischen Friedens führt, in ein Zeitalter des wahren Primitiven. Aber die Zeit vergeht, die Weißen kommen, und am Ende muß Hiawatha von seiner Vision berichten:

> Sah im Westen jenes Sumpfland
> Der uns unbekannten Stämme;
> All das Land war reich an Menschen,
> Rastlos kämpfend und sich mühend,
> Mancherlei der Zungen sprechend,
> Doch nur einen Herzschlag fühlend.

Er sah auch

> [. . .] die Letzten unsers Volkes
> Westwärts schweifen wild und elend [31].

Eines Tages treffen die Missionare ein, und Hiawatha muß sie – in des Dichters Verständnis vom Los des amerikanischen edlen Wilden – willkommen heißen. Des Nachts, als sie schlafen, schlüpft er heimlich hinaus und macht sich allein auf den Weg nach Westen. So geht ein weiterer edler Wilder in den Tod.

Bekanntlich [32] folgte Longfellow weitgehend Schoolcraft Interpretation eines Zyklus von Chippewa-Legenden, und wie Schoolcraft vermutete er, daß der Chippewa-Halbgott Manibozho mit Hiawatha, dem großen Führer der Irokesen, identisch sei. Schoolcraft hatte eine starke Abneigung gegen das ‚Ordinäre' in den Manibozho-Legenden empfunden und soweit wie möglich alle erotischen und obszönen Anspielungen gekürzt. Longfellow kürzte noch weiter und sparte praktisch diesen gesamten Teil der Legenden aus. Vor allem stutzte er Hiawatha zu einem gesitteten menschlichen Wesen zurecht, das den Idealen und Überzeugungen der rechtschaffenen, zivilisierten Amerikaner des 19. Jahrhunderts entsprach. Er ließ ihn in einer zeitgenössisch romantischen Liebes-

---

[31] Henry Wadsworth Longfellow, *Das Lied von Hiawatha,* Übers.: Adolf Böttger (Leipzig, 1856), S. 10, 11, 250, 251.

[32] Siehe Stith Thompson, „The Indian Legend of Hiawatha", *PMLA,* XXXVIII (1922), S. 128–143.

geschichte auftreten und holte auf diese Weise den Halbgott herab in die menschlichen Niederungen des amerikanischen Lebens. Zugleich aber bewahrte er Hiawathas Erscheinungsbild eines Übermenschen; er machte ihn zu einem Teil der Frühgeschichte, eher sogar der Vorgeschichte Amerikas. Vor allem aber rückt er den Charakter dieses Übermenschen mit Hilfe von ausgewählten, umgedeuteten Legenden in ein Licht, das den Helden Hiawatha keineswegs als grobschlächtig, grausam und von lockerer Moral, also keineswegs als Wilden erscheinen läßt: Die Heldentaten einer Legende unterscheiden sich eben doch von den Heldentaten eines Wilden. So entspricht die Stimmung in *Hiawatha* eher der „Königsidylle“ [33]. Im Gegensatz zu seinen Vorgängern verwendet Longfellow ausschließlich Legendenstoffe und kein historisches oder quasi-historisches Quellenmaterial, und von dieser Stimmung macht er eindrucksvoll Gebrauch. Er kleidete seine Romanze in ein volkstümliches Versmaß (was er für volkstümlich hielt, – aber wir müssen hier Longfellows Ansicht folgen) und verlieh ihr so einen kindlich-naiven Charme; deshalb konnte er seine Indianer auch so darstellen, als gehörten sie in Amerikas aufdämmernde, weit zurückliegende Kindheit. Longfellow vermochte einen edlen Wilden zu erschaffen, der die Ansprüche seiner Leser, seiner Kultur und seine eigenen in Einklang brachte. Nicht weniger als 38 000 Exemplare der Versromanze wurden im ersten Jahr ihres Erscheinens verkauft. Und der edle Wilde lebte im Geiste eben deswegen fort, weil er als reales Wesen längst tot war. Longfellow rettete den edlen Wilden, weil er ihn – den Herzensbedürfnissen des Durchschnittslesers gehorchend – zum Helden einer vorzeitlichen Kultur machte.

[33] Anm. d. Übers.: Bei *Idylls of the King* (1859) [*Königsidylle,* Übers. W. Scholz, 1867] handelt es sich um vier aus dem auf zwölf Romanzen angelegten Artus-Zyklus von Alfred Tennyson, darin stehen Themen aus dem Bereich des ritterlichen Tugendkatalogs im Mittelpunkt.

4

Sogar noch in der Epoche, als all diese Schauspiele und poetischen Werke verfaßt wurden und große Popularität errangen, verstand man den Indianer und sein Wesen auf der Grundlage der Vorstellung vom Naturzustand, die ihn in direkte Beziehung zum zivilisierten Menschen und dessen Wesensart setzte. Allerdings taucht in den Schauspielen und der Poesie diese Vorstellung nur am Rande und in Form von Zugeständnissen auf. Der edle Wilde der literarischen Tradition hätte gegen sie keinen Bestand gehabt. Also wird er dort bewahrt und zugleich einem Kompromiß unterworfen. Gerade dieser unverkennbare Kompromiß aber verrät die Präsenz der Vorstellung vom Naturzustand – eine undeutliche, kaum wahrnehmbare Präsenz, die nur in den Ausweichmanövern der Dramatiker und Lyriker faßbar wird. Fast alle Autoren lassen den edlen Wilden untergehen (dieses Motiv wurde ihnen von der historischen Realität einfach aufgenötigt) und ihn einen visionären Blick in ein jenseitiges, besseres Leben tun, das ihn erwartete (wozu sie durch ihr Verständnis von zivilisatorischer Missionierung gezwungen waren). Das Problem bestand allerdings darin, die Motive nicht durcheinanderzubringen: Ein überlegener Wilder durfte zum Beispiel keinen unterlegenen Zivilisierten beneiden; der Sieg der Zivilisation über den Naturzustand mußte gerechtfertigt werden. Als typische Lösung trennte man den Wilden durch eine so große zeitliche und räumliche Distanz von den Zivilisierten, daß direkte Vergleiche und Beurteilungen irrelevant und überflüssig waren. Hier stellte Longfellow seine Genialität unter Beweis: Er machte den edlen Wilden zum Helden einer prähistorischen Kultur und sparte so die Geschichte – oder zumindest die moderne Geschichte – für seine eigene Zivilisation auf.

Dennoch hatten die Amerikaner direkte, schwerwiegende, bittere Erfahrungen mit den Wilden gesammelt. Der Indianer war für sie eine unerwünscht aktuelle Realität. Sogar Henry Schoolcraft, der imstande war, entgegen all seinen Forschungen solche edle Wilde wie in „Alhalla“ darzustellen, mußte plötzlich innehalten und in einem Band, der größtenteils sentimentale Stücke über den Indianer enthielt, über die Zivilisierung der Irokesen schreiben:

Dies ist das Gesetz des Fortschritts: gütigere Künste
haben seine angeborenen Geisteskräfte geformt,
und er kehrt zurück – von Wanderschaft, Wald und Speer
zurück zur Menschheit [34].

Die Würde des Indianers war für die Weißen kein erstrebenswertes Ziel, sondern vielmehr etwas, das es mit der Zeit abzulegen galt. Ihrer zu gedenken bedeutete nichts anderes, als sich seiner Kindheit zu erinnern; und man hatte, etwa im Gefolge Longfellows, die Möglichkeit, die Kindheit gefühlvoll oder sogar feierlich zurückzuholen. Aber dann mußte man zurückgeleitet werden zur Realität des Erwachsenseins, zum Wachstum, zum Fortschritt – zum realen, westwärts gerichteten Kurs der Zivilisation.

Es war also eine doppelte Aufgabe für Dramatiker und Poeten: zum einen dem literarischen Klischee vom edlen Wilden zu folgen und den Indianer als prähistorisches Wesen darzustellen, zum andern mußten sie nach der Vorstellung vom Naturzustand den Indianer auch als zeitgenössisch relevanten Bestandteil der amerikanischen Geschichte behandeln. Die beiden Aufgaben waren in Einklang zu bringen, wenn man sie in ihrem wahren Verhältnis zueinander betrachtete. Die Vorstellung vom Naturzustand hatte das literarische Bild des edlen Wilden zerstört, – oder einfach absorbiert: Die Würde des Indianers war Teil der frühesten Natur des Menschen, aber sie mußte mit der Verderbtheit des Wilden, die ebenfalls ein Teil jener ursprünglichen Natur war, als Ganzes gesehen werden. Wenn die Dramatiker und Poeten sich dafür entschieden, seine Würde zu verherrlichen, dann mußten sie sich notgedrungen auf die Kindheit des Menschen in Amerika beschränken. Die Prosaschriftsteller behandelten allerdings auch das Verhältnis zwischen Kindheit und Erwachsenenalter, zwischen dem Wilden und den Zivilisierten, zwischen Rot und Weiß. Die Betrachtung des edlen Wilden sollte sich nicht nur auf den Verlust beziehen, den sein Tod bedeutete, sondern auf das, was man durch seinen Tod hinzugewann. Am Ende verstand man den Naturzustand so, wie man es tun mußte: nämlich in seinem Verhältnis zur Zivilisation.

[34] Henry Rowe Schoolcraft, „On the State of the Iroquois“, *The Myth of Hiawatha, and Other Oral Legends* (Philadelphia, 1856), S. 322 f.

VII

Die Gaben der Roten und der Weißen:

Das Bild des Indianers in der Prosaliteratur

Wir wissen nicht, warum das Bild des Indianers, das die Verfasser von Romanen und Erzählungen vermittelten, nicht dieselbe Form und Bedeutung wie bei den Dramatikern und Lyrikern annahm und warum sich die Prosaschriftsteller im allgemeinen nicht die Themen und Strategien aus Drama und Lyrik zu eigen machten, die das Motiv des edlen Wilden aus der Taufe hoben. Ebensowenig können wir erklären, warum sie nicht aus den traditionellen Gefangenschaftsschilderungen den Gemeinplatz vom unmenschlichen Wilden übernahmen. Möglicherweise mußte ein Romanschriftsteller, der sich eher gesellschaftlichen Problemen widmet und daher nicht zwangsläufig die empfindsame Grundhaltung von Drama und Lyrik oder den propagandistischen Impetus der Gefangenschaftsberichte teilt, einen Mittelweg zwischen den Extremen wählen, also weder ausschließlich den edlen Wilden noch den unmenschlichen Wilden. Vielleicht betrachtete man den Roman als ein eigenes schöpferisches Reich, von dem man nicht unbedingt eine strenge Beachtung literarischer oder propagandistischer Versatzstücke fordern mußte. Vielleicht zwang allein schon der ausgedehnte Text eines Romans oder einer Erzählung den Autor dazu, über die wenigen festen Schablonen hinauszugehen. Vielleicht begründete auch ein Romancier wie Cooper mit seinem Schreibstil einfach eine neue literarische Gattung. Wie dem auch sei: In jedem Fall ist erkennbar, daß die geringe Zahl der Romane vor Cooper von diesem alten Gegensatz – nur edel, nur unmenschlich – beherrscht war. Erst Coopers Romane erweiterten die engen Grenzen eines einfachen, wenig ergiebigen Gegensatzes in Richtung auf eine umfassende Vorstellung vom Naturzustand.

Auch nach Cooper gab es dann noch Prosaschriftsteller, die hin und wann den amerikanischen Schuldgefühlen Ausdruck verliehen und den edlen Wilden priesen. Gelegentlich verrieten sie auch mit Beschimpfungen des unmenschlichen Wilden den Haß der Amerikaner. Manchmal taten sie auch beides zugleich. Aber immer versuchten sie, diese Gefühle von Schuld und Haß, von Mitleid und Tadel aus der Lebenswirklichkeit zu begründen – zu beweisen, daß Würde und Unmenschlichkeit des Indianers eins waren. Wir können verfolgen, wie Cooper sämtlichen Autoren nach ihm die Vorbilder zu Indianer-Geschichten lieferte und wie nach ihm vor allem die schriftstellerische Verarbeitung der Vorstellung vom Naturzustand das Verständnis vom amerikanischen Fortschritt mit all seinen Glanzpunkten, Tragödien und Risiken vermittelte.

1

Vor Cooper begegnen wir in der frühen amerikanischen Romanliteratur sowohl dem Typus des edlen als auch des unmenschlichen Wilden. Der edle Wilde taucht zuerst in den Indianerdarstellungen der Zeitschriften auf – z. B. in „Azakia – eine Geschichte aus Kanada“ (1798)[1], die Sarah W. Morton den Entwurf für „Ouâbi“ lieferte, und in „Yonora – eine amerikanische Indianer-Erzählung“ (1797)[2]; hier rettet ein ganzer Stamm seine Ehre gegenüber der weißen Zivilisation damit, daß seine Angehörigen sich stoisch hinrichten lassen oder Selbstmord begehen. Wenig später tauchen die wesentlich differenzierter beschriebenen edlen Rothäute in den historischen Schauerromanen von John Neal oder James Kirk Paulding auf. In „Logan“ (1822) von John Neal gebietet der Häuptling der Aurung-Zebe – offenbar dem Tode nahe – seinem lange verloren geglaubten Sohn:

> Sei Du der Führer der Indianer [...]. Vereinige sie; geh ihnen voran; vollende ihr Bündnis. Treibe die Weißen zurück zu der Räuberbande Europas – zurück nach (seine Stimme versagte) nach – zurück nach England! (Seine leidenschaftliche Rede wurde von Krämpfen unterbrochen.) Be-

---

[1] *American Museum*, VI (1789), S. 193–198.

[2] *South-Carolina Weekly Museum*, I (1797), S. 107–111.

wahre Dein Erbe; räche Deine Mutter – Oh, Gott! Mein Gott, wo bist Du, mein geliebtes Weib! Herr, ich trete vor Dich! Ich komme – *Yo me muero*. [Ich sterbe] [3].

Der Sohn trägt den Namen Harold und ist dazu verurteilt, so zu sterben, wie man es von einem Byronschen Helden erwartet [4]. Er leugnet seine indianische Abstammung, wird ein Anführer der Weißen – und schließlich von seinem Vater getötet, den der Wunsch nach Bestrafung seines erbärmlichen Nachkömmlings doch am Leben erhalten hat. Paulding schrieb den verwirrend umfangreichen Roman „Konigsmarke“ (1823); edle Wilde treten hier – halb satirisch – als Kritiker der weißen Zivilisation auf. Der Held und seine Schar werden von den Indianern gefangengenommen, die jeden einzelnen foltern, einige töten und erst dann den Helden und seine Geliebte in den Stamm aufnehmen, um sie in die edlen Tugenden des Lebens der Wilden einzuführen. Der Held führt mit dem indianischen Philosophen Ollentangi eine Debatte über Glaubensfragen; was der Indianer über die Religion der Zivilisierten erfährt, bringt ihn so aus der Fassung, daß er beschließt, Missionare seines Volkes zu den Weißen zu entsenden. Diese Zivilisationskritik kann kaum ernst gemeint sein; allerdings wirkt in dieser Situation satirischer Spott unangebracht. Der Edelmut eines Wilden wird von Paulding und anderen als Bild übernommen und in zeitgemäßer Form genutzt – als belebendes Element für weibliches Mitleid und Byronschen Weltschmerz oder auch für eine vermutlich doppelbödige Satire.

Der unmenschliche Wilde aus der Gattung der Gefangenschaftsschilderung soll in der frühesten amerikanischen Romanliteratur Spannung und Gruseln hervorrufen. Die „Geschichte von Maria Kittle“ (1793) von Ann Eliza Bleecker ist nichts weiter als eine in einen empfindsamen Roman umgewandelte Gefangenschaftsschilderung: da sich die Verfasserin auf authentische Grenzer-Erfahrungen beruft, kann sie mit der Geschichte nur um so mehr die Gefühle der Leser ansprechen. Eine Greueltat folgt der anderen: In-

---

[3] John Neal, *Logan, A Family History* (Philadelphia, 1822), I, S. 110.

[4] Anm. d. Übers.: Anspielung auf Byrons ersten Publikumserfolg, das poetische Reisetagebuch *Childe Harold's Pilgrimage* (1812).

dianische Plünderer erschießen Marias Schwager (ihr Mann ist abwesend), erschlagen die schwangere Frau ihres Schwagers, reißen den kleinen Sohn aus Marias Armen und „zerschmettern seine kleine Stirn an den Steinen." Ihre Tochter verbirgt sich in einer Kammer und verbrennt bei lebendigem Leib, als die Indianer Feuer legen. Maria und ein anderer Schwager werden gefangengenommen, und der mühevolle Weg beginnt. Über all dies führt sie ein Selbstgespräch:

Oh, ihr Barbaren [. . .], ihr übertrefft alle Teufel an Verworfenheit! Soll ewige Nacht des Leidens eure schwarzen Seelen umhüllen, weil ihr mein Kind von meiner Brust gerissen, den Trost meiner Sorgen, meinen geliebten Engel des Lichts und des Lebens [. . .] [5].

Mit solchen dramatischen Höhepunkten führt die Erzählung durch Leid, Kampf und Blutvergießen schließlich zu Rettung, Erlösung und Wiedervereinigung. Nach eigenem Bekunden bemühte sich Ann E. Bleecker sehr darum, auf die Tränendrüsen ihrer Leser zu wirken und wohlige Schauer tiefen Mitleidens zu erregen.

Auch Charles Brockden Brown liebt das Wonnegrausen; er begründet den spezifisch amerikanischen Schauerroman. Mittelpunkt von „Edgar Huntly" (1799) ist der unmenschliche Wilde. Der Held wird in zahlreiche furchterregende Abenteuer mit Wilden verwikkelt. Das Entsetzen wird systematisch gesteigert, und der Held versucht zu ergründen, warum ihn die Angst so überwältigt: Seine Eltern sind von Indianern ermordet worden. Es folgt eine reichlich simple Psychologie des Traumas:

Die Mehrzahl der Menschen wird durch eine Art Furcht oder Antipathie verfolgt, welche sie in den meisten Fällen auf einen Vorfall zurückführen kann, der ihnen in früheren Jahren zugestoßen ist. Es wird Dich nicht in Erstaunen setzen, daß das Schicksal meiner Eltern und der Anblick der Leiche des einen von dieser wilden Bande, der bei der Verfolgung eingeholt und getödtet worden war, einen dauernden und furchtbaren Eindruck auf meine Phantasie gemacht hat – ich habe nie ohne Schaudern einen Wilden gesehen oder mir sein Bild in das Gedächtnis gerufen [6].

---

[5] Ann Eliza Bleecker, *The History of Maria Kittle* [1793] (Hartford, 1797), S. 22.

[6] Charles Brockden Brown, *Edgar Huntley,* Übers.: Anon. (Leipzig,

Das bleibende Bild ist das Bild des unmenschlichen Wilden aus den Gefangenschaftsschilderungen. Zunächst lief es bei Ann E. Bleecker noch auf einen relativ milden Schauder hinaus; danach wurde es ein typisch amerikanisches Darstellungsmittel eines außerordentlich populären Genres der Literatur. Es provozierte ein Grauen in der Seele des Amerikaners, wenn er dem dunklen Sinn seiner Vergangenheit auf der Spur war. Das Bild des edlen oder unmenschlichen Wilden hat wohlgemerkt in der frühen amerikanischen Romanliteratur keinen eigenständigen Aussagewert, sondern es hat ausschließlich funktionale Bedeutung.

Erinnern wir uns: Das Doppelbild des – edlen und unmenschlichen – Indianers wird nach 1820 endgültig in ein einziges zusammengeführt: in das Bild des Wilden, dessen Leben man mit Hilfe der Vorstellung vom Naturzustand verstehen mußte. Als man seine Lebensformen mit dem gesamten Leben der amerikanischen Gesellschaft in Zusammenhang brachte, konnte man sie gegenüber denen des zivilisierten Menschen nicht länger als absolut über- oder unterlegen einstufen. Es ergab keinen Sinn, seinen Zustand als etwas zu betrachten, das man innigst erstreben oder mit teilnahmsloser Verachtung von sich weisen mußte; es galt vielmehr zu erkennen, daß diese Lebensform zu einem Menschen gehörte, der – im Guten wie im Schlechten – mit dem Leben des zivilisierten Menschen nichts zu tun hatte. Der Edelmut und die Unmenschlichkeit des Indianers, seine Tugenden und Laster waren nur in ihrem eigenen Umfeld zu akzeptieren, zu preisen oder zu verurteilen: nämlich als Wesensmerkmale, die durch die besondere Natur der indianischen Gesellschaft zusammengehalten und abgegrenzt wurden. Man befand, daß diese Gesellschaft in ihrer Gesamtheit der zivilisierten moralisch unterlegen sei, und diese moralische Unterlegenheit war damit zu erklären, daß die indianische Gesellschaft der zivilisierten historisch vorangegangen war. Der amerikanische Indianer war lange Zeit nicht mit dem Strom des zivilisierten Lebens in Berührung gekommen – und zwar so lange Zeit, daß er nur

1857), II, S. 126 f. Originalausgabe: *Edgar Huntly* [1799], ed. D. L. Clark (New York, 1928).

durch ein Wunder seine indianische Existenz hätte aufgeben können, um an diesem Leben doch noch teilzuhaben. Inzwischen war er zum Exempel für das Leben eines Wilden geworden, das die zivilisierten Amerikaner auf dem Weg ihrer Entwicklung längst hinter sich gelassen hatten. Praktisch gesehen, lieferte der Indianer nur den Maßstab für die Bewertung dieser Entwicklung. Dieser Indianer wies den Romanschriftstellern einen schöpferischen Weg, den Vormarsch der Amerikaner nach Westen plausibel zu machen. Und hier war es vor allem James Fenimore Cooper, der sich von Anfang an mit Wesen und Entwicklung der amerikanischen Zivilisation auseinandersetzte – und aus dem Indianer das eindrucksvollste Bild vom Naturzustand formte.

Coopers Interesse galt weniger dem Indianer selbst als vielmehr dem Verhältnis zwischen ihm und den zivilisierten Menschen, die ihn in den Tod trieben. Soweit wir wissen, unterhielt Cooper kaum persönliche Kontakte zu Indianern. Statt dessen widmete er sich intensiv allen Schriften über verschiedene Indianerstämme, die von den kompetentesten Forschern und Publizisten stammten; so ist bekannt, daß er Heckewelders Beschreibung der Delawaren las und aus Biddles Bericht über die Lewis und Clark-Expedition sowie aus James' Darstellung der Expedition von Major Long Erkenntnisse über die Prärie-Indianer gewann [7]. Deshalb war das Quellen-

---

[7] Die Frage der Quellenlage ist immer noch problematisch und verwirrend. Im Rahmen dieser Untersuchung erscheint es sinnvoll, mehr als nur einen Blick darauf zu werfen. Gegenüber Sir Charles Augustus Murray erwähnte Cooper: „Ich habe mich niemals unter Indianern aufgehalten. Alles, was ich über sie weiß, habe ich mir angelesen oder den Äußerungen meines Vaters über sie entnommen.“ – Vgl. James Grant Wilson, *Bryant and His Friends* (New York, 1886), S. 237. Seine Tochter Susan Fenimore Cooper versicherte wiederholt, daß er indianische Verhandlungsdelegationen in Washington, Albany und New York gesehen und alle Arbeiten von Experten zum Thema gelesen habe. – Vgl. die „Vorrede“ zu *Der letzte Mohikaner* [*The Last of the Mohicans,* 1826] und zu *Die Prärie* [*The Prairie,* 1827] (beide deutsche Ausgaben „In der Bearbeitung der Übersetzung von C. Kolb u. a. durch Rudolf Drescher“ [Frankfurt a. M., 1983]); ferner *Pages and Pictures from the Writings of James Fenimore*

material zu den Indianern, das Cooper für seine Romane über den amerikanischen Vorstoß nach Westen verwendete, in hohem Maß „authentisch". Daß man anhand dieses Materials schon vor ihm eine Vorstellung gewonnen hatte, wie man diesen Vorstoß verstehen und rechtfertigen konnte, ließ seine Thematik nur um so leichter realisierbar erscheinen. Vielleicht wurde sie dadurch überhaupt erst möglich. Als sich Cooper in *Notions of the Americans* (1828), einer Abhandlung über die amerikanische Gesellschaft, mit dem Schicksal des Indianers beschäftigte, konnte er das vorbringen, was in seiner Zeit immer wieder unverhohlen zum Ausdruck gebracht wurde: „Grundsätzlich kann man feststellen, daß der rote Mann vor der überlegenen moralischen und physischen Macht des weißen zurückweicht [...]." [8] Zwar mochte er in den *Notions* auf eine allmähliche Zivilisierung der Indianer hoffen, doch mußte auch er eingestehen, daß der Heroismus – wie er es nannte – des Wilden angesichts der zivilisierten Amerikaner sogar im Westen zum Scheitern verurteilt war. Man konnte den Indianer und sein Schicksal nur in Relation zu den Weißen und deren Zukunft verstehen: so, wie man auch den Naturzustand nur in Relation zur Zivilisation erfassen konnte.

Unter diesem Vorzeichen müssen wir die Lederstrumpf-Erzählungen betrachten, denn gerade diese Relation ist bei Cooper das

---

Cooper (New York, 1861), S. 129 f., 142 ff.; James Fenimore Cooper, *The Legends and Traditions of a Northern County* (New York, 1921), S. 216 f. Darüber hinaus konnte die Forschung inzwischen anhand von Coopers Romanen auf die wahrscheinlichen Hauptquellen zurückschließen, d. h. vor allem auf Heckewelder, Biddles *Lewis and Clark* und James' *Long*; – siehe hierzu Gregory L. Paine, „The Indians of the Leatherstocking Tales", *Studies in Philology,* XXVII (1926), S. 16–39; E. Soteris Muszynska-Wallace, „The Sources of the Prairie", *American Literature,* XXI (1949), S. 191–200.

[8] *Notions of the Americans: Picked Up by a Travelling Bachelor* (London, 1828), II, S. 368 (dt. Fassung: *Die Nordamerikaner, geschildert von einem reisenden Junggesellen,* Übers.: F. H. Ungewitter [Frankfurt a. M., 1829]). Der vollständige Bericht über die Indianer (S. 367–383) deckt sich mit denen der meisten Reisenden der zwanziger und dreißiger Jahre.

Thema. Zweifellos ist Lederstrumpf die Hauptperson der Erzählungen, während die Indianer nur dazu dienen, ihn, seinen Charakter und seinen Tod zu erklären. Wir müssen uns in diesem Punkt allerdings vor Augen halten, daß Cooper seinen Indianern diese Rolle nicht aufzwang. Er nahm sie vielmehr so hin, wie sie ihm durch seine eigene Kultur präsentiert wurden. Und er wiederum gab sie seiner eigenen Kultur in so eindrucksvollen Bildern zurück, daß sie niemals mehr daraus verbannt werden konnten – allerdings auch niemand mehr daran zweifelte, daß die Indianer vernichtet werden mußten.

Die Lederstrumpf-Erzählungen sind nichts anderes als eine Überprüfung des kühnen, abenteuerlichen Vormarschs der amerikanischen Zivilisation in den Westen und konzentrieren sich vor allem auf die zivilisatorische Erschließung des Grenzgebietes. Im Mittelpunkt der Erzählungen steht weder ein Wilder noch ein zivilisierter Weißer, sondern vielmehr Natty Bumppo: Lederstrumpf, der irgendwo im Niemandsland zwischen Naturzustand und Zivilisation steht, der Idealtypus des Grenzers, mit allen Qualitäten und Stärken, die ein Pionier unter den Lebensbedingungen seiner Pioniertätigkeit braucht. Jedoch ist er es – und nicht etwa ein Indianer –, der immer weiter nach Westen gedrängt wird, bis er schließlich in der Prärie stirbt; aber trotz allem ist klar, daß die vorrükkende Zivilisation, die ihn in den Tod treibt, im Grunde eine gute Sache ist. Werfen wir aber zunächst einen Blick auf die zeitlichen Abläufe in den Erzählungen: Im „Wildtöter" (*The Deerslayer,* 1841) ist Lederstrumpf ein manchmal etwas unsicherer junger Mann, der seine Bewährungsprobe noch vor sich hat; von der Liebe einer Frau für ihn will er ebensowenig wissen wie von der zivilisierten Welt, in der sie lebt, denn seine Loyalität gilt Chingachgook und den Indianern; mit ihnen zusammen ist er aufgewachsen. „Der letzte Mohikaner" (*The Last of the Mohicans,* 1826) und „Der Pfadfinder" (*The Pathfinder,* 1840) zeigen ihn als siegreichen Lederstrumpf, der wie ein Indianer kämpft, um die Welt für die Zivilisation und für die romantische Liebe von Männern und Frauen zu retten, die zivilisierter sind als er. Im vierten Teil „Die Ansiedler" (*The Pioneers,* 1823) ist er inzwischen ein alter Mann geworden, den es mit seinem mittlerweile ebenfalls korrumpierten – wenn auch durch einen freundlichen und verständnisvollen Wegbereiter der Zivilisation korrumpierten – Freund Chingachgook weit nach Westen verschlagen hat. Schließlich sehen wir ihn in „Die Prärie" *(The Prairie,* 1827) allein im Westen, wo er im Frieden mit seiner einfachen Welt und mit der Erkenntnis stirbt, daß in dem heranrückenden vielfältigeren und komplexeren Leben kein Platz für ihn ist. In diesem Sinne muß man die Lederstrumpf-Erzählungen – mit der ganzen Fülle von Abenteuerelementen – als eine Art Tragödie interpretieren; das Vordringen der Zivilisation hat eine tragische Dimension, die jeder Entwicklung zum Erwachsensein innewohnt. Coopers Absicht war es, diese Entwicklung so nachzuzeichnen, wie man sie in der West-Expansion der Amerikaner vor Augen hatte und wie man sie in den unterschiedlichen Lebensbedingungen der Zivilisierten und der Wilden in Amerika feststellen konnte. Wir können an Coopers Indianern genau das beobachten, was wir bereits bei der Evolution der Vorstellung vom Wilden beobachteten, auf der die Erzählungen aufbauen: Das Interesse gilt nicht dem Indianer selbst, sondern nur seiner Funktion, die es erlaubt, zum Verständnis des weißen Mannes vorzudringen; es gilt dem Wilden, den man durch die Vorstellungen und Erfordernisse des zivilisierten Lebens definiert.

In den meisten Fällen stattet Cooper seine Indianer mit allen Tugenden eines edlen Wilden aus. Allerdings folgt er nicht der Methode eines echten Primitivisten. Chingachgook und sein Sohn Unkas sind die Besten und zugleich Letzten ihrer Art, und die mit den Delawaren vereinten Mohikaner bemühen sich bereits um die Freundschaft der Weißen. Ungeachtet ihrer eigenen Würde und Tapferkeit, trotz Gerissenheit, Mut und Schläue eines Wilden sind ihnen durch ihr Jäger- und Kriegerleben enge Grenzen gesteckt. Da Cooper genau seiner Quelle – also Heckewelder – folgt, werden sie deutlich gegen die verruchten Mingo (Irokesen) abgehoben; aber sogar die Mingo können sich bei aller Schurkerei sehr edel betragen. Die Indianer sind eben in puncto Wildheit sozusagen aus einem Holz geschnitzt. Mag also der Hurone Magua (in „Der letzte Mohikaner") durch seine Passion für den Alkohol ein kompletter Schurke werden – auch Chingachgook (in „Die Prärie") ist am Ende nur ein durch Alkohol, Zivilisation und ihre Enttäuschungen zerrüttetes, verdorbenes Subjekt. Cooper läßt seinen Lederstrumpf gen Westen ziehen, und dann kann er unter den Sioux und den Pawnee solche Indianer ausmachen, die das komplexe Gemisch von Gut und Böse verkörpern, wie es für das Leben der Wilden paßt. Cooper gibt seine grundsätzliche Ansicht über den Indianer in der Vorrede zur überarbeiteten Fassung (1850) des „letzten Mohikaners" zu erkennen:

Bei wenig Menschen findet man eine größere Verschiedenheit, wir möchten sagen: größere Widersprüche der Gemütsart, als bei dem eingebornen Krieger in Nordamerika. Im Kriege ist er unternehmend, prahlerisch, verschmitzt, grausam, rachsüchtig, voll Selbstverleugnung und Aufopferung; im Frieden gerecht, edelmütig, gastfreundlich, bescheiden, abergläubisch und gewöhnlich keusch. Diese Eigenschaften zeichnen zwar nicht alle in gleichem Maße aus, bilden aber so hervorstechende Züge bei diesen merkwürdigen Völkern, daß man sie charakteristisch nennen darf [9].

Cooper muß diese Verschiedenheit, diese Widersprüche immer im Auge behalten, denn nur so kann er seinen Lederstrumpf verstehen.

Lederstrumpf als Idealtypus des Grenzers ist das Bindeglied zwischen den Zivilisierten und den Wilden: eine Art Zwischenergebnis der vorrückenden Zivilisation. Während das vielfältige Leben im Osten in geordneten Bahnen verläuft, herrscht im Westen nur die einfache, ungeordnete Natur. Im Osten leben zivilisierte Amerikaner, im Westen die wilden Indianer. Die Lederstrumpf-Erzählungen spielen vor allem im Niemandsland zwischen Ost und West, zwischen den Zivilisierten und den Wilden. In ihnen wird der vermittelnde Grenzertypus als eine ‚wilde Variante' des zivilisierten Menschen aufgefaßt: Der tragisch empfundene Tod Lederstrumpfs erscheint unvermeidbar und ist die notwendige Konsequenz dieser Auffassung. Wir sollen erkennen, daß der Grenzer in dem Leben, für das er eigentlich den Weg ebnet, gar nicht existieren kann – weil er zu einem nicht unbedeutenden Teil ein Wilder ist – wenn auch ein so edler Wilder wie Lederstrumpf.

---

[9] „Vorrede", *Der letzte Mohikaner,* „In der Bearbeitung der Übersetzung von C. Kolb u. a. durch Rudolf Drescher" (Frankfurt a. M., 1983), S. 435.

Lederstrumpf muß immer wieder einsehen, daß er und seinesgleichen nicht in das zivilisierte Leben passen. Diese Erkenntnis zwingt ihn, seine Zuflucht weiter im Westen zu suchen, wie sehr ihm auch bewußt sein mag, daß alle ihm nachfolgenden Menschen ein besseres Leben führen als er. Aber er kann nicht mehr aus seiner Haut heraus; er findet keinen Platz mehr in diesem Leben; die Menschen, die Lederstrumpf nachfolgen, erfassen das recht gut – wenn auch etwas banal und unbeholfen. So wiederholt in „Die Prärie" der Enkel jenes Duncan Heyward (aus „Der letzte Mohikaner"), dem Lederstrumpf vor langer Zeit im Osten zur Seite stand, die lapidaren Worte seines Großvaters, die im Grunde schon ein Nachruf auf Lederstrumpf sind: „‚Kurz, er war ein edler Schößling von dem großen Stamme der menschlichen Natur, der nur aus dem Grunde niemals seine wahre Höhe und Ausdehnung erreichen konnte, weil er unter den Stämmen des Waldes stand.' "[10] Im Wald ist er aufgewachsen und hat ein Leben geführt, das dem Leben eines Wilden gleichkommt, und deshalb ist er nicht mehr gut genug für eben die Gesellschaft, der er den Weg bereitet hat. So konnten also die Amerikaner die kulturelle und sittliche Rückständigkeit der Indianer begründen. Cooper gelingt es darüber hinaus sogar, den Tod des Grenzers zu erklären: Sein Tod ist ein Triumph, denn er markiert den Vorstoß der zivilisierten Gesellschaft nach Westen. Am Anfang des Romans „Die Prärie" heißt es:

Die Abstufungen des gesellschaftlichen Lebens von dem Stande, den man gebildet nennt, bis zu dem hinab, welcher sich so weit der Barbarei nähert, als die Verbindung mit einem unterrichteten Volke zuläßt, muß man verfolgen, eben von dem Mittelpunkte jener Staaten an, in welchen Reichtum, Luxus und die Künste aufzublühen anfangen, bis zu jenen fernen, immer weiter zurückweichenden Grenzen, welche wie der dem Tagesanbruch vorangehende bewegliche Nebel den Beginn des Volkes bezeichnen[11].

So fegt die amerikanische Gesellschaft – auf ihrem Weg zu einer

[10] *Die Prärie,* „In der Bearbeitung der Übersetzung von C. Kolb u. a. durch Rudolf Drescher" (Frankfurt a. M., 1983), S. 139.

blühenden Zivilisation – Lederstrumpf hinweg: den Mann der Wälder, in der dichterischen Phantasie vollkommen; aber auch diese Vollkommenheit muß weichen, weil sie in Wirklichkeit keine zivilisierte Vollkommenheit ist.

Cooper beschreibt Lederstrumpfs Charakter als den eines Menschen, der im Walde lebt und der – ohne selbst ein Wilder zu sein – die Lebensformen des Wilden teilt. Wegen dieser Teilhabe an wilden Lebensformen kann er auf gar keinen Fall ein zivilisiertes Leben führen. Insofern verweist der Indianer als ein Wilder auf eine der wichtigsten Bedeutungsdimensionen in den Erzählungen; er verkörpert gleichermaßen alles, was Lederstrumpf ist und was er nicht ist. Hier wird Cooper explizit. Lederstrumpf erkennt immer wieder die Notwendigkeit, zwischen den Wilden und den Zivilisierten ein gegenseitiges Verständnis zu schaffen. Bei solchen Vermittlungsversuchen fällt aber auf, daß Lederstrumpfs Erklärungen immer im Sinne der Vorstellung vom Naturzustand formuliert sind.

Solche Erklärungen finden wir in den Erzählungen meistens als Teil einer Diskussion über die „Gaben" der Indianer und der Weißen. Im „Wildtöter" begegnet uns Lederstrumpf als Lebensphilosoph, der den Glauben der Wilden erörtert:

„[...] Ich bin ein zu guter Christ, um solche phantastische Dinge wie Jagen und Fischen nach dem Tod zu erwarten; auch glaube ich nicht, daß ein Manitu für die Rothäute ist und ein andrer für die Bleichgesichter. Ihr findet verschiedene Farben auf der Erde, wie jeder sehen kann, aber Ihr findet nicht verschiedene Naturen. Verschiedene Gaben, aber nur *eine* Natur!"

„In was unterscheidet sich eine Gabe von einer Natur? Ist nicht die Natur selbst eine Gabe von Gott?" [wird er gefragt]

„Gewiß, das ist rasch gedacht und beifallswürdig, [...] obwohl die Hauptidee falsch ist. Eine Natur ist die Kreatur selbst, ihre Wünsche, Bedürfnisse, Ideen und Gefühle, wie das alles mit ihr geboren ist. Diese Natur kann sich nie verändern in der Hauptsache, obgleich sie einige Zunahme oder Abnahme erleiden mag. Gaben aber kommen von den Um-

[11] *Die Prärie, ebd.*, S. 78.

ständen und Verhältnissen. So, wenn Ihr einen Mann in eine Stadt setzt, so bekommt er Stadtgaben; wenn in eine Ansiedlung, Ansiedlungsgaben; in einen Wald, Waldgaben. Ein Soldat hat Soldatengaben und ein Missionar Predigergaben. Diese alle wachsen und verstärken sich, bis sie sozusagen die Natur befestigen und tausend Handlungen und Ideen zur Entschuldigung dienen. Doch ist im Grunde die Kreatur dieselbe; gerade wie ein Mann, der in Uniform gekleidet ist, derselbe ist wie der in Häute Gekleidete. Die Kleider machen einen Unterschied fürs Auge und vielleicht auch eine Veränderung im Benehmen, aber keine im Menschen selbst. Darin liegt die Rechtfertigung der Gaben, angesehen, daß Ihr ein verschiedenes Benehmen erwartet von einem in Seide und Atlas und von einem in grober Leinwand; obgleich der Herr, der nicht die Kleider gemacht hat, aber die Kreaturen selbst geschaffen hat, nur auf sein eignes Werk sieht. Das ist nicht eigentlich die Lehre der Missionare, aber sie kommt ihr doch so nahe, als dies bei einem Manne von weißer Farbe nötig ist. [...]" [12]

Diese Gedanken umreißen im Grunde nichts anderes als die theoretische Basis der Vorstellung vom Naturzustand. An einer anderen Stelle des Buches wird Lederstrumpf dazu veranlaßt, auf die Theorie von den Gaben näher einzugehen, um so zur eigentlichen Vorstellung vom Naturzustand zu gelangen:

„[...] Gott hat uns alle geschaffen, Weiße, Schwarze und Rote, und ohne Zweifel hatte er seine weisen Absichten, daß er uns verschieden färbte. Doch hat er uns in der Hauptsache ziemlich mit den gleichen Gefühlen geschaffen, obgleich ich nicht leugnen will, daß er jeder Rasse ihre eignen Gaben verliehen. Eines weißen Mannes Gaben sind christlich eingerichtet, während die einer Rothaut mehr für die Wildnis sind. So wäre es für einen Weißen eine große Sünde, einen Toten zu skalpieren, während es bei einem Indianer eine hohe Tugend ist. Ferner, ein weißer Mann darf nicht Weiber und Kinder im Krieg meuchlings niedermachen, während eine Rothaut es darf. Es ist grausame Arbeit, das geb' ich zu: aber für sie ist es eine erlaubte Tat, während es für uns eine schmähliche wäre." [13]

Diese Art von Deutung – mit ihrem kulturellen Relativismus und

---

[12] *Der Wildtöter*, „In der Bearbeitung der Übersetzung von C. Kolb u. a. durch Rudolf Drescher" (Frankfurt a. M., 1983), S. 493 f.

[13] *Der Wildtöter, ebd.*, S. 46.

ihrem Postulat einer moralischen Vollkommenheit – zieht sich durch sämtliche Erzählungen hindurch und wird motivisch wiederholt. Materialistischer Glaube, Skalpieren, Foltern und Pferdestehlen in den Prärien – praktisch alle Wesensmerkmale des Wilden werden aufgezählt, erläutert und im Hinblick auf den ihnen gebührenden Platz rational gedeutet. Gewöhnlich setzt Lederstrumpf zu solchen Erklärungen an, wenn er über die Gaben der Roten und der Weißen spricht. Der heroische wie der verruchte Indianer – beide muß man im Zusammenhang ihrer jeweiligen Lebenssituation sehen und anerkennen. Aber im Guten wie im Bösen steht diese Existenzform moralisch unter dem zivilisierten Leben, und alles in allem sind die Gaben der Weißen denen der Roten überlegen. Und immer wieder sieht man den Grenzer zwischen zwei Feuern: sich entweder den indianischen Gaben zu überlassen, die sich durch sein Grenzerleben in ihm entfalteten, oder die Kultur zu bewahren, die er aus dem Osten mitgebracht hat. Was Cooper faszinierte – ebenso wie seine Zeitgenossen und seine Nachfolger –, war das Problem einer Sonderform von halb-zivilisiertem Dasein an der Grenze, wie es die heranrückende Zivilisation selbst verursachte. Coopers Deutung und Bewertung dieser Eigentümlichkeit orientierten sich nahezu ausschließlich an der ‚wilden' Seite der Grenzernatur, und daran, wie unangemessen sie im Hinblick auf eine zivilisierte Lebensführung ist. In den Erzählungen gibt es auch blutrünstige, grausame, unbeherrschte Grenzer, die nur die negativen Seiten des indianischen Charakters übernommen haben; allerdings gibt es da auch Lederstrumpf, der nur das Gute übernahm. Ob gut oder schlecht, spielt aber im Grunde keine Rolle. So oder so sind die Gaben der Indianer andere als die Gaben der Weißen, die Grenze ist nicht der wohlgeordnete Osten, und der Wilde ist kein Zivilisierter. Darum müssen Lederstrumpf und seinesgleichen, die Grenzer und Indianer, weichen. Ihr Verschwinden und die damit verknüpfte Bedeutung werden am Ende durch das Kriterium der ‚Unangemessenheit' erklärt: Das Dasein eines Wilden ist im Hinblick auf das zivilisierte Leben unangemessen. In der Figur des Lederstrumpf, der seinem Schicksal offen die Stirn bietet, intuitiv die umfassende Bedeutung dieses Schicksals begreift, sich zuweilen sogar in der Nachfolge Christi selbst als Opfer anbietet, liefert Cooper dem Menschen eine Rechtfertigung für die von der Zivilisation und dem Fortschritt eingeschlagenen Wege. Wie der Indianer konnte auch Lederstrumpf an der Zivilisation nicht wirklich teilhaben.

Trotz barbarischer Greuel sind nicht die wilden Indianer das eigentliche Thema der Erzählungen und ihrer Tendenz; sie stehen vielmehr nur auf der einen Seite und die zivilisierten Amerikaner auf der anderen. Der Schauplatz liegt in der Mitte zwischen ihnen: die Grenze. Cooper setzt voraus, daß die Vertreter seiner Zivilisation ihre eigenen Tugenden von selbst zur Geltung bringen; so läßt er sie fast nur als Statisten und typische Amtspersonen auftreten, deren Aufgabe darin besteht, sich in Bereitschaft zu halten, um an die Stelle der Grenzer vorzurücken, die vorausgehen und nur deshalb sterben, um den Platz zu räumen. Daß Cooper es unterließ, auch zivilisierte Menschen eingehend darzustellen, mag uns vom Künstlerischen her enttäuschen; wenn man abgeschreckt ist von der hölzernen Art der Heyward, Middleton, Temple und anderen, genießt man das üppig bebilderte Leben Lederstrumpfs, Chingachgooks und aller Gleichgesinnten; allerdings kann man das von Cooper gewollte Spannungsverhältnis zwischen Zivilisierten und Wilden deshalb nicht in vollem Umfang nachvollziehen. So stellen wir die berechtigte Frage, ob Cooper wirklich ein bedeutender Künstler sei. Er ist es nicht: er begnügt sich vielmehr damit, seinen Stoff mehr oder minder wahllos an die Hand zu bekommen, der darin enthaltenen Tendenz zu folgen und – so gut er kann – simple, spannende Geschichten daraus zu machen. Er beläßt es bei der Darstellung von Zusammenstößen und Erkundungen im Westen, denn das war der eigentliche Gegenstand, den die Amerikaner entdecken und kennenlernen sollten [14]. Da er in erster Linie die von den Amerikanern als dringend notwendig empfundene Zivilisierung des Westens rechtfertigen will, interessiert ihn an seinen Grenzern nur deren Akzeptanz oder Zu-

[14] Siehe hierzu meine Erörterung dieses Problems in „The Leatherstocking Tales Re-Examined", *South Atlantic Quarterly,* XLVI (1947), S. 524–536.

rückweisung des Lebens unter den Wilden, nicht ihre wegbereitende zivilisatorische Leistung; die Zivilisation besteht bereits und muß dem Naturzustand nur noch übergestülpt werden, um ihn gewissermaßen aus dem Blickfeld verschwinden zu lassen. In diesem Verständnis ist ein grausamer Grenzer wie Hurry Harry (im „Wildtöter") noch viel schlimmer als der verruchteste Wilde, weil er keinen Anspruch auf die Grausamkeit des Naturzustandes hat. So muß man Ishmael Bush (in „Die Prärie") als einen betrügerischen Landbesetzer einstufen, der im Begriff ist, zu verwildern und somit sogar noch zu etwas Schlimmerem zu werden als ein Wilder. Sogar Lederstrumpf muß an sich feststellen, daß seine wesentlichen Gaben die eines Indianers sind: und zwar die Gaben des Handelns, nicht des Überlegens. Deshalb muß er nach Westen gehen, und deshalb muß er sterben. Das Leben dieser Menschen ist eine neue, häufig gefährliche, in jedem Fall aber unangemessene Form des Lebens und muß neu erkundet werden; das Leben der Zivilisation hingegen ist alt, in sich geschlossen und darüber hinaus angemessen: diesem Leben kann man die führende Rolle zutrauen, wenn die Zeit für den Wechsel gekommen ist. Eigentlich interessiert sich Cooper – weil er ein zivilisierter Mensch ist – nur für das, was diese Grenzer *nicht* sind: was sie – ausdrücklich vom Standpunkt der Wilden aus betrachtet – nicht sind, da sie im Guten wie im Schlechten ebenfalls Wilde geworden sind. Es ist das Gegenstück der Zivilisation, das die Amerikaner entdecken und verstehen müssen.

Genau dies erkannte im Jahre 1852 ein historisch denkender Mensch wie Francis Parkman bei seiner Besprechung der überarbeiteten Ausgabe der Cooper-Romane [15]. Er lehnte Coopers Indianer ab, weil sie seiner Ansicht nach ganz realitätsfern als zu sanft und „größtenteils entweder oberflächlich oder falsch gezeichnet" worden waren. Aber für die Figur des Lederstrumpf konnte er nur lobende Worte finden:

> Es liegt etwas bewundernswert Treffliches in der Gestalt dieses zu gleichen Teilen aus der Zivilisation und der Barbarei geborenen Bastards, in dem Rechtschaffenheit, Güte, natürliche Lebensweisheit und einwandfreie

[15] *North American Review,* LXXIV (1852), S. 147–161.

Moralbegriffe verknüpft sind mit dem Wandertrieb und dem Haß auf jede Freiheitsbeschränkung, die den Indianer oder den Beduinen auszeichnen.

Parkman äußert sich auch über Lederstrumpfs Bedeutung:

Die Zivilisation hat eine zerstörerische wie auch eine schöpferische Kraft. Sie rottet den Büffel und den Indianer aus, über dessen Schicksal wir schon zu viele Klagen – aufrichtige oder geheuchelte – gehört haben, um sie uns hier erneut ins Gedächtnis rufen zu müssen. Sie wird [...] irgendwann über Vorläufer hinwegbrausen, über ihre eigene Vorhut, die Pioniere, die so hervorragend in ihren Tugenden und Fehlern waren, daß nur wenige ihr Entschwinden ohne Bedauern verfolgen werden. Diese Menschen repräsentiert Lederstrumpf; und obwohl sich bei ihm individuelle und für seine Klasse typische Wesensmerkmale die Waage halten, ist sein Charakter deswegen keineswegs uninteressant und durchaus der Erinnerung wert. Sein Leben vermittelt in gewisser Weise einen komprimierten Abriß der amerikanischen Geschichte während einer ihrer ereignisreichsten und entscheidendsten Epochen.

Nun können wir allerdings Coopers Lederstrumpf als ebenso konstruiert empfinden wie seine Indianer, und wir können aufzeigen, wie das Konzept beider im Grunde gleichartig ist. Aber sogar zu einem so späten Zeitpunkt wie im Jahr 1852 wirkten Lederstrumpf und sein Schicksal keineswegs frei erfunden, auch wenn das zumindest auf seine Indianer zutreffen mochte. Im Unterschied zu uns konnte Parkman damals nicht wissen, daß Lederstrumpfs Leben aus der Sicht eben jenes Indianers definiert wird, an den er nicht glauben kann, und daß das Leben beider gleichermaßen das Produkt einer durch die Zivilisation geprägten Phantasie war, die eine ebenso durch die Zivilisation geprägte Romanliteratur hervorbrachte.

In der Tat trifft es auch auf alle Indianergeschichten Coopers zu, daß sie zu einer in diesem Sinne ‚zivilisierten' Literatur gehörten, in der die Indianer einen Maßßstab für das Unzivilisierte abgaben und genauso sterben mußten wie Chingachgook und sogar Lederstrumpf. „Die Beweinte von Wish-ton-Wihs" [16] (*The Wept of*

[16] *Conanchet oder Die Beweinte von Wish-ton-Wish,* Übers.: Arno

Wish-ton-Wish, 1829) folgt der Haupttendenz zur Zeit von King Philips Krieg: die Indianer sind aussterbende Helden; die Weiße, die mit ihnen stirbt, ist kein Mensch vom Schlage Lederstrumpfs, sondern eine Gefangene, die mit einem Häuptling verheiratet wurde und vollkommen zur Indianerin geworden ist. „Wyandotté" (1843) ist – nach Coopers eigenem Bekunden im Vorwort des Romans – eine Studie über die indianische Moral: in diesem Fall die Moral des ausgestoßenen, heruntergekommenen Indianers Saucy Nick-Wyandotté von den Tuscarora. Seine in ihm schlummernde Mannhaftigkeit eines Wilden entdeckt er erst wieder, als er seinen weißen Herrn tötet, aber dann freiwillig zurückkehrt, um dessen Familie zu dienen; er hat – so heißt es – „nach seinen Gewohnheiten und nach seiner Einsicht gelebt [...]" [17]. Die Romane der Littlepage-Trilogie [18] – einer Familienchronik vor historischem Hintergrund – zeigen Schritt für Schritt die Unterschiede zwischen den Wilden und den Zivilisierten auf, um zu beweisen, wie unentbehrlich privater Landbesitz ist. In „Satanstoe" (1845) hilft der getreue Onondaga Susquesus dem Begründer der Littlepage-Dynastie und dessen Freunden, im Grenzgebiet am Leben zum bleiben; in „Tausendmorgen" (*The Chainbearer,* 1845) lehrt ein jüngerer Littlepage, der sich darum bemüht, Landbesetzer von seinem Grund fernzuhalten, Susquesus die große Gabe der zivilisierten Menschen: das Verständnis für Privatbesitz; schließlich dient im Roman „Die Roten" *(The Redskins,* 1846) ein Besuch von einer Gruppe westlicher Indianer bei Susquesus als willkommener Kontrast zu den Landbesetzern, die – als Injin-Indianer verkleidet – immer noch versuchen, den geerbten Landbesitz des dritten Littlepage in Beschlag zu nehmen. Der Teil „Der Bienenjäger oder Die Eichenlichtungen" *(The Oak Openings,* 1848) [19] zeigt, wie die India-

---

Schmidt (Frankfurt, 1983). Originaltitel: *The Borderers, or The Wept of Wish-ton-Wish* (1829).

[17] *Wyandotté,* Globe edition, S. 464 (dt. Fassung von Eduard Mauch [Stuttgart, 1844]).

[18] Dt. Übersetzung aller Romane von Arno Schmidt (Frankfurt a. M., 1983).

[19] Übers.: Anon. (Frankfurt a. M., 1850).

ner Opfer der Amerikaner und Engländer im Krieg von 1812 werden. Das eindrucksvollste indianische Motiv im Roman ist die Episode, als der Missionar sein Leben riskiert, um die Unrettbaren zu retten.

In keinem dieser Romane wird der Naturzustand der Wilden so umfassend und lebendig dargestellt wie in den Lederstrumpf-Erzählungen, denn nirgends tritt eine so charakteristische Figur wie Lederstrumpf auf, die eine vergleichbare Kontrastierung erforderte. Deshalb müssen wir schließlich doch zu den Lederstrumpf-Erzählungen zurückkehren, weil sie am detailliertesten und deutlichsten Coopers Einstellung zum Indianer verraten; es war der Indianer, den ihm seine eigene Kultur präsentierte: einen vollständig durch die Vorstellung vom Wilden geformten Indianer. In diese Erzählungen ist die Vorstellung so vollständig eingegangen, daß sie zu einem Symbol wurde, mit dessen Hilfe der schicksalhafte zivilisatorische Werdegang der Amerikaner ohne Umschweife lokalisiert, romanhft gestaltet, detailgetreu nacherzählt und auf diese Weise durch das Medium der künstlerischen Vergegenwärtigung verstanden werden konnte. Cooper konnte den Indianer ganz und gar aus der Vorstellung vom Naturzustand heraus entstehen lassen, weil er ihn mit dem Grenzbewohner Lederstrumpf in Beziehung setzen konnte und durch Lederstrumpf mit den zivilisierten Menschen. In den Erzählungen erhält diese Vorstellung durch das Bild eines durch seine Gaben zugleich edlen und unmenschlichen Indianers Gestalt: eines Indianers, dessen Schicksal es war, nur ein Mittel zum Zweck zu sein, eine Zivilisation zu verstehen, von der er aber – nach Auffassung der zivilisierten Menschen – selbst ausgeschlossen war.

So erschuf Cooper zwar nicht den Wilden für den amerikanischen Roman des 19. Jahrhunderts, aber er entwickelte ihn weiter. Wie sehr sich auch viele Autoren nach ihm verpflichtet fühlten, Coopers Indianer als unrealistisch zu entlarven –, sie vergaßen doch niemals, daß ihre eigenen Indianer eigentlich genau dem Cooperschen Indianer entsprechen mußten: Bilder von Kreaturen, die den Naturzustand des Wilden symbolisierten. Wenn es notwendig wurde, die Details des Wildenlebens weiter zu erforschen, dann hatte man den hierzu nötigen allgemeinen Ansatz ein für allemal ausgemacht, und das machte die Erforschung erst möglich.

Man hat Cooper vorgehalten, daß er – seiner Quelle Heckewelder folgend – seine Indianer zu sehr erhöht und damit realitätsfern dargestellt habe. Solche Kritik wurde z. B. in den Jahren 1826 und 1828 von Lewis Cass geübt, der offizielle Kontakte zu den Indianern in Michigan gepflegt hatte und betonte, daß er wisse, wovon er spreche [20]. Cooper verteidigte sich in der überarbeiteten Ausgabe vom „Wildtöter“ (1850) damit, daß Cass die Indianer nur auf unvorteilhafte Weise erlebt habe und er selbst jene Art von Abenteuerromanen schreibe, deren fiktive Wirklichkeit – auch wenn sie idealisiert und überzeichnet scheinen möge – als poetische Wahrheit verstanden werden müsse. (Margaret Fuller schrieb, als sie sich mit der Harmonie und Ganzheitlichkeit des Wilden beschäftigte: „[Coopers] Auffassung ist die eines weißen Mannes von einem heroischen Wilden, dessen Wesen sich unter natürlichen Verhältnissen als sehr viel differenzierter ausnähme; und doch: auch durch eine literarische Figur hindurch läßt diese Auffassung viel Wahres erkennen.“) [21]

Schon einige Zeit zuvor hatte Cooper in einem Brief an seinen französischen Verleger bestritten, ein Chateaubriand zu sein, der vom edlen Wilden träumt. Über seinen Roman „Die Prärie“ äußerte er: „[. . .] natürlich hat meine Beschreibung einige dichterische Freiheiten, so wie es auch sein soll; aber im großen und ganzen ist sie hinreichend wirklichkeitstreu.“ [22]

---

[20] Cass' Stellungnahmen erschienen in Rezensionen zu Büchern über Indianer in *The North American Review,* XXII (1826), S. 53–119, und XXIV (1828), S. 357–403. Zu einer Erörterung der Kontroverse siehe Marcel Clavel, *Fenimore Cooper, sa Vie et son Œuvre: La Jeunesse (1789–1826)* (Aix-en-Provence, 1938), S. 567–587.

[21] Margret Fuller, *Writings,* ed Mason (New York, 1941, S. 25. Die Äußerung findet sich in der posthumen Veröffentlichung von *At Home and Abroad* (1856).

[22] Der Brief ist zu finden im „American Autograph Shop“ – *Catalogue* (April, 1937), Artikel 42, S. 695 f. Ich bin Mr. James Beard, der mich auf diesen Brief hinwies, sehr zu Dank verpflichtet.

Darin bestand das Problem: die poetische Wahrheit zu treffen und doch ausreichend wirklichkeitstreu zu bleiben; die Wahrheit zu erlangen, ohne den Tatsachen Gewalt anzutun. Die Wahrheit bestand darin, daß der Indianer als ein Wilder genau das darstellte, was der zivilisierte Mensch nicht war. Die Tatsachen waren die zahllosen informativen Details über das amerikanische Vordringen nach Westen und seine Konsequenz: Verfall und Untergang der Indianer. Viele Autoren nach Cooper stimmten mit Cass' Kritik überein, und doch folgten alle Coopers literarischem Vorbild. Sie behandelten zwar unerfreuliche, weniger gefällige, „realistischere" Tatsachen im Zusammenhang mit indianischer Lebensart, und doch machten sie aus den Tatsachen nichts anderes als konkrete Beweise der Vorstellung vom Naturzustand. Ob all dies auf den direkten Einfluß Coopers zurückzuführen ist, interessiert uns hier nicht so sehr. Zusammenfassend können wir allerdings sagen: Die Vorstellung vom Naturzustand und das Bild des Indianers, das diese Vorstellung bestätigte, war einem Glaubensbekenntnis vergleichbar. Die Amerikaner mußten darin einstimmen, denn sie wollten ihren Fortschritt in der Romanliteratur dokumentiert sehen. Cooper war der erste, der sich mit dieser Aufgabe konfrontiert sah, und daher auch der erste, der das Symbol „Indianer" für den Naturzustand des Wilden künstlerisch bewältigte.

3

Für die Romanautoren wie für alle anderen Amerikaner, die sich ernsthaft mit dem Problem auseinandersetzten, war die einfache Wahrheit, daß der Indianer sehr wohl ein edler Wilder gewesen sein mochte, daß aber seine Würde, die der zivilisierten unterlegen war, nicht dem Druck der Zivilisation standhalten konnte. Sie hielten es für ihre Aufgabe, dieser Wahrheit mit dichterischer Phantasie Ausdruck zu verleihen, in aller Öffentlichkeit einzugestehen, daß der Indianer grausam vernichtet worden war. Gleichzeitig wollten sie aber auch sich selbst und ihre Leser damit beruhigen, daß diese Vernichtung Teil eines allumfassenden moralischen Fortschritts war; und Amerikas ausdrückliche Bestimmung war es, ihn zu manifestieren. Eine unüberschaubare Zahl von Indianerromanen erschien nach 1823, – viele Versuche, für die Sünden Buße zu tun, die der Vormarsch der Amerikaner in Richtung Westen zwangsläufig mit sich brachte. In den Romanen über den Indianer fanden Mitleid und Tadel der Amerikaner ihren stärksten Ausdruck in der Öffentlichkeit. Mit Cooper begann es, und mit den Schundromanen um die Mitte des 19. Jahrhunderts endete es: Wahllos irrte die Literatur zwischen Heldentum, sentimentalem Kitsch und Perversitäten hin und her, Leser aller erdenklichen Geschmacksrichtungen ansprechend, bald auf sorgfältigen historischen Studien und bald auf abgedroschenen Versatzstücken beruhend. Dieses Bild des Indianers, durch die Vorstellung vom Naturzustand erzeugt, war das Mittel, den Menschen Triumph, Schmerz und nicht zuletzt die Ehre, ein zivilisierter Amerikaner zu sein, vor Augen zu führen.

Eine Geschichte über den Indianer, wie sie Cooper erzählte, erhielt die ihr eigene Bedeutung also in erster Linie durch das Spannungsverhältnis zwischen Naturzustand und Zivilisation. Der Begriff Spannung impliziert ein gleichzeitiges Vorhandensein von unterschiedlichen Existenzformen und weist darauf hin, daß ein Faktor in Relation zu seinem Gegenstück gesehen werden muß. Folglich bilden die Indianerromane – zumindest für die Zwecke unserer Interpretation – zwei Gruppen; sie unterscheiden sich durch ihren erzählerischen Blickpunkt: Die erste Gruppe umfaßt Geschichten über den Einfluß des zivilisierten Lebens auf das Leben der Wilden (bei Cooper ist es das Bild Chingachgooks und seiner Kumpane), und die zweite Gruppe erzählt vom Einfluß des Lebens der Wilden auf das der Zivilisierten (hier ist es das Bild Lederstrumpfs und seiner Gleichgesinnten). Wie wir noch sehen werden, stehen beide Gruppen in einem gegenseitigen, unauflösbaren Verhältnis zueinander. Aber man kann und muß sie – angesichts des unüberschaubaren Wusts von Indianerliteratur – in dieser Form unterscheiden, um ihre Darstellungsperspektive zu erkennen und ihren allgemeineren Aussagewert zuverlässig zu bestimmen.

Wie konnte man den Indianer als einen wahrhaft edlen Wilden darstellen? Nur so, daß er nach der höheren Würde des zivilisierten Lebens strebte. Das ist der Inhalt von vier Romanen, die ich durchgelesen habe. *Fort Braddock Letters* (1824) von Gardiner Calkins erzählt vom Indianer Weshop, trotz aller Vorurteile der Zivilisierten ein guter Mensch; er schließt mit einem weißen Mann Freundschaft und rettet ihm das Leben; allerdings unterscheidet er sich nur durch diese besondere Verhaltensweise von seinen Stammesbrüdern. In *Saratoga* (1824) von Eliza Cushing wird ein getaufter Mohawk durch seine Treue gegen die Amerikaner während der Revolution geadelt; seine Stammesbrüder, den Briten ergeben und eben dadurch entehrt, hassen ihn dafür. J. L. E. W. Shecut schrieb *Ish-Noo-Ju-Lut-Sche; or, The Eagle of the Mohawks* (1841) und die Fortsetzung *The Scout* (1844). Darin bemüht sich ein bekehrter, in der Zivilisation aufgewachsener großer Häuptling der Mohawk darum, sein Volk zum Ebenbild seiner selbst zu machen. Die beiden letztgenannten Texte sind unterhaltende Traktate über die Zivilisierung von Indianern, deren wahrer Edelmut – und das ist der springende Punkt – nichts mit ihrer Lebensführung eines Wilden zu tun hat.

Allerdings vertreten diese vier Darstellungen nur eine Minderheit in der Fülle von Lösungsversuchen für die Aufgabe, den Indianer doch noch für die Zivilisierung zu retten. Mehr Wahrheitsgehalt hatte wohl die Erkenntnis, daß die indianische Würde die Übergriffe der Zivilisation nicht überleben konnte. In *Hobomok* (1824) will Lydia Maria Child dieses Schicksal und die Reaktion der Indianer zeigen, wie sie es mit Würde auf sich nehmen. *Hobomok* – so sagt die Verfasserin in ihrem Vorwort – ist ihre Version von Coopers Roman „Die Ansiedler" über die Vernichtung des heroischen Daseins der Wilden. Sie beurteilt diese Vernichtung nach deren Wirkung auf eine ganze Skala von zivilisierten Empfindungen. Der Roman ist eine Art Porträt einer puritanischen Stadt im ersten Jahrzehnt ihres Bestehens. Im Mittelpunkt steht Mary Conant, die – vereinsamt, von der Strenge und Disziplin der puritanischen Gesellschaft eingeengt und im Glauben, ihren anglikanischen Geliebten verloren zu haben – in die Heirat mit dem Indianer Hobomok einwilligt, der sie verehrt. Hobomok hat alle geistigen Qualitäten, sogar das Auftreten und die Sprache eines edlen Wilden; Mary empfindet wie eine tragische Heldin: Sie fühlt sich nach ihren eigenen Worten „verloren und erniedrigt", obwohl sie weiß, daß Hobomok sie aufrichtig liebt. So wird sie erst aus ihrer Not erlöst, als der totgeglaubte weiße Geliebte zurückkehrt und Hobomok sie für immer verläßt – dazu verurteilt, seinen Edelmut nur in der Einsamkeit des Wilden auszuleben; dieser Edelmut konnte nur fernab der Zivilisation bestehen. So beschrieb Lydia Maria Child in einer 1832 veröffentlichten Kurzgeschichte einen „einsamen Indianer“: Ein Mohawk-Häuptling hatte sein Kind durch ein von den Engländern eingeschlepptes Fieber verloren, und seine Frau war an gebrochenem Herzen gestorben. So blieb ihm nichts übrig, als nach Westen weiterzuziehen, aber einmal im Jahr zog es ihn in Trauer zurück an beider Grab [23].

Die unvermeidliche Zerstörung der Würde des Wilden, die die Zivilisation trotz all ihrer Großartigkeit und ihrer Tugenden bewirkte, war das ausgiebigst behandelte Motiv dieser Romane. Sogar ein Wilder, der durch die Taufe zu noch höherer Würde gelangte, so in dem anonym herausgegebenen Werk *The Christian Indian; or, Times of the First Settlers* (1825), wird durch die Zivilisation in den Tod getrieben. Im Roman *Hope Leslie; or, Early Times in Massachusetts* (1827) von Catherine Maria Sedgwicks leidet die Heldin an ihrer Erkenntnis, daß die Indianer edelgeborene Kinder in dunkler Unwissenheit sind, die von den Puritanern erleuchtet, aber nicht vernichtet werden sollten. Sie erlebt die tiefen Gefühlskonflikte der Indianerin Magawisca, die selbst hin- und hergerissen wird zwischen der Loyalität zu ihrem eigenen Volk und den hochherzigen Engländern. Hope Leslies Schwester, die von Indianern gefangengenommen und von ihnen erzogen wurde, erlebt diesen Widerstreit der Gefühle ganz unmittelbar; sie bekennt sich ausdrücklich dazu, eine Indianerin zu sein; aber Magawisca – so wird uns ständig ins Gedächtnis gerufen – ist nur eine der letzten der Pequot, und von den Indianern heißt es, daß sie alle dem Untergang geweiht sind. Auch Karl Postl (d. i. Charles Sealsfield stellt in *Tokeah; or, The White Rose* (1829) ein weißes Mädchen vor, das unter Indianern aufgewachsen ist; allerdings wahrt sie instinktiv auch gegen die ihr freundschaftlich begegnenden Creek Distanz. Zwar soll der Leser dem heftigen Widerstand der Creek

[23] Lydia Maria Child, „The Lone Warrior“, *The Coronal* (Boston, 1832), S. 3–19.

gegen die Zwangsumsiedlung Anerkennung und Bewunderung zollen, gleichzeitig aber auch ihren Untergang hinnehmen und am Ende erleichtert aufatmen, wenn ‚die weiße Rose' doch wieder in den ihr angemesseneren Stand der Zivilisation und zu dem geliebten weißen Mann zurückkehrt. Timothy Flints *The Shoshonee Valley* (1830) ist eine moralisierende und zugleich laszive Erzählung über die Vernichtung der Shoshone und ihres friedlichen Tales durch bösartige Weiße; dabei werden sogar rechtschaffene Weiße in Mitleidenschaft gezogen, die mit den Indianern in Frieden und Freundschaft zusammenleben. James Birckett Ransom bemüht sich in *Osceola; or, Fact and Fiction* (1838) um eine romanhafte Erklärung für den von seinen Zeitgenossen gewürdigten großen Charakter Osceolas; er war ein tapferer Seminolen-Häuptling, der durch Verrat von Weißen verschleppt und im selben Jahr, als der Roman erschien, in einem Gefängnis in South Carolina auf ungeklärte Weise zu Tode kam. Um Osceolas Status eines edlen Wilden zu erklären, konstruiert der Verfasser eine Lebensgeschichte, die den Häuptling zum Sohn eines weißen Vaters und einer indianischen Mutter vom Stamm der Creek werden läßt. Dieser – fiktive – Vater läßt seinen Sohn von den Indianern erziehen, weil er erkennt, daß der Junge, der eben auch zum Teil ein Wilder ist, in der Zivilisation zugrunde ginge. Robert Strange beschreibt in *Eoneguski; or, the Cherokee Chief* (1839) die Heldentaten seiner Titelfigur; zu diesen Heldentaten zählt zwar auch der gemeinsame Kampf mit den Amerikanern gegen die Briten im Krieg von 1812, aber am Ende werden auch Eoneguski und sein Volk von der Zwangsumsiedlung betroffen und in den fernen Westen vertrieben. M. C. Hodge schrieb *The Mestico; or, The War-Path and its Incidents* (1850); es ist eine in Romanform dargelegte Rechtfertigung der damaligen Umsiedlungspolitik. Allerdings nimmt Hodges auch zur Kenntnis, daß das Leben des Wilden eine eigene Würde hat. Der eigentliche Standpunkt des Verfassers ist zwar weit entfernt etwa von Lydia Child oder Catherine Sedgwick; trotz allem äußert Hodges eine Auffassung, daß die vollendeten Tatsachen nicht mehr umkehrbar und nicht mehr rechtfertigungsbedürftig sind – eine Auffassung, die im Grunde den Standpunkt der genannten Autorinnen genauso begründet wie seinen eigenen:

[Die Indianer] hatten zweifellos in ihrem ursprünglichen Zustand einen berechtigten Anspruch auf die großartigen Attribute, mit denen sie die Poesie reichlich versah. Aber nach der Berührung mit den Weißen fühlten sich die Wilden bedauerlicherweise gerade zu den verderblichen Lehren der fremden Rasse hingezogen, unter deren Einfluß ihre eigenen angeborenen üblen Neigungen die Übermacht gewannen und ihren Charakter wie ihre Gewohnheiten ganz und gar beherrschten. Man pfropfte dem alten, natürlichen Stamm ebenso unnatürliche wie starke, schädliche und verdorbene Bedürfnisse ein, und dadurch wurden leider alle hervorragenden Charakterzüge des Wilden gemindert und verloren vollständig ihren früheren Einfluß auf ihn [24].

All dies bedeutet hier nur vielfältige Wiederholung immer desselben Motivs; es zeigt auf, wie sich das Motiv verschieden entwickelte, wie Tenor und Zusammenhang wechselten. Auffällig ist aber, daß das Motiv geradezu zur fixen Idee wurde; daß viele populäre Autoren wie die hier genannten es aufgriffen, weil sie wußten, daß ihre Leser dies wünschten; diese ständige, quälende Wiederholung verrät ein an Besessenheit grenzendes, tiefes Verlangen im kollektiven Vorstellungsvermögen aller Amerikaner im zweiten Viertel des 19. Jahrhunderts.

Auf der Suche nach weiteren Wandlungen, Gefühlslagen und anderen Kontexten stoßen wir auf die Variante des Motivs bei William Gilmore Simms, der nach Cooper der populärste Verfasser von Indianerromanen war. Eine seiner Methoden, zu einem Verständnis des Wilden zu gelangen, ließ ihn – nach dem Vorbild von Longfellow – in eine vergangene Welt versetzen. So erzählte Simms in Kurzgeschichten heiter und phantasievoll die Legenden von südöstlichen Indianervölkern nach: Da war ein Mann, der sich schließlich seines zänkischen Weibes entledigt; er wünscht, sie möge zur Gefangenen eines Zauberbaums werden, in dem er selbst gefangengehalten war und aus dem er sich nur befreien konnte, wenn er jemanden anders hineinwünschte [25]. Der Ton entspricht der anhei-

---

[24] M. C. Hodges, *The Mestico; or, The War-Path and its Incidents* (New York, 1850), S. 55 f.

[25] „Tustenuggee's Armstuhl", *Wigwam und Hütte,* Übers.: Friedrich Gerstäcker (Leipzig, 1846), S. 181–222. Originalausgabe: „The Arm-

melnden, heilen und intakten Welt einer volkstümlichen Erzählung. Die von Simms gezeichnete Welt des Indianers, der nicht mehr in Legenden lebte, war jedoch alles andere als anheimelnd, heil und intakt.

In der Kurzgeschichte „Oakatibbe" beschäftigt er sich mit der fatalen Unfähigkeit der Indianer, die Lebensformen der Zivilisation anzunehmen. Hier ist deutlich eine für den Süden der Vereinigten Staaten typische Variante des Motivs zu erkennen, denn die Geschichte ist in den Kontext eines simplen rassistischen Denkmodells eingebettet, das zu Beginn vom Erzähler und seinem Gefährten erläutert wird: Danach wäre es am besten gewesen, die Indianer wie Neger zu behandeln, d. h. wie Angehörige einer unterworfenen und versklavten Rasse; man hätte sie zusammenpferchen und – sofern möglich – schrittweise durch erzieherische Zwangsmaßnahmen zu einem Agrarvolk zivilisieren müssen. Oakatibbe – ein ehemals „überlegener" Indianer – gerät mit einem betrunkenen Stammesgenossen in Streit, betrinkt sich danach selbst und tötet im sinnlosen Rausch schließlich den Mann, mit dem er gestritten hatte. Er gesteht seine Tat freimütig ein und erwartet stoisch den – nach der Regel ‚Auge um Auge, Zahn um Zahn' – von seinem Stamm über ihn verhängten Tod. Dann allerdings ergreift er – auf Drängen von weißen Freunden – die Flucht, weil er sich entschieden hat, sein Leben künftig lieber in den Dienst der Weißen als der Indianer zu stellen. Am Ende aber kehrt er zurück, um seine Strafe zu empfangen, denn es ist genug von einem Wilden in ihm geblieben:

> [...] wenn er aber auch [...] einen bedeutenden Schritt vorwärts gethan hatte, durch sein eignes Beispiel die Vorurtheile seines Volkes zu besiegen und dieses der Civilisation näher zu bringen, so fühlte er sich doch nicht stark genug den Vorwürfen seines eignen Gewissens zu widerstehen [26].

Chair of Tustenuggee", *The Wigwam and the Cabin* [1845], neue und überarbeitete Ausgabe (Chicago, o. J.). Vgl. „Jocassée" [in der Übersetzung nicht enthalten], *The Wigwam and the Cabin* [1845], ebd., S. 209 bis 233.

[26] „Oakatibbe", *Wigwam und Hütte,* Übers.: Friedrich Gerstäcker

Wenn das Wesen der indianischen Volksseele es nicht zuließ, sich der Zivilisation anzupassen, so bedeutete dies allerdings nicht, daß es sich gegenüber der Zivilisation behaupten konnte: so lautet die Aussage von Simms' Darstellung des jungen Indianers – in *The Yemassee* (1835) –, dessen Wesen eines Wilden durch den Kontakt mit der Zivilisation verdorben wird. Occonestoga ist der Sohn des großen, unbestechlichen Samutee, Häuptlings der Yamasee. Dieser will gegen die Weißen einen Krieg bis zum bitteren Ende führen, weil er erkannt hat, wie die Zivilisation sein Volk erniedrigt und seine Lebensweise zersetzt. Er muß mitansehen, wie dasselbe Los auch seinen eigenen Sohn Occonestoga ereilt, der zuerst alle Anlagen zu charakterlicher Größe zeigte. Occonestoga ist durch den Alkohol des weißen Mannes zum willfährigen Sklaven der Weißen geworden und hat damit seine Natur des Wilden, sein Dasein als freier Jäger und Krieger vernichtet. Sanutee verstößt seinen Sohn und fordert sein Volk auf, auch alle anderen Häuptlinge zu verstoßen, die mit den Engländern Frieden schließen wollen. Falls Occonestoga zu seinem Volk zurückkehren sollte, so fordert sein Vater, solle die Verstoßung auch formell vollzogen werden: das Totem, das sein Sohn auf der Brust trägt, solle herausgeschnitten werden, damit jeder sehe, daß er zu keinem Stamm gehörte und nicht mehr als Mann gelten könne. Occonestoga kann nur noch durch den Tod gerettet werden; er findet ihn durch die Hand seiner Mutter. Sie hilft ihm, seine Identität des Wilden zu bewahren. Genauso bewahrt auch Occonestogas Vater Sanutee sein eigenes Selbst: Er fällt im Krieg gegen die Engländer.

Nach Simms' Auffassung gehört Sanutees Heldenhaftigkeit zum Wesen der indianischen Volksseele. Er bewundert ihn und seinesgleichen und läßt ihn wie einen edlen Wilden sterben; und andererseits bemitleidet er Occonestoga wegen des Verlustes seiner Identität und läßt ihn seine Würde endgültig verlieren und elend umkommen. Zugleich aber erkennt Simms auch die Grausamkeit im Leben beider und malt sie nach Kräften aus. Die Schilderung von

---

(Leipzig, 1846). S. 301. Originalausgabe: „Oakatibbe; or The Choctaw Sampson", *The Wigwam and the Cabin.*

Occonestogas Prozeß und seiner Ermordung wie auch von der indianischen Kriegsführung ist gespickt von blutrünstigen Details, in einer farbigen Sprache, die Simms so meisterlich beherrscht. Allerdings ist die Erzählung von Sanutee, Occonestoga und dem Krieg der Yamasee formal nur eine Nebenhandlung des Romans. Die Haupthandlung dreht sich um die englischen Zivilisatoren, die mit Sicherheit die Yamasee besiegen werden, und um ihr Leben, ihren Kampf und ihre Liebe. Simms ist davon überzeugt, daß er seine Indianer in der historischen Situation wirklichkeitsgetreu porträtiert habe [27], ebenso daß Sanutee den unausweichlichen Untergang genau voraussah:

> Er erkannte sehr wohl, daß die überlegene Rasse zwangsläufig den Ruin der unterlegenen bewirken muß – daß die eine entweder ihre Existenz der anderen unterordnen oder aber untergehen muß.

Diese Erkenntnis kommentiert Simms in eigener Person:

> Der Fortschritt der (sogenannten) christlichen Zivilisation, wie sie sich in ihrer Großartigkeit dem nackten Wilden darbot, war selten von einem abstrakten, von Begehrlichkeit oder von den Umständen unabhängigen Maßstab der Gerechtigkeit gekennzeichnet [28].

Begehrlichkeit und die Umstände sind nach Simms' Auffassung, die Erklärung für den Fortschritt, mit dem die Weißen den Indianer überrollen. Für den Indianer – so läßt Simms seinen weißen Helden resümieren – beziehen sich Ansprüche und Verhältnisse auf ein der Jagd und dem Nomadentum verschriebenes Leben – und auf alle persönlichen und sozialen Qualitäten, die aus diesem Leben hervorgehen [29]. Im Zusammenhang mit der Zivilisation und dem Fortschritt bedeuten solche Ansprüche und Verhältnisse auch den Tod. Sanutees Tod ist tragisch, weil er in seinem Leben im Widerstreit der verschiedenen Ansprüche und Verhältnisse einen Sinn fand. Occonestogas Tod dagegen ist nichts als mitleiderregend, weil sein Leben im Grunde sinnlos war.

---

[27] *The Yemassee* [1835], nach der Ausgabe von 1853 herausgegeben von A. Cowie (New York, 1937), S. 4.

[28] *Ebd.*, S. 22.

[29] *Ebd.*, S. 137.

Das Problem beunruhigte Simms, und er kehrte im Jahr 1859 (sechs Jahre nach dem Erscheinen der zweiten Auflage von *The Yemassee)* in einem Roman zu ihm zurück; er betraf weniger die vordergründigen Ereignisse als vielmehr eine direktere Suche nach Beweggründen und eine rationale Deutung: „Der Kassike von Kiawa“. Zu Beginn des Romans beschreibt Simms die Indianer als Geschöpfe, die von den zivilisierten Menschen getrennt wurden und „[...] eher wegen ihrer Einfachheit als wegen ihrer Verderbtheit wild zu nennen sind“ [30]. Der Kassike (d. h. der Besitzer) der kleinen Kolonie in South Carolina im 17. Jahrhundert handelt – anders als die übrigen Engländer seiner Zeit – nach einer solchen Auffassung. Der Sohn eines mächtigen Häuptlings tritt als Jäger in seine Dienste, und der Kassike hofft, den Jungen von seinen Lebensformen des Wilden zu befreien. (Hier nutzt Simms die Gelegenheit, eine eingehende Erörterung der besonderen Natur des Wilden einzuschieben; sie folgt einem für solche Erörterungen typischen Sprachgestus und beschäftigt sich in erster Linie mit der Erziehung von indianischen Knaben zu Jägern und Kriegern.) [31] Der junge Iwatee ist hin- und hergerissen zwischen seiner Vergangenheit eines Wilden und seiner Gegenwart eines zivilisierten Menschen. Von seinem Vater erhielt er nur deswegen die Erlaubnis, zu den Weißen zu gehen, weil er ihm bei einem Überraschungsangriff helfen soll. Aber Iwatee hat die Tochter des weißen Besitzers kennen und – wegen ihrer gütigen und zivilisierten Umgangsformen – lieben gelernt und gerät dadurch in einen schweren inneren Entscheidungskampf.

Der weiße Kolonist kommt zu der Auffassung, daß der Junge zwar sein Volk eines Tages in ein zivilisiertes Dasein führen, aber den zivilisierten Stand selbst niemals erreichen wird. Er beobachtet Iwatee, wie er für seine Tochter ein Fohlen zähmt, und sagt über ihn:

---

[30] *Der Kassike von Kiawa,* Übers.: E. Drugulin (Leipzig, 1861), I, S. 12 f. Originalausgabe: *The Cassique of Kiawah* (New York, 1859).

[31] *Ebd.,* III, S. 26–33.

„[...] Der Wilde lebt in der Wildniß, sonst müßte er bald der Civilisation weichen! Wenn aber in den großen Urwäldern sämmtliche Raubthiere gezähmt, oder erlegt sein werden, wird dann der Wilde höhere Bedürfnisse fühlen? Ist seine Natur der Eroberungssucht zugänglich? Wird er in seinem Herzen und Geiste einen Drang fühlen, der ihn auf ein höheres Ziel hinweist? Wird dieser Drang wachsen und seine Seele empfänglich machen für höhere Eindrücke und Bedürfnisse? Wenn dem nicht so wäre, so müßte er wie die Wälder vernichtet werden; denn er könnte den Mangel der einzigen Beschäftigung, zu welcher ihn seine Anlagen geschickt machen, nicht überleben! Vielleicht ist es seine Bestimmung. Er ist berufen, die Wildniß zur Aufnahme der bevorzugten Race vorzubereiten und dann zu verschwinden, und wie der Wald, wenn er ausgerottet ist, neue Schößlinge treibt, so wird er einem anderen Volke Platz machen. Die Wege der Vorsehung sind in der That wunderbar!“ [32]

Schließlich wird Iwatee von der geheimnisvollen göttlichen Vorsehung in den Untergang getrieben. Er stirbt, krank vor Kummer und Zorn, als der Vater mit seinem Angriff scheitert und dabei selbst zu Tode kommt und als er erkennt, daß er weder die Liebe seines Volkes noch die Zuneigung der Tochter des Grundbesitzers jemals erlangen wird.

Am Ende des Romans erhält der Kassike von Kiawa von einem, der realistischer denkt als er, noch den folgenden Rat:

„[...] Schaffe dir eine andere, eine eigene Welt! Du kannst die Segnungen der Civilisation in die Wildniß versetzen und Deine Leute so erziehen, daß Bildung und Kunst über Rohheit und Sinnlichkeit herrschen. Es ist die schwierigste Aufgabe für den Philosophen, die Vorzüge und feinere Bildung als ein Resultat der Entwickelung der besten, menschlichen Fähigkeiten zu verbreiten, ohne die ursprüngliche Kraft des Volkes zu gefährden oder herabzuwürdigen. Den Wilden wirst Du nimmer wieder bekehren noch bilden können. Du mußt ihn aber unterjochen. [...]“ [33]

Wenn dieser Rat den Weg zu einer reineren Welt weisen soll, dann ist es eine Welt, die auch vom Naturzustand bereinigt worden ist. Das schlichte Leben des Wilden – wie sehr sich Simms auch darum bemüht haben mag, es seinen Lesern im *Kassiken* und *The Ya-*

---

[32] *Ebd.*, V, S. 59 f.

[33] *Ebd.*, V, S. 214 f.

massee zu vermitteln – steht ihnen als zivilisierten Menschen nicht offen. Welcher Art diese Schlichtheit ist und in welcher Form „Bildung und Kunst über Rohheit und Sinnlichkeit herrschen“ sollen, sagt uns Simms allerdings nicht. Wahrscheinlich hat er den Agraridealismus, den man mit Jefferson verbindet, vor Augen: einen Idealismus, an dessen Realisierbarkeit man in Simms' Lebensraum und in seiner Zeit immer noch hartnäckig glaubte. Aus unserer Sicht ist allerdings vor allem der eine Punkt von Bedeutung, daß der Wilde von eben dieser Schlichheit, Bildung und Kunst der Zivilisation ausgeschlossen war.

Über den Einfluß des zivilisierten Lebens auf das der Wilden zu erzählen bedeutete also letztlich nichts anderes, als die Vorstellung vom Naturzustand zu erörtern und sie zu einem anschaulichen Bild auszugestalten. Sogar auch „realistische Darstellungen“ aus eigener Beobachtung des Indianers ließen sich von dieser Vorstellung leiten und ein vergleichbares Bild entstehen. So versuchte William Joseph Snelling in *Tales of the Northwest* (1830) ganz entschlossen, auf der Grundlage eigener, unmittelbarer Beobachtungen über den „wirklichen“ Indianer zu schreiben, in diesem Fall über die Sioux, Fox und Iowa. Snelling ist davon überzeugt, daß nur jemand, der – wie er – unter Indianern gelebt hatte, auch über sie schreiben könne. Wenn er sagt, daß er eine ausgewogene Sicht der Wilden anstrebe und sie so darstellen wolle, wie sie sind – „nicht mehr und nicht weniger als unwissende, barbarische Menschen“ [34] –, dann spricht er wie viele seiner Zeitgenossen. Snelling läßt eine Ansicht erkennen, die – wie wir gesehen haben – auf einem Verständnis des Wilden beruht, das sich nahezu vollständig an dem theoretischen Konstrukt des Unzivilisierten orientiert. Snelling beharrt aber darauf, den wahren Wilden jenseits aller Theorie darzustellen. Einige seiner Erzählungen beschäftigen sich ausschließlich mit Indianern, die mit den Weißen nicht einmal in Berührung kommen. Und doch: Die Fülle und Genauigkeit der Details stehen hier für ein Ganzes und ergeben nur dann einen zusammenhängen-

[34] William Joseph Snelling, *Tales of the Northwest* [1830], ed. J. T. Flanagan (Minneapolis, 1936), S. 4.

den Sinn, wenn man sie als Darstellungen eines unzivilisierten Zustandes liest. Sie werden gleichsam vervollständigt durch Erzählungen von zivilisierten Menschen, die wie Wilde handeln und die aus der Sicht der Zivilisation verstanden werden müssen, die sie verloren haben.

Die Indianererzählungen sind schlicht und direkt. *The Captive* ist die Geschichte eines jungen Iowa, der seine weißen Freunde betrügen muß und dafür tapfer und stoisch seinen Tod als gerechten Preis für seine Tat hinnimmt. *The Hokays* beschreibt eine indianische Blutfehde, bei der es um eine geraubte Frau und mehrere Morde geht. *Weenokhenchah Wandeetekah* schildert die Liebe einer Sioux-Squaw zu ihrem Ehemann; ihre Liebe ist so tief, daß sie, als er sich eine andere Frau nimmt, um seinen Status zu verbessern, Selbstmord begeht. Diese Geschichten werden in einer einfachen, direkten und nüchtern beschreibenden Sprache erzählt, und die äußere Handlung dient nur der Beweisführung, daß der Indianer – wie Snelling in seinem Vorwort sagt – in allem, was er tut, „ein Kind der Natur [ist], deren Launen seinen Weg bestimmen", und daß „Unbeständigkeit" das grundlegende Charaktermerkmal des Wilden sei [35]. So gelangt der Leser zu der Erkenntnis, daß Snelling seinen unmittelbaren, eigenen Beobachtungen erst durch die Vorstellung vom Naturzustand einordnen und deuten kann. Er erörtert die Gaben der Roten zweifellos direkter als die meisten seiner Zeitgenossen; trotzdem wiederholt er nur das, was sie auch schon vorbrachten. Die ganze Erörterung setzt die Gaben der Weißen als Orientierungspunkt voraus.

Demgegenüber untersucht Snelling die Gaben der Weißen in einer Reihe von Erzählungen, die den Typus des „rohen Abenteurers" beschreiben, der sich unter den Indianern an der Nordwest-Grenze niederließ. Über diese Menschen schreibt er verallgemeinernd:

Schon ein kurzer Aufenthalt unter den Eingeborenen lehrt sie, alle Raffinessen und künstlichen Bedürfnisse der zivilisierten Gesellschaft zu verachten und alle Zwänge zu schmähen, die durch Gesetz und Konvention

[35] *Ebd.*, S. 4.

zu dem Zweck erfunden werden, die Menschen aneinanderzuketten. Die urwüchsigen und freien Sitten der Wildnis üben erst nur den Reiz des Neuen aus, werden aber bald durch Gewöhnung verfestigt [...] [36].

Diese Bemerkung entstammt dem Vorwort zu einer Skizze von dem abenteuerlichen Leben des Händlers Charles Hess und zu „Pinchon“: einer Geschichte über die „Heldentaten“ eines Franzosen, der zu einem Wilden wurde; Snelling bedauert zwar den „Mißbrauch seiner großen natürlichen Gaben“, kann diese aber nur so wiedergeben, wie sie sind [37]. Schließlich umfaßt die lange Geschichte *The Bois Brule* als Hintergrundmaterial eine ganze Galerie von Skizzen zum Leben an der Grenze. Snellings Grenzer erhalten ihre Bedeutung in erster Linie dadurch, daß sie aufgrund ihrer Lebenssituation ihr zivilisiertes Wesen verlieren und sich die Gaben der Wilden aneignen, auf die sie kein Recht haben. Auch für sie gilt, daß diese Gaben gleichbedeutend sind mit Verlust.

Der Großteil von Snellings Bemühen gilt der Realisierung einer unmittelbaren Beschreibung des indianischen Lebens; jeder Gegenstand, jedes Detail seiner Darstellung handelt von den Indianern und ihren besonderen Gaben. Aber all diese Details formen in ihrer Gesamtheit erst ein wahres Bild, indem sie die Unterschiede zwischen Indianern und Weißen erklären: sie beschreiben nicht, was die Indianer sind, sondern das, was die Weißen nicht sind. Die Literatur über den Indianer ist sogar für einen Snelling in erster Linie eine Literatur über den Weißen: besonders über den Weißen, der im Begriff ist, einen Teil seines zivilisierten Wesens zu verlieren und sich in einen Wilden zu verwandeln.

Das führt uns zu der zweiten großen Gruppe der Indianerromane; sie befassen sich mit dem Einfluß des Lebens der Wilden auf das der zivilisierten Menschen, in denen der Verlust des zivilisierten Wesens das Thema bildet; Romane, die sich aus dem Bild von Coopers Lederstrumpf entwickelten.

---

[36] *Ebd.*, S. 62.

[37] *Ebd.*, S. 221.

4

Daß die Menschen, die als Werkzeuge des Fortschritts die Zivilisation an die Grenze brachten, Gefahr liefen, zu Wilden und Halb-Wilden zu werden, war durchaus keine Entdeckung der Romanschriftsteller, sondern seit langer Zeit als ein Faktum der amerikanischen Lebenswirklichkeit bekannt gewesen und als ein solches kommentiert worden. Gewöhnlich hieß es – wie in einem 1836 erschienenen Artikel des Essayisten Albert Pike –, daß die Grenze zwar Freiheit gegenüber dem Treiben der zivilisierten Welt verheiße und die Möglichkeit biete, in erhabener Einsamkeit das indianergleiche Leben eines Jägers zu führen, aber die Amerikaner andererseits nicht vergessen durften, daß ein solches Dasein nicht von Dauer sein könne und ein besseres Leben nach einem Herd, nach Gesellschaft und nach einem Sinn für gesellschaftliche Pflichten verlange [38]. Die Grenzer – so sagte z. B. Judge James Hall (jener, der zusammen mit McKenney das Geschichtswerk *History of the Indian Tribes* verfaßt hatte) – bahnten nur den Weg für eine andere Art von Pionieren: für solche, die sich später ansiedelten, das Land bebauten und die Anfänge einer amerikanischen Zivilisierung des Westens legten [39]. Es hieß, der Grenzer verderbe sich sogar wegen seiner Leistungen an der Grenze vielleicht selbst seine Chance auf ein zivilisiertes Lebensglück, das durch seine Leistungen erst ermöglicht wurde. Das war eines der merkwürdigsten Rätsel, das die Gesetze des Fortschritts aufgaben – und die Prosaschriftsteller wollten es ergründen.

---

[38] Albert Pike, „The Philosophy of Deer Hunting", *American Monthly Magazine,* VII (1836), S. 154–159. Vgl. z. B. Timothy Flint, „Editor's Preface", *The Personal Narrative of James O. Pattie* [1833], in R. G. Thwaites, ed., *Early Western Travels,* XVIII (Cleveland, 1905), S. 25–28, und Flints *The First White Man of the West; or, The Life and Exploits of Col. Dan'l Boone* [1833] (Cincinnati, 1850), S. 170 f., 249; Rufus Sage, *Western Scenes and Adventures* [1846], 3. Aufl. (Philadelphia, 1855), S. 17 f.; T. B. Thorpe, *The Hive of „The Bee Hunter"* (New York, 1854), S. 135–144. Vgl. auch Parkmans Äußerungen zu Coopers Grenzern; siehe oben S. 279.

[39] James Hall, *Sketches of the History, Life and Manners in the West* (Philadelphia, 1835), I, S. 22 f., 241, II, S. 54.

Sie erfanden dazu einen bestimmten Menschentyp, der – wie Lederstrumpf – zwischen Naturzustand und Zivilisation vermittelte, der aber – anders als Lederstrumpf – nicht zum Opfer dieses Konflikts stilisiert wurde. Wie schon weiter oben geschildert, hatte sich Lederstrumpf zwar keine der schlechten Eigenschaften der Roten angeeignet, aber er war doch so weit ein Wilder geworden, daß auch er untergehen mußte. Für die amerikanische Literatur nach Cooper war er allerdings so stark zum Idealtypus avanciert, daß es ebenso schwer fiel, eine Figur zu finden oder erfinden, die es mit ihm aufnehmen konnte, wie dem übermächtigen, poetischen Bild des Naturzustandes zu widerstehen, das sein Schöpfer gezeichnet hatte. (Ich kenne nur eine genaue Nachahmung des heldenhaften Lederstrumpf, und zwar Adherbal in *Hawk Chief* [1837] von John Treat Irving.) Der „wirkliche" Grenzer war ebenso hart und grausam wie der „wirkliche" Indianer. Aber wie sehr man ihn auch immer beneiden oder ihm dankbar sein mochte, man mußte eingestehen, daß er niemals das erlangen konnte, was dieser Indianer besaß – die natürliche Würde des Wilden. Er konnte sich nur dessen Unmenschlichkeit zueigen machen; dies war der Preis, den er zu zahlen hätte, sollte er sein zivilisiertes Ich aufgeben.

Nach Cooper wurde die Lederstrumpf-Figur als Verkörperung des Grenzers entweder zu einem heroischen Sohn der Zivilisation stilisiert, der nur vorübergehend an der Grenze lebte, oder aber als endgültiges Opfer dieser Grenze verurteilt. Der Typ des Helden, der von dem Problem des Naturzustandes und der Zivilisation völlig unberührt bleibt und uns in den Schundroman-Gestalten Kit Carson, Deadwood Dick, Buffalo Bill und ihresgleichen begegnet, ist nicht Gegenstand unserer Untersuchung [40]. Unser Augenmerk gilt vielmehr dem Opfer: dem Menschen, der so viele Eigenschaften der Indianer übernommen hat, daß er sie haßt – und sich manchmal sogar selbst hassen muß.

[40] Ich beziehe mich hier auf die maßgebende Deutung aller Lederstrumpf-Figuren, die bis nach 1860 und darüber hinaus überlebten: die Untersuchung von Henry Nash Smith, *Virgin Land, The American West as Symbol and Myth* (Cambridge, 1950), S. 51–120.

In den Indianerromanen nach Cooper verwandelte sich das Bild, das Lederstrumpf als Opfer präsentierte, in das des Abtrünnigen und des Indianerhassers. Der unschuldige, märtyrerhafte Idealtypus existierte nicht länger und konnte nicht länger das Gewissen derer plagen, die für seine Vernichtung verantwortlich waren – für die Vernichtung des Pioniers, der ihnen den Weg geebnet hatte. An seine Stelle traten zivilisierte Menschen, die zum moralischen Opfer des Naturzustandes geworden waren und die – als Konsequenz hieraus – im Begriff waren, sich selbst zu zerstören.

In unseren Indianerromanen wird der Abtrünnige auf simple Weise definiert. Er ist ein Mensch, der sich vorsätzlich dem Naturzustand überantwortet und ebenso bewußt gegen die Zivilisation gestellt hat. Timothy Flint beschreibt diesen Typus im ersten Teil seines Romans *Shoshonee Valley* (1830). Er tadelt an dieser Sorte Menschen die unvermeidbare Korrumpierung des Lebens der Wilden, die sein eigentliches Thema war; und doch läßt er diese Menschen auch gegen die ehrbare Zivilisation kämpfen. Sie sind Männer der Berge, Fallensteller, die „geschickter [geworden sind] und noch mehr ertragen können, als [die Indianer] selbst“. Sie sind bewußt zu Experten auf dem von ihnen erkundeten Feld des Naturzustandes geworden und verderben gleichzeitig mit ihrem Alkohol und ihren Lastern den Indianer, von dem sie gelernt haben. Warum haben sie dieses harte und primitive Dasein leben und lieben gelernt? Weil sie alle „von einer instinktiven Neigung zum sorglosen Leben des Wilden durchdrungen waren, das durch den Wechsel von Nichtstun und Arbeit gekennzeichnet war: ein erfülltes, unbeschwertes Dasein, das der Jagd, dem Kampf sowie Festen, Intrigen und Amouren verschrieben war; dem keine Regeln, keine komplizierten Moralauffassungen oder irgendwelche Einschränkungen Grenzen setzten, es sei denn die ungeschriebenen Gesetze der indianischen Sitten und Gebräuche“. Und die Moral für die zivilisierten Menschen folgt auf dem Fuße: „Niemand weiß, solange man nicht den Beweis vor Augen hat, auf wie viele Leute, von denen man am wenigsten vermutet, daß sie derartige Neigungen verspüren, dieses Leben einen unwiderstehlichen Reiz ausübt.“ [41]

[41] Timothy Flint, *The Shoshonee Valley* (Cincinnati, 1830), I, S. 20 ff.

Seine Bedeutung erlangt der Abtrünnige durch das, was er aufgegeben hat – wie lange es auch zurückliegen mag, daß er der Zivilisation den Rücken kehrte und sich für den Naturzustand des Wilden entschied. So stellt Emerson Bennett in *The Renegade* (1848) Simon Girty, der ganz und gar zu einem Wilden geworden ist, dem heldenhaften Boone gegenüber; Girty wird als vollendeter Schurke dargestellt, der noch übler als ein Wilder ist, weil er nur nach der Zerstörung der durch Boone repräsentierten Zivilisation trachtet. Vielleicht der schlimmste Abtrünnige ist – wegen der Verbindung von Wildheit und höchst zivilisierter Intelligenz – doch der Schurke in *Old Hicks the Guide* (1848) von Charles Webber. An der entscheidenden Stelle wird das Geheimnis gelüftet, wird seine wahre Identität enthüllt: ein dekadenter französischer Aristokrat, der nach Texas kam, aufrechte Comanche zum eigenen üblen Vorteil verdarb und sogar die großzügige Natur des Westens mit seiner schändlichen Gegenwart vergiftete.

Es sah so aus [schreibt Webber], als sei es dieser Bandit, dieser Auswurf der Gesellschaft, müde geworden, sich mit glatter Zunge vor Gericht aus seinen Verbrechen herauszuwinden, und er – der über jenen scharfen Verstand und jene vollendeten Proben einer edleren Entwicklung verfügte, die einem herrischen Willen dabei halfen, diese simpleren Elemente des Unheils anzuführen – statt dessen nach dem erklärten Recht des Wilden trachtete, um so seinen zügellosen Blutdurst ungestraft zu stillen [42].

Hier wird gewissermaßen ein über-zivilisierter Entwicklungszustand für die Bereitschaft verantwortlich gemacht, den Versuchungen des Naturzustandes zu erliegen. So hat Webbers Schurke mit Flints Trappen und mit Bennetts Girty nur den Naturzustand gemein, der die Voraussetzungen schafft, die dem Schurken eigene Verruchtheit in Form von Untaten zu realisieren.

Der Indianerhasser bildet einen komplexeren Untersuchungsgegenstand und ist zugleich – als fiktives Bild – leichter zugänglich als der Abtrünnige, weil er ein Mensch ist, der paradoxerweise durch seinen Haß davor bewahrt wird, eben jenem Zustand zu verfallen, der seinen Haß definiert. Darüber hinaus kämpft er auf der Seite

[42] Charles Webber, *Old Hicks the Guide* (New York, 1848), S. 205.

der Zivilisation und nicht gegen sie. In seinem Leben wird das Gute durch das Böse erreicht, denn nur indem er das Dasein eines Wilden führt, ist er in der Lage, den Wilden zu vernichten und auf diese Weise – ob bewußt oder unbewußt – zum Vorrücken der Zivilisation beizutragen. Wegen seines üblen Wildenlebens muß auch er vernichtet werden; da er aber Gutes bewirkt, müssen sein Schicksal und seine Bedeutung als eines der tragischen und bedauernswerten Werke der Zivilisation verstanden und zelebriert werden.

Das farbigste Bild des Indianerhassers und der Reize und Risiken des Indianerhassens ist in den Geschichten und Skizzen des allgegenwärtigen James Hall zu finden. Alle Indianer, die Halls Schriften bevölkern, liefern ihm das Mittel, um das Wesen jener zivilisierten Menschen zu charakterisieren, die nach Westen gehen und die Indianer ausrotten müssen. Seinen allgemeinen Darstellungsgegenstand, den er mit den meisten Autoren von Indianererzählungen teilte, beschrieb er 1835 als die „gegenseitige Abneigung" zwischen den roten und den weißen Menschen [43]. Einen Aspekt dieses Gegenstandes bildete – wie wir sahen – das Wesen des Wildenlebens und dessen Beziehung zum zivilisierten Leben; diesen Aspekt erforschte Hall – wie andere vor ihm – in Skizzen von indianischen Legenden und in Studien über den Einfluß der Zivilisation auf den Naturzustand [44]. Was ihn allerdings mehr interessierte, war das Wesen der Pioniere, die sich selbst von einer Zivilisation abgeschnitten hatten – mit dem Ziel, eine eigene zu gründen. Hall sagte, mit Blick auf die Geschichten in der zweiten Auflage seines Bandes *Legends of the West* (1854; Erstausgabe 1832), daß er sich darum bemühe, die Entwicklung einer Grenzregion zur Zivilisation zu beschreiben – in diesem Fall der Ohio-Grenze, die er als junger Rechtsanwalt bei eigener Pionierarbeit kennengelernt hatte. Er erkannte sehr wohl, daß dies die Zeit der „aufkommenden Zivilisa-

[43] James Hall, *Tales of the Border* (Philadelphia, 1835), S. 11.

[44] Siehe z. B. „The Black Steed of the Prairie" und „The Red Sky of the Morning", zusammengestellt in *Wilderness and the War Path* (New York, 1849), S. 1–31, 83–111; „The New Moon", in *Tales of the Border (Philadelphia,* 1835), S. 213–276; und die Materialien zu den Indianer in *The Harpe's Head* (Philadelphia, 1833).

tion“ gewesen war, deren Wegbereiter „von ganzem Herzen Farmer“ waren, aber „eher ein ländlich-friedliches als bäuerlich-tätiges Dasein [. . .]“ geführt hatten [45]. Hall sah seine Aufgabe darin, nicht nur diese Pioniere darzustellen, sondern auch die Menschen, die für sie die Vorarbeit leisteten und deren Dasein diesem friedlichen Leben voranging. Diese letzteren waren die Indianerhasser und ihresgleichen. Durch sie – so zeigen Halls Geschichten immer wieder auf – war die Zivilisation an der Grenze erst ermöglicht worden.

In der Erzählung *The Backwoodsman* (‚Der Hinterwäldler‘; in *Legends of the West* [1833]) besteht die Aufgabe des Helden darin, bei der Befreiung eines schönen Mädchens aus der Gefangenschaft mitzuhelfen und die Auffassungen eines ‚erstklassigen‘ Indianerhassers zu vertreten. Im ersten Teil der Geschichte sagt er zu sich selbst:

„Sie [die Indianer] haben nicht mehr Mitleid als ein Wolf. Und doch haben sie einige gute Eigenschaften. Sie sind – für ihre Verhältnisse – ausgezeichnete Jäger, und sie sind aufrichtig zueinander. Ich tadle sie nicht für ihren Haß auf die Langschwerter. Es ist eine ehrliche Partie, weil sie von zweien gespielt wird. Aber ihr Durst auf Menschenblut und ihre Grausamkeit gegen Frauen und Kinder ist abstoßend.“

Dieser ‚Hinterwäldler‘ ist ein außer Dienst gestellter Indianerhasser. Und er gelangt später zu der Erkenntnis, daß er die Zivilisation in gleichem Maße haßt wie den Naturzustand.

„Die Natur [so sagt er] erschuf diese klaren Wasser und wunderbaren Wälder nicht nur zum Nutzen der verräterischen Indianer, – nein, aber auch nicht für Spekulanten und Hausierer. Hier herrscht eine Ruhe und Gelassenheit, von der alle die nichts wissen, die sich auf ihren Erntefeldern plagen oder durch dicht bevölkerte Städte hasten [. . .].“ [46]

So trennt ihn sein Grenz-Idealismus – ein Grenz-Primitivismus – ebenso wie Lederstrumpf von beiden ihm offenstehenden Gesell-

---

[45] James Hall, *Legends of the West*, 2. Aufl. (New York, 1854), S. vii–xiv.

[46] *Ebd.*, S. 255, 257.

schaftsformen: der höheren und der niederen. Aber wenigstens findet er wie Lederstrumpf eine Form des Friedens, die weniger philosophisch gesonnenen und eher „realistisch" denkenden ‚Hinterwäldlern' nicht zugänglich ist. Diese anderen, die zu einer gefährlicheren, aber auch bedauernswerteren Sorte gehören, sind die aus einer Besessenheit hervorgehenden Indianerhasser.

Zu ihnen gehören Samuel Monson, den Hall in einer Erzählung beschreibt, die in dem Band *The Wilderness and the War Path* (1846) erschien, und Oberst John Moredock aus einer Erzählung in *Sketches of History, Life, and Manners in the West* (1835). Halls psychologisch beste Darstellung des besessenen Indianerhassers findet sich allerdings in der Erzählung *The Pioneer* (aus *Tales of the Border,* 1835) [47]. ‚Der Pionier' wird eingeführt durch eine Beschreibung der Grenzergesellschaft mit ihrer rauhen Herzlichkeit und mit ihrem Wunsch, an der natürlichen Grenze zu leben, aber nicht von ihr eingeschlossen zu werden. Die nachfolgende Erzählung über einen an der Grenze lebenden Wanderprediger ist eine Lebensbeichte. Als Kind mußte er miterleben, wie Indianer seinen Vater töteten, seine Schwester raubten und seine Mutter entführten. Diese Erfahrungen bestimmten sein Leben, prägten seine Veranlagungen und ließen ihn sogar noch grausamer werden als die übrigen Grenzer. Sein ganzes Leben lang – so wie er es beschreibt, deutet und bewertet – hat er die Indianer gefürchtet und gehaßt.

Er war zum klassischen Indianerhasser geworden und hatte sich – wohl wissend, daß sich eines Tages die Möglichkeit zur Vergeltung bieten würde – darin geübt, den Wilden in den ihm eigenen Fähigkeiten noch zu übertreffen:

> Ich erlernte vor allem die ganze Ausdauer, Geduld und vollkommene Beherrschung meiner Gelüste, Ängste und Leidenschaften, die den Indianer dazu befähigen, jede Entbehrung auf sich zu nehmen und den entscheidenden Schlag aufzuschieben, bis seine Pläne gereift sind, wie verlockend auch die Versuchung zu vorzeitigem Handeln sein mag.

Betrachtet man die Zusammenhänge, dann entbehrt das alles nicht der Ironie; denn er gelangt zu der Erkenntnis, daß er, indem er den

[47] Hall, *Tales of the Border* (Philadelphia, 1835), S. 13–101.

Naturzustand gewinnt, die Zivilisation verliert. Wenn dies „unnatürlich" sei, erklärt er, so sei es ein Ergebnis des Umstandes, daß er „an der Grenze aufgezogen" wurde. Daher folgt er dem für den Grenzer natürlichen Weg und organisiert eine Bande von Rächern, die so geübt sind wie er, tötet alle Indianer, auf die er trifft, und macht sich so zu einer Geißel des Naturzustandes.

Das Leben forderte sein Recht. Wenn er auch bald von seiner Besessenheit abließ und sich von der Karriere eines aktiven Indianerhassers zurückzog, seinen Haß konnte er nicht vergessen. Dieser hatte, wie er sagt,

> [...] mich trübsinnig und ungesellig gemacht. Er entfremdete mich der Gesellschaft, trieb mich in unablässige Selbstquälerei und eine Kette von zornigen oder traurigen Betrachtungen.

Er mußte töten, wenn sich die Gelegenheit dazu bot, um seine Besessenheit zu befriedigen.

Er wurde jedoch von dieser Besessenheit durch ein wunderbares und rätselhaftes Zusammentreffen befreit: Eines Tages traf er auf einen indianischen Krieger mit seiner Squaw und ihrem Kind. Er schlich sich ungesehen an sie heran, um wie üblich seinen Rachegelüsten zu folgen. Ein gewisses Unbehagen und die Last seines Schuldgefühls (wie wir sagen würden) ließen ihn allerdings zögern. Zum Schuß bereit, bemerkte er, daß die Squaw seiner Mutter ähnelte, und er kam auf den Gedanken, daß sie seine lang verlorene Schwester sein könnte. Darum ging er als ein Freund zu den Indianern, um das zu erfahren, was er erfahren mußte – daß sie tatsächlich seine Schwester war. Darüber hinaus erfuhr er, daß sie glücklich war und mit Verachtung von sich wies, in die Zivilisation zurückzukehren. So wurde er von der Erkenntnis überwältigt:

> Zwischen meiner Schwester und mir gab es kein Anzeichen der Zuneigung, keine gemeinsamen Neigungen; nichts, was uns durch ein Band der Liebe oder Wertschätzung hätte verbinden können [...].

Mehr als das: seine Schwester war „in den Armen eines Wilden zufrieden, vielleicht sogar *glücklich,* während ich – auf dem Kriegspfad – im Hinterhalt lag". Die Lehre aus dem Ganzen drängte sich ihm auf. Er hatte nahezu seinen Sinn für die Zivilisation und deren

Verantwortungen verloren, denn als ein Rächer war er ein Wilder gewesen. Nur als ein Wilder hatte er das Recht auf eine solche Vergeltung, denn nur als Wilde hatten die Indianer das Recht, sich auf diese Art vor den Weißen und ihren Methoden zu schützen. Es ist wieder einmal die Doktrin von den Gaben der Roten und der Weißen. In dieser Krise entdeckte der Indianerhasser sein wahres, zivilisiertes Ich und wurde – um öffentlich Buße zu tun – ein Wanderprediger.

Halls Protagonist rettet sich selbst auf eine Weise, die den meisten Indianerhassern offensteht. Deren Schöpfer versehen sie gewöhnlich mit der Biographie eines Pioniers – oder mit einer vergleichbaren – und porträtieren sie als Männer, die aus irgendwelchen Gründen von der Zivilisation abgeschnitten und daran gehindert werden, zu ihr zurückzukehren; so müssen sie, die weder zu den Zivilisierten noch zu den Wilden gehören, an der Grenze bleiben. Meistens beschreiben die Autoren ihre Indianerhasser mit den Begriffen des Wilden, den sie hassen. In *Spectre of the Forest* (1823) von James McHenry werden die Taten Hugh Bradleys – dem frühesten Indianerhasser in unseren Romanen – zwar als gerechtfertigt hingestellt; und trotzdem verfällt er schließlich dem Wahnsinn und wird von der zivilisierten Gesellschaft ausgeschlossen. N. W. Hentz schildert in *Tadeuskund* (1825) den Hasser als so bösartig, daß auch die zivilisierten Menschen ihn vertreiben. In James Kirke Pauldings „Des Holländers Herd" (*Dutchman's Fireside,* 1831) [48] erscheint der historisch-reale Grenzer Lewis Wetzel in der Gestalt des Timothy Weasel. In „Gefahren der Wildnis" (*Nick of the Woods,* 1837) [49] von Robert Montgomery Bird ist sogar ein Quäker der Hasser: Nathan Slaughter. Dieser ist derart besessen von seinem Haß, daß er sich als Wilder verkleidet und danach strebt, gleichzeitig Schrecken und Tod zu verbreiten. Birds Methode, Nathans Besessenheit zu veranschaulichen, besteht darin, zunächst die Indianer (die er bei Cooper als zu edel geraten empfand) zu unmenschlich grausamen Wesen zu machen und dann Nathan sie an

[48] Übers.: Anon. (1838).

[49] Übers.: F. Hoffmann (1847).

Grausamkeit noch übertreffen zu lassen; so gerät die Hauptfigur zum genauen Gegenteil eines Quäkers und verfällt schließlich dem Wahnsinn. Anna L. Snelling schrieb *Kaboasa; or, The Warriors of the West* (1842). Darin lehnt es der Indianerhasser ab, an einer Strafexpedition gegen Tecumseh teilzunehmen, und zwar nur deswegen, weil er – wie er erklärt – durch die Ursache und das Wesen seines Hasses dazu gezwungen sei, seine Vergeltung allein zu üben – wie ein Wilder. In Samuel Youngs *Tom Hanson, the Avenger* (1847) wird der Indianerhasser Hanson dem Weißenhasser Pesquet gegenübergestellt; beider Haß hat dieselbe Ursache, denn beider Familien wurden durch die Gegenseite getötet. Als Hanson schließlich über ihn triumphiert, läßt der sterbende Pesquet seine Auffassung erkennen, daß dies nach dem Verständnis des Wilden gerecht sei. (Hanson ist einer der wenigen Hasser, der, wie Halls Pionier, in die Zivilisation zurückkehren darf, nachdem er offenbar von seinem Haß befreit ist.) In James W. Dallams *The Deaf Spy* (1848) wird der taube texanische Held ‚Deaf' Smith als einsamer (und durch seine Taubheit noch einsamerer) Grenzer gefeiert, der aus den üblichen Gründen haßt, auch wenn er erkennt, daß die indianischen Bemühungen, die Weißen auszulöschen, gerechtfertigt sind. Sein besonderer Haß gilt dem Abtrünnigen Cordova, der die Indianer bei ihren Raubzügen anführt; deshalb ist er für Smith ein Abtrünniger, der noch unterhalb des Wilden steht. In den Geschichten von Emerson Bennett steht der Hasser ebenfalls in Opposition zu dem Abtrünnigen und den Indianern, denen dieser seine zivilisierte Seele verkaufte: In *The Renegade* (1848) ist es ein Indianerhasser, der aber zugleich die Anlagen zu einem zivilisierten Menschen hat: es ist natürlich Boone, der dem Weg Simon Girtys folgt; in *Kate Clarendon* (1848) wird die Heldin von einem gewöhnlichen Indianerhasser vor abtrünnigen Aristokraten geschützt. Bennett zeichnet den Typus auf konventionelle Weise, wenn er in *The Prairie Flower* (1840) einige Fallensteller in den Rocky Mountains darstellt, die – so wie er sie beschreibt – das Überleben hassen müssen,

> [...] weil es der Zivilisation kaum – und in Form von Schriften überhaupt nicht – gelungen ist, den Trapper oder Jäger von [den Indianern] abzurücken, scheint die Vermutung kaum gerechtfertigt, er könnte sich [nicht] jene – im Widerspruch zu den zivilisierten stehenden – Auffassungen zu

eigen machen, die den größten Teil seines abenteuerlichen Lebens bestimmen. Schon von der ersten Unternehmung an lernt und übernimmt er die Gewohnheiten seines Feindes und in einigen Fällen – so scheint es – auch dessen Charakter. Im Ergebnis wird er schließlich nicht mehr und nicht weniger das, was ich einen zivilisierten Wilden zu nennen wage [50].

Zu dieser Zeit hatte man die moralische Bedeutung des Indianerhassens praktisch aus den Augen verloren, weil sie in dem Tumult von Spannung und Verherrlichung der glorreichen alten Zeiten untergegangen war, in das ein Romanautor seine Charaktere stürzen mußte, wollte er erfolgreich sein. Aber dennoch erhob eine solch ausgesprochen konventionelle Geschichte wie James Quinlans *Tom Quick, the Indian Slayer* (1851) natürlich den Anspruch, zu gleichen Teilen der authentischen und poetischen Wahrheit verschrieben zu sein; und Quinlan fühlt sich dazu verpflichtet, beides voneinander zu trennen und dementsprechend alle Einzelheiten der Fabel zu läutern, die für Quicks Leben entscheidend waren. Zum Schluß stößt man sogar auf ein Kapitel über die Apokryphen. Quinlan kommentiert Quicks Lebensweg, dessen Stationen dem oben skizzierten, bekannten Muster entsprechen, mit folgenden Worten:

> [...] der Verfasser ist nicht imstande, Quicks Verhalten zu beschönigen oder zu entschuldigen, noch kann er die Bewunderung erklären, die seine Taten unter den hartgesottenen Pionieren hervorriefen. Ganz offenbar wurden im Kampf um die Vorherrschaft zwischen den Eingeborenen und den anderen, die sie verdrängten, alle kultivierten, menschlichen Gefühle, die von der Zivilisation und dem Christentum gefördert werden, von finsteren, fühllosen Grundsätzen abgetötet, die sich in gefahrvollen und blutigen Zeiten in der menschlichen Seele einnisten [51].

Auch die im Roman dargestellte Gesellschaft hatte Quicks Verhalten weder beschönigt noch entschuldigt: Er starb als ein einsamer

---

[50] Emerson Bennett, *The Prairie Flower; or, Adventures in the Far West* [1849] (Cincinnati, 1850), S. 58.

[51] James Eldridge Quinlan, *The Original Life and Adventures of Tom Quick, the Indian Slayer* [1851, als *Tom Quick, the Indian Slayer*] (Deposit, N. Y., 1894), S. 101.

alter Mann, „geächtet" von einer Regierung, deren Existenz auch er und seinesgleichen erst ermöglicht hatten.

Hier – wie auch in Bennetts Werken – wurde das Bild des Indianerhassers mit allen Mitteln aufrechterhalten, auch als es weithin schon verblaßte. Wir können seinen Weg verfolgen, wie es im Schundroman zum Bild des gegen die Indianer antretenden Kämpfers wurde, der nur durch Aggressivität und Erfolg besticht, der aber weder an die Zivilisation und ihre Pflichten noch an den Naturzustand und seine Verantwortungsfreiheit denkt. Aber dies ist eine andere, spätere Geschichte, die sich erst entwickelt, als der Indianer und seine Lebensweise dem Schriftsteller – mochte er bedeutend oder unbedeutend sein – nicht mehr die Mittel an die Hand geben konnten, den Indianerhasser als eines der Risiken darzustellen, das mit der Errichtung der Zivilisation im Westen einherging. Aber – so können wir festhalten – solange die Idee des Naturzustandes sinnvoll erschien, lieferte sie solche Mittel. Das Bild des Indianerhassers ist ebenso wie das Bild des Abtrünnigen hierfür ein Beweis.

5

Im späten 18. Jahrhundert hatten die Amerikaner begonnen, den Indianer auf eine Art zu verstehen, mit der sie eine sinnvolle Beziehung zwischen dem Naturzustand und ihrer Zivilisation herstellen wollten. Sie mußten den Naturzustand mit Hilfe der Zivilisation – oder des ‚Nicht-Zivilisiert-Seins' – definieren, um deutlich zu machen, wie ein zivilisierter Mensch nicht sein dürfe, wenn er seine zivilisierte Seele retten wollte. Bis in das zweite Viertel des 19. Jahrhunderts war diese Definition so oft und mit einer solchen Selbstsicherheit wiederholt worden, daß sie ein Bild des Wilden verkörpern konnte, das mächtig und gehaltvoll genug war, um eine ganze Literatur über das Vorrücken nach Westen zu füllen. Schließlich aber endeten die Amerikaner dort, wo sie begonnen hatten: Mit ihrem zivilisierten Ich hielten sie ein Repertoire von Gefahren parat, die demjenigen drohten, der sich in den unzivilisierten Westen wagte. Was sie erlangt hatten, war eine tiefe Bestätigung für die Rolle der Zivilisation in Amerika. Es erwies sich das, was sich erweisen mußte: nicht das, was der Indianer war, verlieh ihm seine Bedeutung, sondern das, was die Amerikaner nicht sein durften. So befaßten sich die Amerikaner nicht mit dem Indianer, sondern nur mit sich selbst. Aber sie hatten sich selbst erfolgreich davon überzeugt, daß sie mit Gottes Segen das Richtige taten. Nur mit einer solchen Überzeugung – mochte sie auch noch so grausam, unlogisch und fahrlässig sein – konnten sie voranschreiten.

Es ist dieses Bild des Wilden, das es uns letztlich unmöglich macht, die Grenzer von den Indianern zu unterscheiden, d. h. Menschen, die zu Wilden wurden (oder mindestens nahezu), von Menschen, die Wilde waren. Wir haben in den Lederstrumpf-Erzählungen gesehen, wie eng beide miteinander verknüpft waren. Um sie in ihrer ganzen Entwicklung beobachten zu können, mußten wir sie aus ihrer jeweiligen Situation herauslösen und voneinander trennen. An diesem Punkt angelangt, können wir sie wieder zusammenführen, indem wir uns anschauen, wie sie gemeinsam in einem melodramatischen, ausgesprochen populären Werk von James Strange French auftreten: *Elkswatawa; or, The Prophet of the West* (1836). French beabsichtigte ebensowenig wie die große Mehrheit seiner Kollegen, über den Naturzustand und die Zivilisation zu schreiben; er ist – auf seine eigene Weise – nur ein Geschichtenerzähler. Indem er aber den Gegenstand seiner Geschichte als etwas Selbstverständliches hinnahm, konnte er nicht umhin, über beides zu schreiben. Mit anderen Worten: Mit der Wahl seines Gegenstandes übernahm er notgedrungen auch die von seiner Kultur hervorgebrachte Analysemethode, die seinem Gegenstand die Form gegeben hatte. Wenn sein Hauptaugenmerk auch auf der Geschichte ruht, können wir in ihr doch das Problem des Naturzustandes und der Zivilisation erkennen, das das Erzählen der Geschichte erst möglich macht und ihren Gegenstand so vollkommen durchdringt, daß es – in den Augen des Autors – eins mit ihm ist.

French bemerkte zu einem frühen Zeitpunkt, daß *Elkswatawa* ein Roman über die Vernichtung des indianischen Lebens in Amerika sei und sich weniger eines kruden Realismus bediene als eher poetisch-verklärender Mittel. Wie Cooper beschäftigt auch er sich vorrangig mit der inneren, poetischen Wahrheit, will aber gleichzeitig nicht die prosaische Wahrheit grob verzeichnen. Schauplatz ist das Ohio-Land, die Zeit ist das frühe 19. Jahrhundert, und der Hintergrund wird durch Waynes Sieg von 1794 bestimmt sowie von den nachfolgenden Mißhandlungen der Indianer, den gebrochenen Verträgen und durch ein unaufhaltsames Vordringen der Zivilisation nach Westen. Die Erzählung beginnt im Jahre 1809; ihr Hauptthema ist die Bekämpfung der Zivilisation durch Tecumseh und seinen Bruder Elkswatawa, den ‚Propheten'. Der Gegenstand ist schlicht die Darstellung des letzten Widerstandes der Indianer in Ohio; aber es sind die Weißen, die Sieger, und nicht die Opfer, die das Geschehen bestimmen.

Zum Auftakt wird ein Indianerangriff auf eine amerikanische Familie berichtet, die den Ohio hinunterfahren wollte. Alle werden getötet, bis auf eine Tochter, die gefangengenommen und verschleppt wird, um irgendeinen indianischen Haushalt zu schmükken. Unvermittelt werden wir zu zwei Reisenden geführt, die den Tumult zufällig mitansehen, die Situation erkennen und sich auf den Weg machen, um die Indianer zu verfolgen und die schöne Gefangene zu befreien. Die beiden Reisenden sind ein junger Mann aus dem Osten, der sich nur vorübergehend im Grenzgebiet aufhält, und ein hier ansässiger Veteran. Rolfe – der junge Mann aus dem Osten – ist ein „mit großen Geistesgaben versehener, ritterlicher Virginier", ein mittelloser, junger Anwalt, der unglücklich verliebt in den Westen kam, um „die große und doch angenehme Erregung [mitzuerleben], die die Einsamkeit in der Wildnis und das Wissen bewirkt, daß in der Nähe Gefahren lauern". Der Veteran ist ein Mann namens ‚Earthquake', kurz ‚Earth' genannt: Sein Name bringt schon zum Ausdruck, daß er der rechte Mann am rechten Ort ist. Er verkörpert die Lederstrumpf-Figur, auch wenn er nicht über dessen mehr philosophische Qualitäten verfügt; seine Sprache ist sehr einfach, doch ist er – bei aller Rauhbeinigkeit – ein freundlicher und gütiger Mensch. Als die beiden Reisenden die niedergemetzelte Familie vorfinden, vergießt Earth Tränen der Rührung und bemerkt, daß auch er durch die Indianer „einen Vater, eine Mutter und eine Schwester" verloren habe. Auf diese Weise nimmt er das Recht für sich in Anspruch, ein Indianerhasser und zugleich ein empfindsamer Grenzer zu sein. Von Beginn an wird seine potentielle Teilhabe am Naturzustand des Wilden gemildert – gemildert, um – so ist zu vermuten – Frenchs zarte Gefühle wie die seiner Leser zu besänftigen, denn die Konfrontation mit dem Naturzustand ist eine heikle Angelegenheit. Earths und Rolfes Bemühungen, das entführte Mädchen zu befreien (die sich später als Rolfes geliebte Virginia erweist), prägen die Struktur und den Inhalt des Romans. Das Pathos seiner Moral bezieht er allerdings von der Bedeutung des Indianerkrieges – in den die beiden bei ihrer Verfolgung hineingeraten – für die amerikanische Zivilisation.

Der Autor wünscht, daß wir ein Verständnis entwickeln für Tecumseh, den Propheten, sowie für die Ursachen und ihre Einstellung gegenüber den Weißen, die zugleich durch Furcht und Haß gekennzeichnet ist. Deshalb porträtiert er heldenhafte Wilde, die durch Intrigen und durch den Idealismus des Propheten beisammen gehalten werden. Sie sind darauf eingeschworen, sich selbst und ihr Land von der weißen Zivilisation zu reinigen. Der halbe Roman besteht aus Details der indianischen Lebensformen und der indianischen Kriegsführung, die zusammengenommen eine konventionelle Abhandlung über den Naturzustand ergeben. Wenn French den Indianern auch mit Sympathie begegnet, so muß er doch feststellen, daß sie gerade durch ihre Lebensweise und durch alle Prinzipien, die sie zu edlen Wilden machen, zum Scheitern verurteilt sind. Für ihn gibt es keine Möglichkeit, die Unvereinbarkeit der Gaben des Roten und des Weißen aufzuheben. Er möchte, daß sein Leser den Wilden versteht und auf der Grundlage dieses Verständnisses die traurige Unvermeidlichkeit des Sieges der Weißen über die Roten akzeptiert.

Die Bedingungen einer solchen Akzeptanz liegen im Bereich des wahren Grenzers, des Indianerhassers Earth und seiner Haltung gegenüber den Wilden. In dieser Hinsicht schockiert er Rolfe und leitet ihn doch zugleich an. Einmal kümmert er sich um einen verwundeten Indianerjungen nur deswegen, wie er sagt, um später einen ausgewachsenen Krieger töten zu können. Ein anderes Mal erörtert er mit Rolfe die Frage des Widerstandes und der Raubzüge der Indianer:

„Wie wunderschön sind diese Ebenen," sagte Rolfe, „Earth, tadelst du die Indianer dafür, daß sie sie nicht preisgeben?"
„Nein, das kann ich nicht sagen; aber ich tadle auch nicht die Weißen dafür, daß sie versuchen, sie ihnen wegzunehmen."
„Warum? Sind nicht die Indianer die rechtmäßigen Besitzer, und haben nicht schon ihre Väter sie seit undenkbaren Zeiten besessen?"
„Rolfe, es ist zu nichts nütze, über diese Frage zu streiten; wir haben den Indianern so übel mitgespielt, daß wir jetzt nicht mehr mit ihnen in Frieden leben können, sondern dazu gezwungen sind, dem Unrecht nun auch noch die Beschimpfung folgen zu lassen. Du weißt, daß ich eine Menge Groll gegen sie hege und sie bei jeder Gelegenheit erledige, weil mir sehr wohl klar ist, daß sie mich lange vorher getötet hätten, wenn sich ihnen eine Gelegenheit geboten hätte."
„Und weil du sie schlecht behandelt hast, glaubst du sie nun töten zu müssen? Ist das deine Begründung?"
„Nein, ich suche niemals nach Gründen. Wenn einer in meine Nähe kommt, und er gibt mir einen Anlaß, dann habe ich den Wunsch, ihn zu töten. Irgendwie ist's in mir drin, und ich hasse sie, denn wie du siehst, treiben sie sich immer an den Grenzen herum und morden."
„Ja, und du siehst, wie unsere Grenzen sich immer weiter ausdehnen, daß die Indianer dazu gezwungen sind, sich entweder zurückzuziehen oder aber ständig im Krieg zu stehen."
„Die Wahrheit ist," sagte Earth, „daß ich glaube so zu denken wie die meisten Weißen: daß nämlich dieses Land für sie zu schade ist. Es sollte bebaut werden und nicht brachliegen, damit sie darauf herumstreichen können." [52]

Wenn Rolfe in den Kategorien eines unveränderbaren ‚richtig und falsch' denken kann, so kann Earth es nicht. Sein „irgendwie" ist das eines Indianerhassers und eines halb-wilden Vorboten des amerikanischen Vorrückens. Er streicht über das Land, um jene zu töten, die nicht auf ihm herumstreichen sollten. Er könnte – von Rolfe und ihm ebenbürtigen Menschen getrennt – sehr gut den zum Scheitern verurteilten Indianerhasser abgeben.

Aber French läßt dies nicht zu, weil er auf der Suche nach einem zufriedenstellenden glücklichen Ausgang der Geschichte ist. Er gestaltet den Sieg der Zivilisation über den Naturzustand noch groß-

[52] James Strange French, *Elkswatawa* (New York, 1836), I, S. 93.

artiger, indem er Earth seinen vollen Anteil daran haben läßt. So verliert Earth sogar seine Identität eines Indianerhassers in den konventionellen melodramatischen Verwicklungen der späteren Ereignisse und wird für ein zivilisiertes Dasein errettet. Dieser Dreh erfolgt rein mechanisch und eher beiläufig und zielt lediglich auf ein Verbinden (oder Abschneiden) von losen Handlungsenden. Earth und Rolfe geben ihre Suche für eine gewisse Zeit auf, gehen nach Kentucky und lassen sich dort nieder: Rolfe als Anwalt und Earth als Sheriff. Als sie zum Schluß erfahren, daß die schöne Gefangene Rolfes geliebte Virgina ist, setzen sie ihre Verfolgung wieder fort. Inzwischen haben sich die Indianer für den Krieg gesammelt und ziehen auf Drängen des Propheten nach Tippecanoe – wie auch Rolfe und Earth. Für die Indianer bedeutet der Krieg Niederlage und Tod; für Rolfe und Earth Rettung, Rückkehr zur Zivilisation und fortan immerwährendes Glück. Wenn all dies auch keinem anderen Zweck dient, dann doch dem, daß es Earth von seinem indianerhassenden Ich befreit. Da die Indianer auf einen Schlag erledigt sind, hat der Indianerhasser keine Funktion mehr. Tatsächlich wird Earth von allen Charakterzügen des Wilden befreit, indem er dabei hilft, sie bei anderen zu zerstören. Zu einem frühen Zeitpunkt in der Geschichte manifestieren sein Leben und sein Wesen die Unvereinbarkeit der Gaben des Roten und des Weißen, und er überantwortet sich jenen roten Gaben, die ihn zu einem echten Grenzer machen werden. Aber French will kein konsequenter Realist sein und Earth ganz und gar zu dem weißen Mann werden lassen, der durch die Gaben des Roten zu einem tragischen, bemitleidenswerten, schmachvollen Ende verurteilt wird. Indem er Earth rettet, vermeidet er die Implikationen der Begriffe, mit denen er ihn verstehen muß; indem er ihn rettet, opfert er nur die Indianer. Der Durchschnittsleser des 19. Jahrhunderts muß zufrieden gewesen sein, denn mit Earth wurde ihnen demonstriert, wie der Amerikaner zu einem Wilden werden konnte, um so seine Pflicht zu erfüllen und den Naturzustand zu zerstören, um dann wieder zu seinem zivilisierten Ich zurückzukehren. Der Sieg der Zivilisation über den Naturzustand konnte vollkommen sein. Der Sieg war vollkommen.

Teil 3

Nachüberlegungen: 1851 -

„Welcher Gott Haifisch macht“, sagte der Wilde, als er schmerzverzerrt die Hand hin und her bewegte, „ist Quiqueg einerlei, Fidschi-Gott oder Nantucket-Gott. Welcher Gott Haifisch macht, muß gottverdammter Indianer sein!“

Herman Melville, *Moby Dick,* 1977 (Originalausgabe 1851)

„Und es gibt den Indianerhaß noch. Zweifellos wird er genauso lange wie die Indianer selbst existieren.“

Herman Melville, *Ein sehr vertrauenswürdiger Herr* 1958 (*The Confidence-Man,* 1857)

„[...] um die Schulphilosophie über die Wildnis zu bekämpfen, muß man sich ihr fernhalten und über sie lachen, denn sich in sie hineinzubegeben, heißt verloren sein.“

Marianne Moore, „New York“, 1924

„Denn ich wurde im Schatten des großen Waldes geboren [...].“

Thomas Jefferson,
in Robert Penn Warrens *Brother to Dragons,* 1953

VIII

Nach einem Jahrhundert der Schande:

Die Vorstellung von der Zivilisation

Nach 1840 stellten die Amerikaner fest, daß der Westen, in den sie den Indianer abgedrängt hatten, selbst der kreativen Hand der Zivilisation bedurfte. Der Gedanke einer Umsiedlung, einer Vertreibung des Indianers in die endlosen Prärien – irgendwo westlich des Mississippi – schien nicht länger praktikabel, denn dann würde er zwischen den Amerikanern und Santa Fé, Oregon und Kalifornien stehen. Man mußte mit ihm fertig werden, ihm sein neu gewonnenes Land wieder abnehmen und ihn immer noch der Zivilisation zuführen – oder er mußte sterben. Das Ergebnis war schließlich das System der Reservate, durch das die Indianer abgesondert und in speziellen, den einzelnen Stämmen zugewiesenen Gebieten gesammelt wurden. Diese Reservate wurden zu Inseln des Wilden inmitten des Meeres der Zivilisation. Man hoffte, daß sich die Indianer – sobald sie erst einmal auf ihren Inseln waren – mit der Zeit schließlich empfänglicher für die Gaben der Zivilisation erweisen würden.

Doch auch diese Hoffnung blieb – wie schon immer – unerfüllt. Ein solcher Mißerfolg konnte für einen aufsteigenden Mann des Westens wie Senator Thomas Hart Benton – der immer nur das größere, bessere und vielfältigere Leben vor Augen hatte, das sich nach dem Einziehen der Zivilisation im Westen entfalten würde – nichts anderes darstellen, als einen von Gott gesegneten Erfolg. Bei einer Erörterung der Oregon-Frage äußerte er 1846 vor seinen Kollegen die Ansicht, daß die Indianer (rote Menschen) unter den Asiaten (gelbe Menschen) stünden, und verkündete daraufhin, daß die Roten vernichtet worden seien, damit die Amerikaner (weiße Menschen) durch Handel, Freundschaft und Mischehen mit den

– einstmals mächtigen, nun aber „trägen und stagnierenden“ – Gelben Kontakte knüpfen könnten, um diese schließlich zum wahren Leben und der hohen Zivilisation zu führen. „Es scheint,“ so sagte er, „daß allein die weiße Rasse den göttlichen Befehl erhielt, sich die Erde untertan zu machen und sie wieder zu voller Blüte gelangen zu lassen!“ Er fährt fort:

Ich für meinen Teil kann mich nicht gegen das auflehnen, was die Konsequenzen von Gottes Gesetz zu sein scheinen. Ich kann nicht beklagen, daß sein Capitol den Wigwam, daß dieses christliche Volk die Wilden und die weiße Matrone die rote Squaw ersetzt hat; daß Männer wie Washington, Franklin und Jefferson den Platz Powhatans, Opechancanoughs und anderer roter Häuptlinge eingenommen haben, wie respektabel sie auch als Wilde gewesen sein mögen. Zivilisation oder Untergang – so lautete das Schicksal aller Völker, die den Weg der vorrükkenden Weißen kreuzten; das Ziel, diese Völker der Zivilisation zuzuführen – die stets ein Vorzug der Weißen war –, bestimmte unser Handeln, während die Vernichtung der Wilden immer nur eine Folge ihres Widerstandes war. Indessen haben die schwarzen und die roten Rassen oft den verbessernden Einfluß der Zivilisation gespürt [1].

Bentons expansionistisches „Zivilisation oder Untergang“ ist ein Echo des revolutionären „Zivilisation oder Tod“ von Sullivans Offizieren. Die Rede muß sogar noch großartiger als der Trinkspruch geklungen haben, weil sie die Bürde der Vernichtung einem zivilisierten Gott auferlegte und nicht nur den zivilisierten Menschen.

1

Die Geschichte des Indianerproblems nach 1850 und später ist hier für uns nicht von Belang oder nur insofern, als sie das Ergebnis des Sieges der Zivilisation über den Naturzustand darstellte. So müssen wir zur Kenntnis nehmen, daß die amerikanische

---

[1] Ich zitiere aus der Wiedergabe der Rede bei William M. Meigs, *The Life of Thomas Hart Benton* (Philadelphia, 1904), S. 309 f. Die vollständige Rede findet sich in *Congressional Documents,* 29. Kongreß, 1. Sitzung, S. 851–919.

Regierung erneut damit begann, sich das Land der westlichen Indianer anzueignen. Man verfolgte dabei die Absicht, Reisende auf dem Weg nach Westen zu beschützen, eine gefahrlose Besiedlung des benötigten Landes zu gewährleisten und den Weg für Straßen und Eisenbahnschienen – und damit für den Einzug der Zivilisation – frei zu machen. Das Problem einer ständigen indianischen Bedrohung der Zivilisation existierte nicht mehr; es ging nur noch darum, die Indianer auf möglichst friedliche Weise zu zivilisieren. Aber auf der Seite der ‚Zivilisatoren' gab es kaum etwas anderes als Schmach und Schande; und auf der Seite derjenigen, die es zu zivilisieren galt, kaum etwas anderes als Verzweiflung; auf beiden Seiten kaum etwas anderes als Gewalt. Das Ministerium des Innern entsandte seine Beauftragten, die sich um die Indianer kümmern sollten und es so gut wie nie taten. Das Kriegsministerium entsandte Soldaten, um die Indianer auf den ihnen neu zugewiesenen Gebieten niederzuhalten und um die Amerikaner im Westen zu beschützen; aber die Indianer wurden nicht niedergehalten, attakkierten die Amerikaner, die in die Gebiete eindrangen, die sie als ihr Eigentum ansahen, und wurden für die Verletzung geheiligter Abmachungen bestraft. Zwischen 1860 und 1890 Jahren versuchten die Sioux gewaltsam, ihre Unabhängigkeit zu verteidigen; nach 1860 die Cheyenne und die Arapho, und in den 1870er Jahren taten es ihnen die Modoc und Nez Percés gleich. Dies waren die berühmtesten der indianischen Feldzüge, doch es gab noch mehrere dieser Art. Die zivilisierten Amerikaner jammerten immer noch laut vor Mitleid und Tadel, das Ergebnis für die Indianer aber war immer das gleiche: Niederlage und Tod oder Gefangenschaft.

Das amerikanische Gewissen, das durch diese Geschehnisse verletzt wurde, konnte nur ein philanthropisches und humanitäres Gewissen sein, denn der amerikanische Tadel hatte den Indianer auf einen so mitleiderregenden Stand erniedrigt, daß man diesen nur auf philanthropische und humanitäre Weise verstehen konnte. Henry Schoolcraft war einer von vielen, die bald nach 1850 das Thema erörterten:

Welche Mängel auch immer nach Auffassung der glühendsten Philanthropen unserem Konzept der Indianerpolitik zu irgendeiner Zeit angehaftet haben mögen: nichts sollte die Regierung oder das Volk auch nur einen Augenblick davon abhalten, in ihren Wirkungskreisen diesen umherziehenden und unwissenden Geschöpfen, die ein Sproß der menschlichen Rasse sind, die Gaben der Bildung, der Landwirtschaft und des Evangeliums anzubieten – wie oft sie auch von ihnen zurückgewiesen wurden. Es gibt eine Gunst, derer sie in ihrer Unwissenheit und Wankelmütigkeit, in ihrem Mangel an wirtschaftlicher und rechtlicher Vorausschau, in ihrer jetzigen und zukünftigen Situation bedürfen – und das ist Schutz [2].

Nach dem Bürgerkrieg – inmitten der Probleme mit den Prärie-Indianern – wurde der Ruf nach Schutz laut, vor allem der von Helen Hunt Jackson, die im Jahre 1881 die Geschichte über den Umgang der Amerikaner mit den Indianern nachzeichnete und öffentlich brandmarkte, indem sie ihr einen Namen verlieh, der haften blieb: Ein Jahrhundert der Schande. Nach und nach gewährte man nun Schutz. Im Jahre 1871 machte die Regierung der Praxis ein Ende, mit den Indianern Verträge zu schließen und so zu tun, als sei sie nichts anderes als ein Vormund ihrer Schutzbefohlenen. Der „Indian Service" – die mit Indianerfragen beauftragte Regierungsbehörde – wurde besonders unter der Leitung des Innenministers Carl Schurz reformiert. Die Bemühungen um eine Erziehung und Zivilisierung wurden beschleunigt vorangetrieben. Im Jahre 1887 wurden – gemäß der zivilisierten Vorstellungen von Landbesitz – per Gesetz (d. h. durch den „Dawes Act") unter den verschiedenen Indianervölkern Stammesgebiete verteilt. Schließlich versah man 1924 die Indianer mit den amerikanischen Bürgerrechten. Sie hatten für ihren Schutz endlich genug bezahlt und die ihnen nun erwiesene Philanthropie und Humanität mehr als verdient.

Aber sogar Philanthropie und Humanität waren schließlich unwirksam, denn ihr Gegenstand war ja in Wirklichkeit nicht der Indianer, sondern ein Bild, das sich das zivilisierte Gewissen erschaffen

---

[2] Henry Rowe Schoolcraft, *Historical and Statistical Information,* III, S. viii. Vgl. Emerson Davis, *The Half-Century* (Boston, 1851), S. 31–40; und Robert Baird, *The Christian Retrospect and Register* (New York, 1851), S. 27 f.

hatte, nur um es beschützen zu können: dasselbe Bild, das sich in früheren Zeiten der zivilisierte Verstand und die zivilisierte Phantasie erschaffen hatten, um es zerstören zu können. Die Zivilisation hatte einen Wilden geschaffen, nur um ihn zu vernichten. Die Vorstellung hatte ein Bild hervorgebracht, nur um es zu vernichten. Es war nötig, über das Bild und die Vorstellung hinauszugehen und zum wirklichen Menschen vorzudringen.

Die amerikanische Regierung hat unlängst Versuche unternommen, diesen Weg zu Ende zu gehen – gewissermaßen noch einmal von vorn zu beginnen: dem Indianer das zuzugestehen, was von seinem kulturellen Erbe als einem Indianer übrig geblieben ist, und ihn zu ermutigen, dieses Erbe zu bewahren und sich doch gleichzeitig in die amerikanische Zivilisation zu integrieren, die ihm angetragen wurde und die ihn immer noch emporheben kann. Unser aufgeklärtes Ziel ist es nun – mit den Worten eines Menschen, der sich erst kürzlich mit dem Wohlergehen der Indianer beschäftigt hat – ihn all das erlernen zu lassen, was der weiße Mensch erdacht und hervorgebracht hat, und ihn dennoch ein Indianer sein zu lassen [3].

2

So weit hat es unsere Zivilisation gebracht, und wir dürfen sagen, daß sie heute zivilisierter ist, als sie es je war. Dennoch besitzt die Vorstellung vom Naturzustand ein Denkmal, das es wert ist, näher untersucht zu werden, weil es dort steht, wo es alle sehen können. Es ist die ‚Rescue Group' von Horatio Greenough, die am östlichen Portikus des Capitols steht (vgl. Abbildung). In den späten 1840er Jahren in Auftrag gegeben und zu einer Zeit ausgeführt, als der Bildhauer sich in Italien aufhielt, um ein großes amerikanisches

[3] Oliver La Farge, *As Long as the Grass Shall Grow* (New York, 1940), S. 134–140. Eine detaillierte Darstellung der jüngsten Indianerpolitik liefert Grenfell Price, *White Settlers and Native Peoples* (Melbourne, 1950), S. 41–58.

Kunstwerk hervorzubringen, wurde diese Gruppe 1853 – ein Jahr nach dem Tode Greenoughs – aufgestellt: seitdem verhilft sie der Bedeutung ihres Darstellungsgegenstandes zu Allgemeingültigkeit und Beständigkeit. Die Konzeption ist auf grandiose Weise heroisch und nicht auf die einzelnen Fakten des Grenzerdaseins beschränkt. Der Grenzer und der Indianer sind auf eine ihnen angemessene Weise klassisch dargestellt, vereinfacht, von ihrem „realen“ Bild abstrahiert und so gestaltet, daß sie so schlicht und deutlich wie möglich die Bedeutsamkeit ihres Kampfes bekräftigen. Der Blick des Indianers bringt eine grimmige Resignation gegenüber seinem Schicksal zum Ausdruck; der des Grenzers die Härte und Traurigkeit eines Verteidigers, der dazu gezwungen ist, den Untergang des Indianers zu bewirken; und der Blick der Frau zeugt von dem sanften, zivilisierten Schrecken, den die Anwesenheit des Wilden auslöst. Wie wir sehen können, hat der Grenzer keine Wahl. Wie er seinen Feind drohend überragt, zeigt er jene Bürde des Mitleids und des Tadels, die auf dem Sieger lastet und das amerikanische Verständnis des Indianers und seines unvermeidbaren Schicksals erfüllte.

Die Statue war ausdrücklich dazu bestimmt, die Bedeutung des amerikanischen Vorrückens nach Westen zum Ausdruck zu bringen. Sie illustrierte – so heißt es in einem 1853 erstellten Katalog über Greenoughs Arbeiten – „eine Phase des Vorstoßes der amerikanischen Zivilisation, namentlich den unvermeidbaren Konflikt zwischen den Angelsachsen und den eingeborenen Rassen der Wilden“. Ein Freund Greenoughs berichtet, daß dieser sich nach eigenem Bekunden darum bemüht habe, „die Gefahren der amerikanischen Wildnis, die Grausamkeit unserer Indianer, die Überlegenheit des weißen Mannes [zu veranschaulichen] und warum und wie die Zivilisation den Indianer von seinem Land verdrängte [. . .]“ [4]. Ich glaube allerdings, daß die Gruppe – aus der Sicht unseres Jahrhunderts betrachtet – nicht nur die Gefahren der amerikanischen Wild-

[4] Die Katalog-Beschreibung stammt von Henry Tuckerman, *A Memorial of Horatio Greenough* (New York, 1853), S. 56. Greenoughs „Geschichte“ über die Gruppe wird in einem Brief (Juli [?] 1858) von E. G.

nis, sondern auch die der amerikanischen Zivilisation veranschaulicht.

Die Vermutung ist natürlich leicht auszusprechen, weil sie so lange nach dem Faktum erfolgt. Zudem ist sie heute offensichtlich geworden und wird von vielen mit den angemessenen Empfindungen geteilt. So täten wir gut daran, über diesen Sachverhalt intensiv nachzudenken, um ihn vollständig zu durchdringen – um nicht nur zu wissen, was wir empfinden, sondern auch zu empfinden, was wir wissen. Ein Weg, der zu einem solchen Nachdenken führt, besteht in der Lektüre jener Abschnitte aus Melvilles Romanfragment „Ein sehr vertrauenswürdiger Herr" (*The Confidence-Man,* 1857) [5], die sich in einem Kapitel finden, das sich mit der „Metaphysik des Indianerhasses" beschäftigt. Hier führt Melville – in einem seiner großen Kreativitätsschübe gegen Ende seiner Karriere – mit den Mitteln der Parodie und der Satire einen Prozeß gegen die Vorstellung vom Naturzustand, die er genau für das anklagt, was sie war: Haß, der durch Frömmigkeit gerechtfertigt wurde; Frömmigkeit, die durch Haß rational erklärt wurde; die Zivilisation, die erst ihre Unzufriedenheit kultiviert und sich dann von ihr nährt. Melville geht davon aus, daß seine zeitgenössischen Leser für diese Geschichte reif genug sind, daß sie genauso viel wissen wie wir, vielleicht sogar mehr als wir heute, mit unseren durch die Geschichtsforschung gewonnenen Erkenntnissen über die Zivilisation und den Naturzustand. Darum richtet er seine Geschichte an einen Leser, der genau wie er direkt in eine Kultur einbezogen ist, die sich – koste es, was es wolle – dem Vordringen in den Westen verschrieben hat und der Wahrheit Gewalt antut, indem sie auf zweideutige Weise versucht, dieses Vordringen um jeden Preis zu rechtfertigen und rational zu erklären. Melvilles Kunst ist stark genug, um uns praktisch zu seinen Zeitgenossen zu machen und diese Studie so zu einem ange-

---

Loring, einem Freund der Familie, an Senator James Pearce berichtet; der Brief befindet sich in Archiven des Architekten, der das Capitol erbaute.

[5] Herman Melville, *Ein sehr vertrauenswürdiger Herr,* Übers.: Walter Hilsbecher (Hamburg, 1958); alle folgenden Zitate stammen aus den Kap. 25 bis 27, S. 204–229. Originalausgabe: *The Confidence Man* (1857).

messenen Schluß zu führen – auch wenn dann Melville für alle Zeiten zu unserem Zeitgenossen wird.

„Ein sehr vertrauenswürdiger Herr“ ist eine phantastische Geschichte über einen gaunerhaften Verwandlungskünstler, der bei einer Reise auf einem Flußdampfer – der ironischerweise den Namen Fidèle trägt – in verschiedenen Maskeraden mit dem naivoptimistischen Vertrauen einer repräsentativen Gruppe von Amerikanern sein Spiel treibt. Bezeichnenderweise lautet das Motto der Geschichte „Traue niemandem“, und tatsächlich projiziert sie eine Vision der amerikanischen Vorkriegskultur, die sich in der aberwitzigen Hetzjagd verliert, auf dem schnellsten und leichtesten Weg, zu geistigem und materiellem Wohlstand zu gelangen. Einen dieser Wege kennzeichnet die „Metaphysik des Indianerhasses“, die uns detailliert erläutert wird, indem sie den Lebensweg von Colonel John Moredock beschreibt. Hierbei bezieht sich Melville explizit auf James Halls *Sketches of History, Life and Manners in the West* (1834–35). Hall zählte – wie wir uns erinnern – in seiner Zeit ohne Zweifel zu den bedeutendsten Kapazitäten, was den Westen und dessen Ureinwohner betraf. Melville legt seine Version von Halls Bericht über Moredock allerdings so an, daß Hall zu einem erschreckend verblendeten Apostel des Fortschritts wird. Wir können in Melvilles Hall ohne weiteres einen Idealtypus erkennen, d. h. einen möglichen Verfasser all jener Schriften, die wir in dieser Studie untersucht haben. Ebenso kann Melvilles Fassung von Halls Bericht über Moredock als eine synthetische Komposition, als eine perfektionierte Version dieser Schriften angesehen werden. Der Zweck dieser Komposition und Perfektion besteht darin, uns unmittelbar in das Leben hineinzuversetzen, das Halls Kultur kennzeichnete, und uns auf knapp vermittelnde Weise die Komponente des Todes – in der Vorstellung vom Naturzustand – erkennen zu lassen, mit der sich diese Kultur in all ihrer Unwissenheit behauptete.

In Kapitel 25 des „Vertrauenswürdigen Herrn“ stellt uns Melville einen Fremden „mit der freimütigen Art des Westlers“ vor. Als dieser zufällig das Gespräch des bärenartigen Missouriers mitanhörte, dem es erfolgreich gelungen war, auf den vertrauenswürdigen Mann trotz einer seiner Verkleidungen nicht hereinzufallen, ihm dann aber in einer anderen Maske auf den Leim ging, wird der

Fremde an Judge James Halls Darstellung des Indianerhassers Moredock erinnert, über die er dem Kosmopoliten berichtet. So wird der Indianerhasser hier durch den zu einem logischen Extrem überzeichneten Missourier verkörpert, dessen Widerstand gegen die Darlegungen des vertrauenswürdigen Mannes ebenfalls zu einem logischen – und wie ich meine: erschreckenden – Extrem überzeichnet wird.

Anfangs zeigt sich der Kosmopolit entsetzt, stellt fest, daß er die Indianer bewundert und stimmt einen Lobgesang auf gefeierte und heroische Häuptlinge an (auch dies gehört zu Melvilles Zeit zur literarischen Tradition der Indianerdarstellung). Wie man von ihm nicht anders erwarten würde, kann der Kosmopolit als vertrauenswürdiger Mann – der selbst den Naturmenschen mit seinem (falschen) Vertrauen versieht – in den Indianern nur edle Wilde erkennen. Aber trotz dieser gutgemeinten Unterbrechung will der Fremde mit seiner Geschichte fortfahren. In den Kapiteln 26 und 27 erörtert er zunächst die „Metaphysik des Indianerhasses" und dann das Leben und die Taten des bedeutendsten Indianerhassers – Colonel Moredock. Es wird jedoch behauptet, daß mit seiner Wiedergabe der Geschichte und der Metaphysik Wort für Wort Halls Darstellung zitiert würde. Zudem folgt seine Wiedergabe dem uns vertrauten traditionellen Muster – allerdings mit entscheidenden Abweichungen.

Diese Abweichungen bestehen darin, daß Halls kurze, traditionsbewußte und progressivistische Apologie des Indianerhasses von Melville ersetzt wird durch eine (Hall unterstellte) lange, detaillierte und freimütige Fassung, in der der Fortschrittsgedanke nicht ein einziges Mal erwähnt wird; statt dessen erfolgt eine Analyse des notgedrungen einsamen, nachdenklichen, gewalttätigen, eigensinnigen, sich auf sich selbst verlassenden, gottlosen Pfadfinders: „ein Vorkämpfer für die Sicherheit jener, die nach ihm kommen – für sich selbst beansprucht er nichts außer Mühsal [. . .]." In den *Sketches* war Hall zu dem schlichten Ergebnis gelangt: „Es ist nicht der Wunsch, sein Land zu erobern, keine Blutrünstigkeit oder eine vorsätzliche Feindschaft gegen den Wilden, die den Pionier dazu treibt, ihm durch die Wälder zu folgen und mit ihm fortwährend um das Recht auf das Land und die Jagd zu streiten." Durch das Sprachrohr des aus dem Westen kommenden Fremden läßt Melville ihn jedoch das folgende sagen: „So behält er, obgleich er sich weiter durchs Leben bewegt, stets dasselbe unveränderliche Verhältnis zur Natur bei, auch zu ihren Geschöpfen, einschließlich Panthern und Indianern." Dieses Verhältnis zur Natur wird durch einen zielgerichteten Haß gekennzeichnet; der Indianerhasser ist ein Mensch, der mit anderen Menschen nicht in Berührung kommen will und in seiner eigensinnigen Einsamkeit dazu gezwungen ist, die Natur niederzuringen und sie bis auf den Tod zu bekämpfen. In dieser Form ergänzt Melvilles Erzähler (immer noch vorgeblich Hall zitierend) den Rest seiner einleitenden Metaphysik mit Darstellungen über die Mühen des Grenzerlebens und über die Schurkereien der Wilden – die alle vom Standpunkt eines Indianerhassers aus berichtet werden und dazu dienen, diesen Standpunkt zu rechtfertigen und ihn mit einer Metaphysik zu versehen. Was dabei herauskommt, ist eine Definition des „Indianerhassers par excellence" – des der Tradition angehörenden Indianerhassers mit der für ihn typischen Biographie, die nun jedoch ausschließlich aus der Perspektive des Hasses und der Einsamkeit gedeutet wird, die er als positive Seite seines Lebens auffaßt: „Ständig auf lautloser Fährte – kühl, gesammelt, gelassen –, weniger gesehen als geahnt – schnüffelnd und spürend –, eine Lederstrumpf-Nemesis." Auf diese Weise wird er (wenn auch aus der Sicht von Melvilles Hall unbewußt) praktisch als Tier dargestellt, woraus sich die folgende logische Konsequenz ergibt: „‚Schrecken' ist seine Grabschrift." Die von diesem Hall (und vermutlich auch von dem Hall zitierenden Fremden) geteilte Bewunderung des Indianerhassers ist derart überzogen, daß sie uns dazu zwingt, sie zurückzuweisen. Die Ironie ist beinahe unerträglich.

Während der wahre Hall und die übrigen, die in ihren Schriften der Tradition folgten, sich darum bemüht hatten, den Schrecken und die Einsamkeit des Indianerhassers als Teil eines größeren, ruhmreichen, progressivistischen Plans zu erklären, läßt Melville seinen Hall nur über Schrecken und Einsamkeit sprechen. Melvilles Hall wird von der Gewalt jener Männer eingeholt, die er beschreibt; eine solche Gewalt findet in sich selbst ihr Ende. Wir werden weggeführt von der konventionellen, geordneten, gradlinigen

Erzählung des Hall, der die *Sketches* verfaßte, und hingeleitet zu der flammend hervorbrechenden Rhetorik des pseudo-Hall, der uns in dem „Vertrauenswürdigen Herrn" begegnet. Das Ziel dieser Strategie – so denke ich – ist es, uns den Schrecken des Hasses so unmittelbar und anschaulich erkennen zu lassen, wie wir den der fehlgeleiteten Liebe und des falschen Vertrauens bereits kennen and kennen sollen.

In Kapitel 27 kommt der Fremde – der sich weiterhin auf Melvilles Hall bezieht – zu Moredock selbst, und unser Wissen über den Haß wird nicht als Metaphysik, sondern als Handeln realisiert. Und wie immer ist das Handeln eines Menschen nicht ganz so logisch vollkommen oder extrem wie die Metaphysik, denn Moredock ist kein Indianerhasser par excellence: kein Mensch konnte das sein, ebensowenig wie ein Mensch ein wirklicher Lederstrumpf sein konnte, da beide nur Beispiele eines Idealtypus ihrer Gattung waren, doch Moredock soll uns genügen. An diesem Punkt läßt Melville seinen Hall sich eng an den Hall der *Sketches* halten. Bei den Abweichungen gegenüber der Originaldarstellung handelt es sich um solche, die den Charakter von Moredocks Handeln so augenfällig unterstreichen, daß der Einfluß der dieses Handeln prägenden Metaphysik nicht geleugnet werden kann. In den *Sketches* war Moredocks Mutter „mehrere Male" durch den Tomahawk von der Ehefrau zur Witwe gemacht worden; im „Vertrauenswürdigen Herrn" „dreimal". Aus ihrer „großen Familie" wird eine Familie mit „neun Kindern". Die Darstellung der Ermordung der Familie – mit Ausnahme Johns – verfügt in Melvilles Fassung über mehr grausame und konkrete Details als in den *Sketches*. Was Melville insgesamt aus Halls Darstellung macht, kann am besten durch den Vergleich eines Absatzes aus beiden Texten illustriert werden:

3

HALL

John Moredock stand gerade an der Schwelle des Mannesalters, als er auf die folgende Weise allein als einziger Überlebender seines Geschlechts in einem fremden Land zurückgelassen wurde. Er entschloß sich dazu, Vergeltung zu üben, und ergriff unverzüglich Maßnahmen, jene Täter zu finden, die das Massaker begangen hatten. Es wurde ermittelt, daß die Greueltat von einer Gruppe von zwanzig oder dreißig Indianern begangen worden war, die zu verschiedenen Stämmen gehörten und sich zu einer Räuberbande von Gesetzlosen zusammengeschlossen hatten. Moredock blieb der Bande mehr als ein Jahr auf der Spur, bevor sich eine geeignete Möglichkeit für sein Vorhaben ergab. Er hatte nach einiger Zeit herausgefunden, daß sie auf der dem Missouri zugewandten Seite des Flusses jagten, fast auf gleicher Höhe mit den kürzlich angelegten Siedlungen der Amerikaner. Er sammelte eine Gruppe von zwanzig jungen Männern um sich und nahm die Verfolgung auf, aber es gelang ihnen zu entkommen. Kurz darauf suchte er sie an der Spitze einer neuen Gruppe und hatte das Glück, sie eines Abends auf einer Insel zu entdecken, auf die sie sich zurückgezogen hatten, um ein sicheres Lager für die Nacht aufzuschlagen. Moredock und seine Freunde, an Zahl etwa gleichstark mit den Indianern, warteten bis tief in die Nacht. Dann landeten sie auf der Insel, ließen ihre Kanus und die der Feinde abtreiben und waren so gezwungen, entweder ihr Leben zu opfern oder die Bande der Wilden zu vernichten. Ihr Erfolg war vollkommen. Nur drei der Indianer entkamen, indem sie sich in den Fluß stürzten; die Übrigen waren tot, während die Weißen nicht einen Mann verloren.

MELVILLE

Er stand gerade an der Schwelle des Mannesalters, als er auf diese Weise zum einzigen Überlebenden seines Geschlechts wurde. Aus anderen jungen Männern wären vielleicht Kopfhänger geworden. Er wurde zum Rächer. Seine Nerven waren elektrisch geladene Drähte, empfindsam – aber aus Stahl. Er war einer, dessen Selbstbeherrschung verhinderte, ihn zum Erröten oder zum Erbleichen zu bringen. Es heißt, daß er, als man ihm die schlimme Kunde brachte, am Ufer unter einem Schierlingsgewächs saß und sein Mahl aus Wildbret verzehrte – und daß er, nachdem er die Nachricht gehört hatte, ungeachtet des ersten Zusammenzuckens weiteraß, langsam und bedächtig, die wilde Botschaft mit dem Wild-Mahl im Munde vermengend, als ob beides zusammen, zu Chylus verwandelt, ihn stärken solle für seinen Entschluß. Von diesem Mahl erhob er sich als ein Indianerhasser. Er erhob sich, ergriff seine Waffen, bewog einige Kameraden, ihn zu begleiten, und brach ohne Verzug auf, um auszumachen, wer die eigentlichen Missetäter seien. Es erwies sich, daß sie zu einer Bande von zwanzig Abtrünnigen verschiedener Stämme gehörten, Geächteten also auch unter den Indianern, die sich zu einem marodierenden

Haufen zusammengeschlossen hatten. Da sich zum Handeln im Augenblick keine Gelegenheit bot, verabschiedete er seine Freunde, riet ihnen, weiterzufahren, dankte ihnen und sagte, er werde irgendwann später ihre Hilfe erbitten. Ein Jahr lang blieb er, allein in der Wildnis, auf der Fährte der Bande. Dann geschah es, daß er eine günstige Gelegenheit gekommen sah – es war Mitte Winter, die Wilden hatten Lager bezogen, und es sah danach aus, als wollten sie länger so bleiben –, er versammelte seine Freunde wieder um sich und trat gegen den Feind an. Der aber bekam Wind von seinem Kommen, floh – und zwar in solcher Panik, daß alles außer den Waffen zurückblieb. Dasselbe geschah während des Winters mehrere Male. Im nächsten Jahr spürte er sie an der Spitze einer Gruppe, deren Mitglieder gelobt hatten, ihm vierzig Tage zur Verfügung zu stehen, wieder auf. Schließlich kam die entscheidende Stunde. Es war am Ufer des Mississippi. Von ihrem Versteck aus erspähten Moredock und seine Männer die Mörderrotte undeutlich in der roten Abenddämmerung, wie sie zu einer schilfbedeckten Insel paddelte, wo zu lagern ihr offensichtlich sicherer erschien. Denn Moredocks Vergeltung heischender Geist sprach jetzt stets in der Wildnis zu ihrer Angst wie die Stimme, die einst durch den Garten des Paradieses rief. Die Weißen warteten bis tief in die Nacht, dann schwammen sie durch den Strom und zogen hinter sich ein Floß her mit ihren Waffen. Bei der Landung kappte Moredock die Seile, mit denen die Kanus der Feinde befestigt waren, und überließ diese mitsamt dem eigenen Floß der Strömung in dem Entschluß, den Indianern kein Entrinnen und den Weißen keine Sicherheit außer dem Sieg zu gewähren. Nur drei Indianer retteten sich, indem sie Zuflucht suchten im Strom. Moredock verlor keinen Mann.

Auf diese Weise zeichnet Melvilles Hall – dem Hall der *Sketches* folgend – Moredocks Lebensweg nach, wobei er betont, daß Moredocks Haß auf die Indianer sein zivilisiertes Wesen nicht völlig zerstört habe, sondern daß er, trotz all der Ereignisse, ein guter Familienvater, ein guter Geschichtenerzähler und ein guter Liedersänger war. Und doch war er als Indianerhasser gut genug, um als Idealtypus, als Hasser par excellence erscheinen zu können. Während der Original-Hall mit der simplen Feststellung schließt, daß Moredock als alter Mann einmal ablehnte, für den Gouverneursposten in Illinois zu kandidieren, erklärt Melvilles Hall diese Ablehnung damit, daß Moredock erkannt habe, daß es sich für einen Gouverneur nicht schicken würde – ob Indianerhasser oder nicht –, sich davonzustehlen, „um ein paar Tage [...] auf menschliche Wesen zu schießen". Und weiter: „Kurz, er übersah nicht, daß die Tatsache, ein konsequenter Indianerhasser zu sein, den öffentlichen Ehrgeiz und seine Ziele – Pracht und Ruhm der Welt – ausschloß. Und da die Religion, die solche Dinge für Eitelkeiten erklärt, es als Verdienst anrechnet, wenn man sie von sich weist, sollte dem Indianerhaß – was man in anderer Beziehung auch immer von ihm halten mag –, soweit das möglich ist, nicht ganz die Wirkung eines frommen Gefühls abgesprochen werden."

Der Kosmopolit wirkt an dieser Stelle der Erzählung tief beunruhigt, denn hier ist von jenem Widerspruch die Rede, der auch seine Art der Liebe und des Vertrauens kennzeichnet. Und auch wir sind beunruhigt – aber nicht weil wir uns mit Moredock oder – über ihn hinausgehend – mit einem Indianerhasser par excellence auf eine Stufe gestellt sehen. Haß ist Haß; und Melville will ihn uns als nichts anderes als Haß erkennen lassen. Die traditionelle Indianerhasser-Geschichte im Allgemeinen und Halls Version im Besonderen zu etwas Neuem zusammenzufügen, das es erlaubt, Haß als ein „frommes Gefühl" zu bezeichnen; uns Hall als jemanden zu zeigen, der sich gewissermaßen selbst dazu zwingt, Einsamkeit, Isolation, Gottlosigkeit und Schrecken zu feiern – all dies heißt, so sagt ein Kritiker Melvilles, eine „starke Pille" [6] gegen jene Krankheit zu verabreichen, die der „Vertrauenswürdige Herr" verbreitet. Es aber deswegen nicht unbedingt die richtige Pille. Ihre künstlerische Wirkung ist mit ihrer schrecklichen Ironie zu gewaltsam, um eine heilsame Wirkung zu haben. Wenn man die Geschichte mit einem auch nur minimalen Bewußtsein für die literarische Tradition betrachtet – und Melville mußte davon ausgehen, daß sein Leser dies tun würde –, dann erkennt man, daß Melville für das Indianerhassen nicht mehr übrig hat als für das Vertrauen. Beides ist falsch, blind und unvernünftig. Das Erschreckende ist – betrachtet man den gesamten Kontext des „Vertrauenswürdigen Herrn" –, daß er, der dem einen zu entkommen scheint, kraft eben dieses Entkommens zu dem anderen getrieben wird.

---

[6] John W. Schroeder, „Sources and Symbols for Melville's *Confidence-Man*", *PMLA,* LXVI (1951), S. 379.

4

Was immer die Wahrheit der Vorschläge sein mag, die Melville in seinem „Vertrauenswürdigen Herrn" ausfindig macht und beleuchtet: die Fakten des Falles liegen vor und können – mit der Macht und Leidenschaft ihrer Präsentation – unser Verständnis von ihnen in der Form, in der wir sie in dieser Studie entwickelt haben, bestätigen. Denn es ist gewiß eine historische Tatsache, daß unsere Zivilisation dadurch, daß sie den Indianer unterwarf, ihr eigenes Geschöpf, den Wilden, vernichtete. Eine lebendige Tatsache ist es, daß es der Zivilisation nicht möglich gewesen ist, den Indianer vollkommen auszurotten, und daß dafür – nachdem man ihn unterworfen hatte – auch keine Notwendigkeit mehr besteht. Allerdings mag es sein, daß es immer jemanden geben wird, den man unterwerfen muß – Menschen, die die Rolle der Indianer übernehmen und so zu Wilden werden, die der Zivilisation im Weg sind. (Derartiges können wir in Bentons Rede zu der Oregon-Frage feststellen, aus der ich zu Beginn dieses Nachtrags zitierte.) Die zivilisierten Menschen fahren darin fort, zu vergessen – und zu erklären, daß die schwierige Situation sie zum Vergessen zwingt –, daß es einen Unterschied zwischen der Kultivierung und der Ausbeutung von Menschen gibt und daß die Zivilisation nur Leben bedeutet, nicht aber Tod. Es ist sehr leicht, zu einer solch harten Schlußfolgerung zu gelangen wie jener rauhe Vertreter des Westens, den Melville die Geschichte Moredocks nacherzählen läßt: „Und es gibt den Indianerhaß noch. Zweifellos wird er genauso lange wie die Indianer selbst existieren."

Aber wenn wir über den im 19. Jahrhundert errungenen Sieg unserer Zivilisation über den Naturzustand nachdenken, sowohl aus dem Sieg als auch aus unserem Nachdenken Nutzen ziehen und die Bürde der Tatsachen tragen, dann dürfen wir hoffen, daß diese Schlußfolgerung nicht stimmt, und dürfen mit dieser Hoffnung ans Werk gehen. Wir dürfen mit dem Melville sagen, der sich 1849 gegen das gewandt hatte, was er als Parkmans „beinahe natürliche", aber „völlig unhaltbare" Verachtung der Indianer bezeichnete: „Wir alle – Angelsachsen, Dajaks und Indianer – sind eines Ursprungs und nach einem Bild gemacht. Und wenn wir diese Bruderschaft jetzt bedauern, so werden wir in Zukunft dazu gezwungen sein, uns die Hände zu reichen. Ein Mißgeschick ist kein Makel und Glück kein Verdienst. Der Wilde ist als ein Wilder geboren, und das zivilisierte Wesen ererbt lediglich seine Zivilisation, nichts weiter." Und wir dürfen sogar versuchen, uns an Quiqueg, den Wilden in Moby-Dick (1851), zu erinnern und an das, was als seine Vorstellung von der Zivilisation bezeichnet wird: „Die Welt ist doch unter allen Breiten ein Unternehmen auf Gegenseitigkeit. Wir Menschenfresser müssen euch Christen schon manchmal beispringen." [7]

[7] Herman Melville, Rezension über Parkmans *The California and Oregon Trail,* in *The Literary World,* IV (1849), S. 291; *Moby-Dick,* Übers.: Thesi Mutzenbecher und Ernst Schnabel (Zürich, 1977), S. 317 und 87.

Postscriptum

Seit seiner anfänglich wenig Erfolg versprechenden Aufnahme scheint mein Buch *Savagism and Civilization* nach und nach seine Leserschaft gefunden zu haben. Nachdem es zunächst von zwei Verlagen abgelehnt worden war, wurde es später von der Johns Hopkins University Press zur Veröffentlichung angenommen, allerdings unter der Bedingung, daß der Titel geändert werden müßte (da „savagism" [hier annäherungsweise mit ‚Naturzustand' übersetzt] kein geläufiges Wort mehr sei) und ich die Hälfte der Herstellungskosten übernähme. Ich änderte den Titel in *The Savages of America*, und das Buch wurde 1953 herausgegeben. Wahrscheinlich waren die Vorbehalte des Verlages berechtigt, denn die Rezensionen (außer denen zweier Anthropologen, der eines mexikanischen Historikers und der von Henry Nash Smith) brachten insgesamt auf routinierte Weise ein eher teilnahmsloses Desinteresse zum Ausdruck. Eine von ihnen kam zu dem folgenden Ergebnis:

> Es ist ein finsteres und bedrückendes Bild, das unser Autor sich zu zeichnen entschloß und er erweist sich auf dem von ihm abgesteckten Untersuchungsfeld als durchaus kompetent. Man fragt sich jedoch, ob die aufgewendeten Mühen – besonders im Hinblick auf die weniger bedeutsamen Autoren – einen angemessenen Ertrag erzielen, denn letztlich steht die Hauptthese des Buches auch einem nur flüchtigen Leser im Hinblick auf das behandelte Material nur allzu klar vor Augen. Tatsächlich ist die Lektüre des vorliegenden Buches ermüdend, weil Seite auf Seite dieselbe, deprimierende Geschichte erzählt wird. Es ist zu hoffen, daß der unermüdliche Fleiß des Verfassers wenigstens teilweise durch einen unermüdlichen Leser belohnt werden mag [1].

Darüber hinaus wurde das Buch, wie ich meinen Unterlagen entnehme, schon im Februar 1961 – nachdem 840 Exemplare verkauft und 174 weitergereicht worden waren – nicht mehr gedruckt.

---

[1] Albert Keiser, *American Literature*, XXVI (1954), S. 275 f.

Anfang 1964 rief mich der Direktor des Verlages der Universität von Kentucky an, um mir zu sagen, daß sein Haus das Buch neu herausgeben wolle und ich angemessene Konditionen bestimmen könne. Ich war natürlich erfreut und sagte, daß ich gerne den Originaltitel wiedereingesetzt sähe und daß ich einige typographische Fehler korrigieren und das Vorwort sowie das letzte Kapitel ein wenig modifizieren müsse. (Was das letztere betraf, hatte ich fälschlicherweise angenommen, daß allein die Erwähnung der die „Metaphysik des Indianerhasses" behandelnden Kapitel aus Melvilles *Vertrauenswürdigem Herrn* von meinen Lesern in ihrer kontextuellen Bedeutung erfaßt werden würde.) Als mir grünes Licht gegeben worden war, teilte ich dem Direktor des John Hopkins Universitätsverlages die gute Nachricht mit und erhielt umgehend Antwort, daß auch Hopkins selbst an eine Wiederauflage gedacht habe: zunächst als gebundene Ausgabe unter dem Titel *The Savages of America,* später als Taschenbuch unter dem Titel *Savagism and Civilization.* Ich konnte dem Direktor des Verlages der Universität von Kentucky nur dafür danken, zu der Neuauflage des Buches in einer leicht überarbeiteten Form beigetragen zu haben. Es erschien 1965 unter dem Titel *The Savages of America* und 1967 als *Savagism and Civilization.*

Es gab ein paar Rezensionen über die Neuauflagen, von denen alle freundlich und einige begeistert waren, wenn auch viele Rezensenten das Buch der „Mythos- und Symbol-Schule" zuordneten und deshalb seinen „historizistischen" Ansatz mißverstanden. (Es wurde – gegenüber Henry Smiths großem Werk *Virgin Island* – als ein Beispiel von *post hoc, propter hoc* angesehen.) Jedenfalls blieb es bei dem John Hopkins Universitätsverlag im Druck: bis 1974 unter dem Titel *The Savages of America* und unter dem Titel *Savagism and Civilization* bis zum Januar des Jahres, in dem ich dieses Postscriptum für eine weitere Neuauflage schreibe.

1

Wenn ich *Savagism and Civilization* von Grund auf neu schreiben könnte, würde ich mehr Gewicht auf die „materiellen" (d. h. sozio-kulturellen) Faktoren legen: Veränderungen von Strukturen der Güterherstellung und des Gütertausches Versuche zur Oktroyierung einer einsprachigen Erziehung, Statistiken über das Auftreten von Krankheiten und Verdrängungen, Berichte über unmittelbare Kontakte, aus dem System der Verwandtschaftsverhältnisse resultierende Konflikte. Ich würde die Tatsache betonen, daß sich das Indianerbild der Weißen zum großen Teil aus der von ihnen betriebenen Vereinheitlichung aller Indianer, Stämme und Unterstämme in *den* Indianer herleitet. Ebenso würde ich stärker als zuvor die spezifisch psychologischen Faktoren, die psychisch bedingten Bedürfnisse hervorheben, die zu dieser Vereinheitlichung führten. Ich denke, ich würde dies in Form eines psychohistorischen Ansatzes im fünften Kapitel – über „Das soziale und historische Bild des Indianers" – tun, und z. B. Francis Parkman ausführlicher behandeln, denn in diesem Fall offenbaren zahlreiche biographische Dokumente eine ödipale Manie, eine ernsthafte psychosomatische Erkrankung, ein durch Haß-Liebe bestimmtes Verhältnis zur Bostoner Zivilisation und das dringende Bedürfnis, ein Objekt zu finden, das diese Faktoren auf eine Weise verkörperte, daß man sie einander zuordnen, verstehen und sublimieren könnte. Eine detaillierte Analyse der Skizzierung des „indianischen Wesens" in *The Conspiracy of Pontiac* enthüllt ebenso dieses Objekt wie auch die Tatsache, daß Parkman in der Vorstellung vom Naturzustand das Paradigma fand, das – wie wir heute sagen – jene heroische Sublimierung ermöglichte, die seine Geschichtsdarstellungen belegen. Ich bin der Meinung, daß sowohl die sozio-kulturellen als auch die psychologischen Faktoren meinem Buch *Savagism and Civilization* zumindest immanent sind.

Die Forschungstätigkeit auf dem Gebiet der Ethnogeschichte und der psychologischen Anthropologie – wie auch im Bereich einer Verschmelzung von Literaturanalyse, Dokumentation, Sozialgeschichte und Ethnologie – hat bereits einen beträchtlichen Umfang erreicht und nimmt weiter zu. Im Kontext dieser Tätigkeit wäre ein anderes großes Projekt ins Auge zu fassen: die Vorderseite dessen, wovon *Savagism and Civilization* die Rückseite ist, oder umgekehrt. Dies wäre eine Untersuchung über das indianische Bild des Weißen, insofern es ein Mittel zur Entwicklung eines eigenen Selbstverständnisses der Indianer darstellt; eine Untersuchung der Vorstellung von der Zivilisation, wie sie einst in die indianische Psyche gelangte und diese mitformte. (Eine Ironie der Ethnogeschichte besteht meiner Auffassung nach darin, daß die Indianer – die jetzt eingeborene Amerikaner sind – bei dem Versuch, sich mit ihrer Lage und Rolle in der amerikanischen Gesellschaft auseinanderzusetzen, dazu tendieren, sich derart miteinander zu identifizieren, daß sie einen Teil ihrer Stammeseigenheiten aufgeben, die jene Weißen, die die Vorstellung vom Naturzustand hervorbrachten, kaum erkennen konnten.) Die Materialien für eine solche Untersuchung liegen nun vor, genauso wie es eingearbeitete Forscher gibt, um sie durchzuführen.

Dennoch gibt es zur Zeit ein Problem. Einige Forscher sind dabei, einen neuen Primitivismus zu entwickeln, indem sie sich den Indianer wieder als einen edlen Wilden vorstellen. Der Impuls für eine solche Entwicklung resultiert aus einem hier falsch plazierten Schuldgefühl – einem Eindruck, daß auch die Weißen des 20. Jahrhunderts für die Auffassung des Indianers verantwortlich sind, deren Geschichte und Bedeutung das Thema von *Savagism of Civilization* bildet. Es trifft natürlich zu, daß wir Weißen des 20. Jahrhunderts eine Verantwortung tragen: jedoch eine Verantwortung *gegenüber*, nicht aber *für* diese Auffassung. Zudem muß unsere Arbeit als Historiker solcherart sein, daß sie soziotherapeutisch wirkt und uns das Verständnisvermögen an die Hand gibt, die Zwänge zu verstehen und zu überwinden, die uns diese Auffassung aufnötigt. Erkennt man die Leistungen der psychologischen Anthropologie an, dann ist es – wenn man sich an die Fakten halten würde – nicht länger möglich, eine absolute Trennung zwischen Indianern und Weißen zu postulieren und auf diese Weise in dem Indianer eine Kreatur zu entdecken, die von der Wirklichkeit und der Unzufriedenheit der (indianischen und weißen) Zivilisation absolut unberührt geblieben ist. Das Ergebnis eines solchen Postulats und der ihm nachfolgenden Deutungen führt – um ein aktuelles Beispiel zu nehmen – zu solchen Aussagen, wie diesen:

Der Reiz, den der amerikanische Indianer auf viele von uns Wissenschaftler ausübt [...], hat insbesondere mit seiner verblüffenden Fähigkeit zu tun, die Zeit zu annullieren – mit seinem bemerkenswerten Vermögen, die Zeit und die Geschichte systematisch zurückzuweisen [...]. [Zahlreiche Verfasser in diesem Band] haben die mythische Welt skizziert, die einst ganz und gar von den amerikanischen Indianern für sich beansprucht wurde und die offensichtlich immer noch eine enorme magische Anziehungskraft auf sie ausübt. Sie haben jene Welt skizziert, sowohl um die Unterschiede gegenüber unserem westlichen Modell des Universums und das reibungslose Miteinander von Mann und Frau in ihr zu unterstreichen, als auch – und ebenso wichtig – gegenüber ihrer Präsenz Ehrfurcht zu bezeugen. Es ist ein ehrfurchtgebietendes Phänomen. In der Tat, lesen Sie diese Sammlung und nehmen Sie zur Kenntnis, daß wohl die Mehrheit dieser Autoren – zusammen mit unzähligen Personen, die nicht auf diesen Seiten erscheinen – stillschweigend an einer „Revolte gegen die Zeit" teilnehmen [...], gegen die Zeit und die Geschichte, und daß sie in dem amerikanischen Indianer eine Quelle der Inspiration finden.

Menschheit und Natur vereint in einer lebenden Kunst [...]. Man muß sich vor Augen halten, daß dieser Kunstsinn der nordamerikanischen Indianer zeitlos war, daß sie ein Leben der zeitlosen Kunst lebten, das sie natürlich als die einzig verantwortungsbewußte Lebensweise beurteilten. Der tatsächliche Grund dafür, daß dies alles reizvoll und befriedigend war, bestand darin, daß es zeitlos war – anthropologisch zeitlos. Die Zeit jener Sorte, die allein die Menschheit auf eine Reise mitnimmt, deren Ziel wir nicht kennen: eine Zeit, deren Bedeutung und Verlauf wir zu berechnen versuchen, indem wir ihr Kielwasser hinter uns schäumen sehen, ist anthropologisch. Die Versuchung, sein Leben in dieser Form an der Zeit zu messen, mußte wiederholt zurückgewiesen werden. Und sie wurde zurückgewiesen. Indem sie sich für die biologische Zeit – die mythische Zeit – entschieden, erkannten die amerikanischen Indianer, daß sie bei ihrer Unternehmung weder allein waren, noch auf eine Reise unbestimmten Ziels geschickt wurden, die die Vergangenheit unwiederbringlich entschwinden ließ.

Dies war ihre große Entdeckung: daß die Zeit, die anthropologische Zeit haltmachen kann; oder genauer – niemals beginnen muß.[2]

---

[2] Ich zitiere aus Calvin Martins Einführung und Epilog seiner Samm-

Diese Aussagen sind herausgeputzt mit modischen Verweisen auf eine poetische Metaphysik und vorbestimmt durch gewaltsame Fehlinterpretationen des indianischen „Mythos" (als ob es nur einen einzigen „Mythos" gäbe: wenn man nur den angemessenen – und modischen – Archetypus fände) – liefern uns ein gutes Gegenstück zu jenen Worten, die z. B. Freneau – dieser schuldgeplagte, regressive, revolutionäre Utopist – seinem Tomo-Cheeki in den Mund legt, und die ich bereits in dem Kapitel über „Das soziale und historische Bild des Indianers" zitierte. Tomo-Cheeki – „vom großen Lauf der Dinge fortgetragen" (dies ist seine Weise, die Geschichte aufzuheben) – beschreibt das Leben der Indianer:

Am frühen Morgen erheben wir uns von den Fellen unseres Lagers, um die erste Morgendämmerung zu begrüßen. Wir greifen nach Bogen und Pfeilen – wir stürmen durch den Tau des Waldes – wir stellen das Wild, den Hirsch oder den Büffel und kehren zurück mit Nahrung in Hülle und Fülle für die ganze Familie. Wohin wir auch laufen, überall erwartet uns das üppige Wachstum der Natur, der köstliche Duft der Blumen und Blüten und über uns die Bäume, die sich unter ihren prallen, üppigen Früchten biegen.

Ethnogeschichte – die Geschichte der tragischen Beziehung zwischen Rot und Weiß: die Hoffnung auf ihre Bewältigung durch das Eingeständnis, für jene Vergangenheit Verantwortung zu tragen, die zur Gegenwart geworden ist – ist sicherlich nicht eine Frage der Aufhebung der Zeit – der Zeit des Menschen – in einer Welt, die sich nur unter ihren prallen, üppigen Früchten biegt.

---

lung *The American Indian and the Problem of History* (New York, 1987), S. 16 und 210. Es muß betont werden, daß – wie Professor Martin beklagt – eine Anzahl seiner Autoren nicht mit ihm übereinstimmt. Zudem muß hervorgehoben werden, daß seine eigenen Beiträge zu dieser Sammlung keine Kenntnis der Arbeiten eines A. Irvin Hallowell und ebenbürtiger Forscher verraten – und eine nur sehr geringe Kenntnis von den einzelnen Gebieten der indianischen Ethnographie oder von jüngeren Arbeiten zur indianischen Autobiographie, indianischen Literatur sowie von den Problemen der Präsentation von mündlichen Texten. Schließlich muß der Vollständigkeit halber festgestellt werden, daß *The Savages of America/Savagism and Civilization* in seinen Darlegungen nicht berücksichtigt wird, weder positiv noch negativ.

2

Was müßte diese – von mir vermißte – Art einer nicht-primitivistischen, psychokulturellen und historischen Studie wissenschaftlichen Anspruchs mitbringen? Sie würde sich als Grundlage des reichlich vorhandenen ethnohistorischen Materials bedienen, das ich bereits erwähnte. Ich kann sie mir aus meiner literarisch-imaginativen Perspektive als etwas vorstellen, das sich an einer Reihe von indianischen/uramerikanischen Texten orientiert, von denen jeder dazu beiträgt, die Bedeutung des Naturzustandes der Weißen für die Zivilisation der Indianer verstehbar zu machen – und zwar mit dem Ziel, daß sie uns in ihrer Gesamtheit dabei helfen mögen, mutig den letzten Worten in *Savagism and Civilization* entgegenzutreten: „Wir Menschenfresser müssen euch Christen schon manchmal beispringen." (Die Worte stammen ursprünglich natürlich aus *Moby-Dick.)*

Zuerst den Schlußabschnitt des *Walam Olum,* des altertümlichen epischen Gedichts der Delawaren. (Ich zitiere aus der Wiedergabe von Daniel Hoffman.)

Zu der Zeit,
als Er-der-drüben-wohnt
Häuptling war, bauten sie ihre Wigwams
am Ufer des Sees.

Dann taten sie,
was sie begehrten – der eine Stamm teilte sich
in Clans: die Schildkröten-, die Wolf-
und Truthahn-Totems.

Jeder einzelne folgte
seinen eigenen Bräuchen.
Wie sie es von Beginn an
getan hatten.

Zu der Zeit, als Er-der-am-Ufer-des-
Wassers-scheiterte
Häuptling war, verwüsteten sie
die Besitztümer der Seneca.

Zu der Zeit,
als Der Freundliche Häupling war,
spielte er sein Spiel des Krieges
mit den Seneca.

Zu der Zeit,
als Er-der-andere-grüßt
Häuptling war, gingen einige des Stammes
nach drüben.

Überquerten die Wasser
des Scioto-Flusses,
unter den feindlichen Stämmen,
die sie haßten.

Zu jener Zeit,
als Weißer Frosch
Häuptling war,
lebte sein Volk am Meer.

Zu der Zeit,
als Falke Häuptling war,
schauten, schauten sie
hinaus auf das Wasser.

Zu dieser Zeit,
auf dem Ozean herantreibend,
aus dem Norden, aus dem Süden,
kam der weiße Mann –

Sie sind friedlich,
sie sind freundlich, bringen
große Besitztümer, eine fremde Zunge.
Wer sind sie?

Zweitens folgt eine Passage, in der die Vorstellung vom Naturzustand mit Hilfe der Form und der Formulierungen eines Verhandlungsrituals von den Indianern selbst eingeführt wird. Diese Passage stammt aus den Aufzeichnungen des Indianerbeauftragten George

[3] *Brotherly Love* (New York, 1981), S. 13 f.

Croghan über ein Treffen mit Pontiac und den ihn begleitenden Häuptlingen im August 1765, also nach dem Scheitern von Pontiacs „Verrat“. Dieser als Beispiel ausgewählte Text soll den Tiefpunkt verdeutlichen, auf dem sowohl die Vorstellung vom Naturzustand als auch die der Zivilisation angelangt war:

27. August – Wir hatten ein Treffen mit Pontiac & all den Ottawa-Stämmen, den Chippewa & den Potawatomi mit den hiesigen Huronen & den Häuptlingen derer, die sich in Sandusky und am Miami-Fluß angesiedelt haben, als wir ihnen die folgenden Ansprachen hielten:

Kinder Pontiacs & all unsere Kinder, die Ottawa, Potawatomi, Chippewa & Wyandot: Wir sind sehr erfreut, so viele unserer Kinder hier, an eurem altehrwürdigen Ratsfeuer zu sehen, das vernachlässigt worden ist, seit die starken Winde sich erhoben & einige schwere Wolken über euer Land brachten. Ich entzünde nun mit dieser Schnur[4] euer ehrwürdiges Feuer & werfe etwas trockenes Holz darauf, auf daß die Flamme bis zu den Wolken auflodere & alle Völker es sehen & wissen mögen, daß ihr in Frieden mit euren Vätern, den Engländern, lebt. – Eine Schnur.

Mit dieser Schnur löse ich all die schwarzen Wolken über euch auf, daß hell die Sonne auf eure Frauen und Kinder scheine, daß die Ungeborenen sich der Segnungen dieses allgemeinen Friedens erfreuen mögen, der nun zwischen euren Vätern, den Engländern, & euch & all euren jungen Brüdern von dort, wo die Sonne untergeht, nun so glücklich geregelt wurde. – Eine Schnur.

Kinder: Mit dieser Schnur sammle ich alle Gebeine eurer verstorbenen Freunde und vergrabe sie tief in der Erde, auf daß die Kräuter & lieblichen Blumen der Erde über ihnen wachsen mögen, damit wir sie nicht länger erblicken müssen. – Eine Schnur.

Kinder: Mit dieser Schnur nehme ich das Kriegsbeil aus euren Händen & reiße einen mächtigen Baum aus & vergrabe es tief, auf daß es niemals mehr gefunden werden möge; & ich pflanze den Baum des Friedens, unter dem all unsere Kinder sitzen & in Frieden mit ihren Vätern rauchen mögen. – Eine Schnur.

Kinder: Wir haben eine Straße gebaut, von da, wo die Sonne aufgeht,

[4] Anm. d. Übers.: Gemeint sind jene aus Meermuscheln gefertigten und mit Ornamentsymbolen versehenen „Wampunschnüre“, die u. a. als Erinnerungshilfe und symbolische Beurkundungen bei Gesprächen und Verhandlungen dienten.

bis dahin, wo sie untergeht. Ich wünsche mir, daß ihr diese Straße in gutem Zustand erhaltet, damit man angenehm auf ihr reisen kann und wir alle an den Segnungen dieser glücklichen Vereinigung teilhaben mögen. Es tut mir leid, unsere Kinder in den Wäldern verstreut zu sehen & wünsche mir deshalb, daß ihr zu euren seit alter Zeit bestehenden Siedlungen zurückkehren & auf euer Ratsfeuer achtgeben werdet, das ich nun wieder hergerichtet habe, um das Heil des Friedens zu fördern. – Eine Schnur.

28. August – Wir hatten eine Unterredung mit Pontiac und den verschiedenen Völkern, als Pontiac die folgenden Ansprachen hielt.

Vater: Wir haben alle die Friedenspfeife geraucht; es ist die Pfeife deiner Kinder, & nun, da der Krieg vorüber ist & der Große Geist und Spender des Lichts – der die Erde und alles darauf geschaffen hat – uns zu unserem gemeinsamen Heil zusammengeführt hat, um die guten Werke des Friedens zu fördern, erkläre ich allen Völkern, daß ich meinen Frieden mit euch schon geregelt hatte, bevor ich hierher kam, & nun meine Pfeife übergebe, daß sie Sir William Johnson überreicht werde und er wissen möge, daß ich Frieden geschlossen & den König von England vor all den nun versammelten Völkern als meinen Vater angenommen habe; & wann immer eines dieser Völker ihn besuchen möge, so sollen sie aus dieser Pfeife mit ihm in Frieden rauchen. Väter, wir sind euch zu Dank verpflichtet, daß ihr unser altes Ratsfeuer für uns entzündet habt & uns dorthin zurückwünscht, aber wir haben uns jetzt am Miamis-Fluß angesiedelt, nicht weit von hier, & wann immer ihr uns braucht, werdet ihr uns dort bereit finden, euch zu Diensten zu sein. Der Grund, warum ich entschied, dort zu bleiben, wo wir uns jetzt niedergelassen haben, ist der, daß wir den Alkohol lieben, und wenn wir wie vorher hier leben würden, wären unsere Leute ständig betrunken, was Streitereien zwischen den Soldaten & ihnen zur Folge haben könnte. Dies, Vater, ist der einzige Grund, nicht zu unseren alten Siedlungen zurückzukehren, denn wir würden so nah von hier leben, daß – wenn wir trinken wollen – so leicht dazu kommen könnten. – Er überreichte eine große Pfeife mit einem daran festgebundenen Gurt von Wampunschnüren.

Vater: Sei stark und habe Erbarmen mit uns, deinen Kindern, wie unser Vater vor dir: es ist gerade die Jagdzeit unserer Kinder. Unsere Väter, die Franzosen, pflegten ihren Kindern Pulver & Blei für die Jagd zu gewähren. Ich ersuche dich im Namen aller anwesenden Völker, daß du mit den Händlern vereinbarst, jetzt genauso zu handeln, mein Vater; ich bitte noch einmal, daß du Erbarmen mit uns zeigst & deinen Händlern sagst, daß sie deinen Kindern ein wenig Pulver & Blei gewähren, weil der Lebensunterhalt unserer Familien davon abhängt. Wir sagten dir, wo wir leben und daß, wann immer du möchtest & es uns wissen läßt, wir sofort zu dir kommen werden. – Eine Schnur.

Vater: Du verschlossest das Rumfaß, als wir hierher kamen, bis daß diese Unterredung erledigt sei. Jetzt, da sie abgeschlossen ist, bitten wir dich, daß du das Faß öffnen mögest, auf daß deine Kinder trinken und fröhlich sein mögen.[5]

Dies ist der Pontiac, über den Parkman ein Jahrhundert später in *The Conspiracy of Pontiac* das folgende schrieb:

Hier wie an anderer Stelle wird Pontiacs Verhalten mit dem Makel des schwärzesten Verrats belegt, und man kommt nicht umhin zu bedauern, daß eine so respektgebietende, edelmütige Natur von den abscheulichen Lastern des Feiglings und Verräters besudelt werden sollte. Er war imstande, beinahe wie ein Despot über eine Rasse zu herrschen, die so unregierbar war wie der Wind. In seiner Großmut im Denken und Handeln nahm er es mit den Helden des Altertums auf. List und Tücke schienen einem Geist wie diesem fremd. Und doch war Pontiac durch und durch ein Wilder, in dem – strahlend beleuchtet und in den finstersten Schatten getaucht – die angeborenen Mängel und Tugenden seiner Rasse fortlebten. Alle Kinder, so sagt Sir Walter Scott, sind von Natur aus Lügner, und Aufrichtigkeit und Ehrenhaftigkeit sind Früchte der späteren Erziehung. Die Barbarei steht so zu der Zivilisation wie die Kindheit zur Erwachsenenreife: So neigen alle Wilden – wo auch immer ihr Land sich befinden mag und welcher Farbe und Abstammung sie auch sind – ihrer Veranlagung nach zu Heimtücke und Betrug. Die barbarischen Vorfahren unserer eigenen, offenherzigen und reifen Rasse sind beim Angriff nicht weniger abscheulich als diese sprungbereiten Tiger, denn in diesem Kindheitsstadium der Gesellschaft sind tapfere und feige Menschen gleichermaßen tückisch.

Ein drittes Stadium in der Dialektik jener Studie, die ich vor Augen habe, kann durch die beiden folgenden indianischen Gedichte aus dem 19. Jahrhundert repräsentiert werden:

[5] Ich zitiere Croghans Tagebuch nach dem Text in meinem Buch *Colonial American Writing*, 2. Aufl. (New York, 1969), S. 681–683.

In der alten Zeit lag bei den Gabelungen
des Santiam
ein Kalapuya-Mann in einem Erlengrund
und träumte seinen fernsten Traum. Als er
in der Nacht erwachte,
sagte er zu seinem Volk: „Die Erde unter uns
war überall schwarz, überall schwarz in meinem Traum!"
Niemand konnte sagen, was er bedeutete,
jener Traum über unsere grünende Erde.
Wir vergaßen ihn. Aber dann kam der weiße Mann,
jene eisernen Farmer, und wir sahen sie den
Boden pflügen,
die Wiesen, die kleinen Prärien beim
Santiam,
und wir wußten, daß wir eindringen konnten in ihren Traum
von der für immer schwarz gepflügten Erde.

Meine Kinder,
als ich zuerst die Weißen mochte,
gab ich ihnen Früchte,
gab ich ihnen Früchte.

Ich – oje! meine Kinder –
meine Kinder,
wir machten sie betrübt.
Die Weißen sind verrückt – ojemine!

Wir werden noch einmal leben.
Wir werden noch einmal leben.

Eine vierte Stufe – die uns in unsere eigene Zeit führt – soll von einigen Auszügen aus der meditativen Sequenz *From Sand Creek* (1981) des Pueblo-Indianers Simon Ortiz vorgestellt werden. Der Dichter sollte sowohl die Tatsache des Sand Creek-Massakers von 1864 erfassen als auch dessen Bedeutung – für die Indianer wie für

[6] Das erste Gedicht ist „A Kalapuya Prophecy", in einer Fassung von Jarold Ramsey; das zweite ist „Three Ghost Songs" in der von James Mooney übersetzten Fassung. Beide stammen aus Jerome Rothenberg, ed., *Shaking the Pumpkin: Traditional Poetry of the Indian North Americas* (New York, 1972), S. 395 und 398 f.

die Weißen. Der letzte Absatz seines kurzen Vorworts lautet wie folgt:

Für indianische Menschen soll – so wünsche ich mir – *From Sand Creek* eine Studie jenes Prozesses sein, den sie als Opfer, als Objekt und entbehrliche Ressourcen miterlebten. Für die Menschen europäischer Abstammung soll es auch eine Studie sein, aber eine, die sich mit dem Motiv, dem Auftrag und dem Umstand beschäftigt, daß sie sich selbst zu Opfern machten. Ich hoffe, daß wir schließlich etwas voneinander lernen werden. Wir müssen lernen: Wir leben alle mit und in unserem Nächsten.

Ich zitiere drei der Gedichte, von denen jedes einen Schlüsselpunkt von Ortiz' Darlegungen manifestiert:

Gräme dich jetzt nicht.

Lieder sind nutzlos,
um sich von Sorgen reinzuwaschen.
Das ist auch nicht ihr Zweck.

Suche
nach der Bedeutung.
Trenne die Spreu vom Weizen.
Entwickle eine andere Kornart.

Flüstere nach Regen.

Gräme dich nicht.
Krieger leben in dem Blut fort.

Es sollte Augenblicke des wahren Schreckens geben,
die den Menschen zum Denken bringen würden
und die Frauen veranlassen würden,
nach ihren Kindern zu greifen,
sie zu liebkosen – und um sie zu retten
für die Generationen,
die sich des Regens erfreuen würden.
Wer sind
diese Farmer,
wer sind diese Wissenschaftler,
wer sind jene Soldaten
mit dem kalten Funkeln
und den Messern?

Wer stieß zur Seite
die heilige Dämmerung
und stand nicht beschämt
vor der Sonne und dem Tau der Natur?
Künstlerisch
verspritzten sie Blut
auf dem Weg ihres besessenen Vordringens;
sie beanspruchten die Erde
und stahlen Herzen und Zungen
von Büffel und Mensch,
die ausgebildeten
Schlachter, Raumfahrtingenieure,
Physiker, zu denen sie wurden.
Die Zukunft sollte ihr
Geheimnis und ihre Unergründlichkeit bewahren.

Terminus ad quem: Was abschließend folgt, ist das letzte Gedicht der Sequenz, das in *From Sand Creek* fett gedruckt erscheint. Wie Melvilles „Wir Menschenfresser müssen euch Christen schon manchmal beispringen" den Abschluß meines Textes bildet, der nun gelesen – oder wieder gelesen – wird, so muß dieses Gedicht den Abschluß meines Postscriptums zu *Savagism and Civilization* bilden und ebenso den Abschluß jener Studien, die durch mein Buch möglich geworden sind. (Man denke auch an den anschließenden Abschnitt des *Walam Olum.)*

Jener Traum
soll am Ende einen Namen
erhalten,
und er wird nicht
rachsüchtig sein,
sondern reich an Liebe
und Erbarmen
und Wissen.
Und er wird aufsteigen
in diesem Herzen,
das unser Amerika ist.

August 1987 R. H. P.

[7] *From Sand Creek* (Oak Park, N. Y., 1981), S. [7], 33, 89, [95].

Register

Die *kursiv* gedruckten Zahlen verweisen auf Fußnoten.

Frauke Gewecke

Wie die neue Welt in die alte kam

1986. 344 Seiten, 28 Abb., 6 Karten,

Linson mit Schutzumschlag

ISBN 3-608-93087-6

Wie die neue Welt in die alte kam: Frauke Gewecke erzählt eine hinlänglich bekannte Geschichte mit absichtlich „verdrehter" Perspektive: nicht die Taten (und Untaten) europäischer Endecker in der neuen Welt interessieren hier, sondern wie die neue Welt von der alten wahrgenommen wurde, wie diese Wahrnehmung von Anfang an durch stereotype Vorstellungen und Vorurteile geprägt war: schöne Wilde, nackte Kannibalen, Heiden, Barbaren, Monster oder tugendhaft-glückselige Völker. Unermeßliche Schätze, das irdische Paradies: War die Entdeckung Amerikas durch die Europäer ein Schöpfungsakt? Waren Amerika und der Amerikaner gar eine Fiktion?

Klett-Cotta

Werner Müller

Indianische Welterfahrung

1991. 112 Seiten, Linson mit Schutzumschlag

ISBN 3-608-93172-4

„Nietzsche kannte die Philosophen, aber ich kenne die Indianer.“ Mit diesem ebenso verblüffenden wie herausfordernden Diktum Stefan Georges eröffnet der Amerikanist Werner Müller seine Darlegungen: ethnologische Exkurse, die nicht nur dem Aufspüren exotischer Formen von Weltauffassung dienen, sondern zugleich ein konzentrischer Angriff auf unsere „Begriffskaserne“ sind, in der das logikverpflichtete, abstraktionsverrannte Denken Europas zur schieren Weltlosigkeit verdorrt. Am Beispiel indianischer Sprachgebräuche, Reden, Mythen und Dichtungen, ritueller Wohnordnungen, Stammesgliederungen und Feste zeigt Werner Müller den sinnlich-symbolischen Reichtum eines Wirklichkeitsverständnisses, das – mit Goethe gesprochen – aus der „stillen Fruchtbarkeit der Anschauung“ lebt.

Klett-Cotta